石井正敏著作集1

古代の日本列島と東アジア

鈴木靖民・赤羽目匡由・浜田久美子〔編〕

勉誠出版

中央大学石井正敏研究室にて

序言

本書は『石井正敏著作集』全四巻の第一巻である。収録した著作は、日本古代、中世の対外関係のうちの遣唐使、入宋僧関係を除いた劉宋・隋・高句麗・百済から唐・新羅・渤海を経て、呉越・後三国へと変わる時代に関する十四編の石井正敏氏による個別論文である。対象とする時代は五世紀から十世紀に及んで、大部分が実証論文であるが、一部に概説を含んでいる。本書ではこれらを四部構成として諸論文を適宜配置した（なお巻末に石井氏の略年譜・著作目録を付載した）。

まずそれぞれの要点と特徴などを記したい。

Ⅰは倭国の時代の東アジア外交を論じており、二編からなる。

1は五世紀の日本の朝鮮との関係を、倭王のありかたを通して倭国と高句麗、百済の関係を捉えることで既往の学説の問題点を指摘し、史料の解釈、吟味から再検討して見直し、細かな考証によって史実の確定を図る。四一三年の東晋へ行った倭国使、劉宋から授かった倭王済の将軍号の解釈、将軍号からみた高句麗・百済・倭国各王の序列の三点に迫る。石井氏が参加した日韓の共同研究の一環であり、それゆえ史料重視、観念排除が肝心であると表明する。いずれも有力と目されている従来の説を批判する。これは古代史に限ることのないほとんどの論文に共通する氏の研究姿勢である。

2は『日本書紀』推古紀の小墾宮での隋使の朝見儀式を検討して信憑性を確認する。国書(外交文書)の重要性に注意し、その儀式は後の『大唐開元礼』に準じた儀礼が行われたと見なして、使旨が口頭奏上でなされ、国書の宣読は別の場で行われたことを主張する。近年通説化しつつある東アジアの仏教的朝貢論には批判的で、史料に窺われるのは仏教的修辞とみて評価しない。二〇一二年の論文であるが、史料の再吟味、解読の見直しによって先行学説を細かく批判しながら自説を提示するもので、一九七〇年の「国書開封権」の実態究明などの論文をはじめとして石井氏が終始一貫して得手とした論証、叙述スタイルが認められる。

IIは渤海との名分関係と新羅・唐との貿易を主とする関係の論考、三編である。

3は日本と渤海の関係を親族になぞらえる名分関係を、先行学説が用いる史料、その解釈に対して、語義をはじめ唐と諸国の関係の類例など、詳しく再解読、再検討を行う。兄弟関係から変更された舅甥関係は日渤の高句麗継承国意識の認識の違いに起因し、渤海の外交戦略として使い分けられ、対新羅関係にもみられる改善策であるとする。継承国意識、国書の開封問題の根本にある両国の名分関係、外交実態、外交姿勢の現実を説く。学説史上、その後の廣瀬憲雄氏の研究のもとにもなる議論といえよう。

4は八〜九世紀初めの新羅との関係の概要を俯瞰する。八世紀半ばの金泰廉らの来日以後、両国の関係が貿易活動へと移り変わる様相を論じるが、その過程で大宰府周辺での新羅人と府の官人のコラボレーションによる商業圏が形成されたことを推測する。新羅は唐との貿易に比重をかけ、日本に対してはメリットがなかったとする。また石井氏が発見した『古語拾遺』の宮内庁書陵部本の識語にみえる八〇三年の遣新羅使は、遣唐使の保護、援助を依頼するための派遣であったとする。僅かな史料から商業圏を推量する点は史実の認定に厳格な石井氏にしてはやや大胆であるが、しかし可能性の高い見解である。大宰府による外交、特に中央政府による外交権の委任の限界や、『三国史記』にみえる「日本使」に対する性格づけなどの貴重な指摘もある。この論文は、大きくは八世紀と九世紀に入っての中央政府、大宰府それぞれの性格、機能の違いや変化を示唆するかのようである。5は日羅関係を述べた4の論文に続く八、九世紀の日本・唐・新羅関係について貿易面から大勢を把握する。九世紀の公的使節よりも民間商人の貿易が盛行する時期の日本・唐・新羅三国間の貿易、なかでも主流と見なされる在唐新羅人の活動、徐公直・徐公祐兄弟にみられる商人の唐での官人的なありかたなどを論じる。新羅や唐の商人の貿易にフォーカスすることを通して、三国が展開した東アジア国際関係の基本的性格を押さえるものである。

Ⅲは九世紀の国際的に活躍した人物たちと貞観期の災害と外圧を取り上げており、五編ある。

6は一般読者向けに書かれたもので、入唐僧円仁と新羅商人張宝高（張保皐）の二人の活躍をクローズアップして平易な文章で論じる。九世紀、平安期前後の在唐を含む新羅人の貿易などの国際的な活動、歴史的役割の大きいことを生き生きと写し出す。

7は九世紀前半~中頃の福岡市鴻臚館遺跡、および博多遺跡群の発掘調査成果と『日本三代実録』など文献史料の新羅関係記事との対応の検討、突き合わせを試みる。貞観期の新羅海賊事件を機に兵士増員、武力装備など北部九州の軍事態勢を整備したこと、新羅商人の集住する新羅坊が博多津に形成されたことを想定する。概論であるが、濃厚な実証重視の石井氏の研究が文献の理解に考古学を結びつけるなどして、新たに踏み込んだ論述とみるべきであり、首肯できるところが少なくない。韓国での張保皐関連の東アジア交流のシンポジウムの報告の記録である。

8は貞観十一年（八六九）の東北（陸奥）の大地震、大津波に関する『三代実録』などの文献史料の読み下し、現代語訳、注釈、解説を課題とする。二〇一一年三月の東日本大震災をきっかけにして歴史家による震災、核災害の歴史論集の一書が編まれたなかの古代の史料紹介という性格をもつ。古代史以外の分野の研究者、市民への提供を目的としている。国家の使者の現地派遣、救済策、神社への祈願、復興を述べ、文献と考古学調査の結果の関係を説き、特に陸奥の震災と北部九州の新羅海賊事件が強く連鎖し、この後の新羅人の関東、東北移住、瓦製作などと深く結びつくことにも触れる。

9は8の論文での史料をめぐる基礎的作業と提示をベースにして、貞観十一年の天災と新羅の海賊の北部九州への来襲や東北での蝦夷による攻撃などの外圧の連動性、鴻臚館の国防前線としての防衛強化の実態を明らかにする。鴻臚館などについては7の論文と同じく隣接分野の成果を活用している。

10は九世紀中頃、貞観期の新羅海賊と渤海使の天草漂着という事件をテーマにして、自身の先行する8、9論文を踏まえて、唐徐州での龐勛《ほうくん》の乱などが起こる東アジアの国際環境との関わりで、八〜十世紀の肥後・鞠智城の対外防衛機能をはじめとする大宰府管内の一貫した時代の動向を俯瞰する。鞠智城のシンポジウムでの講演をもとにする。

Ⅳは九・十世紀の渤海・呉越・後百済の時代に関わる四編を収めるが、なかに七世紀の新羅人の来朝を顧みる一文を含んでいる。

11は道教経典に日本に来たとある唐人道士と渤海人李光玄について検討し、その文にみえる「過海」「東岸」の用語などの史料分析によって、従来の渡日説のように彼は日本渡航したといえないが、東アジアの渤海商人の活動は実際にあり、唐・新羅・渤海・日本を一つの圏域とする国際意識、通交圏があったことを論証する。

12は『本朝文粋』巻十二に収められる十世紀前半の後百済王甄萱の牒状（書状）と大宰府の返牒記事を検討して、「質子」とあるのが『日本書紀』にみえる七世紀後半の新羅の金春秋（即位して武烈王）の来日記事に対応するという既往の学説を確かめる。その情報が後世の日本でどう伝えられたか、また金春秋が日本への通交のほか、高句麗に使いして帰還の後、唐に赴いたという史実について、『三国史記』の認識を含めて論じる。金春秋についての論文であるが、史料的にはむしろ十世紀における過去の時代の歴史意識、情報伝達に関する考察である。

13は冷泉家旧蔵の嘉禄元年（一二二五）頃藤原定家が書写した『長秋記』紙背文書の高麗渤海関係某書状の趣旨は、釈文および年次の確定、関連史料の参照により、従来の説にいう高麗外交の問題に関する事がらではなく、『源氏物語』の「高麗人」記事の解釈であるとする。高麗を渤海と称する理由、東丹国との関係などを答えた、藤原定家の質問者への返書であることを綿密な考証によって述べる。行論のなかで平安・鎌倉初期、渤海は中国文化を具備した存在と意識されたというのは、貴族層の次第に狭隘化する対外観念を考える上での大事な視点の一つになる。

14は九〜十世紀の対外関係の概説である。延暦・承和の遣唐使、新羅海賊、新羅商人、最後の遣唐使計画、後百済・呉越との交渉を分かりやすく述べる。石井氏自身のこの時代に関連する個別の実証論文の成果にほぼ対応する。新羅との関係が公的使節から貿易中心に変わり、私的商人の活動から海賊の現れるような状況、遣唐使の停止と新羅の海賊の動きや支配層の対応の不可分な時期へと推移することを見通している。

この第一巻に収録する論文はもともと個別の論文を集めて編んだものであり、全体としての研究テーマなどの一貫性を窺うことが難しいかも知れない。時代は長い年月にわたり、しかも相手が劉宋・隋唐・百済・新羅・渤海・呉越・後百済に及んでおり、様々な問題が扱われている。

しかしながらこの巻全体には各論文の五〜十世紀という対象とするタイムスパンの長さ、東アジアの諸国、諸地域を視野に入れる幅広さが認められ、そして史料の博捜と吟味に基づいて立論し、結論を導く厳密な操作過程と方法は、どれもが著者石井正敏氏の具える歴史学の特色を十分に表し示すものにほかならない。論文の執筆時期はほとんどが二〇〇〇年代に入ってからである点も留意される。日本と韓国の歴史認識の対立や大災害の勃発という内外の時代状況を背景にした考察を含み、また二、三の概説の類は確かな論拠に立脚するものである。考古学の知見の参照、援用も新たな志向である。これからの石井氏の研究の柔軟で豊かな可能性を予感させる。特に1の五世紀の日韓関係の史料考証についても、五世紀史の全体像の叙述を期待させるところである。だが、それは石井氏の逝去により中断してしまい、もう叶わないのがすこぶる残念である。

なお、この巻に関連する日本と渤海との関係についての研究は、『日本渤海関係史の研究』という体系化された主著の巨冊がある。また、日本と唐との関係の核になるとみられる遣唐使の問題に関しては、著作集の第二巻に収められる。併せて繙いていただければ幸いである。

鈴木靖民

第一巻　古代の日本列島と東アジア　目次

凡　例

・本書の編集は、鈴木靖民・赤羽目匡由・浜田久美子があたった。
・著者所蔵原本に著者本人による訂正指示が記載されていたものは、編者の判断に基づき、これを訂正した。
・編者の判断により、明らかな誤植等については訂正を施した。
・収載にあたり特記しておくべき事柄は、編者注として、論文末尾にこれを掲載した。
・略年譜・著作目録は近藤剛（本著作集第三巻編集）が作成した。

Ⅰ　倭国と東アジア外交

1　五世紀の日韓関係
――倭の五王と高句麗・百済――

序言

五世紀は、日本列島では、倭（倭国）と称される、いわゆるヤマト王権（大和王権）が列島内部の統一を進める一方、積極的に海外（中国大陸・朝鮮半島）との交流を進めた時期として注目され、特に中国の南朝に使者を派遣した五人の倭王（倭の五王）の時代として知られている。一方、朝鮮半島では北方の高句麗と南西部の百済との対立・抗争を軸に南東部の新羅、南部中央の加耶諸国等が合従・連衡を繰り広げながら古代国家建設の歩みを進め、それに倭の勢力が加わる形で交流と戦争の時代を送っている。これらの日本列島の倭と朝鮮半島の諸勢力は、それぞれに中国の王朝と交流をもちながら歴史を展開しているが、その中国大陸では、南北朝の分裂時代を迎え、北朝・南朝ともに周辺東方に位置する朝鮮半島諸国及び倭をできるだけ自己の陣営に取り込む努力をしながら、覇権を競うという情勢にあった。

このように五世紀は、まさに中国大陸・朝鮮半島・日本列島の広域を舞台に、錯綜した交流と戦争の時代と評することができよう。そしてそのような時代における交流の一つの基軸として冊封関係があげられるであろう。したがって、五世紀の日韓関係について考える時、中国を含めた東アジアの視点からの考察が不可欠であることは、あらためて言うまでもない。

この時代を考える基本的な文字史料としては、中国の『晋書』『宋書』、日本の『日本書紀』『古事記』、朝鮮の『三国史記』『三国遺事』等の文献史料、「広開土王碑」をはじめとする金石文史料がある。しかし文字史料は限られており、考古学の成果を加えた、総合的な知見に基づく研究が必要とされる。

こうした五世紀の日韓関係については、日韓両国においてこれまでも数多くの研究があり、蓄積がある。これらの研究史を十分にふまえた上で、基本史料を整理し、あらためて検討を加えることが、まさに今日の課題と言えるであろう。我々には今こそ、「虚心に史料を読む」という歴史学の鉄則に基づく、先入観を排した真摯な姿勢による実証的研究が求められているといっても過言ではないと考える。[1]

さて、五世紀の日韓関係を考える場合、取り上げるべき課題は多いが、重要な問題の一つとして、中国の東晋・宋に通交した五人の倭王（讃・珍・済・興・武）、いわゆる倭の五王とその時代の朝鮮・中国との関係を取り上げることに異論はないであろう。倭の五王研究には長い歴史があり、研究史をふりかえると、『宋書』倭国伝ならびに本紀を基本史料として、五王を『古事記』『日本書紀』にみえる天皇の誰に比定するかという問題を中心に研究が行われてきたが、一九七八年の稲荷山鉄剣銘文の解読が一つの画期をもたらした。五王のうちの武を雄略天皇にあてることはほぼ確実となり、比定問題からさらに踏み込んで、倭の五王時代のヤマト王権の構造、府官制の成立といった問題について現在議論が深められている。

一方、五王の中国南朝との交渉の背景に対朝鮮半島諸国政策があり、特に朝鮮半島南部の軍事的支配権を意味する「都督百済…諸軍事」号を求めていることなどから、日本史の分野だけでなく、東アジア史の観点からさまざまな研究が行われて現在にいたっている。そして近年では韓国全羅南道栄山江流域における前方後円墳の相次ぐ発見により、同地域と倭の五王が除正（任命）を求めた都督諸軍事号の中に含まれる「慕韓」との関わりが議論されるなど、[2]考古学調査の進展とともに倭の五王研究も新たな展開を見せており、特に韓国の研究者の間でも関心が高まっているように思われる。

このように、倭の五王時代の日韓関係史について、日韓両国における文字史料・考古資料両面からの検討が求められている現状にあるが、このうち文字史料に基づく研究では、一九七〇年前後に始まる坂元義種氏による一連の研究によって大きく進展した。[3]坂元氏は、倭国や高句麗・百済だけでなく、宋と交渉のあった諸外国の事例を広く求めての緻密な比較研究を行い、大きな成果をもたらした。現在では、氏の研究をはじめとして、文字史料については、ほぼ議論が尽きている感が抱かれる。しかしながら、再検討を必要とする問題もいくつかあるように思われ、その批判的摂取が現在の課題となろう。

そこで本論においては、三つの問題について述べてみたい。すなわち、まず（一）四一三年東晋に入貢した倭国使をめぐる問題である。この使者は倭の女王台与の西晋入貢以来およそ一五〇年ぶりのこととなるが、この時の倭国使をめぐっては、高句麗との共同入貢説や倭人捕虜説などさまざまな意見があり、倭人捕虜説によれば中国王朝への入貢の再開は四二一年の宋への入貢となり、倭の五王時代の幕開けを明らかにするために検討を必要とする課題である。次に（二）倭国王が宋から得た官爵のうち、将軍号について、安東将軍か安東大将軍かで見解が分かれ、それはひいては高句麗王・百済王との序列問題にも関係して論じられている。再検討が必要な基本問題の一つである。そして（三）高句麗王・百済王・倭国王に与えられた将軍号には序列があり、中国王朝の国際的評価が反映しているとの見方が通説となっているが、果たして通説のような見方で三国の関係を理解してよいか、私見を示すことにしたい。本論ではこうした三つの問題について触れることにするが、いずれも倭の五王に関する基本的な問題であるとともに五世紀日韓関係史の解明に寄与する問題でもあると考える。

倭の五王について、日本ではこれまで盛んな研究が行われてきたが、韓国では近年にいたるまで、本格的な研究の対象として取り上げられることはほとんどなかったといってよいであろう。しかしながら、上述したように倭国王の自称号をあげるまでもなく五世紀の日韓関係に深く関わっており、日韓共同研究のテーマとして倭の五王に関する諸問題を取り上げることには大きな意義があると思われる。以下、乏しい文字史料に依りつつ、史料のいっそう厳密な読解が必要であるとの認識の上にたって、検討を加えることにしたい。

なお、関連する主要な研究については、やや詳しく紹介することに努めた。研究史を重視する立場からであるが、一つには複雑な論旨を誤って伝えることをおそれてのことである。

一　東晋義熙九年（四一三）の倭国使について

はじめに

東晋義熙九年（四一三）、倭国使が晋朝に到り方物を献上した。関連する史料は次のごとくである。

【史料1】『晋書』巻一〇・安帝本紀・義熙九年条

是歳、高句麗・倭国及西南夷銅頭大師、並献方物。

〈是歳、高句麗・倭国及び西南夷銅頭大師、並びに方物を献ず〉

【史料2】『梁書』巻五四・倭伝
其後復立男王。並受中国爵命。晋安帝時、有倭王賛。
〈其の後、復た男王を立つ。並びに中国の爵命を受く。晋安帝の時、倭王賛有り。〉

【史料3】『南史』巻七九・倭国伝
晋安帝時、有倭王讃、遣使朝貢。
〈晋安帝の時、倭王讃有り、遣使朝貢す〉

【史料4】『宋書』巻九七倭国伝
倭国、在高驪東南大海中、世修貢職。高祖永初二年（四二一）詔曰、「倭讃、万里修貢。遠誠宜甄、可賜除授。」
〈倭国、高驪東南大海の中に在りて、世よ貢職を修む。高祖永初二年（四二一）詔して曰く、「倭讃、万里修貢す。遠誠宜しく甄すべく、除授を賜ふ可し」と〉

これらによって、この年には高句麗使も朝貢していること、倭王讃による朝貢であることなどが知られる。倭にとっては、泰始二年（二六六）に倭の女王（卑弥呼の宗女台与）が西晋に朝貢して以来、絶えて行われなかった中国王朝への朝貢が再開された記念すべきできごとであり、讃以後珍・済・興・武と続く、いわゆる倭の五王の時代の幕開けを示す記事である。また高句麗としても中国南朝への朝貢は、記録の上では建元元年（三四三）以来実に七十年ぶりのこととなり、同じく注目すべきできごとであろう。この両国の同年入貢の背景として、四一〇年二月に劉裕（のち宋の武帝）が率いる東晋軍が、山東半島に拠る南燕を滅ぼし、山東半島経由の東晋への遣使

ルートが開かれたという事情のあることが指摘されている。(4)

ところがこの年の倭国の遣使朝貢についてはいろいろな解釈がある。『梁書』『南史』の史料的性格から両書のオリジナリティに問題があり、果たして讃の遣使と考えてよいのか、『宋書』倭国伝【史料4】からの類推ではないかとの疑問を指摘する意見や、また倭国単独ではなく高句麗との共同入貢ではないかとする見解、さらにはそもそも本当の倭国使なのか、高句麗が倭人捕虜を使者に仕立てたのではないかといった説まで、いろいろな解釈が行われているのである。後述するように、近年では倭国使倭人捕虜説が有力な説として行われている。四一三年の倭国使が倭からの正式使者ではないとする意見では、倭の中国王朝への入貢の再開は四二一年【史料4】のこととなる。わずかに八年の差に過ぎないが、前者の王朝は東晋、後者は宋となる。中国で大きな政治的変革の起きている時期であり、四一三年の使者の性格について考えることは、入貢の再開が東晋時代に始まるか、それとも新王朝宋成立後に始まるか、入貢の背景を考える上で重要な問題であろう。

また一五〇年ぶりの中国王朝への遣使は、日本列島における古代国家形成過程を考える上で重要な意味をもっていることは言うまでもないが、高句麗との関わりが推測されるとなれば、五世紀の日韓関係の冒頭を飾るできごととしても重要な意味がある。特に共同入貢説に立てば、広開土王碑文に知られる三九一年前後からの高句麗・倭の戦争状態を考える時、両者の間にどのような交渉があったのか、それはまさに「歴史的」と評すべき和解が為されたとみなされるであろう。義熙九年の倭国使についてあらためて考察を加える所以である。

1　義熙九年の倭国使に関する既往の見解

（一）　倭国単独入貢説と高句麗との共同入貢説

義熙九年の倭国使に関する先行研究を整理すると、まず【史料1～4】を参考に、倭王讃による使者とすることではほぼ一致するが、倭国使が単独で入貢したとする説（単独入貢説）と高句麗使と一緒に入貢したとする説（共同入貢説）がある。共同入貢説は、次の『日本書紀』の記述と関連づけての解釈である。

【史料5】『日本書紀』応神天皇三七年（丙寅）条

春二月戊午朔、遣阿知使主・都加使主於呉、令求縫工女。爰阿知使主等渡高麗国、欲達于呉。則至高麗、更不知道路。乞知道者於高麗。高麗王乃副久礼波・久礼志二人為導者、由是得通呉。呉王於是与工女兄媛・弟媛・呉織・穴織四婦女。

〈春二月戊午朔、阿知使主・都加使主を呉に遣はし、縫工女を求めしむ。爰に阿知使主ら高麗国に渡り、呉に達せんと欲す。則ち高麗に至るも、更に道路を知らず。道を知る者を高麗に乞ふ。高麗王乃はち久礼波・久礼志の二人を副へて導者と為す。是に由り呉に通ずるを得たり。呉王是に於いて工女兄媛・弟媛・呉織・穴織四婦女を与ふ〉

日本から呉（中国南朝を指す）に派遣された使者阿知使主らが、まず高句麗に到り、その道案内で呉に到ることができたという記事である。応神三十七年は、『日本書紀』の紀年では三〇六年になるが、干支二運を繰り下げる解釈に従えば西暦四二六年に相当する。得られる年代が近いことから、義熙九年の遣使と関連づけて解釈され、高句麗・倭国共同入貢説が唱えられたのである。(5)

（二）池田温氏（一九七七）の高句麗・倭国共同入貢説

このような研究状況の中で一九七七年に東洋史家池田温氏の論文が発表された。氏は『太平御覧』に引用された「義熙起居注」を詳細に検討し、「義熙九年に高句麗の主導により江南建康へ倭国との同時入貢が実現した」ことを論じられたのである。池田氏が注目された「義熙起居注」の記事とは次のようなものである。

【史料6】『太平御覧』巻九八一・香部一・麝条

義熙起居注曰、倭国、献貂皮・人参等。詔賜細笙・麝香。

〈『義熙起居注』に曰く、「倭国、貂皮・人参等を献ず。詔して細笙・麝香を賜ふ」と〉

倭国が貂皮・人参などを献上し、回賜として細笙・麝香を得たというものである。義熙幾年のことかは記されていないが、『晋書』本紀【史料1】にいう義熙九年とみて間違いないであろう。すでにこの史料については今西春秋氏（一九七二）も注意し、朝貢品目の貂皮・人参がいずれも高句麗特産品であることから、「倭人が貂皮や人参を献ずるとはおかしい。満人か鮮人かを誤ったものに相違ない…。義熙起居注には恐らく高句麗・倭国とあったものを御覧の引用が落としたのであろう」（二九〜三〇頁）と「高句麗」が脱しているのではないかと指摘されていた。これに対して池田氏は「義熙起居注」記事の特に晋の回賜品に注目して、倭国貢献記事とみて間違いないことを論じられたのである。その見解を要約すると、次のごとくなる。

①細笙は管楽器の小笙のことで、「和音奏法の美しさに特徴を発揮するこの楽器について、古来その和声が注目され名称にまで表れている点は注目に値する」（三三頁）として、『爾雅』釈楽に「大笙は之を巣と謂い、小さき者は之を和と謂う」といった史料を紹介される。麝香については、「天然動物性香料として古来もてはやされ」る香料・薬品で、「南朝の貴族社会や寺院で特にこれが貴重視されたことはいうまでも

ない」（三三頁）

②このように楽器と香料が倭国使に賜与されたが、その目的は何よりも「筌」に表れている。すなわち「倭と和は同韻に属し、紐は異るけれども類似した音であり、日本漢字音ではどちらもワで区別できない。国名を聯想させる楽器を賜わるとは甚だ気の利いた報賜として記憶されたことであろう」（三四頁）

③一方、朝貢品目の貂皮・人参はいずれも高句麗の産物であるとした上で、「高句麗の物産を倭が持参する場合がないとは断定できない。いわんや…倭の入貢が高句麗のリードに従ったものであり、かつ倭に晋人の喜ぶ産品の乏しいにおいてをや。ただいずれにせよ貢物を媒介として、高句麗と倭の密接な関聯が示唆される点は重要である。両者が義熙九年の同年に入貢した事実と、倭が高句麗の名産を晋に貢し詔賜を受けた事実が義熙年間に確認されれば、おのずから両者が密接な連繋をもって入貢したことが殆ど疑うべからざるできごとと確信される」（三五頁）

④入貢の背景について、「五世紀前期における北魏の勢力伸張による華北制圧に至るまでの南朝の相対的優勢期に当っていた。…数十年の疎遠をたち切って建康の劉裕のもとに遣使した高句麗王の見通しは、時宜に適したものと判断されよう」（三六頁）

⑤「高句麗と倭が同時に入貢したとするといずれがイニシアティブをとったのであろうか？これについては、当然先進国であった高句麗を挙げるに異論あるまい」（三六頁）

⑥以上の検討により、結論として、「義熙九年に高句麗の主導により江南建康へ倭国との同時入貢が実現した」（三九頁）と論じられた。

(三)　坂元義種氏(一九八一)の倭国使倭人捕虜説

この池田氏の論文によって、義熙九年の高句麗・倭国共同入貢説は有力なものとなるが、これに対して当時倭の五王研究に精力的に取り組まれ、画期的な業績をあげられていた坂元義種氏は、池田論文発表の翌一九七八年に「東アジアの世界　中国文献よりみた古代日本の探求」(一九七八A)を発表し、主に『太平御覧』の史料的性格について詳細に検討を加え、同書の引用の仕方には問題の多いことを指摘された。その義熙九年の倭国朝貢に関する記述は次のとおりである。

しかし、義熙九年の高句麗と倭の晋への入貢が高句麗の主導による同時入貢であったことを、はたして中国文献が明証しているかどうかとなると、疑問を感じざるをえない。それは、…『太平御覧』の史料の引用のしかたに重大な疑問を感じているからであり、いま一つは、倭が東晋と交渉をもつ際、東晋交渉の歴史の深い、そして倭とも関係の深い隣国の百済を飛び越えて高句麗と連携し、しかもその主導下に交渉をもつであろうかという素朴な疑問である。…

いまここで問題とすべきは、やはり『太平御覧』の史料的性格であろう。今西春秋氏が「倭人が貂皮や人参を献ずるとはおかしい」という疑問から「義熙起居注には恐らく高句麗・倭国とあったものを御覧の引用が落としたのであろう」…と解されたのも、たしかに有力な一つの解釈である。しかし、献上品が高句麗の特産であるという一点にしぼれば、『太平御覧』の「倭国」を「高句麗」の誤りとする解釈のほうがすっきりするようにも思う。少なくともほかに論拠が求められるまでは『太平御覧』の所引史料によって義熙九年(四一三)の倭国の入貢を高句麗主導による共同入貢とみる考え方はさし控えたほうがよかろう。当面こころみるべきは、『太平御覧』所引史料に関する文献批判であると考える。(一六六～一六七頁)

坂元氏はもともと倭国使単独朝貢説に立っており、同年刊行の大著『古代東アジアの日本と朝鮮』（一九七八B）では、『太平御覧』の問題とする記事については、一切触れられていない。池田氏の論文により「義熙起居注」の重要性に注意し、まず『太平御覧』の史料的性格を論じられたものと推測される。そしてその検討の上にたって、一九八一年刊行の『倭の五王』ではそれまでの解釈を修正した大胆な説を発表された。すなわち、「義熙起居注」の記事を倭国朝貢の事実を伝えるものと認め、この時の倭国使は実は高句麗が倭との戦闘で捕虜とした倭人を倭国使に仕立てて同行したものであるとする見解（倭人捕虜説）を詳細に展開されたのである。坂元氏の論証は多岐にわたるが、これを要約して示すと、次のごとくである。

①「たしかに義熙年間の倭国と東晋との交渉は第一等史料ともいえる『義熙起居注』に記されてはいる。しかし、この史料を検討していくと、義熙九年の倭国使は、じつは倭国の使者ではなかったのではないかという意外な事実が浮かびあがってくる」（三四頁）

②『太平御覧』所引「義熙起居注」記事について、高句麗脱落説（今西氏）があるが、義熙九年には、高句麗は晋に貂皮・人参だけでなく、赭白馬を献上している。すなわち次のごとくである。

【史料7】『宋書』巻九七・高句驪伝

高句驪王高璉、晋安帝義熙九年、遣長史高翼、奉表献赭白馬。以璉為使持節・都督営州諸軍事・征東将軍・高句驪王・楽浪公。

〈高句驪王高璉、晋安帝義熙九年、長史高翼を遣はし、表を奉りて赭白馬を献ず。璉を以て使持節・都督営州諸軍事・征東将軍・高句驪王・楽浪公と為す〉

※『梁書』高句驪伝、『南史』高句麗伝、『通典』東夷下・高句麗条、『三国史記』高句麗本紀・長寿王元年条等、同じ。

高句麗朝貢品の中でもっとも重要な赭白馬献上のことが、「義熙起居注」には記されていない。このことは、「義熙起居注」の記事が高句麗のものではなく、倭国に関わるものであることを示している。

③同じく【史料7】にみえるように、この時高句麗王は官爵を授けられている。

「七十年ぶりの高句麗入貢にこたえたものであろうか。…東晋の側では、以前から交渉をもっていた百済王以上の官爵号を授けることで、東晋の喜びを表現したのである。

…百四十七年ぶりの倭国の入貢は、より以上の歓待をうけ、…倭国王にもそれにふさわしい栄誉称号がおくられたことであろうと」思われるが、「倭国王に官爵号を授けたような気配はまったくない。…このことは、義熙九年には倭国王への任官がなかったことを示しているのではあるまいか。さらにいうならば、義熙九年時の倭国の朝貢そのものがなかったことを意味しているのではないかと考える。

…すなわち、「倭国」の使者が倭国の特産を持参せず、高句麗の特産である「貂皮・人参」等を献上したというのは、その使者が「倭国」本来の使者ではなかったからであるとみるべきであろう」（六五～六七頁）

④高句麗が粛慎をともなって入貢したように記された史料があるが、「実際には高句麗一国が入朝していた例がある。『晋書』安帝紀の高句麗・「倭国」の入貢も、この事例からみて、やはり高句麗一国の入朝であったと考えてよかろう」（六九頁）

「すなわち、高句麗は「粛慎の楛矢」をもたらして後趙や宋の歓心を買おうとしたように、遠夷の「倭国」使を送って東晋を喜ばせようとしたのであろう」（七〇頁）

⑤「義熙九年（四一三）、高句麗産の「貂皮・人参」をたずさえ、東晋に入貢した「倭国」使とは、高句麗との戦闘で高句麗の手におちた「倭国」人ではなかったろうか」（七一頁）
⑥そして結論として、「このようにみてくると、義熙九年、東晋に入貢した「倭国」使は、本来の倭国使ではなく、高句麗が倭国との戦闘で捕虜にした倭人に高句麗産の「貂皮・人参」などを持たせたものであり、高句麗の目的は遠夷入貢の名目で東晋の歓心を買い、他方、自己の威勢を誇示することにあったものと思う。それを中国側は、あたかも倭国がみずからの意志で入貢したように記録してしまったのであろう」（七三頁）と述べている。

このように坂元義種氏は倭国使＝倭人捕虜説を主張されたのである。『太平御覧』の史料的性格には問題があるが、「義熙起居注」の記事はそのまま事実とみなしてよいとし、それを重要な論拠としている点がもっとも注目されるところである。このような坂元氏の倭人捕虜説の根底には、一九七八A論文にみられるように、広開土王碑文などから知られる当時の情勢から考えて、倭国の正式使者が高句麗と共同して朝貢するはずはない、という理解があることも付け加えておきたい。なお、同書において義熙九年の入貢を倭王讃とする『梁書』『南史』の記事についても詳しく検討し、両書にオリジナリティはないと結論されている（同書「1　四一三年の朝貢は讃のものか」参照）。

（四）　義熙九年倭国使の近年の理解

以上に紹介してきたように、義熙九年の倭国使については、正式使者による単独入貢説・共同入貢説に加えて、さらに倭人捕虜説が示されることとなったが、坂元氏の倭人捕虜説が今日の学界に影響を与えているようである。

その後の説としては、まず武田幸男氏（一九八九）の所論があげられる。氏は、池田温氏の高句麗使が倭国使を随伴したとする説を紹介した後、次のように述べられる。

他国使を随伴した高句麗使は、古くは三七七年の新羅使、後には四五九年の粛慎使の場合に認められるが、それには高句麗使による随伴使の掌握が前提となる。それならばこの四一三年の場合についても、一方で両国が熾烈な敵対関係にありながら、他方で高句麗使に倭国使が随伴したとみるよりは、むしろ高句麗使が倭国使を完全に掌握した上で、同時入朝したとみる方が自然であろう。倭国使の正体は高句麗が戦闘で捕虜にした倭人を仕立てたものだという解釈は、それゆえひとまず説得力をもつ。他国使の随伴入朝はその分だけ中国への示威となり、高句麗の国力の大きさを証明した。そして随伴使の正体が捕虜であったにしろ、それが新羅使でも百済使でもなく、まさしく倭国使として仕立てられ、倭国使として受け容れられたものならば、それは倭をひときわ重視していた高句麗の対倭認識を物語るものである。したがって倭国使捕虜説の当否を問わず、いずれの場合でも四一三年両国使の同時入朝は、高句麗の南方政策における深刻な対倭認識、対倭政策の産物といえよう。そして『碑文』（石井注―広開土王碑文）の作成はほぼ同じ頃に始まり、立碑がその翌年であった事実も忘れられてはならない。（二二六頁）

このように武田氏は坂元義種氏の倭人捕虜説に一定の理解を示している。そして最近の著作をみると、例えば熊谷公男氏（二〇〇一）は、

四一三年に倭国の使者が高句麗使とともに東晋に入朝したという記録もあるが、これには内容的に不自然な

点があり、どうも高句麗が倭人の捕虜を使者に仕立てて、倭国が高句麗の配下にあるようにみせかけたものであるらしい。（六六〜六七頁）

と述べる。また鈴木靖民氏（二〇〇二）は、

史書によると、四一三年（義熙九）、倭国あるいは倭王讃の使節が東晋に朝貢した（『晋書』安帝紀、『梁書』倭伝、『南史』倭国伝）。これについては倭の王権から遣わされたのでなく、高句麗が倭との戦闘で捕虜にした倭人を使節に仕立てて、朝鮮半島ないし高句麗特産の「貂皮・人参」（『太平御覧』香部麝条「義熙起居注」）を朝貢品に持たせて共同で行った政略的なものであると推測されている。これには異論もあるが、四〇七年の戦争から六年経ったこの年に、なおも敵対関係にある高句麗に従属する形で倭の外交が行われたと考えるのは現実的でない。（二三〜二四頁）

と述べられている。いずれも定評ある概説ないし通史シリーズの中で示されている見解であるだけに注目されるところである。

しかし一方、倭人捕虜説に対する異論もみられ、早くには川本芳昭氏、最近では仁藤敦史氏が疑問を示し、倭国からの正式使者による高句麗との共同入貢であると論じられている。まず川本氏（一九九二）は、

「この義熙九年の遣使を倭国と高句麗の同時入貢であったと考えるが、この際の倭国使はやはり正式の使節であったのではないかと考える。その主な理由は二つある。

その一は、たとえば百済主導で行われた五二一年における新羅の南朝梁への遣使の場合、それが新羅官位制の成立に伴う外交路線の急展開を受けたものであり、そこに新羅の強い意志があったことにみられるように…、同時入貢が一方の主体性喪失を意味しない場合があるからである。このときの新羅は久々の中国遣使であるにもかかわらず、四一三年の倭国による東晋遣使の場合と同様、称号の授与を受けていない。

その二は、『日本書紀』応神三十七年条（石井注―【史料5】）の記事に、…この高句麗を介しての遣使は、『日本書紀』が人名などまで捏造してこの記事をつくったと考えないかぎり、倭王武より前の事柄であると考えられる。…この記事が義熙九年のことを伝えたものである蓋然性がきわめて強くなる」（一九二頁）

このように高句麗使との同時入貢は認めるが、二つの理由をあげて倭人捕虜説への疑問を示し、正式の使節であったと述べられた。

そしてごく最近の仁藤氏（二〇〇四）の説は次のごとくである。

『南史』の記載によれば永初二年（四二一）段階での讃の朝貢が明らかであるとすれば、『宋書』の「世々貢職を修む」の文言は、義熙九年（四一三）の東晋への朝貢を前提にした表記であると考えられる。さらに「倭王」や「倭国王」の王号が自称により追認されるのではなく、厳密に中国皇帝の許可により使用が許されていたとするならば、『梁書』倭伝に「復た卑弥呼の宗女台与を立てて王と為す。其後復た男王を立つ。並びに中国の爵名（石井注―「爵命」）を受く。晋の安帝の時、倭王賛有り」とあることは、四一三年（義熙九）の東晋への朝貢時に讃（賛）が「倭王」であることを承認された可能性がある。台与以後に復立された男王とは讃以下の倭の五王を示しており、台与と讃以下を連続させる『梁書』倭伝の解釈を示している。また阿知使主らが高句麗に道をこい、高句麗の人久礼波らとともに呉（南朝）にいたったとの伝承（応神紀）は雄略紀との重出など史料批判の問題はあるが、後には敵対した高句麗経由での呉との交通記載はやはり無視できない。百済に対する軍政権の主張は、百済と新羅の親密化が進んだ、少なくとも元嘉十五年（四三八）の朝貢以降は一貫しており、倭の五王段階の遣使が百済の意向に左右されない主体性をもっていたならば、倭国と高句麗との共同入貢が、両国の一時的な和平により行なわれたことも想定される。倭国が大局的に親百済政策をとったことはまちがいないが、朝鮮半島をめぐる当時の基本的な対立軸は高句麗と百済の抗争であり、倭国がどちらの陣営に与するかは当初必ずしも自明ではなく、百済からの七支刀の送付があったと同じように、高句麗からも南朝への共同入貢の働きかけがあったことも想定できる。基本となる高句麗と百済の対立関係においても、絶えず抗争状態にあったわけではなく、三九六年頃のように高句麗の強大化により百済が形式的に服属した時期もあり、絶えず流動的であった」（一二五～一二六頁）

仁藤氏も川本氏と同様、『日本書紀』応神三十七年条との関連を重視していることが注目されるところであろう。(6)また単独入貢とする説も少数ではあるが最近でも見られる。川勝守氏（二〇〇二）は、具体的には武田幸男氏説に対する疑問として三点をあげて、単独入貢とする説を述べられている。氏はまず武田氏らの所論に対する疑問として次の三点をあげられる。

①「義熙起居注」の記事は、「あくまで朝貢は倭国が行っているのである。高句麗は朝貢行為に直接には姿を見せない。ただし、貂・人参は倭国土産であるわけはなく、高句麗特産品である。…倭国は高句麗から交易によって貂・人参を入手し、それを東晋王朝に献上した。文言はその事実を示すだけではないか。

②「倭国はなぜ自国産ではない貂・人参を献じたか。高句麗産物である貂皮・朝鮮人参などは当時南朝の人士が希求していた品物であ」ったが、「東晋はどう希求しても、得難い産物であり、倭国がそれらを献上すればそれが方物、土産であろうとなかろうと歓迎したことは容易に考えられる。…倭国が高句麗特産品を入手し易い交易関係の秩序が確保されていたことを窺わせる。…平和的交易が日本列島と朝鮮半島との間で恒常的に行われた結果とも言える」

③「東晋安帝の義熙九年（四一三）の記事を倭国使のそれとするが、この年に倭国の遣使を伝える明確な史料はない。『南史』…に「晋安帝の時、倭王讃の遣使朝貢有り」の記事ぐらいである」（石井注―前掲【史料1】の如く『晋書』本紀義熙九年条に「倭国」入貢の記事がある。何か別の意味であろうか）

ついで次のように自説を展開される。

「逆に考えると、東晋安帝の義熙九年に高句麗王璉、すなわち長寿王が…赭白馬を献じた。貂皮…と朝鮮人参などを貢物としたとの明記はない。当時南朝の人士が希求していた高句麗の産物であれば、この年の高句麗の遣使にこの物産が持参されたことは十分に考えられる。わざわざ倭国使に持参させる必要など無いはずである。南朝東晋とすれば、産地高句麗が貂皮・人参を直接に持参するのが一番であった。それよりも、倭国使が高句麗特産品を南朝東晋に献上していたことの意味が重要であろう。ただし、その史料は正史には再録されず、『義熙起居注』逸文で伝来したことにも留意しておく必要がある」（一二三～一二五頁）

要するに高句麗使が倭国使を伴って朝貢したならば、わざわざ倭国使に高句麗特産の貂皮・人参を献上させるはずはない。すなわち、倭国使単独の朝貢であり、貂皮や人参は高句麗との交易で倭国が得たものであった、とするのが川勝氏の所論とまとめることができるであろう。

このほか、上記の諸説とやや異なった理解を示すのが前之園亮一氏（二〇〇一）で、協議入貢とでも称すべき見解を述べられている。次のごとくである。

①「倭国が高句麗特産の貂皮・人参を献上していることは興味深い。また、細笙を下賜されたのは倭王の側近に笙を演奏できる渡来人がいたことを推測させる」（五五頁）

②倭と高句麗が「突然四一三年に東晋に遣使した」のは、…「四一〇年二月に劉裕（宋の武帝）率いる東晋軍が南燕を滅ぼして山東半島を奪還したことにより山東経由の遣使ルートが開かれたことに最大の理由がある」（五五頁）

③それでも南燕滅亡後すぐに遣使がなされず、三年もたって両国が「ほぼ同時に遣使」したのはなぜか。好太王時代の高句麗は南燕に通交していたので、東晋から咎められる恐れがあったからであり、また倭の東晋への入貢を妨害していたからである。

④「しかし、好太王が四一二年に死去して長寿王が即位すると状況は変化した。長寿王は即位早々東晋との関係改善に努めたのだから、倭とも関係改善を図ったとしても不思議ではない。それに、山東を奪還した劉裕が簒奪の布石として長寿王と倭に入貢を促す使者を派遣した可能性は低くないと考えるので、東晋への通交を相互に妨害しないという条件で倭と利害が一致して、これまでの対立関係を一時期緩和できたのではないだろうか。それゆえに倭と高句麗は同年に東晋に遣使し、倭国の使者が高句麗特産の貂皮と人参を献上することになったのであろう。その点、応神天皇三十七年条の阿知使主らが高句麗経由で高句麗

人の道案内で呉に至ったという記事は注目に値する。…この記事は四一三年の遣使と無関係ではあるまい。両国が協調できた一時期は、四一三年から四二七年の平壌遷都までの十四年間と推定される。平壌遷都という高句麗の大南進によって、両国の関係は再び険悪となったはずである。

なお、四一三年の倭国使は貂皮・人参等を献上していること、倭王に官爵が授けられていないことから、正式の倭国の使節ではなくて高句麗が自己の勢威を誇示するために捕虜にした倭人を倭国使に仕立てたものである、という坂元義種氏の有力な説が存する。しかし川本氏は正式の使者と見てよいと言われている。倭国使が貂皮と人参を献上したのは、当時の江南でこれらが珍重されていることを倭王権がよく知っていたからにほかなるまい。北魏の太武帝ですら南伐中に籠城中の宋将劉義恭（劉裕の五男）に貂裘を餉り、それに応えて義恭は甘橘を贈っている。交戦中においても贈答の習慣があったから、倭国使が高句麗特産の貂皮と人参を贈答や交易によって入手して献上することは不可能ではない」（五八頁）

⑤「要するに倭が四一三年に東晋に遣使したのは、①南燕討滅によって山東経由の通路が開通したからであり、②劉裕が倭に入貢を促したからである、という先学の挙げられた理由のほかに、③好太王の死と長寿王の即位が契機となって倭・高句麗関係が一時的に改善されて、山東半島経由の海路における高句麗の妨害がやんだからである」（五九頁）

前之園氏は、基本的に倭国からの使者による単独入貢説に立つようであるが、高句麗が「倭とも関係改善を図」り、「東晋への通交を相互に妨害しないという条件で倭と利害が一致して、これまでの対立関係を一時期緩和できたのでは」ないかとしたり、倭は貂皮・人参を高句麗との「贈答や交易によって入手した」といった表現からみれば、高句麗・倭両国間で和平協議が行われた上で同年の入貢になったという、協議入貢説とでもいうべき理解である。ただし高句麗を経由し、高句麗使と同行して呉に至ったという応神三十七年条を四一三年の遣使と「無関係ではあるまい」と重視されていることからすると、共同入貢説については全く触れられていないが(池田温氏論文は参照されていない)、ほぼ共同入貢説に近い見解とみなしてよいであろう。

以上、義熙九年の「倭国」使に関する近年の諸説をながめてきた。(7) 池田・坂元両氏の見解に基づき、倭国からの正規の使者か倭人捕虜かで解釈が分かれるが、両説いずれをとるにしても、高句麗使と「倭国」使が一緒に入貢したこと(共同入貢)については、事実と考える解釈がおおむね取られていると評してよいであろう。

2　既往諸説の論点

さて、熊谷氏は、「高句麗使とともに東晋に入朝したという記録もあるが」と述べられるが、高句麗・倭国使が「同時に一緒に入朝した」という意味であれば、そのようなことを明記した記録があるわけではない。すでに池田温氏が、

一般に正史の本紀が年末にまとめて某々等国入貢を登載する書式は、一年間に来貢した諸夷を便宜的に列挙するにすぎず、諸国の同時入貢を必ずしも意味せぬことはいうまでもない。

と述べられるとおりである。その上で池田氏は続けて、

義熙九年には践祚・改元等の大事は無いから特に諸夷がまとまって入貢する原因を考え難く、西南夷と東夷がもし同時期に来会したとすれば、それは単なる偶合と認むべきである。但し同じ東夷の高句麗と倭国の場

合はどうであろうか？両者が同時に共同入貢したことを確実に伝える資料は殆どなく、もし両者が相携えて来貢したならそれが異例に属す点は疑いない。しかし義熙九年については、つとに橋本増吉氏が両国の共同入貢を力説され、それとは別に近年今西春秋氏も同様に解されている。筆者は基本的に橋本氏らの見通しは正しいと考えるが、その点を明らかにする為には貢献した品物と賜与された品物を検討することが有力なてがかりとなろう。（二九〜三〇頁）

と述べ、高句麗と共同入貢とみる見解の主要な論拠は、「義熙起居注」にあるとして、同史料の検討を進められたのである。つまり、「義熙起居注」によって知られる、「倭国使が高句麗の特産品を献上しているのは何故か」という疑問から発して、それは事情は如何にせよ「高句麗と共同で入貢したから」とするのが、共同入貢・倭人捕虜両説論者共通の認識とみてよいであろう。協議入貢説に立つ前之園氏にあっても同様とみなされる。また単独入貢説に立つ川勝氏の、南朝の人士が希求する高句麗特産品を倭国が交易によって入手し、南朝東晋に献上したとする所論も「義熙起居注」の記事に基づいている。したがって何れの説を取るにせよ「義熙起居注」の記事が重要な意味を持つことになる。

「義熙起居注」については、すでに今西氏に「高句麗脱落説」のあることを紹介したが、池田・坂元両氏ともに記述の通り倭国の朝貢とみなして問題ないとされた。しかしながら、私にも今西氏と同様の疑問があり、「義熙起居注」の「倭国」を「高句麗」とみなす十分な理由があるように思われる。この点について節をあらためて述べてみたい。

3 「義熙起居注」記事の検討

（一） 朝貢品の問題

さて、正規の倭国使にしても、倭人捕虜を使者に仕立てたにしても、「義熙起居注」に伝えられるその貢物は不可解と言わざるを得ない。倭国使が献上したという貂皮・人参については、あらためて説明するまでもなく、いずれも高句麗ないし北方民族の特産品として知られており、少なくとも倭国の土産でないことは明らかである。真の倭国使であれば、献上するはずのない品物といってよいであろう。そこに共同入貢説や捕虜倭人説のそもそもの発端があるのであるが、坂元義種氏は高句麗の共同入貢の事例として粛慎の例をあげられている。

【史料8】『宋書』巻六・孝武帝本紀大明三年（四五九）条
十一月己巳、高麗国遣使献方物。粛慎国重訳献楛矢・石砮。
〈十一月己巳、高麗国、遣使して方物を献ず。粛慎国、重訳して楛矢・石砮を献ず〉

【史料9】『宋書』巻九七・高句驪伝
大明三年、又献粛慎氏楛矢・石砮。
〈大明三年、又粛慎氏の楛矢・石砮を献ず〉

【史料10】『晋書』巻一〇五・載記・石勒下
時高句麗・粛慎致其楛矢、宇文屋孤並献名馬。
〈時に高句麗・粛慎、其の楛矢を致し、宇文屋孤並びに名馬を献ず〉

これらは粛慎が朝貢したという記事であるが、実際には高句麗が粛慎にかわって、もしくは粛慎を従えて楛矢・石砮を献上したと理解すべきであるとし、義熙九年の高句麗・倭国の例もまさに同様に解釈すべきであるとされるのである。たしかに形の上では似ている。しかしながら、大きく異なるのは、その朝貢品である。たとえ高句麗が主体となって入貢したにしても、粛慎が粛慎特産の「楛矢・石砮」を献上する形をとっていることである。倭国使が自国の特産品ではなく、「貂皮・人参」という、ただちに高句麗特産を連想させる品を献上していることとは大きな違いがある。すなわち、高句麗が意図的に遠夷入貢を演出して中国王朝の政治的な歓心を買う目的――粛慎の楛矢・石砮献上が皇帝の徳政の表れとするような――をもって倭人捕虜を倭国使に仕立てたならば、高句麗の特産以外の品を持たせて、それなりの装いをさせるのではなかろうか。

義熙年間当時における東晋の倭国についての知識がどれほどのものであったかは明らかでないが、全く倭国のことを知らなかったわけではなかろう。少なくとも西晋の陳寿（二九七年没）によって著わされた、『三国志』「魏書」東夷伝倭人の条、いわゆる「魏志」倭人伝に記載されているような事情については知っていたはずである。「魏志」倭人伝には、倭国が〈会稽東冶の東〉（現在の福建省福州）にありとか、〈倭の地温暖〉とか、また「有無するところ儋耳・朱崖と同じ」つまり産物については今日の海南島のものと同じといった記述があり、また魏への献上品として、生口のほか、布・錦・縑などの繊維製品、丹、弓矢などが記されている。したがって義熙九年当時の東晋の朝廷には、倭国の位置を東南とする理解や物産等についての一定程度の認識はあったはずである。(8) それが献上の品が北方高句麗特産品となれば、東晋朝は不審を抱くのではなかろうか。捕虜を遠夷入貢の使者に仕立てるとすれば、高句麗はもう少し異なった品目を持たせるのではなかろうか。今西氏のように「義熙起居注」記事に「高句麗脱落説」が出されるのは、至極当然のことと思われる。

（二）　回賜品の問題

次に検討したいのは、東晋からの回賜品であり、東晋が回賜品として細笙・麝香を選択した理由である。「細笙」と「麝香」は要するに楽器と香料である。なぜこれを回賜の品として東晋は選んだのであろうか――もちろん回賜品の一部であろうが――。

まず素朴な疑問としておこってくるのが、この頃の倭人が「細笙」や「麝香」を賜与されて、果たしてその価値を理解したであろうかということである。中国王朝への入貢の一つの、そして大きな目的として威信財の入手があるが、「細笙」や「麝香」に威信財としての価値を見いだすことができる環境に当時の倭人社会があったかどうか、疑問とせざるを得ない。もちろん「細笙・麝香」は回賜品の一部であろうが、伝世のための耐久性という観点からも、竹製の「細笙」には余り期待できないのではなかろうか。東晋がこれらの品を倭国への回賜品に選択する理由がよく分からない。

それに対して、回賜品が楽器と香料とからなるという組み合わせを考えてみると、ただちに想起されるのは高句麗である。賜与の相手が高句麗とすると、実に東晋の選択には意味があると思われるのである。笙と麝香それぞれについて考察してみたい。

A：笙

まず楽器の笙であるが、笙は竹管を組み合わせた管楽器の一つである。こうした楽器を用いる歌舞の環境について考えてみると、倭人社会においては、文献史料にみえるところでは「魏志」倭人伝に、

【史料11】『三国志』巻三〇・魏書・倭人伝
其死有棺無槨、…喪主哭泣、他人就歌舞飲食。
〈其の死するあれば、棺有るも槨無し、…喪主哭泣し、他人就きて歌舞飲食す〉

と、葬送に関連して歌舞がなされたとする記述があるに過ぎない。考古学上の遺物でも、主に五世紀後半以降の人物埴輪などにより、琴や笛などの初歩的な楽器の使用が知られる程度である。(9) 前之園氏は、「細笙を下賜されたのは倭王の側近に笙を演奏できる渡来人がいたことを推測させる」（五五頁）とされるが、五世紀前半当時の倭人社会は笙のような高度の楽器を用いるほどの歌舞・音楽環境にはなかったとみざるを得ない。

一方、高句麗の人々が歌舞を好んだことは文献史料や高句麗古墳壁画などによって、よく知られている。まず文献史料の幾つかをあげると、次のごとくである。

【史料12】『後漢書』巻八五・高句驪伝
武帝滅朝鮮、以高句驪為県、使属玄菟、賜鼓吹伎人。其俗淫、皆絜浄自憙、暮夜輒男女群聚為倡楽。
〈武帝、朝鮮を滅ぼすや、高句驪を以て県と為し、玄菟に属せしめ、鼓・吹・伎人を賜ふ。其俗淫なるも、皆絜浄自憙、暮夜輒はち男女群聚して倡楽を為す〉

【史料13】『三国志』巻三〇・魏書・高句麗伝
其民喜歌舞、国中邑落、暮夜男女群聚、相就歌戯。
〈其の民、歌舞を喜ぶ。国中の邑落、暮夜男女群聚し、相就きて歌戯す〉

【史料14】『旧唐書』巻二九・音楽志

宋世有高麗・百済伎楽。

〈宋の世、高麗・百済伎楽有り〉

元封三年（BC一〇八）前漢の武帝が朝鮮を滅ぼし四郡を設置した際、高句麗に鼓・吹などの楽器と楽人を賜与していること(10)、高句麗の人々が歌舞を楽しむ様子、そして宋代（四二〇〜四七九）には高句麗の楽が百済楽とともに世に知られていたことなどが記されている。高麗楽は、その後の中国王朝の四方楽にも取り入れられ、さらに日本にも伝来し、律令制下「高麗楽」として定着したこともよく知られている(11)。

また、高句麗の主に貴族が歌舞を楽しむ具体的な姿を古墳の壁画にみることができる。高句麗古墳壁画における重要なテーマの一つが歌舞の場面で、「舞踊塚古墳」と名付けられた古墳の存在は周知の通りであるが、壁画には楽器も多く描かれている。壁画に描かれた楽器について、朝鮮民主主義人民共和国社会科学院考古学研究所編著（一九八二）には次のような記述がある。

今まで壁画に描いた高句麗の楽器は二十一種に達し、文献にはこの他に十五種の楽器があったように記録されている。したがって、高句麗には合計三十六種類以上の楽器があったものと思われる。……

壁画に描いた管楽器は、角笛・長笛・横笛・簫・螺貝があり、文献はこの他に義觜笛・笙・葫蘆笙・小篳篥・大篳篥・桃皮篳篥などを記している。

…簫は長短の真竹の竹管幾つかを横へ平行に結合した楽器である。…（二〇九〜二一二頁）

北朝鮮黄海南道安岳郡にある安岳三号墳の壁画には、笙と同じく竹管楽器の簫を吹く姿が描かれている。同古墳には、「永和十三年（三五七）…」という墨書銘があり、その築造年代が明確に知られる。安岳三号墳をはじめとする、およそ四世紀に築造された古墳の壁画から、この頃の高句麗では、打楽器・弦楽器・管楽器など、少なくとも二十種類を超える楽器が用いられていたことが知られるのである。簫と同じく竹製の管楽器である「笙」については、現在発見されている壁画にはみられないようであるが、『隋書』『旧唐書』『新唐書』音楽志などに、高麗楽に用いられる楽器の一つとして現れている。

このように倭と高句麗の歌舞・音楽事情についてみてくると、「笙」の贈り先としては倭国よりも高句麗が相応しいことが明らかではなかろうか。

B：麝香

次に「麝香」についてであるが、香料・薬品としてよく知られ、池田氏は次のように述べられている。

天然動物性香料として古来もてはやされ、ジャコウジカの雄の臍の後方皮下に生殖器に附随して存する麝香嚢中の腺を乾燥して得られる分泌物をうすめたものである。ジャコウジカはヒマラヤ・チベットから中国西部・モンゴル・シベリア・朝鮮にかけ分布するが、中国では西南から西方山地の辺州の産物として齎された。蘭麝の語が香料の代表とされ、南朝の貴族社会や寺院で特にこれが貴重視されたことはいうまでもない。そして麝香は独用より多種の香料と適当に調合することにより一層その効果が発揮される。他方その薬効もひろく知られていた。（三三頁）

麝香の用途は様々で、『太平御覧』にみられるところでは、例えば芳香のために身体に塗ったり、毒蛇よけに用いたり、あるいは本草関係では薬料としての効能が説かれている。その用途のうち、香料としてみたとき、仏教との関係が重視される。焼香の言葉に知られるように、仏教にもともと香が不可欠であることは、経典にも説かれているが、「香を薫じたり、身に塗ったりして、悪臭を取り除き芳香を生活の中に漂わすインド古来の習俗が、仏の供養に取り入れられたことにより、香は供養の重要な料となった」[12]といった説明がなされている。具体的な史料としては、晋代の記事として、

【史料15】『晋書』杜太后伝（『太平御覧』巻九八一・香部一・香）
海西公之世、太后復臨朝称制。桓温之廃海西公也、太后方在仏屋焼香。…。
〈海西公の世、太后復た朝に臨み制を称す。桓温の海西公を廃するや、太后方に仏屋に在りて焼香す…〉

といったものがみえる。そして問題としている「麝香」についても、『金光明最勝王経』巻第七・大弁財天女品第一五之一に、「香薬三十二味」の一つとしてみえている。[13]
香料の重要な用途の一つである仏教との関連からみて、注目されるのはやはり高句麗なのである。義熙九年に先立つ三七二年（小獣林王二）に高句麗には中国（前秦）から仏教が伝来し、寺院が建立されている。『三国遺事』には次のようにみえる。

【史料16】『三国遺事』巻三・順道肇麗
高麗本記云、小獣林王即位二年壬申、乃東晋咸安二年孝武帝即位之年也。前秦符堅遣使及僧順道、送仏像・

経文〈時堅都関中、即長安〉。又四年甲戌、阿道来自晋。明年乙亥二月、創肖門寺、以置順道。又創伊弗蘭寺、以置阿道。此高麗仏法之始。

〈「高麗本記」に云く、小獣林王即位二年壬申、乃はち東晋咸安二年、孝武帝即位の年也。前秦の符堅、使及び僧順道を遣はし、仏像・経文を送る〈時に堅、関中に都す。即はち長安なり〉。又四年甲戌、阿道晋より来る。明年乙亥二月、肖門寺を創り、以て順道を置く。又伊弗蘭寺を創り、以て阿道を置く。此れ高麗仏法の始なり〉
※『三国史記』巻一八・高句麗本紀・小獣林王二年条・四年条・五年春二月条、参照。

前秦から僧が渡来して仏像・経典が伝えられ、まもなく寺院も建立され、〈高麗仏法の始なり〉と記されている。[14] すなわち、「麝香」についても、贈り先としては仏教伝来していまだ日の浅い高句麗が相応しいのである。

(三)「義熙起居注」記事の倭国は高句麗の誤りか

以上、回賜品目の検討から、「義熙起居注」にみえる回賜品の「笙」「麝香」は高句麗にこそ贈られるものとして相応しいことを述べてきた。池田氏は「高度の聴覚及び嗅覚文化を象徴する詔賜に接した倭人の胸のときめきを想像」(三九～四〇頁)すると言われる。確かにそのような面も否定できないであろうが、上に述べてきたような、それを受け入れる環境や意義などを考えると、「義熙起居注」に回賜品として記されている、楽器の「細笙」、香料の「麝香」いずれも高句麗にこそ回賜として与えるに相応しい品と言えるのではなかろうか。回賜品は当然「笙・麝香」に限られるものではなかったろうが、それが記録にとどめられているのは、やはり特別の意味があったからとみなされる。それは歌舞を好み、仏教信仰の芽生えた高句麗への特別の配慮と考えて初めて納得がいくのではなかろうか。

もし「義熙起居注」の「笙」「麝香」の賜与先を高句麗とすると、東晋が回賜の品として選択した理由もよく理解できるであろう。高句麗における歌舞の隆盛があることはいうまでもないが、それだけでなく、安帝は、東晋への初めての朝貢を大きなできごととととらえ、前漢の名君武帝が高句麗に「鼓・吹・伎人」を下賜したという故事【史料12】にならって「細笙」を回賜品に選んだのかも知れない。「笙」は四世紀の高句麗古墳壁画には描かれていないようであるが、『隋書』『旧唐書』『新唐書』音楽志などに、高麗楽に用いる楽器として定着している。あるいは、義熙九年の賜与をきっかけに高句麗の歌舞における楽器の一つに加えられるようになったものではなかろうか。また「麝香」については、伝来してまだ間もない高句麗仏教に必要な知識を与えるという目的から賜与されたと考えることができるであろう。

このように、「笙・麝香」いずれも時期からみて高句麗への回賜に相応しい品といえるであろう。すなわち「貂皮・人参」という貢献品が高句麗の特産であるのみならず、回賜品も高句麗に賜与するに相応しい品物なのである。これらからみて、「義熙起居注」の記事は「高句麗」に関わるものとみて間違いないであろう。妄りに史料の誤脱をいうべきでないことは十分に承知しているが、「倭国」とあるのは「高句麗」の誤記、もしくは「高句麗・倭国」とあった原史料の誤引といった、『太平御覧』編纂時の誤記・誤引を想定するのは許されるのではなかろうか。

このような「義熙起居注」高句麗脱落説ないし誤記説については、すでに述べたように坂元義種氏が否定されている。たしかに氏が指摘されるように、高句麗であるとすれば貢献品に「赭白馬」の記載がないことを問題とすべきかも知れない。しかし史料の残存や記録のあり方が一様でないことを考えれば、一つの史料に全ての事実が記録されているわけではなく、特筆すべき事柄、筆録者に関心のあるできごとが、記録として別々に伝わることも当然ありうることであるので、必ずしも高句麗脱落ないし誤記説を否定する合理的理由にはならないように思われる。「義熙起居注」の事例は、坂元氏自身が指摘される『太平御覧』の参考史料の引用の仕方に問題のある例の一つに加えられる記事ではなかろうか。

また坂元氏は高句麗脱落ないし誤記説否定の論拠として、この時高句麗王には官爵が授けられているのに倭国王には除授された形跡のないことがあげられている。しかしこれも「赭白馬」の例と同じで、記録のあり方を考慮すべきではなかろうか。例えば、高句麗王は、東晋咸康二年（三三六）・建元元年（三四三）に東晋に入貢しているが、『晋書』本紀にはただ朝貢を伝えるのみで高句麗王に官爵が除授された記述はない。しかしながら後の経緯を考えると、少なくともこのうちいずれかの時には官爵が授与されていると推測される（詳しくは本論文第三章参照）。また【史料４】にあげたように、〈永初二年（四二一）詔して曰く、「倭讃、万里修貢す。遠誠宜しく甄すべく、除授を賜ふ可し」と〉とあるが、具体的な除授の内容が記されていない。必ずしも全ての除授の記録が具体的に記されていたわけではないことも考慮すべきではなかろうか。したがって、倭国王に官爵が除授された史料がないことから、正式の倭国使ではないとする見方にも再考が必要ではないかと考える。

むすび

以上、義熙九年（四一三）の倭国使について、「義熙起居注」記事を中心に考察を加えてきた。その結果、「義熙起居注」にみえる回賜品が、倭国へ贈られたものと考えるより、高句麗へ贈られたものと考える方が、より自然であることを述べ、「義熙起居注」の「倭国」は「高句麗」の誤記ないし誤引とみるべきであるとの結論に達した。もし「義熙起居注」を「高句麗」に関わる記事とする私見が認められるとすれば、「義熙起居注」の「倭国」記事を主要な論拠とし、「倭国使が高句麗の特産品を献上しているのは何故か」という疑問に発する高句麗・倭国共同入貢説や倭国使倭人捕虜説には、再検討が必要ではなかろうか。「義熙起居注」記事を除いた史料で当時の状況を考えると、広開土王碑文に知られる高句麗と倭との戦争状況からみて、四一三年に共同で使者を派遣するような環境にはないと判断せざるを得ない。同様に両国間に協議があったとみることも困難であろう。すなわち、義熙九年の倭国使は、日本列島のヤマト王権から派遣された使者で、高句麗とは無関係の単独の遣使朝貢とみなされる。

二六六年の倭の女王台与の西晋への朝貢以来みられなかった、倭の中国王朝との交流の再開は四一三年の東晋に対する遣使朝貢にあるとみなしてよいと考える。それはまた倭の五王時代の幕開けとなる。但し『梁書』『南史』など義熙の遣使を讃によるものとする史料については、坂元義種氏が詳しく論じられたように『宋書』などからの類推で記された可能性があり、讃と断定することはできない。したがって、これが倭王讃によるものか、もしくは讃に先立つ倭王なのか――その場合倭の六王となるが――問題は残るが、少なくとも日本列島の勢力から、台与以来の中国王朝への遣使が四一三年に行われたことは間違いない史実としてよいであろう。そして同年には高句麗も入貢している。三九〇年頃から直接戦ってきた当事者の高句麗・倭が、奇しくも義熙九年の同じ年に相前後して中国王朝（南朝）との交流を再開したのである。高句麗は七十年ぶり、倭にいたってはおよそ一五〇年ぶりのことである。その背景に両国の東晋通交に重要なルートである山東半島情勢の変化があるとの指摘は、すでに冒頭に触れたとおりであり、東晋による南燕滅亡の情報が、いち早く百済から倭に伝えられた可能性は十分に考えられる。[15] のちの倭王武の上表文を参照するまでもなく、倭は高句麗との対決を中国王朝の力を借りて打開しようとはかったものであろうし、高句麗も百済や倭との抗争を有利に進めようとして北朝のみならず南朝への入貢を行ったとみて間違いないであろう。すでに百済は三七二年・三八六年と東晋から冊封を受けている。倭も高句麗も百済の動向に刺激を受けての東晋入貢である可能性は十分に考えられるであろう。ここに朝鮮半島情勢をめぐる新たな動きが始まるものとして、四一三年にあらためて注目したいと思う。

二　倭国王済の将軍号について——安東将軍か安東大将軍か——

はじめに

倭の五王の三番目にあたる済は、珍に続き、宋朝に対して自らの官号だけでなく、その部下にも官号の除正を申請して許されている。ヤマト王権の支配機構が整備した時期としても注目されているのであるが、済の得た将軍号について安東将軍説・安東大将軍説があり、いずれをとるかによって、倭国王の国際的地位の評価などが大きく異なってくる。この問題について、考察を加えてみたい。

1　倭国王済の将軍号についての基本史料と既往の諸説

倭国王済の得た官号について、まず『宋書』巻九七・夷蛮伝・東夷・倭国条（以下、倭国伝）には次のように記されている。

【史料17】『宋書』倭国伝

（元嘉）二十年、倭国王済、遣使奉献。復以為安東将軍・倭国王。
二十八年、加使持節都督倭・新羅・任那・加羅・秦韓・慕韓六国諸軍事、安東将軍如故。并除所上二十三人軍郡。

〈（元嘉）二十年、倭国王済、遣使奉献。復た以て安東将軍・倭国王と為す。

二十八年、使持節都督倭・新羅・任那・加羅・秦韓・慕韓六国諸軍事を加ふ。安東将軍故の如し。并びに上つる所の二十三人を軍・郡に除す〉

すなわち、済は元嘉二十年（四四三）に安東将軍・倭国王に封じられ、ついで同二十八年（四五一）に「使持節都督倭・新羅・任那・加羅・秦韓・慕韓六国諸軍事」が加えられたが、将軍号は安東将軍のままであったという。ところが、同じ『宋書』の巻五・文帝本紀には、

【史料18】『宋書』巻五・文帝本紀

是歳（元嘉二十年）、河西国・高麗国・百済国・倭国、並遣使献方物。

（元嘉二十八年）秋七月甲辰、安東将軍倭王倭済、進号安東大将軍。

〈是歳（元嘉二十年）、河西国・高麗国・百済国・倭国、並びに遣使して方物を献ず。

（元嘉二十八年）秋七月甲辰、安東将軍倭王倭済、安東大将軍に進号す〉

とあり、元嘉二十八年には、安東将軍から安東大将軍に進号されたと記されている。(16)

すなわち、元嘉二十八年に済が得た官号のうち、将軍号について、伝では〈安東将軍ハ故ノ如シ〉、本紀では〈安東大将軍ニ進号〉されたとある。「安東将軍」か「安東大将軍」かでは大きな差があり、倭国王の国際的地位を考える場合、重要な問題であることは言うまでもない。これまでの研究でもこの問題が論点の一つになっており、その見解は三種に大別される。代表的見解とともに紹介すると次のごとくである。

A：倭国伝が正しく、本紀が誤りとみて、将軍号はそのまま「安東将軍」とする説

①池内宏（一九四七）

「ただし将軍名については、倭国伝に「安東将軍如﹂故」とあるのが正しく、文帝本紀に大将軍に進めたとあるのは誤りであろう」（九八頁）

②宮崎市定（一九八三）

「しかしその文帝も元嘉二十八年にはやや折れて、倭国王に使持節都督倭・新羅・任那・加羅・秦韓・慕韓六国諸軍事安東将軍という位号を与えた。つまり、倭王が要求している百済をのぞき、加羅を加えて、数だけを六国として、その都督諸軍事とし、安東の号は大将軍ではなくて、たんなる将軍たること故の如し、というわけである」（二一八頁）

③西嶋定生（一九八五）

「また『宋書』本紀には四五一年にあたる元嘉二八年の記事には、倭王済が安東大将軍に除せられたとあるが、これは前後の関係からみて安東将軍の誤りであろう」（六一頁）

B：本紀が正しく、倭国伝が誤りとみて、将軍号が「安東将軍」から「安東大将軍」に進められたとする説

①高寛敏（一九九五）

「第二に、四五一年に済が「使持節、都督倭・新羅・任那・加羅・秦韓・慕韓六国諸軍事、安東大将軍」を加号・進号されたことである」（七一頁）

②田中俊明（二〇〇三）

考証はないが、四五一年授爵の項に「使持節・都督倭新羅任那加羅秦韓慕韓六国諸軍事・安東大将軍」と

記す（一五頁）。

C：倭国伝・本紀いずれも正しく、時間差を考慮して、まず「安東将軍」に除され（倭国伝）、その後まもなく「安東大将軍」に進号された（本紀）とする説

①坂元義種（一九七八B）

「文帝紀と倭国伝のいずれかがあやまりとすれば、わざわざ「元嘉二十八年秋七月甲辰、安東将軍倭王倭済、進号安東大将軍」と、月日や「進号」まで記す文帝紀の方ではなく、「安東将軍如故」とした倭国伝の方であろう。もっとも、私は、両史料を正しいものとして、両者を生かす方がよいと考えている。すなわち、両者を、元嘉二八年（四五一）の同じ時のものと解すから矛盾が生ずるのであり、これを、倭国伝の方が早く、ついで文帝紀のような進号が行なわれたと解したらよいわけである」（四七三頁）

②吉村武彦（一九九八）

「四五一（元嘉）二八　倭王倭済が、使持節・都督倭新羅任那加羅秦韓慕韓六国諸軍事・安東将軍・倭国王に、また二三人が軍郡に任命される。ついで済が安東大将軍を進号される」（五七頁　表3「五世紀の宋と遣宋使」）。ただし吉村氏は、最近ではA説をとられているようである。本論文注17参照。

③荊木美行（一九九六）

「まず、元嘉二十八年に「安東将軍倭国王」済の遣使があって、済は「使持節都督倭新羅任那加羅秦韓慕韓六国諸軍事安東将軍倭王」とされた…。そしてすでに「倭王」となっていた（倭）済に対して、おなじ年の秋七月にも将軍号の進号があって、（倭）済は「安東将軍」から「安東大将軍」へと進められたのである…」（六五頁）

このように三つの見解があるが、倭の五王研究に画期的な業績をあげた坂元氏の意見であるだけに、今日の日本の学界ではBないしC説つまり安東大将軍昇進説が一般に採られている。(17)しかしながら緻密な文献考証、史料批判を宗とされる坂元氏にあっても、この問題については、実証というべきものは伴っておらず、文帝紀には「月日や『進号』まで記」されているのだから信頼できるといった、やや印象的な理由から本紀を採用すべきことを述べているに過ぎない。常識的には確かに坂元氏のように考えられるのであるが、実証という面で不十分なことは否めない。そこにB・C説に対する反論が生じる余地があり、特に韓国の研究者には、A説（安東将軍説）の主張がみられる。代表的な例を示すと次のごとくである。

○朴鐘大（一九八五）

「済は宋朝から安東将軍・倭国王として冊封を受けた後、元嘉二八年（四五一）には「使持節都督倭新羅任那加羅秦韓慕韓六国諸軍事安東将軍倭国王」として冊封された。同書（『宋書』）本紀には安東大将軍として追封されたことを記録しているが、錯誤だというのが通説である」（三六頁）

「中国南朝が高句麗・百済・倭に冊封した爵号の序列面においても劉宋朝の場合は、高句麗は最初から征東将軍として冊封され、征東大将軍・車騎大将軍・驃騎大将軍の順序で進封されており、百済は最初鎮東将軍に冊封されたが、鎮東大将軍に進封された。倭は最初からずっと低い序列の安東将軍として冊封されただけである。同じ時期の冊封が百済は鎮東大将軍であり、倭は序列が低い安東将軍に過ぎないにも拘わらず、百済を包含する韓半島南部を軍事的に支配したというのは論理的に成立しえない主張である」（四五頁）

○延敏洙（一九九四）

「ところで、済に除授された爵号が安東大将軍なのであれば、済の死後、王位を継いだ興が大明六年（四六二）に除授された爵号が安東将軍であるため、前任の王よりも下位の爵号を除授されたことになる。これは中国の王朝の授爵慣例から見て、考えにくいことである。後任の王に特別な欠格事由がない限り、前任の王の爵号と同等、ないしは上位の爵号を除授するのが常例であるためである。列伝に記録されている世祖孝文帝の条によると、〝倭王の後嗣である興は、累代の倭王の忠誠を受け継ぎ、外海に宋室の蕃屏をなし、天子の徳化を受けて境域を平安にし、このように丁重に朝貢してきた。今、新たに辺土を守護しているため、爵号を除授し、安東将軍・倭国王とせよ〟と称頌の表現を駆使しているように、前任の王よりも下位の爵号が下される事由は見いだせない。この記事を否定しない限り、元嘉二十八年の倭国王済の安東大将軍説は採りにくい。…（中略）。

このように見ると、倭の五王の時代の倭王たちが、宋朝から除授された将軍号は安東将軍が最高の官品だったといってもよいだろう。倭国王の国際的な地位が、始終、高句麗・百済王よりも下位に置かれていたことは、宋朝側の国際認識であり、現実的な外交路線を反映しているものと考えられる。」（一二〇頁）

このように済の得た将軍号が安東将軍か安東大将軍かで、高句麗王・百済王と比較した倭国王の国際的地位についても大きな見解の差を生じることになるのである。そこで以下、あらためて検討を加えることにしたい。

2　『宋書』倭国伝・文帝本紀元嘉二十八年条の問題点

（一）「（倭国）王如故」とないこと

さて、ABC何れの見解を取るにせよ、既往の諸説を眺めてきて、やや不可解に思われるのは、倭国伝元嘉二八年条【史料17】の済の任官記事にみえる〈安東将軍故ノ如シ〉という表現について注意されていないことである。この記述によれば、元嘉二十年に安東将軍・倭国王に冊封された済は、同二十八年に「使持節・都督倭、新羅、任那、加羅、秦韓、慕韓六国諸軍事」を加えられたが、安東将軍はもとのままで変更がなかったということである。それでは、済が安東将軍とともに元嘉二十年に得ていたもう一つの称号である「倭国王」の地位はどうなったのであろうか。その記述がないのはどうしたことであろうか。

「(官爵号)如故(もとノごとシ)」という表現は、文献にしばしば見られるところであるが、倭国伝と同じく『宋書』夷蛮伝の中の高句麗・百済条の中から同様の記事をあげると次の如くである。(「如故」――、進号・加号――で示す)

①高句麗王高璉の場合(宋永初元年)
(前官)使持節・都督営州諸軍事・征東将軍・高句驪王・楽浪公
(新除)征東大将軍。持節・都督・王・公如故。
②高句麗王高璉の場合(大明七年)
(前官)使持節・散騎常侍・督平営二州諸軍事・征東大将軍・高句驪王・楽浪公
(新除)大将軍・開府儀同三司。持節・常侍・都督・王・公如故。
③百済王余映の場合(永初元年)
(前官)使持節・督百済諸軍事・鎮東将軍・百済王
(新除)鎮東大将軍。持節・都督・王・公(※)如故。
※「公」字は百済王にかかるように見えるが、高句麗王高璉と合叙されているので、この「公」は高句麗王

の楽浪公にかかる表記である。

①②③のように、高句麗王・百済王の場合は、進号や加号された時、以前に得ていた官爵を継承する場合には「王」号も必ず「如故」として記されている。

これに対して済の場合は、

④倭国王済の場合（元嘉二十八年）

（前官）安東将軍・倭国王

（新除）使持節・都督倭、新羅、任那、加羅、秦韓、慕韓六国諸軍事。安東将軍如故。

となり、安東将軍のみ「如故」とされて、倭国王についてはまったく触れられていないのである。高句麗王・百済王の例からすれば、済の「如故」とされる称号のなかには当然「（倭国）王」が含まれていなければならない。同じ夷蛮伝の中における高句麗王・百済王と比べて表現方法に相違があることはいささか不可解ではなかろうか。

これが私の注意する第一点である。

（二）「安東将軍如故」とあること

倭国伝元嘉二十八年条【史料17】の記事で注意すべきとする第二点は、ほかならぬ「安東将軍如故」とあることである。すなわち、済のような例について、『宋書』の夷蛮伝や西方の異民族である氐胡伝をみると、「如故」とする場合は、官爵号のフルネームを記さず、略称を用いるのが一般的である。前掲の高句麗王の場合を例に取ると、使持節↓持節、散騎常侍↓常侍、都督営州諸軍事↓都督、高句麗王↓王、楽浪公↓公と略称が用いられている。それは百済王の場合も同様である。

済について問題としている将軍号の例は高句麗・百済伝には見られないが、例えば、氐胡については次のような事例が知られる。

楊文度の場合（元徽四年）

（前官）寧朔将軍・略陽太守・武都王

（新除）加督北秦州諸軍事・平羌校尉・北秦州刺史、将軍如故。

この「将軍如故」の将軍は「寧朔将軍」を指している。また済が元嘉二十八年に除正を求めた記事【史料17】に「除…軍・郡」とあるが、これは将軍号・郡太守号の略称である。(18)これらの例から、「〇〇将軍」号が「如故」とされる場合は、「〇〇将軍如故」ではなく、「将軍如故」もしくは「軍如故」と具体名は省略されるのが一般的であるとみなされる。すなわち、問題とする済の場合、元来略称が用いられるべきところに、わざわざ「安東将軍如故」とフルネームが使われていることに、却って問題を感じるのである。これが私の注意する第二点である。

以上、倭国伝元嘉二十八年条の記事について、（一）「（倭国）王如故」とないこと、（二）『安東』将軍如故」とあることの二点に注意して検討を加えてきた。その結果、二点ともに少なくとも夷蛮伝において異例の表現であることは明らかにし得たと思う。

3　倭国伝元嘉二十八年条の解釈

それでは倭国伝元嘉二十八年条の官号表記の異例をどのように考えるべきであろうか。同じ夷蛮伝における高句麗・百済王の表記と比べて著しい異例は、決して偶然と見なすことはできないと考える。先に倭国伝と本紀との相違の解釈に三説あることを紹介したが、そのうち倭国伝も本紀も正しいとするCの解釈では、元嘉二十八年の七月以前に安東将軍任命、安東大将軍進号が相次いで行われたことになり、時間的に考えて無理な解釈のように思われる。したがって『宋書』の本紀か倭国伝か、いずれかが誤っているとみるべきであろう。

文帝本紀には、月日や「安東大将軍に進号」するとまで記されているのだから信頼できるという常識的理解に立った上で、倭国伝の表記の異例に注目すると、倭国伝元嘉二十八年条の原文には誤脱があるのではなかろうか。特に「安東将軍如故」の記述に注目すれば、元来「二十八年、加使持節都督倭・新羅・任那・加羅・秦韓・慕韓六国諸軍事、進号安東大将軍。王如故」といったように記されるべきものが、いずれかの時に誤脱が生じて現在のように「二十八年、加使持節都督倭・新羅・任那・加羅・秦韓・慕韓六国諸軍事、安東将軍如故」と伝わっているのではないかと推測するのである。もちろん史料原文の誤脱を安易に主張することは厳に慎まなければならないことを十分に認識している。しかしそれでもなお、この部分については誤脱を想定するに十分な理由があるように思われる。『宋書』夷蛮伝は早くに散逸し、時代がずっと降って宋代（趙氏）になって補われた可能性が指摘されている[19]。『宋書』夷蛮伝の書誌的検討をさらに進める必要があるであろう。

むすび

以上、元嘉二十八年に倭国王済が得た官号について考察を加え、「安東将軍如故」とする『宋書』倭国伝元嘉二十八年条には史料原文に誤脱があるのではないかとの憶測を述べ、元嘉二十八年に済が得た将軍号は本紀の伝えるように「安東大将軍」とみるべきことを述べてきた。したがって高句麗王・百済王がいずれも征東大将軍・鎮東大将軍号を得ているのに対し、倭国王は安東将軍号止まりであって、そこに差があったとする理解に従うことはできない。

三　征東将軍（高句麗王）、鎮東将軍（百済王）、安東将軍（倭国王）の序列をめぐって

はじめに

五世紀を通じて東晋・宋から、高句麗王は征東（大）将軍、百済王は鎮東（大）将軍、倭国王は安東（大）将軍にそれぞれ叙任されている。これらの将軍号について、当時の中国の官職制度から序列が存在し、その叙任にあたっては三国に対する重要度が反映しているとされる。倭の五王時代の国際関係を考える上で重要な問題であるので、このような見方について以下に検討を加えることにしたい。

1　将軍号からみた三国の序列についての通説

東晋・宋時代の高句麗・百済・倭三国王に対する具体的な官爵を明記した初見記事は次のごとくである。

百済　：「咸安二年（三七二）…六月、遣使拝百済王余句、為鎮東将軍領楽浪太守」（『晋書』簡文帝紀）

高句麗：「晋安帝義熙九年（四一三）、遣長史高翼、奉表献赭白馬。以璉為使持節・都督営州諸軍事・征東将軍・高句驪王・楽浪公」（『宋書』夷蛮伝）

倭　　：「（元嘉一五年（四三八）夏四月）己巳、以倭国王珍為安東将軍」（『宋書』文帝紀）

※但し、これより先、「高祖永初二年（四二一）、詔曰、倭讃、万里修貢、遠誠宜甄。可賜除授」（『宋書』夷蛮伝）とあり、除授の内容は伝えられていないが、「安東将軍・倭国王」を除授されたと推測されている。

さて、これら三国王の将軍号についての既往の理解――坂元義種氏による――は次のごとくである。征東・鎮東・安東三将軍号は『宋書』百官志によれば、いずれも第三品に属し、定員一名である。そして三将軍号に関わる四安（安東・安西・安南・安北）将軍・四鎮将軍・四征将軍任官の具体例をみると、四安将軍→四鎮将軍→四征将軍と昇進することから、序列は高い方から征東将軍→鎮東将軍→安東将軍の順であることが分かり、したがって宋による評価は、高句麗王（征東将軍）→百済王（鎮東将軍）→倭国王（安東将軍）という序列になり、倭国王の地位は百済王よりも下位で、三国の中で最下位に位置づけられていた。こうした坂元氏の見方が通説となっている。(20)

2　通説に対する疑問――倭国王の「都督百済諸軍事号」要求との関連で――

このような通説的理解にもとづく時、不可解なことが一つある。それは倭国王による「都督百済諸軍事号」の要求である。倭国王は四三八年の珍以来、使持節・安東（大）将軍・倭国王の他、「都督倭・百済・新羅・任那・秦韓・慕韓六国諸軍事」を自称して宋に除正を求めるが、最後まで「都督諸軍事」号に百済を含めることは認められなかった。都督諸軍事号については、いくつかの見解があるが、基本的には当該地域に対する軍事的支配権を意味するものと理解してよいであろう。もちろんその称号がただちにその領域の実効支配を意味しているものでないことは言うまでもない。(21)

さて、この倭国王の要求について、例えば、江畑武氏（一九六八）は、

「当時日本よりも早く宋朝との冊封関係に入り、将軍号も日本より上位の『鎮東将軍』を与えられていた百済について、日本はその諸軍事権を要求できる立場ではなかった」（四八頁）

と述べ、また坂元義種氏（一九八一）は、

「倭国王の称号は、統属領域からいえば明らかに倭国王のほうが上級軍政官でなければならないのに、肝心の「将軍」号は、統属領域内の「百済」王より低かったのである。…ともかく、倭国王の自称称号自体に問題があった」（二二七頁）

と述べられている。また前掲の朴氏にも、

「同じ時期の冊封が百済は鎮東大将軍であり、倭は序列が低い安東将軍に過ぎないにも拘わらず、百済を包含する韓半島南部を軍事的に支配したというのは論理的に成立しえない主張である」

と同様の意見がみられる。いずれも、将軍号の序列において百済王より劣る倭国王が百済の軍事的支配権を意味する「都督百済諸軍事」号を要求することなど論外といった評価である。常識的に考えると確かにそうであろう。しかしながら、あらためて考えてみると、通説に対する素朴な疑問が生じるであろう。そもそも倭国王は百済

王よりも下位の将軍号でありながら、「百済」の軍事的支配権を要求し続けているのはなぜであろうか。宋から認められないにもかかわらず、鎮東（大）将軍・百済王の支配する地域の軍事的支配権を、安東（大）将軍・倭国王は執拗に要求を続けているのである。宋から冊封され、自らの希望する官爵を自称し、除正を求めるだけでなく、部下にも宋の将軍号を仮授した上で除正を求める倭国王が、宋の官爵の制度を理解していなかったとは考えられない。すなわち百済の軍事的支配権を主張した倭国王は「安東（大）将軍」のままでも十分に「都督百済諸軍事」号要求は可能とみなしていたと理解せざるを得ない。そうであるとすれば、そもそも鎮東将軍と安東将軍との間に上下優劣の関係があったのか、少なくとも倭国王には自らの地位が劣るというような考えはなかったのではなかろうか、といった疑問や考えが抱かれるのである。以下、倭国王の「都督百済諸軍事」号要求問題から、将軍号を手がかりとする三国の序列評価について再検討を加えてみたい。

3　倭国王の「都督百済諸軍事」号を宋が認めなかった事情について——坂元説の紹介——

さて、宋が度重なる倭国王の要求にもかかわらず「都督百済諸軍事」号を認めなかった事情についてもっとも詳しく論じられているのは坂元義種氏である。氏の見解は次のごとくである（坂元一九八一による）。

坂元氏は、まず従来の諸説について、次のようにまとめられている。

「（a）百済の対中交渉が倭よりも早く、また（b）その交渉回数も多かったこと、さらには（c）百済の対中交渉が独立国としての交渉であったこと。あるいは、（d）百済王のほうが倭王よりも早く官爵号を授けられていたこと、（e）すでに百済王に「都督百済諸軍事」が与えられていたこと、そのうえ（f）百済王の将軍号のほうが上位であったこと。これらはいずれも事実であり、それぞれに説得力もあるものである」

（一七四～一七五頁）

このようにまとめた上で、

「しかし、これらのすべてが、倭国王が「都督百済諸軍事」を認められなかった直接的原因であるとは考えられない」

として、さらに次のように論じられる。

「建元元年（四七九）、南斉に使者を送った加羅国王は輔国将軍・加羅国王に任命されたが、そのとき南斉は、前王朝の宋が倭王に授けた「都督加羅諸軍事」をそのまま倭王に認めており、これを削除した形跡はない。このことは独立外交、さらには独立王国の承認が当地の軍権を他者にゆだねることと矛盾するものではなかったことを示している」（一七五頁）

つまり「都督百済諸軍事」号がすでに百済王に与えられていたからであるとする意見に対し、「加羅」の例から、「都督百済諸軍事」が重複して倭国王に与えられる可能性も宋の制度上十分に考えられたことを指摘される。これを「一地域二軍権」と名付け、西方の河西王らについてもみられることを論証されている。すなわち、宋が倭国王に「都督百済諸軍事」号を与えようと思えば、たとえすでに百済王に授与されていても可能なのであり、宋がそのような方法をとらなかったのは、宋の北魏封じ込め政策により、百済を重視したからであるとし、次のように述べている。

「すなわち、中国南朝が倭国王に「都督百済諸軍事」を認めなかったのは、すでに百済王に「都督百済諸軍事」を与えていたというような消極的な理由からではなかった。それは、南朝が、最強の敵国北魏を締めつける国際的封鎖連環のなかに百済をがっちりとはめこんで、その弱化を認めまいとする、南朝の国際政策のなかに求めることができよう。

倭国王が百済の軍政権を認められなかった基本的要因として、宋朝の国際政策をあげたわけであるが、その具体的なひとつのあらわれが、宋朝による諸国王の国際的評価であろう。国際的評価とは具体的には倭国王や百済王の国際的地位であり、それを端的に示すものは将軍号である。いわば、将軍号は諸国王の国際的地位をあらわすメルクマールというわけである。

この点をふまえるならば、倭国王が宋朝に百済の軍政権を認められなかったのは、百済王が倭国王より「席次」が上であったからであるとか、百済王の将軍号のほうが倭国王より上位であったためであるというような主張は、ある意味では本末転倒した主張かもしれない。なぜならば、宋朝は、必要とあれば、いくらでも倭国王の軍号を高めることができたからである。要は、宋朝が倭国王の国際的役割を百済王を評価するほどには評価していなかったということであり、その結果が両王の軍号差となってあらわれたわけである。

私の立場から諸説を整理しなおすとすれば、つぎのようになる。百済の対中交渉の早さ、交渉回数の多さ、それに任官時期の早さは、それなりに百済に対する宋朝の国際的評価を高めるのに役立ち、百済の地理的状況ともあいまって、百済王の国際的地位は倭国王よりも上位に位置づけられることとなった。百済王の将軍号が倭国王の将軍号より高いのも、そのひとつのあらわれであり、倭国王が百済の軍政権――「都督百済諸軍事」の加号――を求めて許されなかったのも、また百済王重視のひとつのあらわれであった。そのさい、「都督百済諸軍事」が、すでに国際的評価の高い百済王の加号であったということも理由の一つになっていたかもしれない。しかし、くりかえしになるが、百済の軍政権がすでに百済王に与えられていたことだけを強調することは、さきの一地域二軍権の例からみて問題がある。もしも倭国王が、百済王以上に評価されていたのであれば、すでに「都督百済諸軍事」が百済王に与えられていたとしても、倭国王の望みは問題なくかなえられたことであろう。そのときは、一地域二軍権の現象が百済にもあらわれたことと思われる」（一七九～一八〇頁）

そして、将軍号と「都督百済諸軍事」要求との関係を論じて、

「倭国王の称号は、統属領域からいえば明らかに倭国王のほうが上級軍政官でなければならないのに、肝心の「将軍」号は、統属領域内の「百済」王より低かったのである。…ともかく、倭国王の自称称号自体に問題があった」（二二七頁）

と結論されている。

4　坂元説の検討――一地域二軍権説をめぐって――

やや詳しく坂元義種氏の所論を紹介してきたが、要するに氏の主張は、次の三点に要約することができる。

①一地域二軍権制の存在からみて、宋が「都督百済諸軍事」号を倭国王に認めることは制度上可能であった。
②それにもかかわらず、宋が倭国王の要求を認めなかったのは、北魏封じ込めという、国際政策上、百済を重視したからである。
③将軍号も宋の国際政策を反映するものである。

これらの坂元氏の所論における基本は、①宋が「都督百済諸軍事」号を倭国王に認めることは制度上可能であった、という点にある。坂元氏は、「中国南朝は、同一地域の軍事・行政権を複数の外国王に認めることに決して、やぶさかではなかった」とし、百済についても一地域二軍権の対象に成りうることを述べるが、その重要な論拠が次の史料である。

【史料19】『南斉書』巻五八・蛮伝

加羅国、三韓種也。建元元年、国王荷知使来献。詔曰、量広始登、遠夷洽化。加羅王荷知款関海外、奉贄東遐。可授輔国将軍・本国王。

倭国、…建元元年、進新除使持節、都督倭・新羅・任那・加羅・秦韓・〔慕韓〕六国諸軍事、安東大将軍、倭王武号為鎮東大将軍。

〈加羅国、三韓の種也。建元元年、国王荷知の使来りて献ず。詔して曰く、「量広始登、遠夷洽化。加羅王荷知、款関海外、奉贄東遐。輔国将軍・本国王を授くべし」と。

倭国、…建元元年、新除使持節、都督倭・新羅・任那・加羅・秦韓・〔慕韓〕六国諸軍事、安東大将軍、倭王武の号を進めて、鎮東大将軍と為す〉

この記事から、「加羅国王」が任じられても、倭国王の都督諸軍事号の中から「加羅」を削除した形跡がないので、「加羅」に対する軍事権は加羅国王と倭国王とに同時に与えられているとされるのである。しかしこの記事では、建元元年の加羅国王冊封と倭王進号の朝貢先後関係が不明で、倭王の進号が先に行われた可能性を否定できず、一地域二軍事権の存在を示す論拠とすることはできないのではなかろうか。

また河西王らの重複事例を、百済王の排他的に支配する百済領についてまで及ぼすことは問題であろう。例えば河南王以外の者に「都督河南諸軍事」や隴右王以外の者に「都督隴右諸軍事」が授与されているわけではない。つまりその領域の一部は確かに重複しているが、王が支配する全域にわたる軍事権を他者に与えているわけではない。倭国王が求めた「都督百済諸軍事」とは全く質を異にしていることに注意しなければならないであろう。この点について、実は坂元氏自身、次のように述べているのである。

「河南王と宕昌王の例をふくめて、諸国王間の場合は、軍政・民政を問わず、両者がすべて重複するとか、あるいは一方が他方を呑みこんでしまっている例はないということである。河南王拾寅の軍政領域は「西秦・河・沙」の三州、宕昌王梁弥機は「河・涼」の二州。つまり、両者がすべて重なるものでも、前者が後者をすべて包含しているわけでもない。それは行政領域でも同様である。河南王は「西秦・河」の二州であり、宕昌王は「河・涼」の二州である。また、このほか両者には王号であらわされる領域があったはずである。ところが、倭国王と百済王の場合は、百済王の軍事領域がすべて倭国王の軍事領域に呑みこまれる形になるので、そこに問題があったのであろう。

倭国王と百済王の称号の関係は、上下統属関係でとらえるには、倭国王の将軍号に問題があり、諸国王間の同地域の重複関係でとらえるには、百済王の領域が倭国王の軍事領域に包みこまれてしまうところに問題

があったのである」（二二八〜二二九頁）

このように、倭国王による「都督百済諸軍事」号要求が一地域二軍事権の対象になり、制度上許可し得るものであったとみることはできない。したがって宋が倭国王の要求を認めなかったのは、宋がすでに百済王に「都督百済諸軍事」号を与えていることによるものとみて間違いないであろう。

これまでの検討をふまえて、あらためて将軍号の序列と「都督百済諸軍事」要求問題を考えてみると、前述のような、そもそも倭国王は百済王よりも下位の将軍号でありながら、「百済」の軍事的支配権を要求し続けているのはなぜであろうか、という通説に対する素朴な疑問が生じてくるのである。もし倭国王が、自分の「安東（大）将軍」号が百済王の「鎮東（大）将軍」号よりも下位にあり、「都督百済諸軍事」要求が不当な要求と認識していたならば、少なくとも百済王と同等の鎮東（大）将軍、あるいはさらに上位の征東（大）将軍を自称して、その除正を求めたことであろう。たとえ認められないことを承知の上でも自称したであろう。なぜならば、高句麗との対決姿勢を明確に示した倭国王武は、「開府儀同三司」という高句麗王と同等の待遇まで自称し、除正を求めているのである。それにもかかわらず将軍号は一貫して「安東（大）将軍」のままで、決して「鎮東（大）将軍」「征東（大）将軍」を求めることはなかった。これはなぜであろうか。少なくとも倭国王は、百済の軍事的支配権の要求には「安東（大）将軍」で十分と考えていたからにほかならないであろう。

このように考えてくると、高句麗・百済・倭三国王の授与された将軍号に序列があると解釈することに疑問が生じ、三国王に授与した将軍号には上下関係があり、それは宋の国際政策に基づく三国に対する重視度の反映とする見方にも再考の余地がでてくるように思われる。

5　征東（大）将軍・鎮東（大）将軍・安東（大）将軍号の序列

さて、三将軍号の序列に関する通説の代表例として、ふたたび坂元義種氏（一九八一）の見解を紹介すると次のごとくである。

「義熙九年（四一三）、東晋は数十年ぶりに使者を送ってきた高句麗王に征東将軍を授けたが、この将軍号は百済王の鎮東将軍よりも上位のものであった。なお、この間、百済王は咸安二年（三七二）に余句が、太元十一年（三八六）には余暉が、それぞれ鎮東将軍に任命され、また咸安二年・太元九年の朝貢も知られている。このことは、対中交渉の時期や交渉回数の多寡、あるいは任官時期のあとさきが、かならずしも任官内容を決定するものではないことを示しているといえよう。つまり、任官内容を決定するものは、中国王朝の国際政策や諸国に対する国際的評価などであったと思う」（一七五頁）

すなわち、百済王の鎮東将軍叙任の四十年後、高句麗王に百済王よりも上位の征東将軍が授与されていることを重視して、任官時期の先後が、かならずしも任官内容（すなわち将軍号の上下）を決定するものではないと論じられている。最近では仁藤敦史氏（二〇〇四）も、同様の理解を示し、

「高句麗は、百済より遅く朝貢したにもかかわらず、この年（四一三年―石井）の朝貢で百済王の鎮東将軍よりも地位が高い征東将軍を授与されていること（坂元一九七八）、『宋書』倭国伝の位置記載が前代とは異なり「倭国は高驪東南海中に在り」と変化したことなどは、五世紀における高句麗優位の国際情勢を如実に示している」（一二六頁）

と述べられている。確かに高句麗王が中国王朝（南朝）から将軍号を除授されたことを伝える初見史料は宋の義熙九年（四一三）のことである。しかし、これより先高句麗王釗（故国原王）が三五五年（前燕元璽四）に前燕に遣使貢献して「征東大将軍」号を授けられていることにまず注目したい。ただし前燕はいわゆる五胡十六国に属するので、東晋・宋とは同列に論じられないかも知れない。南朝との関係で重視すべきは、高句麗王が咸康二年（三三六）・建元元年（三四三）に南朝の東晋に遣使朝貢していることである。いずれも高句麗王は故国原王で、『晋書』には、

【史料20】『晋書』巻七・成帝本紀
咸康二年（三三六）二月、…庚申、高句驪遣使貢方物。
〈咸康二年（三三六）二月、…庚申、高句驪、遣使して方物を貢す〉

【史料21】『晋書』巻七・康帝本紀
建元元年（三四三）…。十二月、高句驪遣使朝献。
〈建元元年（三四三）…。十二月、高句驪、遣使して朝献す〉

と記されている。遣使朝貢を伝えるのみで、冊封の有無については記されていない。しかし同一の王（故国原王）による二度に亘る朝貢であり、少なくとも二度目の遣使朝貢に際して東晋から何らかの将軍号を授けられていた可能性は十分に考えられるのではなかろうか。高句麗王の側からいっても、朝貢しながら、いわば見返りともいうべき官爵授与を求めなかったとは考えがたいであろう。高句麗が如何に強国とは言え、東晋・宋が、いつ朝貢

してくるか分からない高句麗のために東方将軍号の最上位の征東将軍号を空けて待っていたとは考え難い。高句麗に先んじて朝貢してきた百済にこそ、征東将軍号を授与するのが自然であろう。それが百済王に鎮東将軍が授与されていることは、これ以前に高句麗王に征東将軍が授けられていた可能性を示唆しているとみられるのである。すなわち、三七二年に百済王が鎮東将軍を授与されていることを考えると、三三六年ないし三四三年の朝貢に際して高句麗王が「征東将軍」号を授けられている可能性は高いと思う。

中国南朝からの百済・高句麗王の将軍号授与の明確な記事においては確かに百済王（三七二年）の方が早いが、事実においては高句麗王の方が先行している可能性が高く、三三六年ないし三四三年の入貢の際に東晋から「征東将軍」号が授与されていたとする推測は、十分に成り立つものと考える。したがって、先に入貢した百済王（鎮東将軍）よりも、後から入貢した高句麗王（征東将軍）の方が上位の将軍号を授与されているとの理解には再考の余地があると思う。この問題は坂元説の重要な論点であるだけに、十分に注意しておきたい。

先に入貢した百済王（鎮東将軍）よりも、後から入貢した高句麗王（征東将軍）が上位の将軍号を授与されているとの解釈に基づくと、そこには宋による評価や重視度が反映しているとの見解が生じるのであるが、上述のような私見が成り立つとすれば、そのような見解には再考の余地がでてくるであろう。つまり三国の中国王朝との関わりで将軍号授与の先後関係でいえば、高句麗→百済→倭の順となり、高句麗に征東、百済に鎮東、そして一番遅い倭に安東号が授けられたことになる。それぞれ定員一名で、いち早く朝貢をしてきた王から順に上位将軍号が授けられたと見ることはできないであろうか。つまり高句麗・百済・倭三国の王に対する東方将軍号は、三国の対中国王朝交渉の開始順に上位号から授けられたのであって、三国の国勢の強弱や中国王朝の重要度評価から序列をつけて除授したものではないとみなされるのである。確かに高句麗は、この当時最強国として認識されていたことは間違いないであろう。しかしそれだけでなく、事実として入貢が早かったことが征東将軍号につながっていると推測されるのである。

四征・四鎮・四安将軍号については、坂元氏が明らかにされたように、一般的には序列がみられる。しかし、こと高句麗王・百済王・倭王の東方諸国王に与えられた征東・鎮東・安東将軍号については、それぞれに固有の称号として機能し、継承されるものとされていたと理解すべきではあるまいか。このような理解が認められるとすれば、高句麗王・百済王・倭国王の征東・鎮東・安東将軍号には上下優劣の関係はなく、宋代を通じて三国王間に大きな身分の違いはなかったとみなされるのである。したがって、倭国王が「安東（大）将軍」のままで「都督百済諸軍事」号を要求していることも、特に問題はなかったのである。宋が倭国王に最後まで「都督百済諸軍事」号を与えなかったのは、すでに百済王に「都督百済諸軍事」号を授けていることによるものであり、倭国王の将軍号が百済王のそれに劣るからという理由に基づくものではないと考える。

むすび

以上、安東（大）将軍・倭国王による「都督百済諸軍事」要求問題を検討してきた。その結果、倭国王が「安東大将軍」を自称するにとどまっているのは、その称号で十分に「都督百済諸軍事」の実をあげうると理解していたからであり、安東（大）将軍号が鎮東（大）将軍号に劣るとは認識していなかったからと考えられる。すなわち高句麗王・征東（大）将軍、百済王・鎮東（大）将軍、倭国王・安東（大）将軍には、一見すると序列があるようにみえるが、事実は南朝（東晋・宋）への入貢順に東方将軍号の上位から授けられたもので、南朝側による格付けでもなく、また国際的評価によるものでもなく、上下優劣の関係にはなかったとみなされるのである。したがって、倭に対する評価が高句麗・百済よりも低く、それが安東（大）将軍号に表れているとみなすことはできないと考える。

五世紀の日韓関係について、倭の五王及び高句麗・百済王が中国王朝から得た官爵の問題を中心にして述べてきた。その他論ずべき課題は多いが、今回のテーマに関連していうと、倭国王が「都督高句麗諸軍事」号を要求しなかったことが注目される。すなわち、倭国王の念頭には現実性があり、高句麗を除く地域は軍事支配権を及ぼせる地域との認識があったことを示していると考えられる。そのような倭国王の現状認識がどのような過程を経て形成されていったのか、といった問題の解明を今後の課題としたい。

結言

以上、三章にわたって五世紀の日韓関係について、倭の五王に関する諸問題を中心にして考察を加えてきた。まず第一章では、東晋義熙九年（四一三）に入貢した倭国使について、高句麗との共同入貢説や倭人捕虜説は成り立たず、日本列島の倭王権から派遣された使者とみるべきことを論じた。その年には、高句麗もおよそ七十年ぶりに南朝に入貢しており、直前まで直接武力衝突を繰り広げていた倭・高句麗両国が、中国との関係を通じて事態を打開しようとはかる姿勢に、あらためて東アジアの視点から考えることの必要性を痛感する。次に第二章では、倭国王が宋から得た官爵のうち、将軍号について、すでに済が安東大将軍に叙任されていることを述べ、高句麗王の征東大将軍、百済王の鎮東大将軍と比べて、「大」将軍とする点においては遜色のないことを述べ、あわせて『宋書』の倭国伝を含む夷蛮伝の書誌的研究の必要なことに論及した。そして第三章では、高句麗王・百済王・倭国王に与えられた将軍号には序列があり、中国王朝の国際的評価が反映しているとの見方が通説となっているが、その当初は入貢の順に東方将軍号の上位から授けられたもので、必ずしも中国王朝が三国を比較し優劣を判断して授けたとは考えられないことを述べた。

私見の当否はいずれにせよ、基本的な文献史料に再検討が必要であることを示すことはできたと思う。これからは関係史料、特に記事の内容は豊富であるが史料的に問題がある『日本書紀』や『三国史記』の関係記事について検討を進めたいと考えている。(22)また本論ではほとんど考古学の成果に触れることができなかったが、文献史料の乏しい五世紀史研究においては、とりわけ考古学の成果をとりいれた総合的な考察が重要となる。中でも栄山江流域の前方後円墳をめぐる問題については、被葬者もしくは関連する人物の活躍する時代が五世紀にまで遡りうる可能性があり、倭国王の要求した「都督百済…諸軍事」号の背景にある事情を解明する重要な手がかりとなるかも知れない。今後、これまでの共同研究で学び得た成果を基礎として、より豊かな古代日韓関係史像を描く努力を続けていきたいと考えている。

なお、本論文で扱えなかったさまざまな問題は次の機会に譲りたいと考えているが、本論文を補完するものとして、略年表と文献目録を作成したので参照していただきたい。(1)

注

（1）本年（二〇〇四）六月に開催された「日韓歴史共同研究委員会　共同研究発表会」における第二分科会所属韓国側鄭求福委員が、その発表（六月五日）において、第一分科会における実証的研究方法を批判することがあった。私は同委員の姿勢とは異なり、思いこみや先入観をできるだけ排し、可能な限り客観性をもった実証的な研究が何よりも本委員会に求められているものと考えている。

（2）栄山江流域の前方後円墳の性格については、『朝鮮学報』一七九（二〇〇一年）掲載の諸論文ならびに、朴天秀「栄山江流域における前方後円墳が提起する諸問題」（『歴史と地理』五七七、二〇〇四年）等を参照。

（3）坂元義種氏の業績は、坂元義種（一九七八）、（一九八一）等にほぼまとめられている。

（4）大庭脩氏「三・四世紀における東アジア諸族の動向」（『東アジア世界における日本古代史講座3』学生社、一九八一年。のち『古代中世における日中関係史の研究』同朋舎、一九九六年）、川本芳昭氏（一九八八）等参照。前之園亮一氏（二〇〇一）は両氏の所説をさらに敷衍されている。

（5）共同入貢説を唱えた最初は橋本増吉氏（一九五六）とみられ、次のように述べられている。

「…倭王「讃」が始めて晋に入貢せるは、安帝の義熙九年（四一三）かと思はれるが、「是歳、高句麗、倭国及西南夷銅頭大師、並献方物、」とあるやうに、倭国の使節は高句麗国の使節と共に晋に入貢したとあるに対し、これに相応ずる物語として」応神紀二十年秋九月の条と同紀三十七春二月条を参照されている（五九四〜五九五頁）。

下文でも紹介するように、共同入貢説では『日本書紀』応神三十七年条の記事が参考にされている。同記事に関する最近の韓国における理解を金鉉球ほか『日本書紀韓国関係記事研究（Ｉ）』（一志社（韓国）、二〇〇二年）にみると、次のごとくである。

「1、高句麗を通じた倭と呉の通交記事の真偽

応神三十七年は干支が丙寅で、干支を二巡修正すれば四二六年になる。阿知使主らがはじめから高句麗の助けを受けて呉に行こうとしたという点は高句麗と倭の間に友好的関係が形成されていなければ難しいであろう。ところで、この時期に高句麗が倭に遣使ないし交渉の意志をもっていたと言っても、両国が友好的な関係を結んでいたとみるのは難しい。つまり応神紀二十八年九月条に高句麗の国書を破って不和関係にあったことを記述した状態から、いきなり高句麗の助けで呉に行くという設定自体を事実とみるのは難しく、高麗王が久礼波と久礼志二人を道案内として考えたということも信じがたいことである。したがって、この内容は倭漢直の先祖である阿知使主・都加使主に関する始祖伝承であると理解できる」（一八六〜一八七頁）

このように、特に義熙九年（四一三）の高句麗・倭国の入貢に触れるところはない。

（6）以上に紹介した諸説において、高句麗使と倭国使が一緒に入貢したことを表現する語として「同時入貢」「共同入貢」といった語が用いられている。もともと「同時」入貢は「共同」入貢を意味するものではない。別個に派遣された使者が、「同時」に入貢することは、十分にあり得たことである。意図的に使者を派遣して一緒に入貢させるという意味を表現する語としては、「共同入貢」とするのが相応しいであろう。

（7）この他、たとえば吉村武彦氏（一九九八）は、池田氏の見解を支持されている。

（8）中国新疆ウィグル自治区や新疆省で西晋・東晋時代の写本とみられる『三国志』残巻が発見されており、同書が早くから流布していたことを示している（杉本憲司・森博達 一九八五）。
（9）岡崎晋明（一九九八）一一八～一一九頁、参照。
（10）【史料12】の「賜鼓吹伎人」については、〈鼓吹の伎人を賜ふ〉とする解釈もある。
（11）「養老職員令」雅楽寮条に「高麗楽師四人・楽生廿人」とみえる。
（12）『岩波　仏教辞典』（一九八九年）香の項。
（13）有賀要延『香と仏教』（国書刊行会、一九九〇年）五〇～五二頁。
（14）高句麗の仏教については、門田誠一「高句麗の初期仏教における経典と信仰の実態――古墳壁画と墨書の分析――」（『朝鮮史研究会論文集』三九、二〇〇一年）参照。
（15）前之園氏（二〇〇一）は、「東晋の南燕討伐の情報は百済に滞在・駐屯していた倭人のただちに知るところとなり、倭はその成り行きに多大の関心を持ったはずである」（五六～五七頁）と述べられている。
（16）ちなみに『冊府元亀』巻九六三・外臣部・封冊一には、「(宋・文帝元嘉）二十八年七月、安東将軍倭王済、進号安東大将軍」とある。
（17）ただし最近でも、吉村武彦氏（二〇〇三）は、「武が「開府儀同三司」を自称したこと、また宋の皇帝から初めて「安東大将軍」という大将軍の称号を与えられたことを重視したい。倭の五王は、珍の時から「安東大将軍」を自称していた。ところが、宋の皇帝から正式に「安東大将軍」の称号を授与されたのは、五王のうち武（ワカタケル）だけであり、この意味は大きい。一ランク将軍号がアップしたからである」（一七三頁）と述べられており、また仁藤氏（二〇〇四）は、「倭王武がはじめて宋から「安東大将軍」の称号を公認されたことからもわかるように」（一二八頁）云々と、武以前の済は安東大将軍に叙任されていないという理解を示されている。
（18）坂元義種（一九七八B）五四七～五五三頁、参照。
（19）湯浅幸孫（一九八八）参照。
（20）坂元義種（一九七八B）第六章、参照。
（21）最近の日本における都督諸軍事号についての理解の例として、熊谷公男氏（二〇〇一）の記述を引用しておくことにしたい。

「倭王は倭本国以外に、この秦韓・慕韓に任那（これは、倭王としては、金官国一国の意ではなく、加耶地域全体をさしたつもりであろう）、それに百済・新羅を加えた地域の軍政権の承認を求めた。そうすると、これらの地域を合わせると、高句麗の支配領域以外の半島南半部の全域に相当することになる。倭王は、高句麗の領域を除いた半島のすべての地域での軍政権の承認を宋王朝に求めたのである。

ただし、このことは、倭国が実際にこの地域を支配していたことを意味するわけではない。この時期の百済や新羅は明白に独立国であり、加耶の小国群も決して倭の支配下にあったわけではなかった。坂元義種氏が指摘しているように、このような称号は、現実に支配権が確立していなくても自称されるし、除正されることさえあったのである。したがって、この倭王の官爵から、倭王による半島南部の軍事支配を考えるのは早計である」（七二頁）

（22）　韓国でもこのような気運にあるようで、前注5に紹介したように、ごく最近の成果として、金鉉球氏らによる『日本書紀韓国関係記事研究』Ⅰ・Ⅱ・Ⅲ（一志社（韓国）、二〇〇二年、二〇〇三年、二〇〇四年）が刊行されている。

【文献一覧】

池内宏（一九四七）『日本上代史の一研究』（初版一九四七年。引用は中央公論美術出版、一九七〇年による）
池田温（一九七七）「義熙九年倭国献方物をめぐって」（『江上波夫教授古稀記念論集　歴史編』山川出版社。引用は池田温『東アジアの文化交流史』吉川弘文館、二〇〇二年再録本による）
荊木美行（一九九六）「倭の五王に関する一考察」（『ヒストリア』一五三）
今西春秋（一九七二）「MANJU雑記五」（『朝鮮学報』六三）
江畑武（一九六八）「四～六世紀の朝鮮三国と日本」（『朝鮮史研究会論文集』四）
岡崎晋明（一九九八）「古代人の楽器と歌舞」（『考古学による日本歴史一二　芸術・学芸とあそび』雄山閣出版）
川勝守（二〇〇二）『聖徳太子と東アジア世界』（吉川弘文館）
川本芳昭（一九八八）「倭の五王による劉宋遣使の開始とその終焉――海上通交ルートからみた一試見――」（『東方

学』七六）
川本芳昭（一九九二）「四、五世紀の中国と朝鮮・日本」コラム「倭国の四一三年東晋遣使」（田村晃一ほか編『新版古代の日本二　アジアからみた古代日本』角川書店）
熊谷公男（二〇〇一）『日本の歴史三　大王から天皇へ』（講談社）
高寛敏（一九九五）「倭の五王と朝鮮」（『東アジア研究』八、大阪経済法科大学アジア研究所）
坂元義種（一九七八Ａ）「東アジアの世界　中国文献よりみた古代日本の探究」（『日本史の謎と発見（一）』毎日新聞社）
坂元義種（一九七八Ｂ）『古代東アジアの日本と朝鮮』（吉川弘文館）
坂元義種（一九八一）『倭の五王――空白の五世紀――』（教育社）
杉本憲司・森博達（一九八五）「『魏志』倭人伝を通読する」（森浩一編『日本の古代一』中央公論社）
鈴木靖民（二〇〇二）「倭国と東アジア」（同編『倭国と東アジア』吉川弘文館）
武田幸男（一九八九）『高句麗史と東アジア』（岩波書店）
田中俊明（二〇〇三）「倭の五王と朝鮮」（姜徳相先生古希・退職記念論文集刊行委員会『日朝関係史論集』新幹社）
朝鮮民主主義人民共和国社会科学院考古学研究所（一九八二）呂南喆ほか訳『高句麗の文化』第六章「音楽・舞踊・曲芸」（同朋舎出版）
西嶋定生（一九八五）『日本歴史の国際環境』（東京大学出版会）
仁藤敦史（二〇〇四）「ヤマト王権の成立」（歴史学研究会・日本史研究会編『日本史講座１　東アジアにおける国家の形成』東京大学出版会）
橋本増吉（一九五六）『東洋史上より見たる　日本上古史研究』（東洋文庫）
朴鐘大（一九八五）「倭の五王上表文と韓日古代史の問題点」（『慶南史学』二）
前之園亮一（二〇〇一）「倭の五王の通宋の開始と終焉について――辛酉革命説・戊午革運説から見た場合――」（黛弘道編『古代国家の政治と外交』吉川弘文館）
宮崎市定（一九八三）『謎の七支刀　五世紀の東アジアと日本』（中公新書）
湯浅幸孫（一九八八）「倭の五王と日本国王――『書紀』と中国史料」（『日本歴史』四八三）

吉村武彦（一九九八）『古代天皇の誕生』（角川選書）
吉村武彦（二〇〇三）「ワカタケル王と杖刀人首ヲワケ」（小川良祐ほか編『ワカタケル大王とその時代』山川出版社）
延敏洙（一九九四）「倭の五王時代の対外関係――対宋外交と韓半島問題――」（引用は『古代韓日関係史』慧眼〈韓国〉、一九九八年による）

（編者注）

〈1〉初出論文には続いて「四―五世紀日韓関係略年表」、「『日本書紀』朝鮮関係記事年表――仲哀～雄略」、「「倭の五王」研究文献目録――一九七三年以降」が付載されているが、すべてこれらを割愛した。

2 『日本書紀』隋使裴世清の朝見記事について

はじめに

近年『日本書紀』の編纂過程や史料性について活発な議論が展開されている。例えば聖徳太子をめぐる議論がその一つで、捏造・造作等が多く加えられているとする論調が強く主張されている。その一方では、『日本書紀』の記事に対して安易に造作や潤色とすべきではないとする考えも示されており(1)、『日本書紀』研究は新たな段階に入っているように思われる。

一方、これまで『日本書紀』の史料性についての疑問からか、相対的に同時代の中国史料である『隋書』に対する信頼はあつい。しかしながら有名な冠位十二階（推古天皇十一・六〇三年）に関する記述をみても注意が必要であることが分かる。『日本書紀』が徳・仁・礼・信・義・智の順とするのに対し、『隋書』では徳・仁・義・礼・智・信の順としている。これについて坂本太郎氏は、『日本書紀』の順位は「五常を五行に配当した場合の五行相生の順に従ったものであって、五行思想による限りこれが正しい」、『隋書』は「それほどの機微を知らず、五常の通常の順位に従って記したものに過ぎず、単純な…誤りである」(2)と指摘されている。さらに言えば、『隋書』の「単純な誤り」というよりも、中華の立場から無知な夷狄の誤りを正すといった気持ちもあるのではなかろうか。倭国からの情報は間違いなく伝えられたであろうが、隋側の記録あるいは編纂に際して変改が加えられているのである。この一例からも『隋書』の記述には中華の意向が強く反映していることが知られるであろう。

また倭国使らによる説明を隋側が適宜自分たちの制度に合わせて理解しようと努めている様子は、「有㆓軍尼一百二十人㆒、猶㆓中国牧宰㆒。八十戸置㆓一伊尼翼〔冀カ〕㆒。如㆓今里長㆒也。十伊尼翼〔冀カ〕属㆓一軍尼㆒」という記述に知ることができる。「猶中国牧宰」や「如今里長」という文言が隋側の手になる説明であることは言うまでもなく、当時の倭国の国造・県主制を理解した上での記述ではない。

このような問題のある『隋書』ではあるが、だからといって潤色として非難されることはあまりない。『日本書紀』に対する厳しい見方に比べ、『隋書』には寛容と言えるのではなかろうか。『隋書』も中華王朝の手になる、きわめて政治性の高い編纂物であることにあらためて注意すべきであろう。

そこで本論では、推古天皇十六年（六〇八）に来日した隋使裴世清の朝見記事を取り上げ、『日本書紀』及び『隋書』の史料的な性格について考察することにしたい(3)。

一　裴世清関係史料――『日本書紀』と『隋書』――

まず裴世清の朝見記事を中心に、『日本書紀』『隋書』にみえる関連史料を掲げると次の如くである。同日条でも重要な記事については適宜段落を区切って示した(4)。

【史料1】『日本書紀』巻二二・推古天皇十六年（六〇八）条

○夏四月、小野臣妹子至レ自二大唐一。々国号二妹子臣一曰二蘇因高一。即大唐使人裴世清・下客十二人、従二妹子臣一至二於筑紫一。遣二難波吉士雄成一、召二大唐客裴世清等一。為二唐客一更造二新館於難波高麗館之上一。

○六月壬寅朔丙辰（十五日）、客等泊二于難波津一。是日、以二飾船卅艘一、迎二客等于江口一、安二置新館一。於レ是、以二中臣宮地連烏摩呂・大河内直糠手・船史王平一為二掌客一。爰妹子臣奏之曰、臣参還之時、唐帝以レ書授レ臣。然経二過百済国一之日、百済人探以掠取。是以不レ得レ上。於レ是、群臣議之曰、夫使人雖レ死之、不レ失レ旨。是使矣何怠之、失二大国之書一哉。則坐二流刑一。時天皇勅之曰、妹子雖レ有二失レ書之罪一、輙不レ可レ罪。其大国客等聞之、亦不レ良。乃赦之不レ坐也。

○秋八月辛丑朔癸卯（三日）、唐客入レ京。是日。遣二飾騎七十五匹一、而迎二唐客於海石榴市術一。額田部連比羅夫以告二礼辞一焉。

壬子（十二日）、召二唐客於朝庭一、令レ奏二使旨一。

①時阿倍鳥臣・物部依網連抱二人為二客之導者一也。

②於レ是、大唐之国信物置二於庭中一。

③時使主裴世清親持レ書、両度再拝、言二上使旨一而立之。

④其書曰、「皇帝問二倭皇一。使人長吏大礼蘇因高等至、具レ懐。朕欽二承宝命一、臨二仰区宇一。思下弘二徳化一、覃中被含霊上。愛育之情、無レ隔二遐迩一。知下皇介二居海表一、撫二寧民庶一。境内安楽、風俗融和。深気至誠、遠修中朝貢上。丹款之美、朕有レ嘉焉。稍暄。比如レ常也。故遣二鴻臚寺掌客裴世清等一、指二宣往意一。并送レ物如レ別」。

⑤時阿倍臣出進以受二其書一而進行。大伴囓連迎出承レ書、置二於大門前机上一而奏之。

⑥事畢而退焉。

⑦是時、皇子・諸王・諸臣悉以金髻華著レ頭。亦衣服皆用二錦紫繍織及五色綾羅一。《一云、服色皆用二冠色一。》

丙辰（十六日）、饗二唐客等於朝一。

○九月辛未朔乙亥（五日）、饗二客等於難波大郡一。

辛巳（十一日）、唐客裴世清罷帰。則復以二小野妹子臣一為二大使一、吉士雄成為二小使一、福利為二通事一、副二于唐客一而遣之。爰天皇聘二唐帝一。其辞曰、「東天皇敬白二西皇帝一。使人鴻臚寺掌客裴世清等至、久憶方解。季秋薄冷。尊何如。想清悆。此即如レ常。今遣二大礼蘇因高・大礼乎那利等一往。謹白不レ具」。是時、遣二於唐国一学生倭漢直福因・奈羅訳語恵明・高向漢人玄理・新漢人大国・学問僧新漢人日文・南淵漢人請安・志賀漢人慧隠・新漢人広済等并八人也。

【校注】「大唐」：『釈日本紀』巻一四・述義一〇「小野妹子遣於大唐」条「私記」所引「海外記」「大随」に作る。「倭皇」「皇」：『善隣国宝記』「倭王」「王」に作る。「指」：原作「稍」、『善隣国宝記』により改める。「尊」：『善隣国宝記』「尊候」に作る。

【史料2】『隋書』巻八一・倭国伝

①倭国、在二百済・新羅東南一。水陸三千里。於二大海之中一、依二山島而居一。…。

②開皇二十年（六〇〇）、倭王姓阿毎、字多利思比孤。号阿輩雞弥。遣レ使詣レ闕。上令三所司訪二其風俗一。使者言、「倭王以レ天為レ兄、以レ日為レ弟。天未レ明時出聴レ政、跏趺坐。日出便停二理務一、云レ委二我弟一」。高祖曰、「此太無二義理一」。於レ是訓令レ改レ之。…。

③其王朝会、必陳二設儀仗一、奏二其国楽一。…。
④敬二仏法一、於二百済一求二得仏経一、始有二文字一。知二卜筮一、尤信二巫覡一。…。
⑤新羅・百済皆以レ倭為二大国一。多二珍物一、並敬二仰之一、恒通レ使往来。
⑥大業三年（六〇七）、其王多利思比孤遣レ使朝貢。使者曰、「聞海西菩薩天子、重興二仏法一。故遣朝拝、兼沙門数十人来学二仏法一」。其国書曰、「日出処天子致二書日没処天子一、無レ恙」云云。帝覧レ之不レ悦、謂二鴻臚卿一曰、「蛮夷書有二無礼者一、勿二復以聞一」。
⑦明年、上遣二文林郎裴清〔裴世清、下同ジ〕一使二於倭国一。度二百済一、行至二竹島一、南望二耽羅国一、経二都斯麻国一、迥在二大海中一。又東至二一支国一、又至二竹斯国一、又東至二秦王国一。其人同二於華夏一、以為二夷洲一、疑不レ能レ明也。又経二十余国一、達二於海岸一。自二竹斯国一以東、皆附二庸於倭一。
⑧倭王遣二小徳阿輩臺一、従二数百人一、設二儀仗一、鳴二鼓角一来迎。後十日、又遣二大礼哥多毗一、従二二百余騎一郊労。既至二彼都一。其王与レ清相見、大悦曰、「我聞海西有二大隋礼義之国一、故遣朝貢。我夷人、僻二在海隅一、不レ聞二礼義一、是以稽二留境内一、不二即相見一。今故清レ道飾レ館、以待二大使一。冀聞二大国惟新之化一」。清答曰、「皇帝徳並二二儀一、沢流二四海一、以二王慕レ化、故遣二行人一来此宣諭」。既而引レ清就レ館。其後清遣レ人謂二其王一曰、「朝命既達、請即戒塗」。於レ是設二宴享一以遣レ清。復令二使者随レ清来貢二方物一。此後遂絶。

【史料3】『日本書紀』推古天皇十八年（六一〇）条
〇冬十月己丑朔丙申（八日）、新羅・任那使人臻二於京一。是日、命二額田部連比羅夫一為下迎二新羅客一荘馬之長上、以二膳臣大伴一為下迎二任那客一荘馬之長上。即安二置阿斗河辺館一。
丁酉（九日）、客等拝二朝庭一。

①於レ是、命二秦造河勝・土部連菟一為二新羅導者一、以二間人連塩蓋・阿閇臣大籠一為二任那導者一。共引以自二南門一入、立二于庭中一。
②時大伴咋連・蘇我豊浦蝦夷臣・坂本糠手臣・阿倍鳥子臣、共自レ位起之、進伏二于庭一。
③於レ是、両国客等各再拝、以奏二使旨一。
④乃四大夫、起進啓二於大臣一。
⑤時大臣自レ位起、立二庁前一而聴焉。
⑥既而賜二禄諸客一。各有レ差。
乙巳（十七日）、饗二使人等於朝一。以二河内漢直贄一為二新羅共食者一、錦織首久僧為二任那共食者一。
辛亥（二十三日）、客等礼畢、以帰焉。

【史料1】は、前年に隋に派遣された小野妹子一行が、隋使裴世清らを伴って帰国してから、裴世清らが外交行事を終えて帰途に着き、再び妹子らが「東天皇敬白西皇帝」云々という国書を携え、裴世清に同行して隋に向かうまでを記述している。八月十二日に小墾田宮で行われた朝見儀式の検討が本論における課題である。なお六月十五日条にみえる、小野妹子が帰途百済で隋帝の書を奪われたというできごとの真相は不明であるが、(5) 隋への往復に百済の援助を受けていることを示している。

【史料2】は『隋書』倭国伝の中から、本論に関連する記事を抜粋した。⑧に裴世清が倭国に到着し、倭国王と会見した内容が記されている。『日本書紀』（【史料1】）と比べると、朝見に至るまでの歓迎の様子、すなわち難波での迎労の飾船、入京の際の飾騎などは、数字はやや異なるものの一致している。しかし『日本書紀』には天皇（倭国王）が裴世清に会見したとする記述はなく、一方の『隋書』には国書伝達のことなどには触れられていない。こうした外交行事に関する相違した記述をどのように理解すべきかが重要な問題となる。【史料3】は、裴世清来日とほぼ同時期に来日した新羅・任那使の行動を伝える記事である。裴世清の朝見と同じような儀式が展開されており、比較検討の材料となる。(6)

二 小墾田宮における儀式次第と隋・唐の儀礼

1 倭国と隋・唐の儀礼

『日本書紀』の裴世清ならびに新羅・任那使朝見記事には、朝庭・大門、南門・庁といった語が見え、小墾田宮の構造を知ることができる史料としても注目されている。(7)それでは、裴世清を迎えた小墾田宮ではどのような儀式が展開されたのであろうか。

まず『隋書』倭国伝③に〈其の王の朝会、必ず儀仗を陳設し、其の国の楽を奏す〉とある。この記述は、隋代に倭国に赴いた唯一の勅使である裴世清の見聞にもとづくものとみられ、自らが受けた迎賓儀礼が中国式であったことを伝えるものであろう。倭国は、漢代以来中国王朝と政治的な交流を持ち、特に倭の五王時代には冊封にともなう中国の儀礼を学び、直接あるいは朝鮮半島諸国を介して儒教とともに礼を学んでいる。そして六〇〇年の遣隋使の体験を機に本格的に導入された可能性が指摘されている。(8)『日本書紀』にみえる、裴世清を迎えて行われた儀礼は、中国式の迎賓儀礼に則って行われたとみて間違いない。

それでは、その儀式は具体的にどのような儀礼に準拠して進められたのであろうか。また隋使裴世清が倭国において取るべき儀礼はどのようなものであったのであろうか。倭国が礼制を本格的に学び始めたとされる隋朝において、『隋朝儀礼』『江都集礼』等の儀礼書が編纂されているが、(9)その儀式次第の具体的な内容や日本への影響については不詳である。そこで隋代の儀礼を基本的に継承しているとみられる『大唐開元礼』を参考にすることにしたい。

２　『大唐開元礼』にみえる朝見儀礼

『大唐開元礼』における、今回の裴世清の朝見儀式を考える上で参考になる儀礼は次の二つである。[10] 一つは賓礼「皇帝受蕃使表及幣」儀で、皇帝が来朝した蕃国の使者を謁見する儀式であり、もう一つが嘉礼「皇帝遣使詣蕃宣労」儀で、皇帝の使者が蕃国に赴き、現地で蕃国王を前にして詔を宣する儀式である。それぞれ次のようなものである。適宜段落を区切りながら紹介する。[11]

A「皇帝受㆓蕃使表及幣㆒」儀（『大唐開元礼』巻七九・賓礼）

①前一日、尚舎奉御整㆓設御幄於所㆑御之殿北壁㆒。南向。守宮設㆓使者次㆒、太楽令展㆓宮懸㆒、設㆓挙麾位於上下㆒、並如㆓常儀㆒。

②其日、典儀設㆓使者位於懸南㆒。重行北向、以㆑西為㆑上。庭実位㆓於客前㆒、典儀位㆓於懸東北㆒、賛者二人在㆑南差退。倶西面。諸衛勒㆓所部㆒、列㆓黄麾半仗㆒、屯㆑門及入陳㆓於殿庭㆒。太楽令帥㆓工人㆒入就㆑位。協律郎入就㆓挙麾位㆒。

③所司引㆑客、至㆓承天門外㆒、典謁引就㆑次。本司入奏、鈒戟近仗入陳如㆑常。典儀帥㆓賛者㆒先入、就㆑位。侍中版奏請㆓中厳㆒。侍衛之官、各服㆓其器服㆒、符宝郎奉㆑宝、倶詣㆑閤奉迎。使者服㆓其国服㆒、奉㆑書出㆑次。通事舎人引立㆓於閤外西廂㆒。東面。従者執㆓幣及庭実㆒立㆓於後㆒。倶東面北上。

④侍中版㆓奏外弁㆒。皇帝服㆓通天冠㆒、乗㆑輿以出。曲直・華蓋、警蹕・侍衛、如㆓常儀㆒。皇帝将㆑出、仗動、

太楽令レ撞二黄鍾之鐘一。右五鐘皆応。鼓柷奏二太和之楽一、以二姑洗之均一、皇帝出レ自二西房一、即二御座一。南向坐。符宝郎奉レ宝置二於御座一。侍衛如二常儀一。楽止。

⑤中書侍郎一人、令史二人持レ案、預俟二於西階下一。東面北上。舎人引二使者及庭実一、人就二懸南位一。使者初入レ門、太《〔舒カ〕》和之楽作、立定楽止《大蕃大使為二作楽一、次蕃大使及大蕃中使以下、皆不レ設二楽懸及黄麾仗一》。

⑥中書侍郎帥二持レ案者一、進詣二使者前一。東面。侍郎受レ書、置二於案一、回詣二西階一。侍郎取レ書升奏。持レ案者退。

⑦初侍郎奏レ書、有司各帥二其属一受二幣・馬於庭一。典儀曰、「再拝」。賛者承伝、使者以ト皆再拝。

⑧舎人前承レ制、降詣二使者前一、問二蕃国主一。使者再拝。対訖又再拝。舎人回奏。又承レ勅問二其臣下一。使者再拝対。又労二使者以下拝対一、及舎人迴奏、並如レ常。

⑨舎人承レ勅、労還レ館。使者以下皆再拝。舎人引二使者以下一出。楽作止、如二常儀一。

⑩侍中前跪奏称、「侍中臣某言、礼畢」。俛伏、興還侍レ位。皇帝興、太楽令令レ撞二蕤賓之鐘一、左五鐘皆応。鼓柷奏二太和之楽一。皇帝降レ座、乗レ輿入レ自二東房一。侍衛・警蹕、如二来儀一。侍臣従至レ閤、楽止。

B「皇帝遣レ使詣レ蕃宣労」儀（『大唐開元礼』巻一二九・嘉礼）

①前一日。執事者設二使者次於大門外道東一。南向。

②其日。使者至、執事者引就レ次。使者以下倶公服。蕃主朝服、立二於東階東南一。西面。

③使者出レ次、執事者引二使者一、立二於大門外之西一。東向。使副立二於使者西南一。持レ節者立二於使者之北一、少退。令史二人対挙二詔書案一、立二於使副西南一。倶東面。

④執事者引二蕃主一、迎二使者於門外之南一。北面。再拝。使者不二答拝一。

⑤執事者引二使者一入。持レ節者前導、持レ案者次レ之。入レ門而左、使者詣二階間一、南面立。持レ節者立二於使者之東一。少南。西面。使副立二於使者西南一、持レ案者立二〔「使副西南一。倶東面。執事者引二蕃主一入立二」『通典』巻一三〇〕於使者之南一。北面。

⑥持レ節者脱二節衣一。持レ案者進二使副前一、使副取二詔書一。持レ案者退復レ位。使副進授二使者一、退復レ位。

⑦使者称レ有レ詔。蕃主再拝。使者宣レ詔。訖蕃主又再拝。

⑧執事者引二蕃主一、進二使者前一、北面受二詔書一。退立二於東階東南一。西面。

⑨持節者加二節衣一。執事者引二使者一、持レ節者前導、持レ案者次レ之、出復二門外位一。

⑩執事者引二蕃主一、拝送二於大門外一。使者還二於次一、執事者引二蕃主一入。

3　「皇帝受蕃使表及幣」儀と「皇帝遣使詣蕃宣労」儀における国書

両儀礼において裴世清朝見記事に関連して注目したいのは、国書の取り扱いである。

まず賓礼「皇帝受蕃使表及幣」儀では次のようになっている。③蕃国の使者が国書と朝貢品を携えて承天門外で待機し、開式を待つ。④会場の宮殿に皇帝が出御した後、いよいよ謁見の儀が始まる。まず⑤中書侍郎が持案者（国書・上表を載せるための案を持つ者）を従えて西階段下に待機する。通事舎人が国書と朝貢品を携えた蕃国の使者を率いて承天門より入り、所定の位置に立つと、⑥中書侍郎が持案者を連れて、使者の前に到る。ついで侍郎が書を受け取って案に置き、西階下に戻る。そして侍郎が案上の書を取って西階を升り、皇帝に奏上する。

一方「皇帝遣使詣蕃宣労」儀では、次のごとくである。式場が準備された後、まず⑥詔書を載せた案を持つ者が使副の前に進み出ると、使副が詔書を取り上げ使者（大使）に手渡す。ついで⑦使者（大使）が「詔あり」と称すると、蕃主は再拝する。ついで使者が詔書を宣読する。読み訖ると蕃主は又た再拝する。そして⑧蕃主が使者の前に歩み寄り、北面して詔書を受け取る。

以上が国書の取り扱いに関する記述であるが、「皇帝受蕃使表及幣」儀で問題となるのは⑥の〈侍郎、書を取り升りて奏す〉という部分の解釈である。(12) 本儀礼について詳細な考察を行っている石見清裕氏は、この部分を、「中書侍郎が使節より国書を受け取り、西階より昇殿して皇帝に読みあげる」(13) と解釈されている。しかし国書を皇帝の面前で「読みあげる」にしては、その所作が全く記されていない。一方の「皇帝遣使詣蕃宣労」儀において詔書を読み上げる「宣詔」前後の記述と比べて、やや不審である。そして唐の儀礼が基本的に隋の儀礼を参考にしているとみられることを考慮すると、『隋書』倭国伝（【史料2】）の有名な記事が参考になる。〈其の国書に曰く、「日出づる処の天子、書を日没する処の天子に致す。恙無きや」云云、と。帝、之を覧て悦ばず、鴻臚卿に謂て曰く、「蛮夷の書、無礼なる者有れば、復た以て聞する勿れ」と〉とあり、煬帝は国書を〈覧て〉不快に思い、今後このような無礼な国書は取り次ぐなと鴻臚卿に指示している。〈覧て〉〈聞する勿れ〉とあることは謁見の場で読み上げられたものではなく、その後に内容を知ったことを示唆している。今問題にしている『大唐開元礼』「皇帝受蕃使表及幣」儀にみえる、〈侍郎、書を取り升りて奏す〉という行為は、中書侍郎が蕃使のもたらした書（国書）を臨席の皇帝に奉呈（献上）するの意味で、皇帝の前で読み上げることではないであろう。もし中書侍郎が読み上げるのを聴いたならば、煬帝は即座に儀式の中止を命じたに違いない。つまり蕃国の国書を皇帝に献ずるのみで、この場で読み上げてはいないと理解される。献呈された国書は別の場所で専門家による読解が進められ、あらためて皇帝の閲読に供されたものと思われる。すなわち、賓礼「皇帝受蕃使表及幣」儀と嘉礼「皇帝遣使詣蕃宣労」儀とでは、その場で文書（皇帝の詔書と蕃国王の上表）を献呈するのみか、読み上げるかという点において大きな違いがあるのである。

4　隋の賓礼・嘉礼

前節で、『大唐開元礼』の二つの儀礼における国書の取り扱いを中心に考察したが、隋代にも『大唐開元礼』における賓礼・嘉礼と同様の儀礼が存在したとみられている(14)。

まず嘉礼「皇帝遣使詣蕃宣労」儀については、『隋書』巻八二・南蛮伝・赤土国条の次の記事が参考になる。

赤土国、…煬帝即位、募下能通二絶域一者上。大業三年（六〇七）、屯田主事常駿・虞部主事王君政等請レ使二赤土一。…其年十月駿等自二南海郡一乗レ舟。…至二於赤土之界一。其王遣二婆羅門鳩摩羅一以二舶三十艘一来迎。…月余、至二其都一。王遣二其子那邪迦一請下与二駿等一礼見上。先遣レ人送二金盤、貯香花并鏡鑷、金合二枚、貯香油、金瓶八枚、貯香水、白畳布四条一、以擬下供二使者一盥洗上。其日未時、那邪迦又将二象二頭一、持二孔雀蓋一、以迎二使人一、并致二金花・金盤一、以藉二詔函一。男女百人奏二蠡鼓一、婆羅門二人導レ路、至二王宮一。駿等奉二詔書一上レ閣、王以下皆坐。宣レ詔。訖引二駿等一坐、奏二天竺楽一。事畢、駿等還レ館。又遣二婆羅門一就レ館送レ食、以二草葉一為レ盤、其大方丈。

赤土国王の前で勅使常駿は詔書を宣読している。中村裕一氏は、「右の「詔書」は、所謂政令を公布する場合に用いる詔書ではなく、赤土国王に賜う慰労詔書である。『隋書』南蛮伝の記事から看取できることは、慰労詔書の伝達においては、単に国王に手渡すという簡単なものではなく、『大唐開元礼』にみえるような規定が存在したことを予想させる」(15)と指摘されている。

次に賓礼「皇帝受蕃使表及幣」儀については、前述のように、『隋書』倭国伝の煬帝が日出処国書を〈覧て〉不快に思い、〈聞する勿れ〉と指示したという記事に注目して、その存在を推測した。また開皇二十年の倭国使に対する文帝による風俗問答（②）も「皇帝受蕃使表及幣」儀の⑧に準じて行われていたと推測される。

以上のことから、隋代にも『大唐開元礼』における「皇帝遣使詣蕃宣労」儀・「皇帝受蕃使表及幣」儀に類似した儀礼があったと考えられる。したがって煬帝の勅使裴世清が倭国において取るべき儀礼は、とうぜん「皇帝遣使詣蕃宣労」儀となるはずであるが、『日本書紀』の記述からはどのように理解できるであろうか。

三　裴世清朝見記事の検討——国書宣読の有無——

「皇帝受蕃使表及幣」儀と「皇帝遣使詣蕃宣労」儀とでは国書宣読の有無で大きく異なることを指摘した。この点に注意しながら、あらためて『日本書紀』の裴世清朝見記事について検討することにしたい。なお『隋書』倭国伝⑧には、裴世清が倭国王と会い、対話したことは見えるが、具体的な儀式次第は記されていない。

1　国書を宣読したとする説

さて、『日本書紀』における裴世清関連記事で国書に触れた部分は【史料1】—③④の〈時に使主裴世清、親ら書を持ち、両度再拝し、使旨を言上して立つ。其の書に曰く、「皇帝問倭皇。…」〉という箇所である。この記事について具体的に言及している先行研究では、裴世清は朝見の場で煬帝の国書を読み上げたとする理解が行われている。代表的な研究をいくつか紹介すると、次のごとくである（発表順）。

イ、「信物を庭中に置き、二度再拝して国書を読んで使の旨を言上する」（岸俊男：二四〇頁）

ロ、「「言上して立つ」とあるので、隋使は跪いて国書を読み上げ、立ってこれを導者阿倍臣に授けたのであろう」（井上亘[16]：六七頁）

ハ、「裴氏親持書…、「両度再拝」後、站起来宣読、然後由阿倍烏臣受書、交給大伴囓連、再上奏天皇」（高明士A：二〇六頁）※「站起来」は立ち上がること。

ニ、「隋使裴世清は国信物を庭中に置き、親しく使者の目的を述べ、隋皇帝の書を読み上げた」（川勝守[17]：二〇〇頁）

ホ、「裴世清はこのとき煬帝からの進物を庭中の別の処に置き、自ら煬帝からの国書を持って二度にわたり再拝し（両度再拝）、使いの旨を言上しようと、立って煬帝からの国書を読み上げたことがわかる」（川本芳昭：五六頁）※なお川本氏はこの他の箇所でも国書を読み上げたと記述されている。

へ、「さらに数日後、隋使は小墾田宮に迎えられて、朝庭において国書を宣読し、国書・国信物を進上する儀式が行われた」（榎本淳一A：一七六頁）

2　国書宣読説の疑問

このように、裴世清は朝見の場で国書を読み上げた（宣読した）とする説が行われている。こうした理解は、隋の勅使裴世清が倭国において取るべき儀礼は「皇帝遣使詣蕃宣労」儀であり、とうぜん詔書を宣読する行為をともなったはずと考えてのことであろう。しかしながら、少なくとも『日本書紀』には国書を読み上げたとする、「宣読」「宣」といったような文言はない。「使いの旨を言上しようと、立って煬帝からの国書を読み上げた」という解釈もいまひとつ理解できない。はたして裴世清は書を読み上げたと解釈してよいのであろうか。

裴世清がとった〈使旨を言上〉するという行為は「奏使之旨」を口頭で述べることであり、文書である国書・上表を読み上げることではないであろう。『日本書紀』の冒頭には〈唐客を召し、使旨を奏せしむ〉とある。【史料3】の十月丁酉条③にも新羅・任那使が〈使旨を奏す〉とあるが、『日本書紀』推古天皇二十九年是歳条に、「新羅遣奈末伊弥買朝貢。仍以表㆑書、奏㆓使旨㆒。凡新羅上表、蓋始㆓起于此時㆒歟[18]」とあり、新羅使の使旨はこの段階では口頭で述べられたはずである。

そして使旨と国書との関係については、『隋書』倭国伝⑥の記述が参考になる。

使者曰、「聞海西菩薩天子、重興二仏法一。故遣朝拝、兼沙門数十人来学二仏法一」。
其国書曰、「日出処天子致二書日没処天子一、無レ恙」云云。
帝覧レ之不レ悦、謂二鴻臚卿一曰、「蛮夷書有二無礼者一、勿二復以聞一」。

「使者曰、…」が使旨であり、その次に国書が引用されている。そして続く記述には〈帝、之を覧て悦ばず〉云々とある。この表現からは、前述のように、煬帝が国書を覧たのは謁見の後のことと理解される。『日本書紀』の裴世清朝見記事も『隋書』と同じ構成で記されている。すなわち『日本書紀』で〈使旨を言上して立つ〉についで煬帝の国書が引用されているからと言って、使者が国書をその場で読み上げたとすることはできない。ちなみに〈使旨を言上して立つ〉というのは、使旨を言上したまま立ち続けたという意味である。(19)

一方、この頃の日本(倭国)の朝廷で、外国使のもたらした国書が、外国使自身によってではなく、日本側の官人により別の場所で天皇の前で読み上げられたとみられる資料がある。

イ、『日本書紀』敏達天皇元年(五七二)五月丙辰(十五日)条
天皇執二高麗表疏一授二於大臣一、召二聚諸史一令二読解一之。是時諸史於二三日内一皆不レ能レ読。爰有二船史祖王辰爾一、能奉二読釈一。…又高麗上表疏書二于烏羽一。字随二羽黒一既無二識者一。辰爾乃蒸二羽於飯気一、以レ帛印レ羽、悉写二其字一。朝庭悉之異。

ロ、『日本書紀』皇極天皇四年（六四五）六月戊申（十二日）条

天皇御二大極殿一。古人大兄侍焉。…倉山田麻呂臣進而読二唱三韓表文一。…。

いずれも有名な記事で、イは伝承的な要素が強いが、外国の使者が読み上げるものではなく、受け取ってから別の場で読解が進められたことを示唆している。またロは明らかに日本の官人が読み上げている。ただしこれらは日本が蕃国と位置づける使者の場合であり、大国隋の使者を三韓の使者と同列にみなしてよいか考慮の余地はあるが、当時の日本が謁見の場で国書を読み上げない「皇帝受蕃使表及幣」儀に準じた儀礼をとっていたことを推測させる史料とはなるであろう。

このようにみてくると、裴世清は使旨を口頭で述べたが、その場で国書を宣読してはいない。『日本書紀』では、〈使旨を言上〉した後に「朝貢」という文言を含む煬帝の国書を引用しているのであるから、裴世清が国書を読み上げたのであるなら、「言上使旨」ではなく、もう少しそれに相応しい表現、たとえば「宣書」といったような表現をとっても何ら問題はないはずである。やはり『日本書紀』の記事は、奉使の趣旨を述べた上で、国書を伝達したと理解するのが妥当と考える。④「其書曰、…」に続く⑤「時阿倍臣出進以受二其書一而進行。大伴囓連迎出承レ書、置二於大門前机上一而奏之」とは、「阿倍鳥が裴世清のもとに歩み寄り、裴世清から書（煬帝の慰労詔書）を受け取り、さらにそれを大門の前に待つ大伴噛のもとに赴いて渡し、これを受け取った噛は、そこに用意されていた机の上に国書を置いて（天皇に）奉呈した」という意味になる。阿倍鳥と大伴噛は「皇帝受蕃使表及幣」儀でいう中書侍郎の役割を果たしているのである。なお裴世清が言上した使旨とは、『隋書』倭国伝⑧にみえる「清答曰、皇帝徳並二二儀一、沢流二四海一、以二王慕一レ化、故遣二行人一来此宣諭」といった内容ではないかと推測される。

以上のように、『日本書紀』の記すところでは、裴世清を迎えた小墾田宮では「皇帝受蕃使表及幣」儀に準じた朝見儀式が挙行されていると理解される。ただし『大唐開元礼』「皇帝受蕃使表及幣」儀には国書伝達の前に「使旨を奏上する」といった記述はない。隋制と唐制との違いか、あるいは倭国の儀制であろうか。この点についてはさらに後考を期することにしたい。

四 『日本書紀』裴世清朝見記事に対する疑問説と肯定説

『日本書紀』の伝える裴世清の朝見儀礼は「皇帝受蕃使表及幣」儀に準じていることを述べてきた。元来隋皇帝の使者である裴世清が倭国においてとるべき儀礼は「皇帝遣使詣蕃宣労」儀のはずである。中華の使者が果たして、蕃国使扱いの儀礼を容認したであろうか。あるいは『隋書』⑧には裴世清が倭国王と会見したこと、そしてその内容を具体的に記しているが、『日本書紀』には会見についての記述はない。そこで『日本書紀』の記事に対する評価が大きく二つに分かれることになる。疑問説と肯定説である。

1 疑問説

疑問とする意見では、『日本書紀』の偏向（潤色）とする説と、さらに進めて偽造・改竄とする説がある。

イ、偏向（潤色）説

川本芳昭氏は、『日本書紀』が「朝貢」という日本に不都合な文言を含む煬帝の国書をほぼ原文のまま掲げていることは信頼性の上で評価できるが、朝見記事においては「倭王と隋からの使者・裴世清とをあたかも主従関係にあるかのように記述されて」おり、「裴世清が二度再拝した等とする『日本書紀』の記述には偏向が存在する」（七一頁）とされている。氏の「偏向」とは潤色といった意味に理解してよいであろう。

ロ、偽造・改竄説

疑問をさらに進めて偽造・改竄説を主張するのは高明士氏である。[20] 高氏は「筆者認為『日本書紀』偽造裴氏朝見天皇礼儀之理由如下」、つまり『日本書紀』の朝見記事は「偽造」されたものであるとし、その理由を大きく四つに分けて詳しく論じられているが、これらを総合すると、次のようになる。

『日本書紀』の記述によれば、裴世清に対して、新羅・任那使とほぼ同じ儀礼が行われている。大国の宣諭使がそのような儀礼を受け入れるはずはない。『隋書』倭国伝にも「其王与清相見、大悦」とあり、「皇帝遣使詔蕃宣労」の礼に則っていたことがわかり、裴世清が倭国に抗議したことも書かれていない。

これは『日本書紀』が改竄したものであり、【史料1】の③④⑤の本来の記述は次の如くなっていた（傍線は原文のまま）。

「時使主裴世清親持書、称有詔、王再拝。使主宣詔訖、王又再拝。時阿倍臣・大伴囓連引王進使主前、北面受詔書。其書曰、…」

こうした史料を『日本書紀』は改竄して現行の記述にしたのである。

およそ高明士氏の主張を要約すると以上のようになる。本来「皇帝遣使詣蕃宣労」儀に則って行われた式次第を、あたかも「皇帝受蕃使表及幣」儀で行われたように改竄したとされているのである。ただしいつの段階で改竄されたのか、『日本書紀』が編纂の材料にした原史料にすでにそのようにあったのか、あるいは『日本書紀』の編纂段階で改竄されたのかといった問題については特に言及はない。史料批判において不十分と言わざるを得ない。

2　肯定説

これに対し、榎本淳一氏は『日本書紀』の記述は事実を伝えているとする説を主張されている。[21] すなわち、『書紀』では倭王は隋使を属国の使者のように扱ったとしているのに対し、『隋書』では倭王は属国の王が宗主国の使者を迎えたように隋使を賓待したとしている…。この場合、明らかにどちらかが虚偽を記していると考えざるを得ない」とし、まず参考として唐使高表仁の例をあげている。『旧唐書』倭国伝に、「表仁、無㆓綏遠之才㆒、与㆓王子㆒争㆑礼、不㆑宣㆓朝命㆒而還」とある「争礼とは、どちらが政治的に上位か名分関係を儀礼の上で争ったことを意味すると思われる。裴世清の際は何ら問題は発生せず、裴世清は隋帝の国書を倭国側に伝え、使命を達している。そういう意味では、高表仁の来倭の際に、倭国側も唐側も裴世清の時と同じ対応をしていれば何ら問題はなかったはずである。…倭国側は隋使の時には問題が起こらなかったことから、むしろ推古朝の迎接儀礼を先例に、唐使を賓待しようとしたのではないだろうか。そのように考えると、むしろ『書紀』の記述の方が蓋然性が高いように思われる」とされる。

そこで中華の使者である裴世清が「皇帝受蕃使表及幣」儀を容認することはあり得たのかという疑問がおこるが、これについては次のような事例を紹介している。すなわち、『新唐書』巻一〇五・李義琰・義琛伝に、

義琰従祖弟義琛。…初義琰使㆓高麗㆒。其王踞㆑榻召見。義琰不㆑拝曰、吾天子使、可㆑当㆓小国之君㆒。奈何倨見㆑我。王詞屈、為加㆑礼。及㆓義琛再使㆒、亦坐召㆑之。義琛匍匐拝伏。時人由㆑是見㆓兄弟優劣㆒。

とある。[22] 同じく高句麗に奉使した唐の二人の使節が対照的な対応を示している。義琰は無礼な態度を取る高句麗王を屈服させたのに対し、義琛は高句麗王の前で匍匐拝伏している。この史料から榎本氏は、「外交使節にお

いては、朝命（王命）を伝達することが最大の任務であって、そのためには儀礼上の上下関係は二次的な問題となったのではないか。…相手国の対応状況などを勘案して儀礼上どのような立場を取るかは、外交使節の裁量に任されていた部分が大きかったのではないだろうか」と論じられている。

そして、「倭国における隋使の迎賓儀礼については、基本的に『書紀』の記述に基づいて考えてよい」と述べ、煬帝の国書（慰労詔書）には「朝貢」といった倭国に不都合な文言がありながら、倭王を倭皇に改竄する程度で引用されており、「原史料の記載が比較的残されている」と結論されている。

五　裴世清朝見記事の評価

このように裴世清朝見記事をめぐって疑問（偏向・偽造）説・肯定説の相対立する見解が示されている。裴世清を迎えた倭国における儀礼は、はたして「皇帝受蕃使表及幣」儀、「皇帝遣使詣蕃宣労」儀のいずれに準じているのであろうか。筆者の理解は、裴世清が朝見の場で「国書を宣読し」たとみる点は見解が異なるが、他の部分では榎本氏の主張を妥当と考える。榎本説の紹介がやや長くなったのは、そのためである。すなわち『日本書紀』の記述は事実を伝えているとみなすものである。その理由は榎本氏の論証に尽きているが、やや異なった視点から述べると、次の如くである。

1　裴世清派遣の意図と使命

まず裴世清の使命、派遣の意図をあらためて考えてみる必要がある。日出処天子云々の国書を無礼として不快に思ったものの、勅使裴世清を派遣するにいたった煬帝周辺の意図が、高句麗対策に倭国を利用しようという戦略によるものであることは言うまでもない。その背景には倭を「大国」とする認識があったからである。『隋書』倭国伝⑤に〈新羅・百済、皆倭を以て大国と為す。珍物多く、並に之を敬仰し、恒に通使往来す〉とある。隋では新羅・百済が倭を大国として敬仰し、交流を続けていることを知っていた。ここでいう「大国」とは軍事的強国を意味している。(23)それを裏付ける重要な情報も有している。『宋書』である。その倭国伝に記された倭の五王に対する叙爵、特に武が高句麗に対する敵愾心をむき出しにした上表文を提出し、「使持節都督倭・新羅・任那・加羅・秦韓・慕韓七国諸軍事、安東大将軍、倭国王」を自称して叙爵を求め、宋から「使持節都督倭・新羅・任那・加羅・秦韓・慕韓六国諸軍事、安東大将軍、倭王」に叙されている事実は煬帝の朝廷には知られていた。(24)隋の半島戦略において、百済・新羅に大国と仰がれる倭に関心を持つことは当然であろう。『隋書』倭国伝が、〈倭国、百済・新羅の東南に在り〉と始まっていることも象徴的である。しかしその倭国の実情については隋はほとんど知らない。開皇二十年の使者を迎えただけで、倭国については「未知の大国」であった。したがって、裴世清には何と言っても倭国宣諭が至上命令であったのであり、世清は忠実に朝命伝達を第一義として対応したのである。高句麗に奉使した李義琛の例は、蕃国王(高句麗王)が無礼な対応をしても使命を優先して事を運ぼうとしている勅使の現実を示している。唐では高表仁を〈綏遠の才無し〉とは評するものの、王子をはじめとする倭国側の無礼を咎めてはいない。(25)〈綏遠の才〉とは、相手側の姿勢に対して柔軟に対応し、朝命を伝えるのが奉使の要諦であることを示している。(26)裴世清は、倭国の求める「皇帝受蕃使表及幣」儀に準じた式次第を容認しても、朝命伝達を第一義として対応した。「綏遠の才有り」と評すべきであろうか。

2　煬帝の国書本文掲載の意義

さらに『日本書紀』の記述を肯定する筆者が注目したいのは、すでに川本氏・榎本氏が指摘されていることであるが、煬帝の国書を「王」を「皇」とかえただけで、全文を掲載していることである。特に「深気至誠、遠修㆓朝貢㆒。丹款之美、朕有㆑嘉焉」と、倭国が「朝貢」してきた事実も明記されている。偽造・改竄するような意図があれば、そもそも「朝貢」と明記された国書を掲載するはずはない。このことは逆に『日本書紀』の記述に信頼性を与えるものであろう。[27]『聖徳太子伝暦』で、この書について聖徳太子が「天子賜㆓諸侯王㆒書式也」といったと伝えられるように、慰労詔書と呼ばれる、天子(君主)が諸侯(臣下)に与える書式の文書である。[28]もちろん伝暦の成立は降るのであるが、『日本書紀』編纂時には、この慰労詔書の意義を日本の朝廷も十分に承知していた。すなわち、『日本書紀』成立以前の慶雲三年(七〇六)正月、帰国する新羅使に託した新羅王宛国書にこの書式が使われているのである。『続日本紀』同月丁亥条に、「天皇敬問㆓新羅王㆒。……春首猶寒。比無㆑恙也。……使人今還。指㆓宣往意㆒、并寄㆓土物㆒如㆑別」とみえる。慰労詔書は、この後、新羅王だけでなく渤海王宛にも用いられており、煬帝国書にみえる「朕有㆑嘉焉」といった文言も中華日本における慰労詔書の常套句となる。

高明士氏の説のように、そこまで手の込んだ改竄を行うのであれば、いっそのこと煬帝の国書の本文を引用しなければよいであろう。『続日本紀』以下の五国史においては、例えば遣唐使が唐皇帝の書をもらって帰国したことは記しても、その本文を引用することはなかった。中華日本の天皇が臣下扱いされることはとうてい公表できるものではなかったからである。[29]ところが問題としている『日本書紀』の記事では「朝貢」と明記され、君臣関係を明確にする慰労詔書本文を引用しているのである。このことは逆に『日本書紀』の記述の信頼性を示すものであろう。

3　『隋書』の記述との相違

『日本書紀』の朝見記事については、『隋書』倭国伝にみえる記事と比較して、主従関係が逆転したように描かれているところから、大きな疑問が生じ、さらには偽造・改竄説が出されることになる。両者の記述は確かに相違している。しかし『隋書』には倭国王との対話を詳しく記すものの、肝心の国書伝達のことが記されていない。式次第はどうあれ、朝命伝達が口頭で行われただけのように記されているのは、何とも不審である。『日本書紀』の記す朝見と『隋書』で裴世清の述べる会見とが別の機会である可能性はないであろうか。両者は相違しているのではなく、またどちらかが虚偽を述べているものでもなく、補完しあう性質の記事ではなかろうか[30]。言うまでもないことであるが、使者の言動や迎賓儀礼の全てが記録され、残っていたわけではない。さらに編纂に際しては残されている記録を取捨選択してまとめるのであり、参考にした史料の全てを記載しているわけでもない。『隋書』倭国伝には裴世清の復命当時の記録が原史料とされているであろうが、榎本氏は、裴世清自身からの聞き取り調査に基づいている可能性があり、こうした外国に奉使した使者の復命には、当事者の主観であるとか、作為が含まれていることに注意する必要があることを指摘されている[31]。こうした事情も両者の記事の違いにあるのかも知れない。

六 『隋書』倭国伝の問題点

以上、『日本書紀』にみえる裴世清朝見記事について検討を加え、説明に不十分なところがあるにせよ、当日の儀式を事実に則して伝えており、偽造・改竄とする見方はあたらないことを述べてきた。これまで『日本書紀』には潤色や捏造が強調されているが、あらためて言うまでもないことであるが、史料批判を徹底しておこなう必要があることを、この記事は示しているように思う。

そして『日本書紀』とは対照的に『隋書』に対する評価は高い。しかし同じく政治的な意図のもとに編纂されている点において何ら『日本書紀』と異なるところはない。そこで最後に『隋書』倭国伝をめぐる最近の理解について触れておきたい。

1　開皇二十年の倭国使

開皇二十年（六〇〇）の倭国使が、〈倭王は天を以て兄と為し、日を以て弟と為す。天未だ明けざる時に出て政を聴き、跏趺坐す。日出づれば便ち理務を停め、我が弟に委ねんと云ふ〉と述べたのに対し、文帝が〈此れ太だ義理無し〉と言い、〈訓へて改めしめた〉という。倭国使の発言は、ここに記載された内容だけではたしかに不可解であって、文帝に「道理がない」と評されるのもやむを得ない。しかし不可思議な内容を伝えるこの記事は、『大唐開元礼』「皇帝受蕃使表及幣」儀に準じた儀式における問答の一部であって、全てではない。その内容は倭国使の説明を正確に伝えているとはとうてい思えない。通訳ないし記録に際しての翻訳の問題があることに注意すべきであろう。(32) はたして倭国における政治の実態はこのようであったであろうか。数年後には中国式の儀礼で勅使裴世清を受け入れており、裴世清の報告でも特に倭国の政治が異常という指摘はない。文帝の訓令からわずか十年未満で改善されたとも思えない。あたかも未開の政治・政務のあり方を示す『隋書』の記事は、はたして倭国使の発言を正しく伝えているか疑問で、通訳・翻訳そして記録に問題があるとみるべきであろう。この記事には天照大神と素戔嗚尊の神話を連想させるものがある。国の風俗について問われた倭国使による建国事情の説明が上手く伝わらなかったのではなかろうか。

2　大業三年の倭国使

『日本書紀』と同じように『隋書』についても、政治的所産であることと通訳・翻訳・記録の問題を常に念頭において利用しなければならないことを述べたが、この点から、『隋書』倭国伝について、特に近年「仏教的朝貢」として注目されている言説にも触れておかなければならない。

倭国の「仏教的朝貢」とは、開皇二十年の問答にみえる「跏趺坐」及び大業三年の「使者曰、「聞海西菩薩天子、重興二仏法一。故遣朝拝、兼沙門数十人来学二仏法一」。其国書曰、「日出処天子致二書日没処天子一、無レ恙」云云」等、倭国の遣使に関わる記事に仏教的な用語が多いことについて注目した言説である。同様に南海諸国から送られた国書にも仏教的な用語が多く用いられており、これらを総称して「仏教的朝貢」として論じられている。すなわち、「跏趺坐」「日出処…日没処」「菩薩天子」「重興仏法」等の出典は仏教経典にあり、特に「重興仏法」という表現は、仏教を重んじた隋の文帝がしばしば使用した語である。「「重興仏法」が文帝の好んだ表現であると倭国が知っ」て用いたとされているのである。[33]

しかしながら、そもそも「聞海西菩薩天子…学二仏法一」は「使者曰」つまり倭国使が口頭で述べたものである。その趣旨を通訳が所司に伝え、さらに文章として記録され、それが編纂材料として利用された。倭国の使者の発言が現在の『隋書』の記事になるまでには、通訳・翻訳・記録の何段階かを経ている。倭国の使者が当時の中国語で「海西菩薩天子、重興仏法」云々と述べたわけではないであろう。つまり、「跏趺坐」「菩薩天子」「重興仏法」等の語を含む倭国使の発言は、あくまでも隋側の翻訳であることを考慮すべきであり、「文帝の好んだ表現であると倭国が知っ」て、それを用いたとする理解はできない。

ちなみに『隋書』における裴世清が会見した際の倭王は仏教に言及しておらず、また『日本書紀』にも記述はない。裴世清の帰国に同行した小野妹子に託された「東天皇」国書にも何ら仏教用語はみられない。[34] そして日本からみた仏教先進国であり、隋との往復に支援を受けている百済に「仏教的朝貢」を行ったという史料はないのである。[35] そもそも倭国伝における「沙門数十人」云々という記事はとうてい事実とは思えない。一般の留学生はいなかったのであろうか。人数についても、この後の遣隋使や遣唐使に随行した留学生・留学僧の例からみて、明らかに誇張であろう（例えば【史料1】の九月辛巳条参照）。つまり倭国伝における倭国の使節を迎えた記事には、仏教的要素を加えた相当の文飾が加えられているとみなされる。仏教を強調しているのは、実は隋側で、文帝ないし煬帝の偉業を印象づけるための隋側の史料操作の一端を示すものである。これが倭国使の発言の全てではない。発言の一部を切り取って菩薩天子文帝（煬帝）を讃仰する道具に利用したとみるべきである。(36) 筆者の知見は『隋書』全体には及んでいないが、少なくとも倭国伝には「仏教的修飾」が加えられているのである。

むすび

以上、『日本書紀』にみえる裴世清朝見記事について検討を加えてきた。同記事については、疑問とする説、事実と見る説の両方の意見が出されている。これについて特に裴世清が朝見の場で国書を読み上げたかどうかという問題に焦点を当て、『大唐開元礼』等を参考に考察を加えた。その結果、朝見の儀式は『大唐開元礼』「皇帝受蕃使表及幣」儀に準じた儀礼で行われたとみられること、裴世清が伝えた煬帝の国書には、「遠修二朝貢一。丹款之美、朕有レ嘉焉」といった、後に中華日本が蕃国新羅・渤海に示す文言が使われているにもかかわらず、「王」を「皇」と代えた程度で全文が掲載されており、敢えて隠そうとするような意図はみえないことなどから、『日本書紀』における裴世清朝見儀式の根本については史実を反映していると考えてよいと思われることを述べてきた。そして『日本書紀』に比べて史料として信頼性の高い『隋書』も、『日本書紀』と同様、きわめて政治性の高い編纂物であり、倭国伝には中華の立場から文飾が加えられており、また何よりも通訳・翻訳・記録の問題が常につきまとっていることを考慮しなければならないことも付け加えて述べてきた。大方のご批正を乞う次第である。

注

（1）例えば若井敏明『邪馬台国の滅亡』（吉川弘文館、二〇一〇年）、小林敏男『日本国号の歴史』（吉川弘文館、二〇一〇年）。

（2）坂本太郎『聖徳太子と菅原道真』（吉川弘文館、一九八九年。初出一九七九年）五〇頁。

（3）以下の本論において参考にした主要な先行研究をまず掲げておく（五〇音順）。なお本文や注において言及する場合、例えば「榎本淳一A論文」のように、略称を用いる。

石見清裕A「外国使節の皇帝謁見儀式復元」（『唐の北方問題と国際秩序』汲古書院、一九九八年）、B『唐代の国際関係』（山川出版社、二〇〇九年）

榎本淳一A「比較儀礼論」（荒野泰典・石井正敏・村井章介編『日本の対外関係2　律令国家と東アジア』吉川弘文館、二〇一一年）、B「『隋書』倭国伝について」（大山誠一編『日本書紀の謎と聖徳太子』平凡社、二〇一一年）

川本芳昭「隋書倭国伝と日本書紀推古紀の記述をめぐって――遣隋使覚書――」（『史淵』一四一、二〇〇四年）

韓　昇「《隋書・倭国伝》考釈」（『中華文史論叢』六一、二〇〇〇年）

氣賀澤保規「遣隋使の見た隋の風景――「開皇二十年の遣隋使」の理解をめぐって」（王維坤・宇野隆夫編『古代東アジア交流の総合的研究』国際日本文化研究センター、二〇〇八年）

高　明士A「隋唐使臣赴倭及其儀礼問題」（『臺大歴史学報』二三、一九九九年）、B「隋唐使の赴倭とその儀礼問題」（『アジア遊学』三、一九九九年）

河内春人「新羅使迎接の歴史的展開」（『ヒストリア』一七〇、二〇〇〇年）

廣瀬憲雄A「倭国・日本の隋使・唐使に対する外交儀礼」（『東アジアの国際秩序と古代日本』吉川弘文館、二〇一一年、初出二〇〇五年）、B「「東天皇」外交文書と書状」（同上所収、初出二〇〇八年）

（4）『日本書紀』は、岩波文庫本ならびに新日本古典文学全集本（小学館）、『隋書』は中華書局標点本ならびに岩波文庫本等を利用した。また校注に用いた『善隣国宝記』は田中健夫編訳注『善隣国宝記　新訂続善隣国宝記』（集英社、一九九五年）による。

（5）川本芳昭氏は、「日出処天子」国書に不快の念をいだいた煬帝が倭国に「訓令」する内容の書であったと推測されている（七〇頁）。

（6）なおこの記事については、田島公「外交と儀礼」（岸俊男編『日本の古代7　まつりごとの展開』中央公論社、一九八六年）及び河内春人論文参照。

（7）岸俊男「朝堂の初歩的考察」（『日本古代宮都の研究』（岩波書店、一九八八年。初出一九七五年）参照。

（8）榎本淳一A論文参照。

（9）榎本淳一A論文参照。

（10）『大唐開元礼』は池田温解題『大唐開元礼』（汲古書院、一九七二年）を用いる。

（11）このうち賓礼「皇帝受蕃使表及幣」儀については、詳細な検討を加え、訳注を作成されている石見清裕氏の研究A・Bを参考にしている。また古瀬奈津子『遣唐使の見た中国』（吉川弘文館、二〇〇三年）では本論で取り上げる二つの儀礼をはじめとする式次第の解説があるので、参照されたい。

（12）なお、『大唐六典』巻九・中書省・中書侍郎の条にも、「中書侍郎二人、正四品上。…凡四夷来朝、臨軒則授〔受イ〕二其表疏一、升二于西階一而奏レ之。若献二贄幣一則受レ之、以授二於所司一」とみえる（石見清裕A著四四一頁）。

（13）石見清裕B著五六頁。

（14）高明士A論文、榎本淳一A論文、等参照。

（15）中村裕一『隋唐王言の研究』（汲古書院、二〇〇三年）二三三〜二三四頁。なお赤土国の事例については、黒田裕一「推古朝における「大国」意識」（『国史学』一六五、一九九八年）、廣瀬憲雄A論文等参照。

（16）井上亘『日本古代朝政の研究』（吉川弘文館、一九九八年）。

（17）川勝守『聖徳太子と東アジア世界』（吉川弘文館、二〇〇二年）。

（18）なお、この部分については、「仍《よ》りて書《ふみ》を表《たてまつ》りて使《つかひ》の旨《むね》を奏《まう》す」と訓じられている。「以表書、奏使旨」とあるが、読み上げたわけではない。

（19）「言上して立つ」の意味について、【史料3】では、「立于庭中」「共自位起之、進伏于庭」「乃四大夫、起進啓於大臣」「時大臣自位起、立庁前而聴焉」といった記述がある。これらの用法をみると、「起」は伏していたり、座していたりしたことから起ち上がることであり、「立」は立っていることである。したがって〈使旨を言上して立つ〉というのは、使旨を言上したまま立ち続けたという意味である。なお【史料3】十月丁酉条の③④について、「右の新羅・任那使の朝見儀にみる四大夫は、国書奏読の間、「伏」したままのようであり、これは「奏」にともなう礼であるから、かれらは北面であったと解される。」（注16井上亘著二五七頁）と、「国書奏読」とされるが、口頭による使旨奏上と解すべきであろう。ちなみに新羅の国書は前に引いたように、『日本書紀』では推古天皇二十九年に始まるとみえる。

（20） 高明士A・B論文。

（21） 榎本淳一A論文。

（22） この史料は高明士氏も引用されているが、李義琛の行動については触れられていない。

（23） 石母田正「日本の古代国家」（『石母田正著作集』第三巻、岩波書店、一九八九年。初出一九七一年）は朝貢関係を示すと理解し（三〇～三一頁）、廣瀬憲雄「倭国・日本史と東部ユーラシア」（『歴史学研究』八七二、二〇一〇年）は軍事的強国を意味するとされている（三五頁）。黒田裕一氏は、隋代の「大国」とは礼制を具備しているかどうかが評価の基準になったとされている（注15論文）。その主要な根拠とされているのが、『隋書』巻五七・薛道衡伝にみえる記事で、隋の高官高熲に、隋が対峙する陳の軍勢を倒すための策を尋ねられた薛道衡が勝利する理由を四つあげた中の説明である。そこに「我有レ道而大、彼無レ徳而小」とある箇所を、黒田氏は「隋は「道」を有するから大きく、陳は徳が無いために小さいとした」と解釈されている（三四頁）。しかし氏が（後略）として引用を省略された続きの文章には、「量二其甲士一、不レ過二十萬一。西自二巫峡一、東至二滄海一、分レ之則勢懸而力弱、聚レ之則守レ此而失レ彼。其必克、四也」とあり、明らかに兵力を比較している。つまり薛道衡のこの意見は、「我には道があるうえに大（国）であり、彼には徳が無いうえに小（国）である。（陳の）兵力をみても…」と理解すべきであり、ここで大・小とは軍事的な強大国と弱小国になぞらえているとみなされる。なお『隋書』倭国伝の大国記事に関連して、当時の大国は突厥や吐蕃であって、倭国など比べるまでもなく、「「大国」倭国は軍事力で突厥に劣ることは言うまでもないが、高句麗に隣接する百済・新羅に対する影響力も、朝鮮三国の抗争を利用して「任那の調」を徴収した程度であり、高句麗問題を中心とする東方情勢に直接関係する勢力とはみなされていない」（廣瀬憲雄B論文九七頁）といった意見がある。たしかに今日の我々が現在知りうる史料による研究の成果によれば、倭国は突厥・吐蕃に比べるべくもない小国で、「任那の調」を徴収し得たに過ぎない存在かも知れない。しかし当時の隋が果たして今日のような国際情報をどれほど有していたか、倭国についての情報はいかなるものであったかを考える必要があろう。こうした時、『宋書』は情報源として大きな意味を持っており、隋が倭国を軍事的強国とみなし、関心をもつことは十分に考えられる。

(24)　『宋書』の最終的な成立は四八八年。『隋書』経籍志にも掲載されており、隋朝の人々には倭国の朝貢・冊封や武の上表文について知られていた。

(25)　高表仁が礼を争った相手について、『旧唐書』倭国伝のみが「王子」とし、その他の『通典』等では「王」とする（池田温「裴世清と高表仁」六八頁〔補1〕参照。『東アジアの文化交流史』吉川弘文館、二〇〇二年）。高表仁が直接倭国王と礼をめぐって議論することは考えられず、事前折衝の場で決裂したと考えるのが妥当であり、「王子」とするのがよいと思う。その理由として、これまでこの問題であまり注目されていないが、当時の国政にあって、大臣とともに「皇子」が重要な役割を果たしていたことを想起したい（北康宏「冠位十二階・小墾田宮・大兄制――大化前代の政権構造――」（『日本史研究』五七七、二〇一〇年）。①『日本書紀』継体天皇六年十二月条にみえる、いわゆる任那四県の割譲に関連して、「大兄皇子、前有レ縁レ事、不レ関レ賜レ国。…」、②敏達天皇元年五月壬寅朔条に「天皇問三皇子与二大臣一曰、高麗使人今何在。…」、③敏達天皇四年二月乙丑条に、「百済遣レ使進レ調、多益二恒歳一。天皇以三新羅未レ建二任那一、詔三皇子与二大臣一曰、莫レ懶一懈於任那之事二」といった例をあげることができる。唐側からみれば最終的には倭国との外交に失敗したのであるから、〈王と礼を争う〉と表現することも考えられるが、実際の交渉相手は『旧唐書』の伝えるように「王子」とみるべきであろう。ちなみに本文前掲の赤土国の例では、隋使を迎えるために「王子」が派遣されている。

(26)　川本氏は〈綏遠の才無し〉について「夷狄に対する綏撫には深慮が必要である」（六〇頁）という意味が込められているとされている。

(27)　煬帝の国書については川本氏が詳細に検討されている。氏は、『隋書』倭国伝⑧の裴世清と倭国王との会話の中に見える「皇帝徳並二儀、沢流四海、以王慕化、故遣行人来此宣諭」という趣旨も国書に盛り込まれていたはずであるとし、『日本書紀』所載の国書は原文にかなり忠実であるが、倭王を倭皇などと改竄しているほかに、原文を削った可能性もある」（六四頁）とされている。しかし敢えて削除する理由はないように思える。

(28)　慰労詔書については、中村裕一注15著書参照。

(29) 例えば、天平七年（七三五）の遣唐使が玄宗皇帝の勅書を得て帰途についたこと、宝亀十年（七七九）来日の唐使が「唐朝の書」を進上したこと、あるいは承和六年（八三九）に帰国した遣唐使が「大唐勅書」をもたらしたことなどは『続日本紀』『続日本後紀』等にあるが、その本文は掲載されていない。日本が蕃国であり、天皇が唐皇帝の臣下であることを明示する史料をあえて避けたものである（石井正敏『東アジア世界と古代の日本』山川出版社、二〇〇三年、一五～一六頁参照）。

(30) 例えば『大唐開元礼』賓礼に「皇帝宴蕃国使」儀がある。また来朝した蕃国主が皇帝に謁見する「蕃主奉見」儀には、「奉辞礼同」と注がついている。奉辞とは帰国の挨拶のことである。『日本書紀』では裴世清朝見の四日後の丙辰（十六日）条に、饗宴の記事がある。『隋書』には賜宴あるいは奉辞の際の記述も含まれているのではなかろうか。ただ倭国王に会見したとはあるが、倭国王が女性であったことについては全く触れていない。この点について諸説あるが、現在の筆者に明確な考えはなく、後考に俟ちたい。

(31) 榎本淳一B論文。裴世清と倭王の会見記事に作為があるのではないかとする意見は、井上光貞「推古朝外交政策の展開」（『聖徳太子論集』平楽寺書店、一九七一年）、田島公注6論文（二一一頁）等にもみえる。

(32) 韓昇氏は「恐怕存在使者介紹其遠古風俗時的翻訳錯誤」とされている（五五頁）。なお開皇二十年の倭国使を中心とした遣隋使については、氣賀澤保規論文に解明すべき諸問題が列記されている。

(33) 河上麻由子『古代アジア世界の対外交渉と仏教』（山川出版社、二〇一一年）第一部「遣隋使と仏教」、特に第四章「遣隋使と仏教」（初出二〇〇八年）、参照。

(34) 廣瀬憲雄B論文参照。

(35) 河上氏自身、「百済が仏教色を強調した上表文を奉ったという記録は残されていない」（注33著書一四五頁注35）とされている。

(36) なお河上氏は『広弘明集』（『大正新脩大蔵経』五二巻・史伝部四）「慶舎利感応表」にみえる「(仁寿元年)高麗・百済・新羅三国使者将レ還、各請二一舎利於本国一起レ塔供養。詔並許レ之」という記事について、「高句麗・百済・新羅の使者が、舎利を下賜され、本国に塔を起こしてその舎利を供養するのを許可されるよう願い出るという請求型の仏教的朝貢を行った」（注33著書四七頁）と述べられている。しかしこれは帰国に際してのことであり、当初から仏舎利を求めて朝貢したわけではない。河上氏は、チェン・ジンホア（Chen Jinhua）氏は「高句麗・百済・新羅が舎利の下賜を請求したのは、隋の側がそのように強要、あるいは勧めたからではないかとする」と紹介されている（注33著書六四頁注100、参照）。筆者はチェン氏の文献を未見であるが、同氏の理解が妥当と考える。同様の例を日本の遣唐使にみることができる。『冊府元亀』巻九九九・外臣部・請求に、「(開元)二十三年（七三五）閏十一月、日本国遣二其臣名代一来朝。献レ表懇求下老子経本及天尊像、以帰二于国一、発中揚聖教上。許レ之。」とある。日本の遣唐副使中臣名代が帰国に際して道教経典などを求めたという記事である。中臣名代は大使多治比広成らと七三三年に入唐し、使命を果たして帰途についたが遭難し、再び唐に戻り、ようやく帰国することができた。この記事は再度帰途に就く際のものであり、道教経典の将来が入唐する時からの目的ではない。道教を信奉する玄宗皇帝の歓心をかうためとも考えられるが、こののち、唐が鑑真渡航の条件に道士の同行を加えていることを考えると、唐側の意向とみるべきであろう。なおこの問題については、新川登亀男『道教をめぐる攻防』（大修館書店、一九九九年）二四四〜二四七頁、参照。

附記　本稿は、平成二十三年（二〇一一）九月十一日開催の「藝林会」第五回学術研究大会における「対外関係史から見る聖徳太子——裴世清朝見記事の検討——」、ならびに同年十月二十日開催の中央大学人文科学研究所「島と港の歴史学」チーム公開研究会における「『日本書紀』と『隋書』」、とそれぞれ題して発表した内容をまとめたものである。

II　古代の日本と新羅・渤海

3　日本・渤海間の名分関係

――舅甥問題を中心に――

はじめに

天平勝宝五年（七五三）六月、第三代渤海王大欽茂から派遣された、通算第三回目の渤海遣日本使にあたる慕施蒙の帰国に際して託された渤海王宛慰労詔書に、次のようなことが記されている。

【史料1】『続日本紀』天平勝宝五年六月丁丑（八日）条[1]

天皇敬問二渤海国王一。……但省二来啓一、无レ称二臣名一。仍尋二高麗旧記一、国平之日、上表文云、族惟兄弟、義則君臣。或乞二援兵一、或賀二践祚一、修二朝聘之恒式一、効二忠款之懇誠一。故先朝善二其貞節一、待以二殊恩一。栄命之隆、日新無レ絶。想所レ知之、何仮二一二言一也。由レ是、先廻之後、既賜二勅書一。何其今歳之朝、重无二上表一。以レ礼進退、彼此共同。王熟思レ之。……。

1　日本と高句麗、族は兄弟、義は君臣

すなわち、「この度の大欽茂の啓（国書）には、〈臣名ヲ称スルコト〉が無い。そこで『高麗旧記』を調べると、高句麗王の上表文があり、それには、『高句麗と日本との関係は、親族に擬すれば兄弟で、義理の上では君臣の関係である』と記されている。そのためこれより先、勅書を賜い、上表の提出を求めた。ところが今回の朝貢に際しても上表をもってこなかった。一体どういうことか」と戒飭《かいちょく》を加えているものと理解される。渤海は高句麗を継承した国家という認識の上に立つ主張である。

その後も渤海使の来日は第四次（天平宝字二年〈七五八〉）・五次（天平宝字三年〈七五九〉）・六次（天平宝字六年〈七六二〉）と続くが、渤海王の国書本文は伝えられていない。(2) ただ第四次の使者が「高麗国王大欽茂言」云々と口奏していることは、注目されるところである（『続日本紀』天平宝字三年正月庚午条）。

2　渤海、舅甥を称す

そして宝亀二年（七七一）に来日した第七次渤海遣日本使壱万福がもたらした、同じく大欽茂の国書が再び問題になった。この一件は、大使壱万福が王に代わって陳謝し、国書を改修することによって落着したが、帰国に際して託された慰労詔書には、国書の問題点が次のように指摘されている。

【史料2】『続日本紀』宝亀三年（七七二）二月己卯（二十八日）条

天皇敬問二高麗国王一。……昔高麗全盛時、其王高氏、祖宗奕世、介二居瀛表一、親如二兄弟一、義若二君臣一。……今省二来書一、頓改二父道一、日下不レ注二官品・姓名一、書尾虚陳二天孫僭号一。……高氏之世、兵乱無レ休、為レ仮二朝威一、彼称二兄弟一。方今大氏、曾無レ事故、妄称二舅甥一、於レ礼失矣。

とある。すなわち、イ〈日下ニ官品・姓名ヲ注セ〉ざること、ロ〈書尾ニ虚シク天孫ノ僭号ヲ陳〉べること、そしてハ〈妄リニ舅甥《きゅうせい》ヲ称〉すること、という三点を指摘している。そしてここでも、かつて高句麗とは「親如二兄弟一、義若二君臣一」の関係であったことを強調している。[3]

このように、渤海王欽茂の時代になって、国書の形式、文言をめぐって紛争が生じている。この時期の問題については、かつて渤海の高句麗継承国意識、あるいは国書（外交文書）の開封という問題について論ずることはあったが、[4]この紛争の根底にある両国の名分関係に関する思惑の相違など、問題点を感じながらもこれまで十分に考えをまとめることができなかった。このたびあらためて考える機会を得たので、以下に、若干の私見を述べてみることにしたい。

さて、上記の問題は周知のできごとで、これまでも渤海関係の論著では必ずと言ってよいほど論及されている。しかし既往の研究における解釈を子細にみてみると、あらためて検討を要する問題があるように思われる。すなわち、「无称臣名」の解釈、および渤海が「舅甥」関係と表現した事情についてである。前者については、〈臣ノ名ヲ称スルコトナシ〉と読み、臣の字が書かれていない、とする解釈が一般に行われているが、〈臣・名ヲ称スルコトナシ〉と読み、臣の字も名も書いていない、とする解釈も可能で、読み方の違いはまた解釈の相違にもつながってくる。後者については、舅を日本、甥を渤海とみる意見、その反対に舅を渤海、甥を日本とする理解があり、際だった解釈の対立を示している。この二つの問題について、相反する見解のいずれをとるかによって、当時の日本・渤海両国関係のあり方、欽茂の対日外交姿勢についての理解に大きな逕庭《けいてい》が生じることになる。本稿では、紙幅の都合により、二つの問題のうち後者すなわち「舅甥」をめぐる問題について検討を加えることにしたい。

一　舅甥改称に関する既往の諸説と問題点

前引の史料1・2に、日本と高句麗との名分関係について、「族惟兄弟、義則君臣」「親如二兄弟一、義若二君臣一」とみえる。日本が高句麗に対して〈朝聘ノ恒式ヲ修メ〉たり、〈朝貢相続《つ》グ〉状況にあったと認識していたとは考えられないので、日本（王）と高句麗（王）との名分関係は、親族に擬すれば日本が兄、高句麗が弟、義においては日本が君主、高句麗が臣下の関係と、少なくとも日本側が理解していたことは間違いない。これを果たして事実とみなしてよいかという問題はあるが、五～六世紀の建立とされる「中原高句麗碑」にも「高麗太王祖王公□新羅寐錦、世世為レ願如レ兄如レ弟、上下相和守レ天」云々とみえる。[5]春秋戦国の時代から「兄弟の国」「舅甥の国」[6]と親族関係に擬して同盟を結ぶ例は数多く、高句麗・日本間に兄弟関係が結ばれていたことも事実と考えてよいと思う。[7]そして日本は、高句麗を継承する国家と理解する渤海も当然兄弟・君臣関係を継承するものと考えていた。ところが宝亀度の王啓では日本・渤海関係を「舅・甥」に擬してきた。そこで日本は失礼な行為として、厳しく非難しているのであるが、舅・甥いずれを日本・渤海にあてるかについて意見が分かれているのである。

1　舅甥の語義

舅・甥の示す親族関係の中国・日本の古代における用法は、多様であるが、基本的には（1）舅＝母の兄弟、甥＝姉妹の子、（2）舅＝妻の父、甥＝女婿、とみてよいであろう。いずれも女系を介しての称謂として用いられている。[8]ただし日本の源順撰『倭名類聚抄』には次のようにみえる。

【史料3】『倭名類聚抄』（二〇巻本）巻二・兄弟類第二十六

甥　爾雅云、兄弟之子為レ甥。生反。和名乎比。

つまり兄弟の子を甥と表記するとしている。現代の日本における用法と通じるが、すでに狩谷棭斎が、「正文所レ引爾雅、原書無レ載。爾雅只云、謂二我舅一者、吾謂二之甥一也。説文従レ之。此疑源君隠括。按吾謂二之甥一者、対レ舅生レ称。爾雅又云、母之昆弟為レ舅。故釈名舅謂二姉妹之子一曰レ甥。甥亦生也」（『箋注倭名類聚抄』人倫部・兄弟類）と指摘しているとおり、実は「兄弟之子為甥」という記述は『爾雅』本文にはない。『令集解』にみえる舅に対する古記の注釈も『爾雅』に拠っており、(9)『倭名類聚抄』のような解釈はなされていない。『倭名類聚抄』の記述は、日本において時代とともに変化した用法とみなすべきであろう。

2　既往の諸説

さて、これまでもこの兄弟から舅甥への親族関係の変更については注目されており、多くの論著において言及されている。内容には複雑な説明のある文献もあるので、主な説について、やや詳しく紹介することにしたい（以下、文献①〜⑨と表記する）。

①新妻利久『渤海国史及び日本との国交史の研究』（学術書出版会、一九六九年）二〇〇〜二〇一頁。

イ「渤海は高麗の後継を自任することから、高麗の子と考えられる。……日本と高麗の関係は族は兄弟、義は君臣であるが故に、高麗の子である渤海と、高麗の兄である日本との関係は、すなわち舅甥の関係の如くに考えられる処から、渤海は今回の上表に舅甥と称したものと考えられる」。

ロ「舅甥の関係は父子・兄弟の関係に比して、一層軽微であったことは常識上からも容易に理解できるが、このことについての好個の例は、金の世宗が南宗《(宋)》に対して、父子の関係から叔《(ママ)》甥の関係に変更せしめて、南宋の面目を上げせしめたことである」(10)。

②鈴木靖民「奈良時代における対外意識」(『古代対外関係史の研究』第一編―四、吉川弘文館、一九八五年。初出一九六九年)二〇七頁。

「日本の朝廷が渤海に高句麗時代に模して兄弟関係をとらせようと企図したことは明白である。⑮(※『続日本紀』宝亀三年二月己卯条)に彼が恣意に舅甥を称したというのは、おそらく表奏に用いられた字句について論じているのであろうが、それが兄弟関係より血縁的に疎遠なものであるから、許容しないのは当然である」。

③盧泰敦「対渤海日本国書における『高麗旧記』について――その実体と古代の高句麗と日本との関係――」(『アジア公論』一五―一二、一九八六年。原載『辺太燮博士華甲記念史学論叢』三英社(韓国)、一九八六年)。

イ「前述の日本国書(※宝亀二年度国書)によれば、渤海王が天孫を自負し渤日関係を舅甥関係と規定するなど、日本に対して渤海国の優位を強調したようである」(一〇八頁)。

ロ「七七二年正月、日本朝廷に呈した渤海の国書では、前述のように渤日関係を舅甥関係と規定し、渤海の優位を強調しながら渤海の王室を自ら天孫と称した。この天孫意識は、高句麗王室のそれを踏襲したものである。……高句麗の藩国としての『前例』に関する日本側の主張に対して渤海側は、かえって高句麗をうけついだ自国の優位性を挙げている」(一一〇頁)。

④新日本古典文学大系本『続日本紀』第三冊(岩波書店、一九九二年)補注18―二〇「甥・姪」(吉田孝氏執筆)。

「高句麗の時代には兄弟と称していたのに、舅甥と称してきたのは礼を失するというのは、舅(母の兄弟)

と甥（姉妹の子）の関係は、兄弟に比べると――中国的の父系親族の基準からみて――疎遠な関係であることを非難したと解されるので、ここでの舅甥は律令的な用法と解しても不自然ではない」。

⑤宋基豪『渤海政治史研究』（一潮閣〈韓国〉、一九九五年）一〇二頁（文中の注aは石井が付したもので、引用文末を参照）。

「渤海王が国書の日付の下に日本の臣下としての官品と姓名を記録せず、文の末尾には妄りに天孫という称号を使い、昔の高句麗の時のように両国関係を兄弟と言わずに舅甥（丈人と婿）[a]と称している渤海を咎めている。ところで、日本が過去の例を取り上げて反駁していることをみると、過去には日本が兄、高句麗が弟であったが、今は日本が婿、渤海が丈人になることを要求したことになる。このようになると、両国の間の位相は完全に逆転する。歴史的な例をみると、舅甥関係は王室間の婚姻によって結ばれることが一般的であるが、渤海と日本の間ではそのようなことはなかったので、渤海の要求は、両国間の位相を定立するためにしたことである。従って、上の記録を通して、以前の六回に及ぶ使臣派遣の時とは異なり、今回は、渤海が日本より優越した地位を要求したことを確認することができる」。

（a）　丈人とは妻の父、岳父のこと。

⑥森田悌『日本古代の政治と宗教』（雄山閣出版、一九九七年。初出一九九五年）Ⅰ―三「日本・渤海の兄弟・舅甥関係」六四～六九頁。

イ舅甥とは、「姉妹ないし母方を介しての」おじ・おいに用いられる語である。

ロ「渤海が舅甥を称するようになったのは、日本の主張に従い日本と渤海が兄弟だとすれば、天皇の代替りにより、従前の兄弟がおじ・おいの間柄になるという論理が措定されている」。

ハ壱万福らが来朝したのは光仁天皇のときであるが、もたらした「上表」は、もともと「淳仁天皇に差出す積りで」作成されたものであった。

ニ「日本に臣従することを求められ高句麗時代のあり方を継承し兄弟関係になることを強要された文王は、聖武天皇と兄弟の間柄……を根拠に、淳仁に対しおじとして臨んだのである。しかし言うまでもなく淳仁は聖武の子ではないから、文王からみておいに当ることにはならない。ただし天平宝字三年六月詔で……、光明太皇太后が淳仁を吾子と呼び、皇太子に定めついで天皇の位につけたと言ってい」るので、光明は淳仁を「自分の子供と見なしていたのであろう。光明の子供となれば、聖武の子供ということになる。右の事情は渤海側の知るところとなり、これを根拠に文王は淳仁に対しおじとして臨むことになったのではあるまいか。」ただし聖武の子となると、父方を介してのおじ・おい関係になるので、舅甥の表現はおかしいが、「日本語のおじ・おいは母方、父方の如何を問わない語法であり、日本・渤海間において甥と姪の混用があったと考えることが可能である」。

ホ「中国的倫理の世界では叔伯・舅《おじ》は姪《おい》・甥《おい》（※ふりがな原文）らの尊長に当り、後者は前者の命に服することになっている。回紇可汗が叔姪関係を梃子に唐太子に拝舞――従臣の礼を求めた（※下文で触れる）のと同様に、文王は淳仁天皇に対し舅甥の関係にあることを言い、弟としての朝廷へ服従する立場から、舅として淳仁天皇に優越する位置にいることを示したのである」[11]。

⑦堀敏一『東アジアのなかの古代日本』（研文出版、一九九八年）第七章「渤海・日本間の国書をめぐって」二六七頁注35。

「日渤交流時になってからの日本側の要求は、……日本支配層の中華意識から出たもので、渤海側はこれを舅甥関係におきかえて、渤海を上位におこうとした」。

⑧濱田耕策「大欽茂（文王）時代――渤海の歴史的性格――」（高句麗研究会『高句麗研究』六〈韓国〉、一九九九年）七五頁。

「また高句麗時代では日本国王との関係を『兄弟』の関係と称しながら、渤海が『舅甥』の関係を称して、渤海王を『舅』、日本王を『甥』とみなしていたのである」。

⑨濱田耕策『渤海国興亡史』（吉川弘文館、二〇〇〇年）九三頁。

「また七五三年に慕施蒙が託された孝謙天皇の璽書と同じく高句麗王との『親しきこと兄弟の如《ごと》く、義は君臣の若《ごと》し』という朝貢形式を復活することを強い、渤海国王を『舅《おじ》』、天皇を『甥《おい》』と設定した今回の上表文の両国関係の規定は礼を失ったものと咎めていた」。

兄弟・舅甥関係に論及した主な文献を発表順に紹介すると、以上のごとくである。中でも⑥森田氏論文は、この問題に関する唯一の専論とも言える研究であるので、煩をいとわず詳しく紹介した。

3　対照的な舅甥比定

さて、これらの諸説をながめると、高句麗時代の兄弟関係において、日本が兄、高句麗が弟とする理解は共通するが、日本・渤海のいずれが舅であり、甥であるのかという点で対照的な理解がみられる。舅・甥のいずれを日本・渤海とみるかによって、この表現を用いてきた渤海の対日本認識の理解が大きく異なってくることは言うまでもない。諸説をわかりやすく整理して示すと次のようになる。

A…舅＝日本、甥＝渤海　①②④
B…舅＝渤海、甥＝日本　③⑤⑥⑦⑧⑨

A説では、日本・高句麗の兄弟関係から、渤海は高句麗の継承者＝子であるので、日本が舅、渤海が甥にあたるとした上で（①）、兄弟の親密な関係からより疎遠になることを失礼としたとする理解である（①②④）。ただし④が父系と母系との相違に注意しているものの、親密・疎遠の評価の基準について論証が十分にはなされていない憾みがある。一方、近年ではB説をとる者の多いことが知られるが、⑥森田氏を除くと、舅甥比定に特段の論証がなされているわけではなく、日本が失礼として非難しているのは、日本が下位・不利な立場に置かれているからに違いないとの推測によるもののようである。すなわち親族関係においては、舅の方が甥よりも尊長・上位の地位にあり、舅＝日本、甥＝渤海であれば、日本が無礼とするはずはなく、日本が不快に感じているのは、舅＝渤海、甥＝日本と渤海が主張してきたからであるとの理解であり（⑥）、また兄であった日本が甥とされ、弟であるべき渤海が舅を称することによって、両国の輩行・序列が逆転し、渤海が優位に立ってしまうことを、日本が不快に思い失礼と咎めたとの解釈によるものである（③⑤）。

これまでの研究は主に日本が失礼とした理由は何かという視点からの考察で、その結果、AB両説で理解が大きく異なっていると言えよう。そこで対照的なAB両説の是非について判断するために、まず兄弟から舅甥への変更は、尊卑の強化、血縁度の疎遠のいずれと判断されるかについて考えることにしたい。

二　兄弟関係と舅甥関係の親疎

兄弟に比べ舅甥は、より尊卑・上下の関係が強くなるとする⑥森田氏の論拠は、次の史料である。

1　唐・回紇間の例

【史料4】『新唐書』巻二一七上・回鶻上、宝応元年（七六二）条

（※唐代宗）詔以二雍王（※代宗の子、のちの徳宗）一為二天下兵馬元帥一、進子昂兼二御史中丞一、与二右羽林衛将軍魏琚一為二左右廂兵馬使一、中書舎人章少華為二元帥判官一、御史中丞李進為二行軍司馬一、東会二回紇一。勅二元帥一為二諸軍先鋒一、与二諸節度一会二陝州一。時可汗（※登里可汗）壁二陝州北一、王往見レ之。可汗責三王不二踏舞一。子昂辞曰、「王、嫡皇孫、二宮（※玄宗・粛宗）在レ殯。礼不レ可二以踏舞一」。回紇廷詰曰、「可汗為二唐天子弟一、於レ王、叔父行也。容有レ不二踏舞一乎」。子昂固拒、即言、「元帥、唐太子也、将レ君二中国一、而可三舞踏見二可汗一哉」。回紇君臣度不レ能レ屈、即引子昂・進・少華・琚、搒レ之百、少華・琚一夕死。王還レ営。官軍以二王見一レ辱、将三合誅二回紇一、王以二賊未一レ滅止レ之。(12)

これは代宗の子である雍王が回紇の登里可汗《テングリかがん》と会見した際のできごとである。関係者の系譜を示すと次のごとくである。

※玄　宗―粛　宗―代　宗―雍　王（徳宗）
　　：……葛勒可汗―登里可汗

まず回紇側が、「登里可汗は代宗と兄弟の約束を結び、弟となっている。したがって雍王からみれば可汗は叔父にあたるのであるから、その礼式をもって挨拶に際しては舞踏すべきである」と主張している。これに対し、雍王の側近が「雍王は次期の天子であり、舞踏することなどできない」と言って反駁したところ、回紇側の怒りを買い、側近らが撲殺されてしまったという事件である。確かにこの事例は、君主間の名分関係がその親族にも及び、なおかつ叔姪（舅甥）関係における上下の序列の存在を示すと理解できる。

2　唐・突厥間の例

しかし一方では次のような史料もある。

【史料5】『曲江集』巻六・勅書（『文苑英華』巻四六八・蕃書一をもって校す）

a　勅突厥苾伽可汗書（開元二十二年・七三四）

勅突厥苾伽可汗、比数有レ信、知二彼平安一、良足レ慰也。自レ為二父子一、情与レ年深、中間往来、親縁義合、雖レ云二異域一、何殊二一家一。辺境之人、更無二他慮一、甚善甚善。此是児可汗能為二承順一、副三朕之所二親厚一、人間恩好、無二以過一レ之、長保二此心一、終享二福禄一、子孫万代、豈独在レ今。比秋気漸冷、卿及平章事並平安好。遣レ書指不レ多レ及。

b　勅突厥可汗書（開元二十三年・七三五）

勅児登里突厥可汗、天不二福善一、禍終二彼国一、苾伽可汗傾逝、聞以（英華注「集作之」）惻然。自（英華ナシ）二十年間、結為二父子一、及レ此痛悼、何異二所生一。又聞可汗継立、蕃落並得二寧静一、良深悲慰、且知レ無レ他。朕与二可汗先人一、情重二骨肉一、亦既与レ朕為レ子。可汗即合レ為レ孫。以レ孫比レ児、似レ疎二少許一。今脩二先父之業一、伏（英華作復）継二往時之好一。此情更重、只可レ従レ親。若以為レ孫、漸成二疎遠一。故欲二可汗今者還且為レ児、義結既深、当熟思二此意一、人情終始、固亦可レ知。葬事所レ須、並依二来請一。即与二弔祭使一将往、必令レ及レ期、言念二宿昔一、深懐二感愴一。春初猶冷。可汗及平章事与二首領部落一並得如宜、遣レ書指不レ多レ及。

関係者の系譜を示すと次のごとくである。

※玄　宗……苾伽《ビルゲ》（毗伽）可汗――登里（登利）可汗

玄宗と父子の関係にあった突厥苾伽（毗伽）可汗の死後、あとをついだ登里可汗との関係について、bにおいて玄宗は、まず〈可汗先人……マタ既ニ朕ガ子タリ。可汗ハ即ハチ合ニ孫タルベシ〉と親族関係が継承されることを述べるが、注目されるのは、これに続けて〈孫ヲ以テ児ニ比スレバ、少シバカリ疎ナルニ似タリ。……若シ以テ孫ト為サバ、漸ク疎遠ニ成ラン。故ニ可汗、今ハ還タ且ラク児ト為シ、義結ブコト既ニシテ深クセント欲ス〉と述べていることである。すなわち玄宗からみれば新可汗は孫にあたるが、祖父・孫は父子関係に比べて疎遠になるので、子とするというのである。直系の父子から祖父・孫すら疎遠とみなされるのであるから、兄弟から舅甥ではなおさらに疎遠と理解されるであろう。次の史料が明らかにこのことを示している。

3　唐・南詔間の例

【史料6】『新唐書』巻二二二中・南詔伝

自二南詔叛一、天子（※僖宗）数遣レ使至二其境一、酋龍（※南詔王）不レ肯レ拝、使者遂絶。駢（※西川節度使高駢）以三其俗尚二浮屠法一、故遣二浮屠景仙一摂レ使往、酋龍与二其下一迎謁且拝、乃定レ盟而還。遣二清平官酋望趙宗政、質子三十一入朝乞レ盟、請レ為二兄弟若舅甥一。詔拝二景仙鴻臚卿・検校左散騎常侍一。[13]

南詔王酋龍は唐の皇帝僖宗に〈盟ヲ乞〉うに際し、〈兄弟若シクハ舅甥タランコト〉を求めている。これは、唐の皇帝と、できれば兄弟関係、それが叶わなければ舅甥関係でもよいと要求しているのである。兄弟に比べて舅甥の方が親縁度において希薄、疎遠であるとの理解が根底にあることを示している。

以上、君主・国家間における擬制的親族関係が継承される例[14]とともに、兄弟と舅甥との尊卑・親疎について参考となる史料をみてきた。舅に対して甥が尊敬し、従属すべきであるとの考えは、輩行を重視する社会にあっては当然存在する。B説が注目するのはその点であり、「舅甥」表現を日本が失礼としたのは、日本が下位に位置づけられたからに相違なく、したがって、舅＝渤海、甥＝日本となる、としているのである。確かに日本の不快の原因を舅甥表現にのみ求めれば、当然その上下関係が問題とされたことになり、自ずから舅＝渤海、甥＝日本となるであろう。しかし舅甥表現だけが問題とされているわけではなく、高句麗時代の兄弟関係からの変更が問題とされているのである。森田氏は、「渤海が甥、日本が舅であったとの解釈があり得るが、もしそうだとすると、日本は渤海に対し世代を異にする尊長となり、兄とされていた時期より以上に渤海に対し優越することになってしまう。これは日本にとり好ましいことであっても忌むべきことでなく、朝廷が怒る理由がなくなってしまう。やはりここは日本＝甥、渤海＝舅なのである」[15]とされているが、兄弟関係との比較で舅甥関係を評価するとすれば、史料6のように、親縁度において異なり、兄弟より舅甥がより疎遠に位置づけられることは明らかであろう。

4　兄弟関係の意義

兄弟の関係については、たとえば『孝経』に、「礼者敬而已矣。故敬二其父一則子悦、敬二其兄一則弟悦、敬二其君一則臣悦。敬二一人一而千万人悦。所レ敬者寡而悦者衆。此之謂二要道一也」（広要道章）、あるいは「君子之事レ親孝、故忠可レ移二於君一、事レ兄弟、故順可レ移二於長一、居レ家理、故治可レ移二於官一。是以行成二於内一、而名立二於後世一矣」（広揚名章）といった記述があり、君臣の関係に準ずる表現がなされている。『孝経』は、日本では『論語』とともに大学生の必修とされ（学令参照）、また舅甥問題の起こるのと同じころの天平宝字元年（七五七）には天下の〈家ゴト〉に所蔵させるほど、日本で重視されている。[16] すなわち、B説では舅甥表現のみに注目している感があり、兄弟から舅甥への変更を問題としているという事情についての考慮が不十分であると思われる。それに対してA説は兄弟から舅甥への称謂変更に問題の根本があると認識した上で、これをより疎遠な関係への変更と日本は理解し、失礼と指摘したとの考えである。本稿におけるこれまでの検討から、筆者はA説のごとく日本＝兄→舅、渤海＝弟→甥とみなすべきであると考えるが、視点をあらためて、さらに考察を進めることにしたい。

三　擬制的親族関係における君主と国家

前掲のようにB説をもっとも詳しく論じているのは⑥森田氏である。氏は、上にみたように、いったん設定された擬制的親族関係が次世代に継承されることを前提とした上で、今回の国書は大欽茂から淳仁に宛てられたものであり、淳仁は聖武の子とみなされるので、聖武の弟であった大欽茂は、淳仁に対しては舅として臨んだものと解釈されるのである。天皇の代替わりによって兄弟から舅甥へと親族称謂が変わったというのが氏説の眼目となるが、たとえば、日本と高句麗との兄弟関係が、日本の某王（天皇）と高句麗の某王という君主個人の間に始まり、それが次世代以降、さらに渤海にも継承されたとすると、当然のことながら、日本の王（天皇）も高句麗・渤海の王も代替わりを重ね、その親族称謂は兄弟・舅甥（叔姪）では収まりきらなくなるであろう。

1　日本・渤海兄弟関係の始まり

また森田氏は、日本・渤海間の兄弟関係は大欽茂のときから聖武との間に始まるとするが、その理解には問題があるように思われる。「族惟兄弟」の語が初見する天平勝宝五年（七五三）慰労詔書（史料1）は孝謙天皇によるものである。その中に「先廻之後、既賜㆓勅書㆒」とあり、前回の日本の遣渤海使すなわち天平十二年（七四〇）に聖武が派遣した第二次遣渤海使大伴犬養が届けた勅書（慰労詔書）で上表の提出を求めたことが知られるが、森田氏はこのときに日本・渤海の名分関係を兄弟・君臣とする日本側の意思が伝えられたとされている。しかしながら、そのときの勅書で果たして「族惟兄弟」云々に触れていたかどうかは明らかではなく、上表の提出を求めるために、続けて同じ論拠を持ち出すとは思えない。天平十二年に上表を求めているにもかかわらず、今回も全く無視され、「臣・名」を称することのない文書――つまり上表の要件を満たしていない国書であったので、歴史的経緯を明確にするため、初めて「高麗旧記」「上表文」を持ちだし、渤海も前身である高句麗同様に「族惟兄弟、義則君臣」という名分関係にあり、上表提出の必然性を明示したと理解すべきではなかろうか。すなわち、日本が具体的に「族惟兄弟」云々と渤海に対して初めて触れたのは、天平勝宝五年慰労詔書である可能性が高い。もしこの推測が妥当であれば、大欽茂に兄弟関係を求めたのは聖武ではなく孝謙となり、森田氏の論法によれば兄弟関係は孝謙と大欽茂との間に始まることになるであろう（大欽茂の生年が不明であるため兄妹もしくは姉弟）。

しかし日本が、日本・渤海の名分関係は高句麗時代の兄弟関係を継承するものとする考えを持ったのは、「復二高麗之旧居一、有二扶余之遺俗一」（『続日本紀』神亀五年正月甲寅条）とする最初の大武芸の国書を手にし、「恢二復旧壌一、聿修二曩好一」（同前四月壬午条）と応えたときからのこととみるべきである。つまり日本は、聖武と大武芸とのときにそもそも高句麗時代を継承した兄弟・君臣関係が始まると考えたとみなすべきであろう。そしてその関係が君主個人に継承されるとすると、次に武芸の子の欽茂が最初に使者を派遣してきたときの天皇は同じく聖武である。したがって、このときの聖武と大欽茂は「おじ・おい」の関係となる。さらに大欽茂の二回目（通算第三次）の使者慕施蒙に託された慰労詔書は、聖武の子孝謙によるものであり、このときの両者の関係は「いとこ」になる。それにもかかわらず孝謙の慰労詔書においては「族惟兄弟、義則君臣」（史料1）と高句麗の例を述べるのみである。そして宝亀二年（七七二）度の大欽茂の使者派遣の対象を淳仁とし、淳仁を聖武の子とみなしたとすると、大欽茂と淳仁の関係もまた「いとこ」の関係になるはずである。

このように、兄弟・舅甥関係を、大欽茂と聖武、大欽茂と淳仁といったように君主個人間の関係においてのみ理解しようとすることには問題がある。史料1「国平之日、上表文云、族惟兄弟、義則君臣」、史料2「高氏之世、……彼称二兄弟一」といずれも高句麗と兄弟と言っているのであって、その時々の天皇（孝謙・光仁）が渤海王大欽茂と兄弟と称しているわけではないのである。

2　唐と突厥・吐蕃

そもそも国家間の関係を親族関係になぞらえることは早くから見られることであるが、すでに森田氏自身が述べられるように、「かかる親族関係は和蕃公主の降嫁にみられる中国皇帝と蕃王との間の文字通りの婚姻に起因する場合があれば、実態としての親族関係を欠如したまま擬制として行われることもあった」[17]のである。後者については史料6の南詔の例が明確に示している。森田氏も参考にされている、突厥と隋唐との名分関係を明らかにされた護雅夫氏は、前掲史料5abにみえる玄宗と突厥毗伽・登里可汗との関係について、「これらの父子関係は、厳密にいうと、玄宗と各可汗個人（※傍点原文）とのあいだに成立したものとみるべきであろうが、……これはまた、両国、つまり、唐と突厥とのあいだの関係でもあったのである。そしてこれは、たんに父―子関係にとどまらず、ほかの諸関係にもあてはまるであろう」[18]と指摘されている。これはまた唐と吐蕃間の名分関係にもみられること、周知のごとくである。唐は吐蕃王（贊普《ツェンポ》）に、まず貞観十五年（六四一）に皇族の文成公主、景龍四年（七一〇）に金城公主を降嫁させている。しかし以後は公主降嫁はみられない。それにもかかわらず建中四年（七八三）の会盟碑には「甥舅之国、将㆓二百年㆒」とみえ、同じく八二一年（長慶元）の会盟碑には「舅甥二主商議」とある。つまり唐・吐蕃間の舅甥関係は皇帝と贊普との実際の姻戚関係に始まるにしても、公主降嫁が行われない世代になっても両国間の名分関係は舅甥関係として続いていくのである。[19]

四　渤海高句麗継承国意識と舅甥問題

1　認識のずれ

さて、本稿で検討している日本・渤海間の舅甥表記をめぐる問題で、考慮すべきことは、いわゆる渤海高句麗継承国意識であり、その日本と渤海とにおける認識の相違がこの舅甥問題においても重要な論点となっていることである。日本と渤海との間の高句麗継承国意識にずれのあることについては、別に詳しく論じているので、[20]ここで繰り返すことをしないが、要するに、日本はあくまでも渤海はかつての朝貢国高句麗の復興で、渤海と名を変えて朝貢を再開したものとの認識であり、一方の渤海はかつての大国高句麗を継ぐ覇者であるとの認識であった。この高句麗継承国意識の違いが初期の日本・渤海関係にさまざまな紛糾をもたらしているが、舅甥問題もその一つとみなされるのである。したがって、この認識の相違を踏まえた上で、日本側の主張、渤海側の理解を考察することが必要となる。

２　日本の認識

まず、日本が理解し主張する日本と高句麗との兄弟・君臣関係は、日本と高句麗の国家間の固定した関係であり、相互の君主の世代が変わろうとも兄弟であり、変更されない性格のものであった。それは渤海に対しても同じであった。「復二高麗之旧居一、有二扶余之遺俗一」とする最初の大武芸の国書を受けた初度の返書で「恢二復旧壌一、聿修二曩好一」と応えているように、あくまでも渤海はいったん滅んだ高句麗が復興し、名称を変えながらも日本への朝貢を再開したと考えている。いわば渤海は後高句麗の位置づけであり、したがって前高句麗と同様に兄弟・君臣関係が継続されると理解することも当然のことであった。

３　渤海の認識

それでは一方の渤海（大欽茂）は日本との名分関係をどのようなものと理解し、舅甥と表現してきたのであろうか。まず文献③⑤なども触れているように、舅甥と表現してきた同じ宝亀二年（七七一）度国書において「天孫」を称していることが注意される。渤海王が天孫と称する理由が、高句麗の始祖説話に源があることは、すでに指摘されているとおりであり、間違いない。[21] すなわちそれは渤海が高句麗の継承者であることを自ら日本に対して宣言したものと理解される。宣言にいたる過程については、渤海側自身の考えから出たものなのか、それとも再三に亘る日本からの論及によるものか、検討の余地はあるが、[22]ともかく「天孫」表記は高句麗の継承者であることの宣言とみなされる。そしてその認識は、大武芸が「復㆓高麗之旧居㆒、有㆓扶余之遺俗㆒」と誇らかに記しているように、隋唐に対抗したかつての大国高句麗を継ぐ当該地域の覇者という自負心であり、王朝の交替、新王朝の創始という認識に等しいとみてもよいと考える。高句麗を継いではいるが、高句麗は高句麗、渤海は渤海と別個の存在との認識に立っている。これを単なる高句麗の復興と理解する日本の認識とは決定的な違いがあった。大欽茂も父武芸と同様の認識にあることは言うまでもない。この渤海の高句麗継承国意識を踏まえた上で、あらためて舅甥表現を取るにいたった渤海側の事情について考えてみると次のごとくなる。

4　大欽茂の意図

渤海が日本から要求され、論及されている二点、つまり、

イ　日本と高句麗とは兄弟の関係

ロ　渤海は高句麗の継承者

を要件として、渤海が日本との名分関係を措定するとすれば、渤海は高句麗を継ぐ覇者ではあるが高句麗とは別個の存在――王朝であるので、そのまま兄弟関係ではありえない。そこで日本の主張を容れながら、自己の認識に則した親族関係に擬するとすれば、兄弟に次ぐ称謂である舅甥がもっともふさわしい表現となる。前述のように、実際の姻戚関係をともなわない名目的な関係においては、父子↓兄弟↓舅甥（叔姪）の順に疎遠になってい

くとみなされている。形式の上では舅＝日本・上位、渤海＝甥・下位ではあるものの、日本の主張する兄弟関係に比べれば、親縁度においてより疎遠になり、従属度においてより希薄になる。

大欽茂が舅甥表現を用いた事情は、以上のように推測される。日本の主張を認めつつ、いろいろと思いをめぐらせ、工夫を凝らした大欽茂の対応とみることができよう。日本との関係を唐から冊封を受けている同じ諸侯とみなす渤海（大欽茂）からすれば、[23]日本からの再三にわたる兄弟・君臣関係の強要はとうてい受け容れがたい理不尽なものと映ったであろう。しかし大欽茂の時代の渤海を取り巻く政治的環境は、唐との関係に進展がみられ、対日外交における政治的な要請が減少したとはいえ、新羅などに対する備えもまだまだ必要であった。また日本との交易は渤海にとってますます重要な意味を持ってきた。[24]したがって日本との国交を閉ざしたくない状況において、日本の要求に応えるためには、天孫と称して高句麗継承国を前面に押し出し、かつ上下の関係を希薄にする舅甥関係に置き換えることが最善の外交戦略であり、日本側の要求をかわすつもりがあったのではなかろうか。

このように、渤海高句麗継承国意識の相違を手がかりに舅甥問題を考えてくると、A説のように、舅＝日本、甥＝渤海とみなす理解が妥当であるとの見解に達するであろう。兄弟から舅甥への称謂の変更は渤海（大欽茂）からすれば自然の流れであったが、日本はより疎遠な関係に改めたとして〈礼ニ於テ失セリ〉と不快感を示しているのである。B説には、文献⑥を除き、渤海が敢えて舅＝渤海、甥＝日本とし、位相を逆転したとみなす論証・説明がなされていない。わずかに、日本が不快に感じているのは、日本が下位に位置づけられているからに違いなく、したがって舅＝渤海、甥＝日本となるとするのであるが、それは一面の評価に過ぎず、十分な説得力を持っているとは思えない。何よりも兄弟から舅甥へと変更されたことへの考慮が欠けていることに問題がある。そしてB説でもっとも詳しい⑥森田氏論文の問題点についても上に見たとおりであるが、たとえば氏説で重要な「淳仁は聖武の子」にあたるという複雑な事情を、渤海にどのような機会を通じて伝えたのであろうか、といった疑問もあることを付け加えておきたい。

むすび

以上、渤海王大欽茂の時代の日本・渤海間における名分関係をめぐる問題の一つである「舅甥」問題について検討してきた。舅甥表記は舅＝日本、甥＝渤海であることを確認し、日本が失礼とした事情について、兄弟から舅甥への称謂の変更は、当時の擬制的親族関係において、より疎遠な関係、より従属度の低い関係への変更とみなされたことにあることを述べてきた。なお日本が失礼とした理由については、〈妄リニ舅甥ヲ称スル〉という表現に注目すれば、義において臣下であるべき渤海が君主である日本に無断で国家間の親族名分関係を改めたということもあるかと思われる。こうした問題としては、対新羅関係における唐服着用問題、王城国改称問題などがただちに想起されるであろう。すなわち、白雉二年（六五一）、新羅使が〈唐国ノ服〉を着て、筑紫に来着したとき、朝廷は、〈恣ニ俗ヲ移スヲ悪ミ〉呵責して追い還した。このとき新羅征伐論も出ている（『日本書紀』白雉二年是年条）。また天平六年（七三四）に来日した新羅使に入京後来朝の理由を尋ねたところ、問答の中で、〈新羅国、輙ク本ノ号ヲ改メテ王城国ト曰〉ったということで、ただちに使者を帰国させた（『続日本紀』天平七年二月癸丑条）。前者に関連しては、養老度遣唐使多治比県守らが帰国して拝朝する際には、〈皆唐国授クル所ノ朝服〉を着用している（『続日本紀』養老三年正月己亥条）。要するに、宗主国日本に無断で蕃国新羅が風俗を改め、国号を改称するなどの行為を強く咎めているのである。舅甥表現についても同様の宗主国日本に無断で蕃国渤海が勝手に改称したことを不快に思ったという事情もあるものと推測される。[25]

舅甥問題とともに、本稿では扱えなかったが「无称臣名」問題の二つの外交案件を通じて、君臣の関係——華夷《かい》秩序の遵守を執拗に求める日本、言を左右にしてかわそうとする渤海という関係が浮かんでくる。推測を交えた部分が多いが、大方のご叱正を得られれば幸いである。

注

（1）『続日本紀』の本文は新日本古典文学大系本（全五冊・岩波書店）により、新訂増補国史大系本・朝日新聞社本などを参照した。なお本稿における引用史料・文献中の……は省略、（※）は筆者─石井の注、〈　〉内は筆者による史料の読み下しであることを示す。

（2）第四次渤海遣日本使に関して、『続日本紀』天平宝字三年正月庚午条に、「高麗使楊承慶等貢㆓方物㆒。奏曰、高麗国王大欽茂言、承聞、在㆓於日本㆒照㆓臨八方㆒聖明皇帝、登㆓遐天宮㆒。攀号感慕、不㆑能㆓黙止㆒。是以、差㆓輔国将軍楊承慶・帰徳将軍楊泰師等㆒。令㆘賷㆓表文并常貢物㆒入朝㆖」とみえる。文中にみえる「表文」とは、通常の王啓を指しているのか、文字どおりの上表文なのか、あるいは天平勝宝八歳に没した聖武上皇の哀悼文を指すとも考えられる。拙著においては「前回日本から提出を要求された『上表文』を示す可能性が強い」（『日本渤海関係史の研究』吉川弘文館、二〇〇一年、四一六頁）としたが、楊承慶らが弔喪使として来日していることからすると、哀悼文に相当するもので、いわゆる国書（王啓）はもたらさずに口頭で使旨を奏上するにとどまったかと推測される。

（3）このほか、壱万福に次いで、宝亀四年（七七三）能登に来着した第八次渤海遣日本使烏須弗が国司の尋問に対して「報書曰、渤海・日本、久来好隣、往来朝聘、如㆑兄如㆑弟。……」（『続日本紀』宝亀四年六月丙辰条）と答えたことが知られる。ここに「如㆑兄如㆑弟」と称していることについて、森田悌氏は、「壱万福がもたらした上表の舅甥から元へ戻ったことになるが、舅甥関係を言うことにより朝廷を刺激し、壱万福らが日本で拘束されているような事態を憂慮し、壱万福の安否調査を任としていた烏須弗は宥和的な態度をとり、日本・渤海が兄弟であるとの陳述を行っているのではあるまいか」（文献⑥、六八頁）とされている。しかし烏須弗は壱万福の次の使者ではあるが、壱万福の帰国が遅いため、その消息を尋ねるため派遣されたもので、壱万福一行とはすれ違いで来日している。したがって「舅甥」の表現を日本に咎められたことを知らずに回答しているとみるべきであろう。「如レ兄如レ弟」という語句は、下文でも触れるように、一九七九年に解読された「中原高句麗碑」に「高麗太王祖王公□新羅寐錦、世世為レ願如レ兄如レ弟」云々と、全く同じ表現がみえ、注目されるが、そもそも『詩経』にみえる語句である。すなわち同書邶風・谷風に「宴二爾新昏一如レ兄如レ弟」とあり、兄弟のように親しむことを意味する語句として知られている（石川忠久『詩経』上〈明治書院、一九九七年〉一〇一～一〇二頁では「身内のもののように」と解釈されている）。したがって「如レ兄如レ弟」という語句は、渤海の支配層に属し、漢文を必須の教養として求められる外交使節に選ばれるほどの烏須弗にとってもなじみのある言葉であったろう。鈴木靖民氏は、「両国を『渤海日本』と彼を先に称している点からも渤海側の作文であるに違いない」（文献②、二〇六頁）とされている。筆者も上に述べたような理由から、烏須弗の報書をそのまま転記している可能性が高いと考える。そうすると語順からは、渤海が兄、日本が弟と取れなくもないが、日本側がこの表現をことさらに咎めた様子はないので、ここでは善隣友好の趣旨を述べる慣用句として「如レ兄如レ弟」が用いられ、日本側にも理解されたと考えてよいであろう。いずれにしても、来日した渤海使の回答にみえる文言で、当時の渤海の公式見解か否か不明確であるため、本稿では明らかに渤海王の啓と日本の慰労詔書に記された文言を中心にして考察を進めることにしたい。

（4）前注2石井書第三部第二章・第四部第二章以下、参照。

（5）文献⑥五七頁、新日本古典文学大系本第四冊補注32―七（森田氏担当）など、参照。森田氏が参考にされているのは、武田幸男「序説　五～六世紀東アジア史の一視点」（『東アジア世界における日本古代史講座4　朝鮮三国と倭国』学生社、一九八〇年）。このほか、「中原高句麗碑」については、木村誠「中原高句麗碑立碑年次の再検討」（武田幸男編『朝鮮社会の史的展開と東アジア』山川出版社、一九九七年）および『高句麗研究』一〇、中原高句麗碑研究号（韓国、二〇〇〇年）など参照。

（6）たとえば『周礼』春官・大宗伯に「以二脤膰之礼一、親二兄弟之国一」とあり、『春秋左氏伝』文公二年条に「凡君即位、好二舅甥一、修二婚姻一、……」とある「舅甥」は「舅甥之国」を意味している。

（7）森田氏は隋・唐との抗争期を中心とする高句麗と日本との関係について検討し、「日本・高句麗関係が兄弟関係にあったと推測してよく、……『高麗旧記』に信憑性を認めてよい……」。その関係は「早ければ隋・高句麗抗争期に始まっていたとみてよく、斉明・天智朝のころに出現していたことは確実とみてよい」と論じられている（文献⑥、五九～六〇頁）。また盧泰敦氏は、「『高麗旧記』が伝えている高句麗が臣を称したとか、援兵を乞うたとか、践祚を賀したとかなどは、六七一年以後の金馬渚の高句麗と日本との接触であったと確認できるのである。すなわち『高麗旧記』とは、金馬渚の高句麗が呈した国書と、その関係記録を日本朝廷で収集したものと判断される」（文献③、一一六頁）とされている。金馬渚の「高句麗」とは、六六八年の高句麗滅亡後、半島の占領政策で唐との対立を深めた新羅王が六七〇年に高句麗の遺民である安勝を新羅王が「高句麗王」に冊封して成立した、いわば新羅の傀儡政権である。天智天皇十年（六七一）に始まるとみられる日本への使節派遣にも新羅使が同行している（鈴木靖民「百済救援の役後の百済および高句麗の使について」〈『日本歴史』二四一、一九六八年〉参照）。こうした新羅の強力な管理下にあった「高句麗」が日本に「族惟兄弟、義則君臣」とする上表文を提出するとは考えがたく、はたして新羅がそれを認めたであろうか。盧氏説には興味深い指摘もみられるが、『高麗旧記』に関する結論には従うことができない。

（8）舅には「母の兄弟」「妻の父」のほか、夫の父、妻の父、さらには妻の兄弟をいう場合などがあり、一方の甥についても、「姉妹の子」「女婿」のほか、外孫、妻の兄弟、姉妹の夫などを称する場合などがある。滋賀秀三訳注『訳註日本律令』五・唐律疏議訳註篇一「序録　親族称謂および服制について」（東京堂出版、一九七九年）参照。

（9）『令集解』喪葬令・服紀条（国史大系本九七一～九七三頁）に「凡服紀者、……高祖父母・舅・姨古記云、舅、従母。釈親云、母之昆弟為ㇾ舅、母之姉妹為二従母一。案外祖父之子、母之兄弟姉妹也。俗云母方乎遅・乎婆也。……一月」とみえる。古記の引く「釈親云」の部分が『爾雅』からの引用である。このほか、戸令・嫁女条（国史大系本三〇〇～三〇二頁）、儀制令・五等親条（国史大系本七三一～七三三頁）など参照。

（10）『金史』巻四・熙宗本紀・皇統二年（一一四二）条に「以ㇾ臣ㇾ宋、告二中外一」とあり、同書巻六・世宗本紀上・大定五年（一一六五）正月己未条に「宋通問使魏杞等以二国書一来。書不ㇾ称ㇾ『大』、称二『姪宋皇帝』一、称ㇾ名、『再拝奉二書于叔大金皇帝一』。歳幣二十万」とみえる。このほか新妻氏は、「かかる外交上における華夷の紛争は、東洋史上数多くあったことであるが、その最も有名な事件は、契丹の太宗徳光と石晋の出帝との紛争である。出帝は契丹に対する従来の君臣・父子の関係を、孫の礼に変更したために、契丹の太宗の怒りに触れ、遂に

擒にされて亡国となった……」（二〇一頁）とも述べられている。このできごとは、『遼史』巻三・太宗本紀上・下に、

（天顕十一年（九三六））十一月丁酉、冊二(石)敬瑭一為二大晋皇帝一。……（閏月）壬申、……晋帝辞帰、上与二宴飲一。酒酣、執レ手約為二父子一。

（会同五年（九四二））秋七月庚寅、晋遣二金吾衛大将軍梁言・判四方館事朱崇節一来謝。書称レ「孫」、不レ称レ「臣」。遣二客省使喬栄一譲レ之。景延広答曰、「先帝（※晋高祖石敬瑭）則聖朝所レ立、今主（※出帝）則我国自冊。為レ鄰為レ孫則可、奉レ表称レ臣則不可」。栄還、具奏レ之。上始有二南伐之意一。

とみえる。契丹の太宗が晋の高祖を冊封し、父子の約を結んだ。ところが晋の高祖を継いだ出帝（少帝）が契丹に送った文書に、孫と書き、臣を称していないので、契丹は使者を派遣してこれを咎めたところ、晋の重臣景延広が「先帝（高祖）は契丹から冊封され、父子の約を結んでいる。したがって、新帝が『孫』と称することはよいが、新帝は契丹から冊封を受けてはいないので、『臣』を称する必要はない、と回答した。この報告を聞いた契丹の太宗は晋征討を決意した」、というものである。ここで契丹側が問題としたのは、晋の出帝が先代の子から孫へと改称したことではなく、「不称臣」にあると理解すべきであろう。なお出帝は高祖の兄の子であるが、父が早死したため、高祖の子となった（『旧五代史』巻八一・晋書七・少帝紀第一、参照）。

（11）森田氏は、分担されている新日本古典文学大系本『続日本紀』第四冊補注32―九「称舅甥」にも同様の趣旨を記されている。

（12）『旧唐書』巻一九五・廻紇伝にもほぼ同じ記事がみえ、そこには「子昂辞以二元帥是嫡孫、両宮在レ殯、不レ合レ有二舞踏一。廻紇宰相及車鼻将軍庭詰曰、唐天子与二登里可汗一約為二兄弟一。今可汗即雍王叔。叔姪有二礼数一。何得レ不二舞踏一」云々とある。

（13）金子修一「唐代の国際文書様式」（『隋唐の国際秩序と東アジア』名著刊行会、二〇〇一年。初出一九七四年）一五四頁、参照。なお高駢の西川節度使補任は乾符二年（八七五）二月、酋龍の死は同四年二月以前のことであるので（『資治通鑑』参照）、酋龍が「兄弟若舅甥」関係を求めたのは、この間のできごととなる。

（14）『旧唐書』巻一九五・廻紇伝に、至徳二載（七五七）十一月、粛宗が、安慶緒率いる賊軍から長安・洛陽を解放するに功績のあった廻紇葛勒可汗の長子葉護を長安で労い、その帰郷に際して詔を下したことが見えている。

次のごとくである（この詔は『唐大詔令集』巻一二八・命官に、「回紇葉護司空封忠義王制」と題して収められている）。

十一月癸酉、……上御二宣政殿一宴二労之一。……上謂曰、「能為二国家一就二大事一成二義勇一者、卿等力也」。……己丑、詔曰、「功済二艱難一、義存二邦国一、万里絶域、一徳同心、求二之古今一、所レ未レ聞也。廻紇葉護、特禀二英姿一、挺生二奇略一、言必忠信、行表二温良一、才為二万人之敵一、位列二諸蕃之長一。属二凶醜乱レ常、中原未レ靖、以三可汗有二兄弟之約一、与二国家一興二父子之軍一、奮二其智謀一、討二彼凶逆一、一鼓作レ気、万里摧レ鋒、二旬之間、両京克定。……」。

この詔に、〈可汗、兄弟ノ約アルヲ以テ、国家トトモニ父子ノ軍ヲ興ス〉とあることについて金子修一氏は、「この場合、『国家と父子の軍を興した』のは可汗ではなく葉護である。これはおそらく、国家が可汗と兄弟の関係を結んだために、排行の関係で、可汗の長子である葉護と国家（粛宗）とは父子の関係となったものであろう」（前注13金子論文、一六一頁（注15））と述べられている。このように理解すると、親族関係が継承される例となる。しかしながら、この「父子」とは回紇可汗と葉護の父子を指しているとみるべきであろう。確かに長安・洛陽奪還に功績のあったのは葉護であるが、葉護を派遣したのは可汗である。『旧唐書』廻紇伝には、前掲の記事に先立って、「廻紇遣二其太子葉護一、領二其将帝徳等兵馬四千余衆一、助レ国討レ逆。粛宗宴賜甚厚」と記されている。したがって、この記事を親族関係の継承を示す例とすることはできないと思う。

(15)　文献⑥、六八〜六九頁。
(16)　『続日本紀』天平宝字元年四月辛巳条。
(17)　文献⑥、五三頁。
(18)　護雅夫『古代トルコ民族史研究』Ⅰ（山川出版社、一九六七年）二二三頁、注六二。
(19)　唐と吐蕃との関係については、佐藤長『古代チベット史研究』上・下（同朋舎、一九七七年。初版一九五八〜五九年）、山口瑞鳳『吐蕃王国成立史研究』（岩波書店、一九八三年）第三編第二章「唐・吐蕃の『舅甥』関係」、前注13金子書第一章「中国皇帝と周辺諸国の秩序」など参照。なお山口氏によれば唐・吐蕃関係における舅甥とは、チベット語史料では「外祖父と外孫」の関係をいうとのことである。
(20)　前注2石井書第三部第二章「日本・渤海交渉と渤海高句麗継承国意識」参照。

(21)　一九八八年に北朝鮮（朝鮮民主主義人民共和国）咸鏡南道新浦市梧梅里寺谷遺跡から出土した「□和三年歳次丙寅二月廿六日」の日付を持つ金銅板銘文に、「……願王神昇兜率、査勤弥勒、天孫倶会、四生蒙慶。……」と天孫の語が記されている。年号の「□和三年歳次丙寅」について、写真と解説を付した『朝鮮遺跡遺物図鑑』四高句麗編（同編纂委員会、一九九〇年、二八一頁）では、年号の「□和」は「太和」で高句麗の年号であるとし、太和三年は高句麗陽原王二年すなわち西暦五四六年にあたるとしている。年号比定にはほかにもいくつか意見があるようであるが、いずれにしても高句麗時代のものとみられている。銘文の「天孫」が高句麗始祖説話に結びつくのか、それとも仏教用語として用いられているのか、現在のところ筆者には判断できないが、この年号比定が正しければ高句麗時代の「天孫」意識について考える貴重な史料となるであろう。ただし高句麗時代のものとみてよいか、さらに検討が必要ではないかと感じられる。銘文の翻刻および研究については、韓国古代社会研究所編『訳注　韓国古代金石文』Ⅰ（駕洛国史蹟開発研究院、一九九二年）一四三〜一四六頁、文献⑤宋基豪書・一〇三頁、盧泰敦「金石文にみえる高句麗人の天下観」（『高句麗史研究』四季節〈韓国〉、一九九九年）など参照。

(22)　前注2で触れたように、『続日本紀』天平宝字三年正月庚午条の渤海使楊承慶らが拝朝に際して〈高麗国王大欽茂言ス〉云々と奏上している記事が渤海側の言葉として高麗と称している初見史料になる。この「高麗国王」自称を事実とみてよいか、日本側が通訳、あるいは史書編纂に際して改変した可能性はないのかなど、判断には慎重さが求められるが、筆者は事実とみなしてよいと考えている。大武芸の最初の国書にみられる大国高句麗を再興したという自負心の存在、王位継承者と目される人物が唐からかつての高句麗の五族の一つである桂婁部に因む「桂婁郡王」に封じられている事実ⓐという内外の事情に加えて、日本からの再三の論及により対日外交を円滑に進めるための政略として、自ら「高麗国王」を称してくる可能性は十分にあると考える。その後「天孫」を称し、やがて大欽茂の孫嵩璘のときには、日本側の慰労詔書における「往者高氏継レ緒、毎慕レ化而相尋、大家復レ基、亦占レ風而靡レ絶」という記述に、王啓で「慕レ化之勤、可レ尋二蹤於高氏一」と応えるにいたるのである（『類聚国史』巻一九三・殊俗・渤海上・延暦十七年五月戊戌条、十二月壬寅条）。

（ａ）「其嫡子桂婁郡王大武芸」（『旧唐書』巻一九九下・渤海靺鞨伝ほか）、「冊二渤海郡王左驍衛大将軍大武芸嫡男大都利行一為二桂婁郡王一」（『冊府元亀』巻九六四・外臣部・封冊二）などとみえる。なお酒寄雅

志『渤海と古代の日本』（校倉書房、二〇〇一年）一六五～一六六頁、参照。

(23) 前注2石井書、二九二～二九三頁参照。

(24) 大欽茂の時代については、文献⑤宋基豪書第二章「八世紀の遷都と文王の文治」、文献⑧濱田耕策論文、前注2石井書第三部「日本・渤海関係の展開」など参照。

(25) 以上、本稿では舅甥表記の問題を取り上げ、縷々述べてきたが、もし『倭名類聚抄』のように兄弟の子を甥と称するというように、舅甥を母方・女系に限らずに「おじ・おい」を指すとする理解ができれば、問題としている舅甥の比定は、文献①新妻利久氏の簡潔な記述に尽きていると思う。すなわち、渤海は弟である高句麗の子、したがって父の兄日本を「おじ・舅」、渤海を「おい・甥」に位置づけるのは当然のこととなる。しかしながら、管見では「兄弟の子を甥」と表記する同時代の中国側史料を見いだすことができないので、新妻氏説を妥当とみなすことは留保せざるをえない。なお、文献⑥森田氏は、氏の主張する舅＝大欽茂、甥＝淳仁説にあっても、大欽茂からみれば淳仁は兄聖武の子となるので、男系で結ばれることになり、元来の舅甥の用法とは異なるため、日本的な用法もしくは誤用とされているが、いかがであろうか。

4　八・九世紀の日羅関係

はじめに

宝亀十年（七七九）、唐より帰国の途中耽羅（済州島）に漂着した日本の遣唐判官海上三狩らを送って来日した金蘭蓀らの一行を最後として新羅使の来日は途絶える。一般にこれを以て日羅公的交渉は終焉を迎え、この後は民間商人が両国及び唐の三国間に活躍するようになると理解されている。

新羅商人や唐商人の活躍が具体的に知られるのは九世紀に入ってからのことであるが、天長八年（八三一）には、「応レ検二領新羅人交関物一事」と題する太政官符[1]を大宰府に下して、新羅商人が齎す貨物を日本人が争って買い求めるため、いたずらに価格の騰貴を招いている現状を戒めている。これほどに交易が盛んになっていることを考えると、新羅商人の対日貿易活動は、日本来着の初見とされる弘仁五年[2]（八一四）より以前から始まっていたとみるべきではあるまいか。

本稿では、この八世紀から九世紀初にかけての日羅関係、謂わば公的交渉から私的交流への推移について、商

業活動の展開という側面を中心に考えてみたい。(3)

一　日羅関係の変化

六六三年、白村江の戦で直接戦火を交えた日本と新羅であるが、百済・高句麗滅亡後の戦後処理をめぐって唐と確執を生じつつあった新羅と、唐の直接の進攻を恐れる日本との間には、まもなく国交が復活し、天智天皇七年（六六八）九月に新羅使金東厳が来日して調を進め、ついで十一月には道守麻呂らを新羅に派遣している。(4)この新羅の朝貢という形式による国交再開後、ほぼ連年もしくは隔年に両国使節が往来している。そして和銅二年（七〇九）には、右大臣藤原不比等が新羅使を弁官庁内に招いて会見するという異例の好遇の上、「而今日披晤者、欲下結二二国之好一、成中往来之親上」とすればなりと、新羅との関係を重視している旨を述べている。(5)これに対して新羅も、天平四年（七三二）には「仍奏二請来朝年期一」して日本との定期的通交維持の意欲を示し、「来朝之期、許以二三年一度一」てす、という日本の回答を得ている。(6)

しかしまもなく両国の間に紛争が生じるようになる。まず年期奏請後三年を経て天平六年（七三四）に来日した新羅使金相貞に、入京後来朝の理由を尋問したところ、〈輙スク本号ヲ改メテ王城国ト曰〉ったということで、直ちに帰国させている。(7)これに対して、金相貞ら帰国の翌天平八年（七三六）に派遣された遣新羅使阿倍継麻呂らが、今度は新羅に受け入れられずに帰国するという事件が起き、「失二常礼一、不レ受二使旨一」という新羅の態度に、「発レ兵加二征伐一」えよという意見が出るほど緊張した状態をもたらした。(8)そのためか、天平十年（七三八）来日の新羅使の入京を認めず、(9)更に同十四年（七四二）来日の新羅使も新京（恭仁京）未完成との理由で入京を許さずに帰国させている。(10)そして天平十五年（七四三）に来日した新羅使金序貞に至っては、「調改称二土毛一」す、つまり新羅朝貢の基本ともいうべき「調」を単なる土産を意味するに等しい「土毛」と改称するなど、「大失常礼」する姿勢を示したため帰国を命じている。(11)

このように、天平六年以降毎回のごとく問題を生じており、しばしば「新羅が常礼を失う」という表現が用いられている。日本が対新羅外交における「常礼」とみなす形式を新羅が変更したことは明白である。日本の主張する「常礼」とは、日本を宗主国、新羅を付庸国の立場におく関係の許に示される礼を指すから、新羅が朝貢国としての姿勢を改め、敵礼つまり対等の姿勢をとるようになっていったことを意味していることは言うまでもない。(12)そしてその背景に、新羅の対唐関係の進展に伴う対日通交の意義の変化があることもまた贅言を要さないところであろう。(13)

二　王子金泰廉の来日

こうして日本と確執が起こることを承知しながら対日対等外交を進めてきた新羅が、天平勝宝四年（七五二）に王子金泰廉らを派遣してきた。新羅使の来日は十年ぶりのことである。一連の関係史料を『続日本紀』から掲げると、次のごとくである。

○天平勝宝四年閏三月己巳（二十二日）条
　大宰府奏、新羅王子韓阿湌金泰廉・貢調使大使金暄及送王子使金弼言等七百余人、乗船七艘来泊。
○同乙亥（二十八日）条
　遣使於大内・山科・恵我・直山等陵、以告新羅王子来朝之状。

○六月己丑（十四日）条

新羅王子金泰廉等拝朝、并貢調。因奏曰、新羅国王言日本照臨天皇朝庭。新羅国者、始自遠朝、世々不絶、舟檝並連、来奉国家。今欲国王親来朝貢進御調。而顧念、一日无主、国政弛乱。是以、遣王子韓阿湌泰廉、代王為首、率使下三百七十余人入朝。兼令貢種々御調。謹以申聞。詔報曰、新羅国始自遠朝、世々不絶、供奉国家。今復遣王子泰廉入朝、兼貢御調。王之勤誠、朕有嘉焉。自今長遠、当加撫存（衍カ）。泰廉又奏言、普天之下、無匪王土、率土之浜、無匪王臣。泰廉幸逢聖世、来朝供奉、不勝歓慶。私自所備国土微物、謹以奉進。詔報、泰廉所奏聞之。

○同壬辰（十七日）条

是日、饗新羅使於朝堂。詔曰、新羅国来奉朝庭者、始自気長足媛皇太后平定彼国、以至于今、為我蕃屏。而前王承慶（孝成王）・大夫思恭等、言行怠慢、闕失恒礼。由欲遣使問罪之間、今彼王軒英（景徳王）、改悔前過、冀親来庭。而為顧国政、因遣王子泰廉等、代而入朝、兼貢御調。朕所以嘉歓勤款、進位賜物也。又詔、自今以後、国王親来、宜以辞奏、如遣余人入朝、必須令齎表文。

○同丁酉（二十二日）条

泰廉等就大安寺・東大寺礼仏。

○七月戊辰（二十四日）条

泰廉等還在難波館。勅遣使賜絁布并酒肴。

すなわち、一行は王子を筆頭に、貢調使以下七〇〇余人という空前の大規模な使節団である。そしてその王子が奏上した内容は、要するに、「新羅は古来日本に供奉し、朝貢している」というもので、日本側の主張に全面的に沿った内容である。前回までの使人の対等を標榜する姿勢とは全く対照的なもので、日本が狂喜するのも無理のないことである。

このように新羅が王子を派遣し、日本の中華意識を十分に満足させる奏上を行ない、行動をとっているのは、対日関係の改善をはかるため[14]というよりも、すべて彼らが貿易を目的として来日し、交易を円滑に進めるという意図によるものと断じてよい。この時の一行が多くの貨物を齎し、京師において売買されたことは、かの正倉院宝物の「鳥毛立女屏風」の下貼に使われていた文書によって明らかにされている。[15]現在、正倉院の他、尊経閣文庫などに所蔵される「買新羅物解」と総称される文書は、零細な断簡を含めて二十七点を数えられている。これらの文書を詳細に検討された東野治之氏は、

買物解は、勝宝四年六月の新羅使入朝に際し、貴顕の家から、購入予定の新羅物の種類・価直を注して大蔵省乃至内蔵寮に報告した文書と考えられる。[16]

と述べておられる。この時購入すべきものとして掲げられた品目、すなわち新羅使が齎した貨物は、香料・薬物・顔料・染料・金属・器物・調度、その他の多種類に及び、新羅特産品は勿論のこと、唐との貿易によって得られた唐製品・南海産の品物などが多数含まれている。そしてこれらの品物は、新羅使が貢調品として朝廷に献上するものとは別に、使節一行によって齎されたとみてよいであろう。[17]

さて、来日した外国使との交易については、周知のように、律令に官司先買の原則、すなわち政府がまず必要とする品々を買い上げることが規定されている。[18]その具体的な方法は、時代は降るが、「延喜大蔵式」に、

凡蕃客来朝、応交関者、丞・録・史生率蔵部・価長等赴客館、与内蔵寮共交関。訖録色目申官。其価物、東絁一百疋・調綿一千屯・銭卅貫文。若有残者同申返上。

とみえるのが参考になる。入京後、このような方法でまず公貿易が行なわれ、その後民間での貿易が許されたことになる。その方法は明らかでないが、「買新羅物解」が官司に提出されていることから、民間貿易にも政府管理の原則が貫かれていたようである。[19]何れにせよ、正史『続日本紀』では知ることのできない新羅使の一面――多量の貨物を齎して貿易を行なっていること[20]――を伝えている点で「買新羅物解」は貴重な史料である。[21]

ところで、「買新羅物解」の他に、今回の新羅使が交易を目的として来日したことの片鱗を金泰廉の行動の中にうかがうことができる。すなわち金泰廉が六月十四日に拝朝した際に、〈私ニ自ラ備フル所ノ国土ノ微物、謹ミテ以テ奉進ス〉とあり、金泰廉が個人的に用意した品物を献上していることである。[22]この私献に対して、いわゆる「回賜」としてその見返り品が支給されたとみられるので、実質的に公使自身が個人貿易を行なっているのである。これは渤海の大使・副使にも例があり、「別貢」とよばれているが、[23]史料上では金泰廉の例が初見であることに注目しておきたい。このように新羅使が「朝貢」と「回賜」という公式の貿易の他に、使者自ら貨物を携えて個人的な利益を図っていたことについて想起されるのは、唐の遣新羅使が任地の新羅で盛んに私貿易を行なっている例である。たとえば、『旧唐書』巻一四九帰崇敬伝に、

大暦初、以新羅王卒、授崇敬倉部郎中、兼御史中丞、賜紫金魚袋、充弔祭冊立新羅使。〇中略故事、使新羅者至海東、多有所求。或攜資帛而往、貿易貨物、規以為利。崇敬一皆絶之。東夷称重其徳。[24]

とある。これは帰崇敬が大暦三年（七六八）に恵恭王冊立のため新羅に派遣された時[25]の挿話で、唐の遣新羅使が新羅において盛んに私貿易を営んでいる様子を伝えている。また『唐国史補』巻下に、

朝廷毎降使新羅、其国必以金宝厚為之贈。唯李汭為判官、一無所受。深為同輩所嫉。

とみえる。これは李汭が元和七年（八一二）に憲徳王冊立のための遣新羅使の一員として新羅に赴いた際の挿話とみられる[26]。唐使が新羅において多額の金銀財宝を受け取っていたことが知られる。前の帰崇敬の場合には私貿易を行なわなかったことで徳を称揚され、後の李汭の例では、金宝を受け取らなかったことで同輩に嫉まれたという。こうした両者が特筆されていることは、唐の遣新羅使に如何に私貿易を行なって私利を企てる者が多かったか、或いは相手国から物品を受け取ることを当然とする意識が浸透していたかを示していると言えよう[27]。

　このように、唐使が私貨を携えてきて盛んに私貿易を行なっている風景になじんでいる新羅の使者が、日本において同じような商行為を営んだであろうことは推察に難くない。前にみた金泰廉の場合は、大使級の使節に特例として認められる公貿易の一種とみるべきであるが、その他の使節も恐らく私貨を齎して貿易を行なったものとみられ、「買新羅物解」に購入の対象となっているのは、彼らによって私的に齎された品物であろう。

　ところで、今回の使節は総勢七〇〇余名と伝えられているが、六月十四日の奏上では、〈王子韓阿飡泰廉ヲ遣ハシテ、王ニ代リテ首ト為シ、使下三百七十余人ヲ率キテ入朝〉させる旨を述べている。この員数の差異については推測する他にないが、王子が三七〇余人で構成されている通常の新羅の遣日使である貢調使を引率する形をとり、その余の三三〇余人は送王子使の名目で随行したものではあるまいか[28]。何れにせよ、この空前の使節団には多数の交易を担当する官吏もしくは商人が含まれていたとみてよいであろう。そしてこの一行の人数と関連し

て考えておかなければならないことは、通常来日した外国使は入京の際に員数を制限されるという点である。[29] つまり七〇〇余名のうち入京を許されたものは数十人にすぎず、一行の大多数のものは到着地大宰府付近に留められたとみなければならない。そして彼らは齎した品物を入京の使節らに委託するだけでなく、自ら現地で処分つまり大宰府付近で日本人と交易を行なったとみられるのである。

それでは、一行が齎した多量の品物はどのような性格のものであろうか。八世紀初頭以来新羅は唐に対して頻繁に使者を派遣し、交流を深めたが、それは新羅の社会・経済・文化・科学技術のあらゆる分野に急速な発展をもたらしたものと推測される。『三国遺事』巻一紀異・辰韓条に、「金入宅言富潤大宅也」として三十九宅の名が列記されている。[30] これらの宅とは、「王都慶州の有力貴族（＝真骨貴族）の家号」で、彼らは「各々自己の所管する工房において有能な私匠を所有し様々な製品の製造にあたらせていた」[31] といわれる。『三国遺事』の記事が何時頃の状況を示しているのか明らかでないが、新羅の支配層が自己の工房で盛んに製品（対外交易用のものも含む）[32] を生産するようになる時期を、対唐関係の進展した八世紀前半においても、それ程的はずれではないであろう。金泰廉一行が齎した品物は、国王を始めとする新羅の支配層が、唐から輸入したり、官営工房や私有の工房で生産した製品とみてよいであろう。使節及び随行したと推測される多数の交易担当者は、それぞれ個々の貴族から依託を受けたものであったかも知れない。[33]

以上、金泰廉一行の商業活動の側面についてやや詳しくみてきたが、次のごとく評することができよう。すなわち、新羅は、唐から輸入される貨物が増大し、また自国で生産される製品も豊富になると、その販路・市場として日本に注目し、貿易を主目的とする使節を日本に派遣することになったのである。これまでも新羅使は貿易を副次的な目的としていたが、今回の金泰廉一行は国家的な規模で対日貿易に取り組むために編成された経済使節団と評してよいと思われる。そして貿易を円滑に行なうという目的を達するために新羅が日本に対して取った手段が、通常の貢調使の他に王子を派遣し、日本の主張を甘受して朝貢国の使者として振舞わせることであった。近年新羅が紛争を承知の上で進めてきた対等の形式を表面に出しては、とうてい日本に受け容れられるわけはないと判断したからである。金泰廉はそつなく使命を果たし、所期の目的を達成することができたのである。特に今回の使節によって、日本における舶来品の需要が高いこと、それが京師だけでなく、大宰府を中心とする地方でも同様であること、等を知り得たことは、以後新羅が対日貿易を進めていく上で大きな意味を持つと共に、商人層に対日貿易に本格的に取り組ませる契機となったのではあるまいか。

こうして王子金泰廉一行は、貿易面では成功裡に帰途についたものと思われるが、外交面では大きな問題を残し、今後に波紋を生じている。その一つが六月十七日に、

又詔、自今以後、国王親来、宜以辞奏。如遣余人入朝、必須令齎表文。

と、使人を派遣する場合には表文を携行することを通告されたことで、今後この約束の履行をめぐって新羅使の来日の度に紛糾を生じている。

三　金泰廉以後の日羅関係

金泰廉のとった言動の波紋は、翌年直ちに現われる。日本は天平勝宝五年（七五三）二月、小野田守を遣新羅大使に任じ、(34) ついで発遣した。しかし田守は新羅で外交上の礼式をめぐって争い、結局使命を果すことができずに帰国している。『三国史記』巻九景徳王十二年秋八月条に、

日本国使至。慢而無礼、王不見之、乃廻。

とある日本国使は、時期及び次に引く『続日本紀』天平宝字四年九月癸卯（十六日）条により小野田守のこととみてよい。すなわち天平宝字四年（七六〇）に来日した新羅使金貞巻に対する尋問の中で、

又王子泰廉入朝之日、申云、毎事遵古迹、将供奉。其後遣小野田守時、彼国闕礼。故田守不行使事而還帰。王子尚猶无信、況復軽使、豈足為拠。

と述べている。この時小野田守が〈使事ヲ行ハズシテ還帰〉した事情について、この年（唐天宝十二載）の正月に唐朝の朝賀に際して起きた著名な日本・新羅の争長事件の影響とする意見がある。(35) しかし何よりも〈王子スラ尚ホ猶ホ信ナシ〉と述べていることからみれば、金泰廉が王に代って日本に示した態度、要するに、〈毎事古迹ニ遵イ、将ニ供奉セン〉という奏上の内容が、全く事実ではなかったことに起因しているとみるべきであろう。つまり日本は、金泰廉の「新羅は古来日本に朝貢している」とする言動を新羅の真意と解し、宗主国の立場で小野田守に臨ませたところ、みごとに裏切られたのである。新羅が〈慢ニシテ無礼〉といい、日本が〈闕礼〉と評して互いに相手を非難しているのは、畢竟、金泰廉の言動はあくまでも手段にすぎないとする新羅と、それを新羅の真意と受け取った日本との現状認識の差異に基づいているのである。(36)

こうして小野田守の処遇の仕方によって新羅の真意を知らされた日本は、よく知られているように、渤海と共同して新羅征討を計画する。『続日本紀』天平宝字三年（七五九）六月壬子（十八日）条に、「令㆔大宰府造㆓行軍式㆒。以㆑将㆑伐㆓新羅㆒也」とあるのを関係史料の初見とする。しかしこの計画は推進者である藤原仲麻呂をめぐ

る国内情勢の変化、及び渤海の事情、等により天平宝字六年（七六二）中に中止された(37)。

さて、新羅征討の準備が着々と進められていた天平宝字四年（七六〇）に新羅使金貞巻らが来日した。『続日本紀』天平宝字四年九月癸卯（十六日）条に、

新羅国遣級飡金貞巻朝貢。使陸奥按察使従四位下藤原恵美朝臣朝獦等問其来朝之由。貞巻言曰、不修職貢、久積年月。是以、本国王令齎御調貢進。又無知聖朝風俗言語者、仍進学語二人。問曰、凡是執玉帛行朝聘、本以副忠信通礼義也。新羅既無言信、又闕礼義、棄本行末、我国所賤。又王子泰廉入朝之日、申云、毎事遵古迹、将供奉。其後遣小野田守時、彼国闕礼。故田守不行使事而還帰。王子尚猶无信。況復軽使、豈足為拠。貞巻曰、田守来日、貞巻出為外官。亦復賤人不知細旨。於是、告貞巻曰、使人軽微不足賓待。宜従此却廻。報汝本国、以専対之人・忠信之礼・仍旧之調・明験之言、四者備具、乃宜来朝。

とある。金貞巻は〈御調〉を貢進し、学語生を進めているにも拘わらず、日本側は、〈新羅、既ニ言ニ信ナシ〉と決めつけて不信感を露に示し、〈本ヲ棄テ、末ヲ行フハ、我ガ国ノ賤シム所〉と断じている。ここで〈本〉とは、古来新羅が日本に朝貢している旨を記した表文の提出を意味し、金泰廉に告げた、国王自身でなく、〈如シ余人ヲ遣ハシテ入朝セシメバ、必ズ表文ヲ齎ラサシムベシ〉という約束が果されていないことを指摘している。つまり貢調という行為よりも、表文の携行・提出を重視していることになる。これは日本が如何に金泰廉の一件に懲りていたかをうかがわせる。単なる口頭による奏上だけでは信用できず、証拠となる文書（表文）の提出を強く求めたわけである。これには先年の唐朝における争長事件の影響があるかも知れない。新羅が日本に朝貢している旨の文書を唐に提示することができれば、日本の優位を示す有効な材料となるからである。そこで金貞巻

に通告した来朝新羅使の具備すべき四条件の一つに〈明験ノ言〉を挙げているのである。

このように、金泰廉が貿易振興のためにとった言動は波紋をよび、金貞巻についで来日した新羅使に対して、金泰廉あるいは金貞巻に通告した表文携行の履行をめぐって問題を生じている。まず天平宝字七年（七六三）に金体信ら二〔三イ〕一一人が来日したが、「(新羅)使等、約二束貞巻一之旨、曾无レ所レ申。仍称但齎二常貢一入朝、自外非レ所レ知」ずというので、「自レ今以後、非二王子一者、令二執政大夫等一入朝。宜下以二此状一告二汝国王一知上」と通告して帰国させている。(38) 翌天平宝字八年（七六四）にも金才伯ら九十一人が来日したが、これは唐使の依頼で唐より日本に帰国した僧戒融の消息を尋ねるためのものであったので、特に問題は起こっていない。(39) 金才伯らについで神護景雲三年（七六九）に金初正ら一八七人・送使三十九人が対馬に来着した。金初正らは、在唐の遣唐大使藤原河清・留学生阿倍仲麻呂らの書状を転送することを主目的とし、〈使ノ次デニ因リ、便リニ土毛ヲ貢ス〉と述べたので、調を土毛と改称したことを追及した上、先使金貞巻との約束も守られていないため〈賓礼ニ預ラシメズ〉に帰国させている。(40) ついで宝亀五年（七七四）に金三玄ら二三五人が大宰府に来着した。金三玄は日本側の尋問に対して、〈旧好ヲ修メ、毎ニ相聘問センコトヲ請フ。并ニ国信物及ビ在唐ノ大使藤原河清ノ書ヲ将チテ来朝ス〉と答えたので、対等の形式であって朝貢国の取るべき態度ではないと詰問すると、更に〈三玄、本ヨリ貢調ノ使ニ非ズ、本国、便リニ使ノ次デニ因リ、聊カ土毛ヲ進ム。故ニ御調ト称セズ〉と述べたため、〈礼数ナシ〉として帰国させている。(41)

こうして新羅使は日本側の要求を満たさないまま来日を続けたが、遂に最後の使者金蘭蓀らを迎えることになる。宝亀九年（七七八）十一月、前年入唐した遣唐第四船が帰途耽羅に漂着して乗員の判官海上三狩及び同乗の唐使が抑留されたとの報告を受けた朝廷では、早速翌年二月、大宰少監下道長人らを新羅に派遣した。(42) そして七月十日、長人が無事に海上三狩らを保護して帰国したという報が伝えられたが、この時新羅使金蘭蓀らが下道長人に同道して来日した。金蘭蓀らに対しても、新羅が海上三狩らの捜索に協力し、彼らを護送してきたにも拘わらず、まず大宰府に命じて表文携行の有無を調べさせている。ついで大宰府に遣使して金蘭蓀らに来朝の理由を尋問させた後、入京を許している。新羅使の入京は金泰廉以来のことである。金蘭蓀らは入京後、翌宝亀十一年（七八〇）正月五日、方物を献上した。『続日本紀』同日条に、

> 新羅使献方物。仍奏曰、「新羅国王言、夫新羅者、開国以降、仰頼聖朝世々天皇恩化、不乾舟楫、貢奉御調年紀久矣。然近代以来、境内姧寇、不獲入朝。是以謹遣薩飡金蘭蓀・級飡金巌等、貢御調、兼賀元正。又訪得遣唐判官海上三狩等、随使進之。又依常例進学語生」。参議左大弁正四位下大伴宿祢伯麻呂宣勅曰、「夫新羅国、世連舟楫、供奉国家、其来久矣。而泰廉等還国之後、不修常貢、毎事无礼。所以頃年返却彼使、不加接遇。但今朕時、遣使修貢兼賀元正。又捜求海上三狩等、随来使送来。此之勤労、朕有嘉焉。自今以後、如是供奉、厚加恩遇、待以常礼。宜以茲状語汝国王〔知イアリ〕」。

とみえる。ここで新羅使はかつての金泰廉と同趣旨の奏上を行なっているが、勿論表文は携行していず、真意とみることはできない。

一方の日本側はここでも〈泰廉ラ還国ノ後、常貢ヲ修メズ〉云々と金泰廉に言及しているが、二月十五日、新羅使の帰国に際して付した新羅王宛の勅書にも（『続日本紀』同日条）、

> 天皇敬問新羅国王。朕以寡薄、纂業承基、理育蒼生、寧隔中外。王自遠祖、恒守海服、上表貢調、其来尚矣。日者虧違蕃礼、積歳不朝。雖有軽使、而無表奏。由是泰廉還日、已具約束。貞巻来時、更加論〔論カ〕告。其後類使

曾不承行。今此蘭蓀猶陳口奏。理須依例従境放還。但送三狩等来、事既不軽。故修賓礼、以答来意。王宜察之。後使必須令齎表函、以礼進退。今勅筑紫府及対馬等戍、不将表使莫令入境。宜知之。春景韶和、想王佳也。今因還使、附答信物。遣書指不多及。

とあり、金泰廉に使者は必らず表文を齎すべき旨を通告したが全く守られていないことを述べ、あらためて表文の携行を強く求めている。(43)

四　新羅使と貿易

以上、八世紀の日羅関係についてみてきたが、天平勝宝四年（七五二）の王子金泰廉来日が一つの画期となっていることは明らかであろう。それは日本側からみると、新羅不信感を一層強めたという点で注目される。一方の新羅側からみると、対唐関係改善後の対日関係においては、政治的な意義は減少し、経済的な理由からの遣使という性格が強くなる。それは来日使節の員数の増加からも推測されているが、(44)この場合にも転換期を金泰廉一行の来日に求めることができよう。金泰廉以後、貢調を称しながらも証拠となるべき表文提出の要求は頑として受け付けず、またそれを主な理由に紛糾が生ずることを承知の上で遣使を続けているところに、新羅の真意、対日通交の目的を読み取ることができる。

ここにおいて『続日本紀』神護景雲二年（七六八）十月甲子（二十四日）条は重要な意味をもつ。すなわち、

賜左右大臣（藤原永手・吉備真備）大宰綿各二万屯、大納言諱（光仁天皇）・弓削御浄朝臣清人各一万屯、従二位文室真人浄三六千屯、中務卿従

三位文室真人大市・式部卿従三位石上朝臣宅嗣四千屯、正四位下伊福部女王一千屯、為買新羅交関物也。

とある。六日後の庚午（三十日）条に、

賜二品井上内親王大宰綿一万屯。

とあるのも同趣旨であろう。つまり左大臣藤原永手らに総額八万五〇〇〇屯に上る大宰綿を〈新羅ノ交関物ヲ買〉う為の費用として支給しているのである。そしてこれらの綿は大宰府で支給され、備蓄したものと推測されている。(45) もしそうであるとすれば、これは大宰府において新羅人と交易を行なうことを前提とした措置であり、それはまた来日した新羅使の入京を殆ど認めていないというこの頃の現状を反映したものであるが、日本側が対新羅貿易に積極的に取り組んでいることをも示している。つまり新羅使は入京を許されなくても交易の目的は遂げられたのであり、日本もそれを認めていたことを意味している。(46) 日羅両国間における交易は、表面の緊迫した外交形式をめぐる論議の舞台裏で盛んに行なわれていたのである。

　このように、新羅が貢調と称しながらも表文を携行せず、これを日本から咎められるのを承知で遣使を続けているのは、たとえ入京できなくとも、来日から帰国までの数ヵ月間に亙る大宰府滞在中に貿易を行なうことができたからであろう。そして先にみた左右大臣らが交易用の綿を支給されているのは、日本政府の高官自身が逸早く交易に参加したいとの配慮からではあるまいか。後年、〈愚闇ノ人民、櫃逓〔匣カ〕ヲ傾覆シ、踊貴競買ス〉（天長八年〔八三一〕九月七日官符）と、新羅人の齎した貨物を争って買い求める姿は、すでにこの頃から萌していたとみてよいであろう。もとより律令には官司先買の原則が定められていたが、入京以前の段階、特に大宰府付近でどれ程守られていたかは疑わしく、後年の太政官符で規制の対象となるような、法令を守らずに競って外国人の齎した貨物を買い求めているのは、〈王臣家〉つまり支配層自身であったのである。[47] このように神護景雲二年の左大臣らへの大宰綿支給の背景を考えてくると、明証はないが、その頃には大宰府周辺に新羅人と貿易を行なう商人層あるいは商圏が形成されつつあったとみなければならない。それには新羅側が対価として求める良質の綿の産地に恵まれているということも作用しているであろう。

大宰府管内諸国で産する綿は『万葉集』にも〈筑紫の綿〉と歌われており、[48] 良質で珍重され、調庸の品目として大宰府に貢進された。そして天平元年（七二九）以来年額十万屯を京進することとされている（この後京進額は神護景雲三年に二十万屯に増額されたが、延暦二年旧に復した）。

さて、「買新羅物解」によると、交易の対価として日本から支払われたものは、綿・糸・絹・絁等であるが、綿が主要なものであった。[49] 例えば「買新羅物解」の中に、

「合玖種
　丁香直七斤、[50] 薫衣香直七斤、青木香直三斤、薫陸香直□（六斤カ）、
牛黄直二斤、蘇芳直五十斤、五六寸鏡直廿斤、牙梳直三斤、
　牙笄子直二斤、
　以前物等価綿壱佰斤
　　天平勝宝四年六月十六日」

と具体的に対価が注記されたものがあり、九種類の香料・薬品・調度品に対して、合計一〇〇斤を対価としてい

る。個々の品物の価格を注した例はこれ以外にないが、「買新羅物解」にみえる綿の数量を示すと次のごとくである（算用数字は東野氏が付された文書番号を示す）。

①六百十斤、②一百八□、④一百斤、⑤三百斤、⑦二百屯、⑧百五十□、⑨五百斤、⑩一百□、⑪六百五十斤、⑭四百斤、㉓一千斤、

これらの綿の単位に屯・斤両様あるが、令制の二斤＝一屯とすると[51]、一件あたり五十屯から五〇〇屯の綿が対価とされていたことを示している。これらの数量と、前記の左大臣らに支給された額とを比べると、支給額が如何に多額であるかを知ることができよう。そしてこれだけの量が一回の交易に資するものとしては多量であることもまた上記の具体例から知ることができる[52]。もしこれが一回の交易の消費量でないとすると、新羅使の来朝に備えたものとのみ考えることはできない。この頃の新羅使の来日は、支給（七六八年）前は七六四年、支給後は翌七六九年・七七〇年・七七四年・七七九年となっている。綿は貯蔵が長引けば腐損するということを考慮すると、何時来日するか分らない新羅使との貿易だけでなく、私貿易にも供する目的で支給された可能性も考えなければならないであろう[54]。この頃新羅から商人が渡来したという記録は全くないが、新羅人が頻繁に日本に来ていることを示す史料はある。『続日本紀』天平宝字三年（七五九）九月丁卯（四日）条に、

勅大宰府、頃年新羅帰化、舳艫不絶。規避賦役之苦、遠棄墳墓之郷。言念其意、豈无顧恋。宜再三引問、情願還者、給粮放却。

とあり、同書宝亀五年(七七四)五月乙卯(十七日)条に、

勅大宰府曰、比年新羅蕃人、頻有来着。尋其縁由、多非投化。忽被風漂、無由引還、留為我民、謂本主何。自今以後、如此之色、宜皆放還、以示弘恕。如有船破及絶粮者、所司量事、令得帰計。(55)

とみえる。これらの中には交易を目的としながら、漂着を口実とした者もいたことを推測してもよいであろう。

それでは、八世紀後半の日本に、新羅人らの齎す商品を受け容れるような素地は形成されていたのであろうか。八世紀における在地の流通経済について、「地方には自然発生的で一般公民の生活に密着した地方市と、宮市＝政治的市である国府市という性格の異なる市があり、後者を中心に国府交易圏が形成されていた」(56)ことが指摘されている。当面問題とする大宰府周辺についてみると、(57)よく知られているように、天平十八年(七四六)七月二十一日官符(58)で、「官人・百姓・商旅之徒」が豊前草野津、豊後国崎・坂門等の津と難波津との間を勝手に往還して国物を運漕していることを禁断している。ここに商人の他、官人の関与が指摘されているが、大宰府の官人・管内の諸国司が部内で交易して得た私物を京師に運ぶことを天平八年(七三六)に禁止し、(59)天平勝宝六年(七五四)に重ねて禁断している。(60)また延暦二年(七八三)三月二十二日官符では大宰府からの調綿貢進の際に私物が混載されていることを指摘している。(61)

このように、八世紀中葉頃より大宰府の官人・国司らが部内において交易を行ない、その貨物を京師に運送していたことが知られるが、彼らが直接に外国との貿易に関与している様子をうかがうことはできない。しかしやや時代は降るが、天長五年(八二八)正月二日官符には、(62)

一、応禁交関事
右、蕃客齎物私交関者、法有恒科。而此間之人、心愛遠物、争以貿易。宜厳加禁制、莫令更然。若違之者、百姓決杖一百。王臣家遣人買、禁使者言上。国司阿容及自買、殊処重科。不得違犯。

とある。これは渤海使が但馬に来着した際に出された太政官符であるが、特に国司に対して、官司先買の原則を守らずに王臣家が使者を遣わして競買することを容認したり、自ら購入したりした場合には重科に処することが明記されていることは、彼らが如何に私貿易に積極的であったかを裏付けている。これより更に時代が降って唐・新羅商人の来航が頻繁になった承和年間になると、筑前守文室宮田麻呂は日本・唐・新羅三国間に活躍する商人の総元締的存在であった張宝高と直接交渉をもっており、資本（絁）を張宝高に託して唐貨の輸入を図っている。(63)また承和五年（八三八）当時の「筑前太守」は入唐僧円仁に張宝高宛の書状を託している。(64)

こうしてみると、八世紀後半の大宰府周辺には、府の官人・国司らを中心として来日新羅人との私貿易にあたる素地は十分に形成されていたとみてよいであろう。

五　新羅公使途絶の事情

ところで、金蘭蓀らが帰国した後、再び新羅使が来日することはなかった。新羅が遣日使を派遣しなくなった事情について、新羅国内の事情から説明されている。すなわち、この頃――新羅恵恭王（七六五～七八〇）代の新羅では内乱が相次ぎ、恵恭王十年（七七四）九月、王につぐ権力者の地位である上大等に金良相が就任した。恵恭王十五年（七七九）に金蘭蓀らを日本に派遣したのは、金良相が「自己の政権の安定を日本との関係を強化することによって図っていこうとする政策の発露であった」。ところが金良相が七八〇年に恵恭王を殺害して王位に即いた（宣徳王）後は、「王権も安定し、日本との緊密な関係を取り結ぶ必然性が減少し、ついに日本との公的交渉を新羅側から断絶させていった」という。(65)確かにこのような新羅の国内情勢も考慮しなければならないが、金泰廉来日以後の新羅には、もはや日本に対する政治的な意義は殆どなく、権力者が日本との関係強化によって新羅国内における自己の地位を高めるということは、現実的にみて余り効果があることとは思われない。上述してきたところによって明らかなように、金泰廉以後は貿易を進めるための公使派遣であったといっても過言ではない。公使であれば一応滞在は保証され、たとえ入京はできなくとも貿易を行なうことはできたのであり、日本側もまたそれを認めていたし、期待もしていた。このような意味において対日通交が継続されたのであり、それだけ日本を重要な市場とみなしていたわけである。金泰廉の頃より更に唐との貿易は活発になり、また技術の進歩によって新羅における工芸品などの生産も増大していったと当然みなされ、その販路として日本の地位が一層高まったであろうことは推察に難くない。もし公使一行のみによって対日貿易が行なわれていたとすると、その対日貿易を停滞させることを意味する公使の派遣を途絶させるとは考えられない。すなわち、よく言われるように、「公使の派遣が途絶した結果、新羅人商人の活躍が始まった」のではなく、すでに民間商人が力をつけて対日貿易を担えるようになったという認識の上で、毎回紛糾を生じ、かつ朝貢国として振舞うことを強要される使者の派遣を敢えて行なう必要がなくなってきたというのが真相ではあるまいか。

六　新羅公使途絶後の日羅関係

さて、金蘭蓀以後、確かにこれまでのような新羅公使の来日はみられなくなるが、(66)日本からはこの後も遣唐使の捜索・保護依頼を目的とする使者が派遣されているので、必ずしも日羅間の公的な交渉が閉ざされたわけではなかった。そしてよく知られているように、多くは日本側に対応する史料をもたないが、『三国史記』に日本使が九世紀初頭頻繁に新羅の朝廷に詣っていることを示す記事がある。そしてこれらの記事も、前述した日羅間の私貿易が活発に展開されていることを推測させる。金蘭蓀以後の日羅関係史料を示すと、次のごとくである。

○七九九年（延暦十八・昭聖王元）
夏四月…庚寅、…正六位上大伴宿祢峰麻呂為遣新羅使、正六位上林忌寸真継為録事。○日本後紀
五月…壬申、停遣新羅使。○日本後紀
○八〇二年（延暦二十一・哀荘王三）
冬十二月、授均《（金）》貞大阿飡為仮王子、欲以質倭国。均貞辞之。○三国史記
○八〇三年（延暦二十二・哀荘王四）
秋七月、与日本国交聘結好。○三国史記
○八〇四年（延暦二十三・哀荘王五）
夏五月、日本国遣使、進黄金三百両。○三国史記
九月…己丑、遣兵部少丞正六位上大伴宿祢岑万里於新羅国。太政官牒曰、遣使唐国、脩聘之状、去年令大宰府送消息訖。時無風信、遂変炎涼。去七月初、四船入海、而両船遭風漂廻、二船未審到処。即量風勢、定著新羅。仍遣兵部省少丞正六位上大伴宿祢岑万里等尋訪、若有漂著、宜随事資給、令得還郷。不到彼堺、冀遣使入唐、訪覓具報。○日本後紀
○八〇六年（大同元・哀荘王七）

春三月、日本国使至。引見朝元殿。〇三国史記

〇八〇八年（大同三・哀荘王九）

春二月、日本国使至。王厚礼待之。〇三国史記

〇八三六年（承和三・僖康王元）

閏五月〔四月カ〕…(67)辛巳、恐遣唐使舶、風濤或変、漂着新羅境。所以太政官准旧例、牒彼国執事省。先告喩之曰、不渝旧好、鄰穆弥新、廼発皇華、朝章自遠。仍今遣使修聘巨唐。海晏当時、雖知利渉、風濤或変、猶慮非常、脱有使船漂着彼境、則扶之送過、不俾滞閼。因以武蔵権大掾紀三津為使、齎牒発遣。賜三津御被。〇続日本後紀

冬十月…戊午、遣新羅使紀三津、還到大宰府。〇続日本後紀

十二月丁酉、遣新羅国使紀三津復命。三津自失使旨、被新羅誣劫帰来。…。〇続日本後紀

まず、『三国史記』にみえる一連の日本使関係記事について、例えば、「この期間で、哀荘王の時代に集中しているので、『三国史記』の史料批判の問題も関連してくるとしても、また、日本側の記録に、これと照合するものがないとしても、公的の交流の消極化した時点としてみれば、私的な交流・通好を望む動きのあったことも否定できない」(68)云々とか、「あるいはわが中央が関知しない交渉が対馬か大宰府と新羅との間に行われていたのかも知れない」(69)といったように評されている。そして特に哀荘王三年・四年条の記事について、「日本関係記事の極めて稀なる三国史記にかゝる記事あるは、何等か重大なることありしなるべし。日本後紀は此両年分を欠佚し、事情明なからず。日本紀略によりて之を調査するも所見なし。前後より推すも、事件を知ること能はず」(70)と注意され、「対日公貿易は聖徳王の末年ごろにわかに国交が決裂したために、以後約七十年間はほとんど中断状態にあったが、哀荘王四年（ＡＤ八〇三年）に国交が回復してからは活気を取りもどした」(71)という理解もある。

このように一連の記事の中でも哀荘王四年（延暦二十二年）の記事が特に注目されているが、この年の使者については日本側に対応する史料がある。すなわち、前掲の『日本後紀』延暦二十三年九月己丑条である。延暦度の遣唐大使藤原葛野麻呂ら一行は、(72)延暦二十二年三月に拝朝した後、四月二日に大使・副使に節刀が付与され、同十六日に難波津を出帆した。しかしまもなく暴風に遭い、多数の人命を失った。船舶修理の間、大使らは一旦京都に戻り、節刀を返進している。そして翌二十三年三月五日、更めて拝朝し、同二十八日に節刀を受け、ついで難波津から大宰府へ向い、七月六日に肥前松浦郡田浦を発して入唐の途についた。ところが四艘の遣唐使船の内二艘が漂廻したため、他の二艘の行方を案じた朝廷は、新羅に漂着の可能性ありと判断して、大伴岑万里を新羅に派遣して捜索を依頼したのである。

さて、延暦二十三年に大伴岑万里に託して新羅に送られた太政官牒に、〈使ヲ唐国ニ遣ハシテ修聘スルノ状、去年大宰府ヲシテ消息ヲ送ラシメ訖ンヌ〉とあり、前年の延暦二十二年に遣唐使派遣の旨を新羅に伝えたことが知られる。そしてこれが『三国史記』哀荘王四年条の「与二日本国一交聘結好」すという記事と何らかの関連をもつものと推測することは許されるであろう。(73)

ところで、これまで注意されていないが、この他にも延暦二十二年に遣新羅使が派遣されたことを示す史料がある。それは『古語拾遺』の宮内庁書陵部所蔵明応元年（一四九二）書写本(74)（明応本）等にみえる識語で、その中に次のような記事がある。

延暦廿二年三月乙丑。右京人正六位上忌部宿祢浜成等、改忌部為斎部。
己巳、遣正六位上民部少丞斎部宿祢浜成等於新羅国。（ママ）大唐消息。

この識語は、『古語拾遺』写本のすべてにあるわけではなく、またその記された場所も巻頭・巻末の両様があって一定していない。しかしもとは現存最古の写本である嘉禄元年（一二二五）卜部兼直書写本（嘉禄本、天理図書館所蔵）の巻首に存したものとみなされ、信憑性の点で特に問題はないと考える。(75)識語には、延暦二十二年三月乙丑（十四日）に忌部浜成らの姓を斎部と改めたこと、及び同月己巳（十八日）に浜成らを新羅に派遣したことが記されている。これらについては『日本逸史』延暦二十二年三月条に、

乙丑、賜遣唐使彩帛各有差。日本記略。〔紀、下同ジ〕右京人正六位上忌部宿祢浜成等、改忌部為斎部。古記引国史云。○己巳、遣唐使等於朝堂院拝朝。日本紀略。○古記引国史云、己巳、遣正六位上民部少丞斎部宿祢浜成等於大唐。

とあり、前掲識語とほぼ同文の記事が「古記引国史云」として引かれている。但し肝心の斎部浜成の派遣先について、ここでは「大唐」となっている。これまでも『日本逸史』の改姓記事は注意されているが、斎部浜成の遣使記事については余り注目されていず、わずかに佐伯有清氏がこの年の遣唐使に随行する遣唐主神に任じられたものかと推測されている程度である。(76)『日本逸史』は、『日本後紀』の欠佚を補なうため、鴨県主祐之（一六五九〜一七二三）が『類聚国史』『日本紀略』その他を参照して復原を企てたもので、元禄五年（一六九二）完成し、享保九年（一七二四）に上梓されたものである。(77)ここにみえる「古記」が何を指すか明記されていないが、『古語拾遺』識語を指しているとみてよい。編者鴨祐之が下賀茂神社の祠官であることからすれば、当然『古語拾遺』は必読の書であったとみられる。そして祐之の見た『古語拾遺』に前掲の識語が記されていて、それを当該条に挿入したのであろう。割注の形で引用されているのは、その推測を助ける。ただ引用の際に、新羅に遣わすという事情が不明であるため、ちょうど『日本紀略』の同日（三月十八日）条に遣唐使拝朝の記事があるところから、

「新羅」を削って、「遣……於大唐」と綴文してしまったのではあるまいか。何れにせよ『日本逸史』所引「古記」とは『古語拾遺』識語を指す可能性は高く、斎部浜成らの派遣先は明応本等の識語に従って新羅とみてよいと思われる。それは浜成の官職からも裏付けられる。この前後に任命された遣新羅使を掲げると、次のごとくである。

○延暦十八年　　大伴峰麻呂　正六位上（中止）
○延暦二十三年　大伴岑万里　兵部少丞・正六位上
○承和三年　　紀　三津　　武蔵権大掾・（六位か七位）(78)

これらと「民部少丞・正六位上」という斎部浜成の官職とを比較すると、浜成を遣新羅使とみることに支障はないであろう。

次に、斎部浜成の新羅遣使の目的について、識語に「大唐消息」とある。何か脱字があるとみられるが、延暦二十三年の太政官牒の「遣使唐国、修聘之状、……送消息訖」と同趣旨で、要するに遣唐使派遣計画を伝え、その保護・援助を新羅に依頼したものとみてまちがいないであろう。

以上、延暦二十二年に斎部浜成らが新羅に派遣されたことを述べてきたが、延暦二十三年の太政官牒には、〈去年、大宰府ヲシテ消息ヲ送ラシメ訖ンヌ〉とあり、〈去年〉の使者を浜成とみる場合、浜成らは中央政府から派遣されたとみなされるにも拘わらず、大宰府から送られたとされていることはどのように考えるべきであろうか。

古来大宰府は対新羅交渉の窓口として重要な役割を果たしているが、八世紀後半の対新羅関係で注目されるのは、まず大宰府が新羅の最高官府で日本の太政官に相当する執事部(79)と牒状を交していることである。『続日本紀』

天平宝字八年（七六四）七月甲寅（十九日）条によると、新羅使金才伯らが大宰府に来着したので、朝廷から使者を派遣して事情を尋ねたところ、金才伯は、唐使韓朝彩の依頼により、日本僧戒融が無事に唐から帰国したか否かを確かめるために来日したといい、「執事牒」を携行していた。その「執事牒」は新羅使が〈大宰ノ報牒ヲ取リテ朝彩ニ寄附センガ為〉云々と述べていることから、宛先は大宰府になっていたとみられる。[80] そして金才伯らの帰国に際して大宰府は乾政官（太政官）の命を受けて、

大宰府報牒新羅執事曰、検案内、被乾政官符偁、得大宰府解偁、得新羅国牒偁、依韓内常侍請、欲知僧戒融達不。府具状申上者、以去年十月、従高麗国、還帰聖朝。府宜承知、即令報知。

という返牒を託している。

次に注意されるのは、宝亀九年（七七八）十一月に遣唐使が耽羅に漂着したとの報に接した朝廷が、翌年二月、「大宰少監・正六位上」の下道長人を遣新羅使として派遣していることである。通常の遣新羅使が中央で任命・派遣されるのとは異なり、大宰府の官人を宛てている。これは遣使目的が緊急を要することと、通常の外交というよりも使人の捜索・身柄引き取りという実務的なものであったため、大宰府から派遣されたのであろう。[81]

この二例にみるように、大宰府が日羅間における交渉の窓口として一定の役割を有していたことを考慮すると、延暦二十二年の遣新羅使斎部浜成が、大宰府の使者の名目で渡海した可能性もある。[82] そしてそこには、前回の実務的な使節（下道長人）を除けば、天平勝宝五年（七五三）の小野田守以来実に五十年ぶりの遣新羅使派遣ということから、太政官が直接にではなく、その下部機関に交渉させるということで外交上の面目を保とうという意識が働いていたかも知れない。

以上、延暦二十二年（新羅哀荘王四年）に遣新羅使斎部浜成が派遣されたことを確認することができたが、これが『三国史記』哀荘王四年条の「与日本国交聘結好」という記事に対応するものとみてまちがいないであろう。すでに本条について、「何等か重大なることありしなるべし」とか「国交が回復した」とか注目されていることを紹介したが、その「交聘結好」と類似の表現が、同書新羅景明王四年（九二〇）春正月条に、

王与太祖交聘修好。

とみえる。このことを『高麗史』太祖三年春正月条では、

新羅始遣使来聘。(83)

と伝えている。これは是より先弓裔に代って九一八年に高麗朝を興し、以後次第に勢力を伸長していった高麗太祖王建の許に、後百済王甄萱に王都慶州を攻撃された景明王が始めて遣使して救援を求めた時の記事である。哀荘王四年条の「交聘結好」と同趣旨の表現が、新羅王の新興の高麗王建への始めての遣使という特筆すべき出来事を示すものとして用いられている。この点からみても、その背景に「何等か重大なること」を想定することができよう。

そこで次に延暦二十二年の遣新羅使派遣の目的について、やや詳しく考えてみたい。

まず延暦二十三年の大伴岑万里の場合は、遣唐使船四艘のうち二艘が消息不明となったため派遣されたもので、依頼の内容は、

(一)　遣唐使舶が、もし新羅に漂着した場合には、援助を与えて帰国させるようにしてほしい。
(二)　もし漂着していない場合には、新羅から唐に遣使して事情を尋ねてもらいたい。

というものである。

また承和三年(八三六)に遣唐使の出帆に先立って派遣された紀三津らの場合は、[84]

遣唐使船が新羅に漂着した場合、援助を与えて唐に向かわせるようにしてほしい。


というものであった。

この二例を参考にすると、延暦二十二年の斎部浜成らの場合は、派遣時期が遣唐使出発以降とはみられないので、紀三津の例と同様に、その依頼の内容は、もし遣唐使船が漂着した場合には、更に唐に向かうことができるよう援助を期待するというものであったとみてよいであろう。そしてもしこのような依頼を目的とする遣新羅使であれば、新羅に対してかつてのように宗主国という意識で臨むことはできなかったと思われる。前回の宝亀十年の遣新羅使は身柄引き取りという実務処理の使者であり、まして漂着した中には唐使が含まれており、このことが新羅の対応に好影響を与えたことも見のがせないであろう。前回の例と今回の場合とでは全く事情が異なっていたのである。そして注意されるのは、同様の目的で派遣された紀三津が、〈新羅ノ誣劫ヲ被リテ帰来ス〉とあるように、新羅に軽くあしらわれて使命を果たすことができずに帰国していることである。この時、紀三津は太政官宛の新羅執事省牒を持ち帰ったが、それには〈使、専対ニ非ザレバ、憑ト為スニ足ラズ〉、とか〈小人荒迫ノ罪ヲ恕シ、大国寛弘ノ理ヲ申ブ〉といったように、かつての日羅関係からは想像できないような表現が用いられている。新羅が日本からの依頼を好機とし、使者の言動の不備を衝いて大国意識を強く日本に印象付けたとみられるのである。(85)

このようにみてくると、七七九年の遣使を最後として日本との交渉を絶っていた新羅が、八〇三年に実務的な使者を除くと約五十年ぶりに日本の使節を迎え、それも遣唐使の保護依頼という目的から、かつての大国意識を以て臨んだ日本使とはおのずから姿勢を異にしていたとみられるので、この点に一定の満足感を覚えたであろうことは推察に難くない。そしてこれが一つの画期的な出来事として「交聘結好」と史筆に留められたのではあるまいか。

七　『三国史記』にみえる日本使

さて、『三国史記』哀荘王四年条については上述のごとく対応する記事を日本側史料に見出すことができたが、同書にみえるその他の日本使記事については、現在のところ他に傍証する史料は知られていない。日本側に明証のある延暦二十三年（哀荘王五）の遣新羅使大伴岑万里に関しては、同年五月条に日本使来朝の記事があるが、岑万里の発遣は九月以降のことであるから両者を結び付けることはできない。また承和三年（興徳王十一）の紀三津らについては全く記録に留められていない。

これらの『三国史記』にみえる日本使は、通説のごとく、「わが中央が関知しない交渉が対馬か大宰府と新羅との間に行なわれていた」ものとみてよいであろう。この理解は上述したところによって一層事情が明らかになったと思われる。まず大宰府が対新羅交渉の公的な窓口として機能していたことを考慮すると、大宰府官人と新羅との間に何らかの私的なルートができていたとみてもおかしくない。特に延暦二十二年の遣新羅使派遣に大宰府が何らかの形で関与していたことは、その重要な契機となったのではあるまいか。そして一方では、八世紀後半以来大宰府周辺では来日新羅人と日本人、特に官人が関与した貿易が行なわれていたとみられる。これらの状況を考え合せると、大宰府の府官あるいは管内の国司らが私貿易を営み、そのために「日本使」を称して新羅に渡航させた可能性も十分に考えられるであろう。新羅側も自らの大国意識を満足させるため、彼らが公使ではないことを承知の上で迎えていたとみることもできよう。(86)

むすび

以上、八世紀から九世紀初頭に至る日羅関係の一端を眺めてきた。本稿では、まず第一に天平勝宝四年（七五二）の新羅王子金泰廉一行来日の意義についてとりあげ、これまでも一行が大規模な交易を行なったことは注目されていたが、この時新羅が貿易を成功させるために金泰廉にとらせた「新羅は日本の朝貢国である」という日本の主張に沿った言動が、その後の日羅関係を規制し、両国間の紛争の大きな原因となっていることを述べた。ついで、彼らとの貿易を契機として新羅使が齎す貨物に対する日本人の購売意欲は高まり、神護景雲二年（七六八）には左大臣以下に新羅人との交易用に多額の綿が支給されている。これは来日新羅使との間で起こる外交形式をめぐる紛争の裏では、支配層が対新羅貿易を積極的に進めていたことを示しており、更にそれは新羅人との間に私貿易が行なわれていたこと、及び大宰府の官人・国司らが私貿易に関わりをもち、大宰府周辺に商圏が形成されていたことなどを推測させる史料ともなる。そして第三に、新羅の公使は宝亀十年（七七九）来日の使節を最後とするが、公使一行のみによって新羅の対日貿易が運営されていたとすると、対唐交渉の進展などによって一層市場としての日本の地位が高まっていると思われるにも拘わらず、対日貿易の停滞を意味する公使派遣の停止は解し難い。すでに新羅には公使を派遣しなくとも民間の商人によって十分に交易を行なうことができるようになったという認識があり、その上で停止されたのではあるまいか。こうした意味で『三国史記』に九世紀初頭に集中してみえる日本使記事は、あらためて注目される。従来ともすれば日本側に対応する記事がないことで軽視されがちであるが、哀荘王四年（延暦二十二）に対応する遣新羅使の派遣を伝える史料が確認され、この遣使を契機に大宰府の官人らが私貿易をめざして「日本使」と称させて新羅に送った可能性が高い。こうして本稿の冒頭に触れたように、天長八年（八三一）に来日新羅商人の船載品を争って買い求めるような素地は、すでに八世紀後半には形成されていたとみられるのである。

注

（1）『類聚三代格』巻一八所収天長八年九月七日官符。

（2）新羅商人来着の初見は『日本後紀』弘仁五年十月丙辰（十三日）条の「新羅商人卅一人、漂着於長門国豊浦郡」という記事である。大宰府を目指したが長門に流されてしまったものであろう。

（3）八世紀の日羅関係については、すでに優れた業績に恵まれているが、基本となるのは、鈴木靖民氏の一連の研究で、『古代対外関係史の研究』（吉川弘文館、一九八五年）及び概説ではあるが、「天平文化の背景」（『日本史』(1)〈有斐閣新書、一九七七年〉）をあげておく。また本稿の主題とする八・九世紀の日羅間における貿易については、西村真次『日本古代経済』交換篇第五冊（東京堂、一九三九年）が参考になる。鈴木氏を始めとする諸氏の研究によって、八世紀の日羅関係は、外交形式において朝貢を求める日本と、対等を意識する新羅との間が次第に冷却化したこと、それでも新羅は交易を主目的として遣使を続けたことなどが通説となっている。ただ八世紀後半、具体的には天平勝宝四年（七五二）の金泰廉来日以後の日羅関係については、あまり詳しく検討されていないようであるので、以下多くを通説によりながら、八世紀後半の日羅関係の一端について考えてみたい。

（4）『日本書紀』天智天皇七年九月癸巳（十二日）条・同十一月乙酉（五日）条。

（5）『続日本紀』和銅二年五月壬午（二十七日）条。

（6）新羅が来朝の年期を奏請した一件について、この後顕著になる「一連の新羅離反の事象の現われ」（坂本太郎『日本全史』2〈東京大学出版会、一九六〇年〉二二六頁）とか「両国間に摩擦を生む前兆」（浜田耕策「新羅の中・下代の内政と対日本外交」〈『学習院史学』二一、一九八三年〉五八～九頁）とする見解と、新羅が北方に位置する渤海との関係などを考慮して、日本に「朝貢を続ける」ことを得策とする「まったく政治的意図によるものとみる（鈴木靖民「天平初期の日羅関係」〈前掲書〉一七三～一七八頁。ただし同論文注21では「日羅関係の冷却化の一契機となったことは否定できない」と記されている。なお友寄隆史「節度使設置について」〈『立正史学』四五、一九七九年〉も鈴木氏説を支持されている）二つの見解がある。本文でみるごとく、奏請後の日羅両国間では使節の派遣ごとに紛糾を生じており、新羅が外交形式を変更しようとしたことは明らかである。したがって奏請の背景にその萌芽を認める意見が妥当のようにも思われる。しかし少なくとも日本は三年に一度と回答しているのであるから、この奏請が新羅の離反を意味しているとは全く考えていなかったに違いない。実際に新羅が毎年朝貢（歳貢）していたわけではないので、現状を追認したにすぎないといえる。つまり新羅の遣日使派遣が五～六年の間隔をとっていても日本が咎めた形跡は全くないのである。それよりもこの奏請の件で重視すべきことは、新羅の側から要請している点であり、新羅が日本との間に定期的な通交を望んだということである。もし日本と対抗したり、あるいは離反の意思があるとすれば、あえて年期を奏請する必要などないであろう。新羅の来朝年期奏請は、日本との定期的な通交を確保することに何よりも主眼がおかれていたとみるべきである。鈴木氏が指摘されているように、新羅が奏請した背景の一つに――そして大きな理由として――、前世紀末に興った渤海が漸次西方に版図を拡大してゆき、北方の脅威となってきた上、奏請の四年前の神亀四年（七二七）に渤海が日本に始めて遣使して両国の往来が開始されたことがあげられる。七三一年に新羅が日本との定期的な通交を望んだ背景に、この渤海・日本関係の開始があるとみてまちがいないであろう。

（7）『続日本紀』天平七年二月癸丑（二十七日）条。

（8）『続日本紀』天平九年二月己未（十五日）条・同丙寅（二十二日）条。

（9）『続日本紀』天平十年六月辛酉（二十四日）条。

（10）『続日本紀』天平十四年二月庚辰（五日）条。

(11)『続日本紀』天平十五年四月甲午（二十五日）条。

(12) 浜田耕策「新羅・聖徳王代の政治と外交」（『朝鮮歴史論集』上〔龍渓書舎、一九七九年〕）、同「新羅の中・下代の内政と対日本外交」（前掲）、等参照。

(13) 新羅は八世紀初頭以来唐を重視した政策を取り、頻繁に唐に遣使朝貢している。この結果、新羅王が唐より授けられる官爵が累進し、また七三五年には唐・渤海紛争に際して援軍を派遣した功によって、百済滅亡後新羅が占領をはかって唐との確執の原因ともなっていた大同江以南の土地の領有を認められている。こうした対唐関係の進展が新羅の対日外交に影響を及ぼすことは必至で、唐との緊密化が進めば相対的に日本の評価が下がり、日本に対して従属した形式の通交を続ける意義が減少してくるのも当然である。なお、八世紀初頭の新羅の対唐関係については、古畑徹「七世紀末から八世紀初にかけての新羅・唐関係」（『朝鮮学報』一〇七、一九八三年）参照。

(14) たとえば、鈴木靖民氏は、「冷却しきっていた両国の関係を、新羅がたとえ仮にせよ王子を送ってまで修好の態度に転じたのは、日本のみならず渤海との関係を顧みたためであった」（「天平文化の背景」〔前掲〕二一七頁）と評されている。この他、同「正倉院佐波理加盤付属文書の基礎的研究」（前掲書）三九四頁、酒寄雅志「七・八世紀の大宰府」（『国学院雑誌』八〇―一一、一九七九年）四〇頁、等にも同様の見解がみえる。しかし金泰廉の来日を受けて新羅に派遣された小野田守の処遇などからみると、新羅が対日関係改善という意図から金泰廉らを派遣してきたとみることには疑問が抱かれる。

(15) 関根真隆『奈良朝食生活の研究』（吉川弘文館、一九六九年）四二七頁、同「大陸と日本との文物の交流はどのようであったか」（『海外交渉史の視点』I〔日本書籍、一九七五年〕）、東野治之「鳥毛立女屏風下貼文書の研究」（『正倉院文書と木簡の研究』〔塙書房、一九七七年〕）等参照。

(16) 東野氏前掲論文、三一一頁。以下の日羅貿易に関する叙述は、東野氏の前掲論文及び同「正倉院氈の墨書と新羅の対外交易」（前掲書）によるところが大きい。

(17) 関根真隆氏は、「大陸と日本との文物の交流はどのようであったか」（前掲）一六〇～一六一頁において、「買新羅物解」は、金泰廉らが「貢調したものが売り出されたか、あるいは新羅使が直接売り出した交易品かを購入する際のリストであったろう」と述べておられる。新羅使の貢調は六月十四日のことであるが、「買新羅物解」

の日付の明らかなものをみると、六月十五日から六月二十六日までとなっている。一旦献上品として進められたものを売却することがあったにしても、使者の滞在中に売り立てるということは如何であろうか。やはり献上品とは別に新羅使が交易を目的として齎した貨物とみてよいであろう。

(18)「関市令」義解に、「凡官司未交易之前、不得私共諸蕃交易。○下略」、及び「衛禁律」逸文（『類聚三代格』巻一九所収延喜三年八月一日官符所引）に「律曰、官司未交易之前、私共蕃人交易者准盗論。○下略」とある。なお後者については、滝川政次郎「衛禁律後半の脱落条文」（『律令格式の研究』〔角川書店、一九六七年〕）参照。

(19)東野治之「鳥毛立女屏風下貼文書の研究」（前掲）。

(20)新羅使の員数が、八世紀初には四十人以下であったものが、天平十年＝一四七人、天平十四年＝一八七人、と増加する。これは、新羅使来日の目的に貿易が重視されてきたことを示していると理解されている。末松保和「日韓関係」（『日本上代史管見』〔一九六三年〕一〇六頁）、内藤雋輔「新羅人の海上活動に就いて」（『朝鮮史研究』〔東洋史研究会、一九六一年〕三三四頁以下）等参照。金泰廉の場合はさらに大規模で、下文に触れるように、貿易を主目的としていたのである。

(21)この他、確実に新羅からの輸入品であることを示す氈や佐波理加盤などが正倉院宝物の中に含まれており、その齎された時期は金泰廉一行の可能性が高いことが指摘されている。これについては、東野治之「正倉院氈の墨書と新羅の対外交易」（前掲）・鈴木靖民「正倉院佐波理加盤付属文書の基礎的研究」（前掲）等参照。

(22)『続日本紀』原文では「私日自」云々となっているが、「新訂増補国史大系」本の如く、「日」字を衍字とみるべきであろう。

(23)渤海使の齎す渤海王から日本天皇への贈物は、一般に信物・方物・国信等といわれ、奏上の際には常貢物（『続日本紀』天平宝字三年正月三日条）・恒貢物（同四年正月五日条）のごとく表記されている。これに対し、大使・副使らが個人的に品物を献上する例があり、それを別貢物と称している。例えば、

(一)『日本紀略』天長元年四月丙申（十七日）条

覧越前国所進渤海国信物、并大使（高）貞泰等別貢物。

(二)同前四月庚子（二十一日）条

返却渤海副使璋璿別貢物。

(三)『三代実録』貞観元年六月二十三日条

東絁五十疋・綿四百屯賜大使烏孝慎。孝慎別貢土宜、仍有此錫賚焉。

(四)『三代実録』元慶七年五月七日条

大使裴頲別貢方物。

(五)『河海抄』巻一二藤裏葉

延喜八年五月十一〔五カ〕日御（醍醐）記云、賜大使裴璆別貢答物。其物御衣一襲・青白橡表袍・二藍下重具如例。

(六)『扶桑略記』延喜二十年五月十五日条

掌客使民部大丞季方、領大使裴璆別貢物、進蔵人所。

これらの例によって、大使・副使級の私的献上品を別貢物と称し、(三)の烏孝慎の例のごとく相当の品物を給付されている。この他、別貢の語は使われていないが、「大使賀福延、私献方物」(『続日本後紀』承和九年四月辛未〔七日〕条)のような例(『三代実録』貞観十四年五月二十四日条・元慶元年六月二十五日条)も同様であろう。こうした「別貢」は(一)の天長元年の例より以前にあったと思われるが、史料的に確認することはできない。なお、松好貞夫『流通経済前史の研究』(東京電機大学出版局、一九六九年)二四七〜二四八頁、新妻利久『渤海国史及び日本との国交史の研究』(東京電機大学出版局、一九六九年)二四七〜二四八頁、等参照。

また、「別貢」の語は日本の遣唐使関係史料にもみえる。たとえば、

(a)『続日本紀』宝亀九年十月乙未(二三日)条

十五日、於宣政殿礼見、天子不御。是日、進国信及別貢等物。天子非分喜観、班示群臣。

(b)『日本後紀』延暦二十四年六月乙巳(八日)条

廿四日、国信別貢等物、附監使劉昴、進於天子。

(c)『遍照発揮性霊集』巻五「為大使与福州観察使書」

謹差〇中略藤原朝臣賀能（葛野麿）等、充使奉献国信・別貢等物。

とある。(c)についての註釈書『遍照発揮性霊集鈔』には「国信、常礼之玉帛、別貢、臨時之珍奇也。」とあるが、これも渤海使の例と同様で、大使らの私的献上品とみてよいであろう。相当の危険を伴う遣外使節には位階の昇

叙など、種々の優遇措置が講じられているが、こうした「別貢」もその一つとみてよい。そしてその事情は、日本・唐・新羅・渤海などに共通したものであったと思われる。

(24)『冊府元亀』巻六五四奉使部・廉慎にもみえる。

(25)『唐会要』巻九五新羅伝に、「(大暦)三年二月、命倉部郎中帰崇敬兼御史中丞、持節冊命」とある。

(26)『冊府元亀』巻九八〇外臣部・通交に、「(元和七年)七月、以京兆府功曹李汭、為殿中侍御史、充入新羅副使」とある。『唐国史補』に「判官」とあるのとは相違するので、あるいは元和七年以前にも奉使しているのかも知れないが、今は他に史料を見出すことができないので、一応元和七年の奉使の際のこととしておく。

(27)遣新羅使に限らず、唐の遣外使節が盛んに私利を図っていたことは、『冊府元亀』巻六五四奉使部・廉慎項に掲げられた諸例から推測することができる。

(28)浜田耕策氏は、貢調使三七〇余人以外の人員について、「これと同数に近い新羅の王都の商人、あるいは途中から一行に随行した海浜の交易商人が多数いたものと推測される」(「新羅の中・下代の内政と対日本外交」〈前掲〉七〇頁)とされている。

(29)使節の入京員数制限のことは、新羅使の場合には明らかでないが、渤海使の場合、たとえば宝亀二年(七七一)来日の壱万福らは、総勢三二五人の内、入京を許されたのは四十人であり(『続日本紀』宝亀二年六月壬午・十月丙寅条)、宝亀七年に来日した史都蒙らの場合は、総勢一八〔六カ〕七人であったが日本沿岸で遭難し、生存者は四六人となってしまった。それでも日本政府が入京を許したのは三十人であったため、史都蒙が「譬猶割一身而分背、失四体而匍匐」と述べて、ようやく揃って入京することを許されている(『続日本紀』宝亀七年十二月乙巳条・同八年二月壬寅条)。この後、弘仁年間頃から渤海使の人数が一〇五人前後に固定してくると、入京人数も二十人位と定式化されたようであるが、奈良時代には大体三十〜四十人を目途としていたことが知られる。なお日本の遣唐使が唐に到った場合も、入京員数は制限されており、たとえば宝亀八年入唐の遣唐使の場合、当初六十五人が認められたが、後二十人に削減されたため、日本使が加増を要請し、結局四十三人の上京が許された(『続日本紀』宝亀九年十月乙未条・同十一月乙卯条)。

(30)『三国遺事』巻一紀異・辰韓条には、「新羅全盛之時、京中十七万八千九百三十六戸・一千三百六十坊・五十五里・三十五金入宅〈言富潤大宅也〉。南宅、〈中略〉井下宅」とある。南宅以下、井下宅までの三九宅は「金入宅」とされた家々を指しているとみられるが、「三十五金入宅」を「三十五の富裕な大邸宅」（武田幸男「三国の成立と新羅の統一」（『朝鮮史』〈山川出版社、一九八五年〉）八八頁）を意味していると解すると、以下に列記された家々と数が合わない。別の解釈があるのであろうか。『三国遺事考証』上（塙書房、一九七五年）の同条では、京中の戸数等に疑問があることには触れているが、特にこの点についての注記はない（四〇〇〜四〇六頁）。

(31) 李成市「正倉院宝物氈貼布記を通して見た八世紀の日羅関係」（『朝鮮史研究会会報』六七、一九八二年）一〇頁。

(32) 東野氏は、正倉院宝物の中で、「新羅楊家上墨」「新羅武家上墨」という銘文を陽出させている舟形の墨は、わざわざ「新羅」という国名が冠せられているところから、対外交易用に製作されたものではないかと推測されている（「正倉院氈の墨書と新羅の対外交易」〔前掲〕三五四頁）。

(33) 東野氏前注32所掲論文、参照。

(34) 『続日本紀』天平勝宝五年二月辛巳（九日）条。

(35) 和田軍一「淳仁朝に於ける新羅征討計画について」㈠（『史学雑誌』三五―一〇、一九二四年）八四八〜九頁、酒寄雅志「八世紀における日本の外交と東アジアの情勢」（『国史学』一〇三、一九七七年）四六〜四七頁、等参照。

(36) なお、王子金泰廉について、彼は実は王子ではないとする見解がある。和田軍一氏は、「本統（マヽ）に王子であったかどうかは疑はしい。新羅は泰廉を王子と称せしめて来朝させたのは信ずべきであろう。そして我国は彼を真の王子と信じたかもしれない。併し新羅が王子を来朝せしめると云ふ事は考え難いのであるから泰廉は或は仮王子であったかと思はれる。〇中略新羅哀荘王三年（桓武天皇延暦廿一年）に均貞を仮王子と為して日本に質としようとしたことが史記に見えてゐる。これは少し年代が違ふけれども尚参考となる。泰廉が仮王子であったとしても、この時新羅が我国の意を迎へようとしたことには大して変りはない。」と述べている（前掲論文㈠、八五一頁）。和田氏には新羅が真の王子など日本に派遣するはずなどないという認識があるように思われる。その後、鈴木靖民氏も仮王子説をとられ（たとえば「正倉院佐波理加盤付属文書の基礎的研究」〔前掲〕三九四頁）、最近では浜田耕策氏が、『三国遺事』巻二紀異・景徳王、忠談師、表訓大徳条及び『三国史記』景徳王十七年条などに、景徳王十七年（七五八）に始めて王子が誕生したとみえることから、「金泰廉来日時の新羅王室に王子はいなかった」として和田説を敷衍されている（「新羅中・下代の内政と対日本外交」〔前掲〕）。金泰廉が実の王子か否かについては、たとえば『三国遺事』等の記事は、正妃に嗣子が始めて誕生したことを述べているだけで、他の王子の存在を否定する史料となり得るのかどうか、といった問題を含めて、更に検討の余地があると思われる。それはともかくとして、金泰廉以後の日本・新羅の交渉を眺めると、日本が金泰廉を真の王子と認定していたことは言うまでもないが、新羅側も、たとえば金泰廉の来朝に応えて新羅に赴いた小野田守は当然「王子金泰廉」に論及したとみられるが、それを否定した様子は全くない。つまり「新羅は王子を派遣して日本に朝貢した」ということが両国の間で確認されているのである。仮王子の派遣が「日本が執拗に求めた外交形式に半面では応え、また新羅の亢礼の姿勢をも守る巧みな外交策」（浜田氏）であるならば、これ以後も実の王子の有無に拘わらず、臣下を王子に仕立てて——王子を詐称させて——日本に派遣してもよさそうであるが、その形跡はない。これは「王子金泰廉」が実体を伴うものと両国間で理解されていたからに他ならないであろう。こうしてみると、金泰廉が景徳王の実子であるにせよ、ないにせよ、新羅が王子として派遣したことの意義を重視すべきであり、それだけ今回の使節団派遣に期待することが大きかったということである。なお、金均貞の例とは、『三国史記』巻一〇哀荘王三年十二月条に、

　授均貞大阿飡、為仮王子、欲以質倭国。均貞辞之。

とあるものであるが、この記事については、まず第一に、〈倭国ニ質トセン〉とあることで、当時の新羅が王族（均貞は元聖王の孫）を日本へ人質として送ることなど現実的に考えられるであろうか。これを〈倭国ニ遣ハス〉と同義にとることができないことは言うまでもない。第二に、この前後の記事では、日本は「日本」と表記されているが、ここでは「倭国」となっている点である。本条を利用するについては少なくともこれらの点を十分に説明する必要があろう。筆者は本条については疑問を抱いている。

（37）拙稿「初期日渤交渉における一問題」（『史学論集対外関係と政治文化』一〈吉川弘文館、一九七四年〉）参照。
（38）『続日本紀』天平宝字七年二月癸未（十日）条。
（39）『続日本紀』天平宝字八年七月甲寅（十九日）条。
（40）『続日本紀』神護景雲三年十一月丙子（十二日）条・宝亀元年三月丁卯（四日）条、等。なお〈賓礼〉の意義については、田島公「日本の律令国家の「賓礼」」（『史林』六八—三、一九八五年）参照。
（41）『続日本紀』宝亀五年三月癸卯（四日）条。

（42）『続日本紀』宝亀九年十一月壬子（十日）条・同十年二月甲申（十三日）条、等。以下の叙述は、宝亀十年七月丁丑（十日）条・十月乙巳（九日）条・十一月己巳（三日）条、等による。なお森公章「耽羅方脯考」（『続日本紀研究』二三九、一九八五年）は、海上三狩らの耽羅漂着問題を通じて当時の耽羅・新羅・日本との関係を論じられている。

（43）山田英雄氏は、新羅使の奏上の「結びの句は上表文の形式をとっている」こと、「日本側の期待した新羅の国書は上表文の様式であった」こと等を指摘されている（「日・唐・羅・渤間の国書について」〔『日本考古学・古代史論集』〈吉川弘文館、一九七四年〉三六〇～三六一頁）。

（44）前注20、参照。

（45）平野邦雄「大宰府の徴税機構」（『律令国家と貴族社会』〈吉川弘文館、一九六九年〉）三二五頁、東野治之「鳥毛立女屏風下貼文書の研究」（前掲）三〇五頁、等参照。

（46）東野氏前注45所掲論文、三〇五頁。

（47）『類聚三代格』所収天長五年正月二日官符・延喜三年八月一日官符、等参照。

（48）『万葉集』巻三「沙弥満誓、綿を詠める歌一首」に、「しらぬひ筑紫の綿は身につけていまだは著ねど暖かにみゆ」とある。以下、大宰府の綿については、西村真次前掲書・四八頁以下、平野邦雄「大宰府の徴税機構」（前掲）、等参照。

（49）東野治之「鳥毛立女屏風下貼文書の研究」（前掲）三五二頁。なお、綿は唐・新羅・渤海の王・使節らへの答信物にも用いられている（『延喜大蔵式』参照）。

（50）東野氏は、本文書の品目の下の「直七斤」等の注、及び「壱佰斤」に〔追筆カ〕と傍注を付されている（前注49所掲論文、三三八頁）。写真版でみると、筆跡は同一であるが、やや墨色に濃淡があるようにも見受けられる。もし追筆とすれば、何時書き込まれたかを考えることによって色々と興味深い問題がでてくるが、ここでは追筆とする見解の紹介に止めておく。

（51）「賦役令」調絹絁条に、「糸八両・綿一斤・布二丈六尺、並二丁成絇・屯・端」とある。

（52）霊亀元年（七一五）、前年来日した新羅使金元静ら二十余人の帰国にあたり、大宰府に命じて「綿五千四百五十斤・船一艘」を支給させている（『続日本紀』三月甲辰条）。この賜綿は回賜品としてであろうか。これと比較しても左大臣らに対する支給額が多額であることを知ることができよう。

(53) たとえば元慶元年（八七七）に大宰府は「貢綿千一百五十二屯、徒積庫底、将致腐損、請相博沙金五百七十二両、以為永貯」い、許されている（『三代実録』同年十二月八日条）。

(54) 井上秀雄氏は、左大臣らに対する綿支給に関して、「新羅との貿易が新羅使節団の商人を相手としていたのに、この時期には数年に一度しか新羅使節の派遣がなかったので、貿易はきわめて不安定であった。このように大量の貿易ができるのは大宰府などへ新羅商人がかなり頻繁に往来していたためで、これを朝廷でも公然の秘密として認めていた。このように、奈良時代の新羅貿易は朝貢貿易に始まり、使節随員の商人貿易、さらに商人による直接貿易へと急激な発展をみせている」（「三国文化の影響」〔『日本と朝鮮の二千年』①〈太平出版社、一九六九年〉〕七八頁）と指摘されている。また同「新羅と渤海」（『日本と世界の歴史』五〈学習研究社、一九七〇年〉）、及び東野治之「日唐間における渤海の中継貿易」（『日本歴史』四三八、一九八四年）参照。

(55) 『類聚三代格』巻一八にも太政官符として収められている。

(56) 栄原永遠男「奈良時代の流通経済」（『史林』五五―四、一九七二年）五九頁。

(57) 奈良時代における地方の商業経済及び地方と京師との間を結ぶ遠距離交易に関する研究は数多いが、ここでは、沢田吾一『奈良朝時代民政経済の数的研究』（柏書房復刻版、一九七二年）第卅七章第二節、栄原永遠男前掲論文、同「日本古代の遠距離交易について」（『古代国家の形成と展開』〈吉川弘文館、一九七六年〉）及び保立道久「律令制支配と都鄙交通」（『歴史学研究』四六八、一九七九年）等を挙げておく。

(58) 『類聚三代格』巻一六所収延暦十五年十一月二十一日官符所引。

(59) 『続日本紀』天平八年五月丙申（十七日）条。

(60) 『続日本紀』天平勝宝六年九月丁未（十五日）条。

(61) 『類聚三代格』巻八所収。

(62) 『類聚三代格』巻一八所収。なお、「新訂増補国史大系」本の底本である尊経閣文庫所蔵本により誤植（必→心）を改めた。同本の調査については、飯田瑞穂氏の御配慮を得た。また、本官符の日付には問題がある。本官符は、渤海使が「去年十二月廿九日」に但馬に来着したので、国司が来朝の事情を尋ね、その結果を朝廷に報告した。朝廷ではその解状に基づいて審議し、処置を命じたものである。それにしては「正月二日」とは余りにも早すぎる。

『日本紀略』天長五年正月甲戌（十七日）条に「但馬国馳駅言上、渤海人百余人来着」とあり、二月己丑（二日）条に、「但馬国司写渤海王啓・中台牒案進上」とみえる。一方、本官符の宣者は、「中納言兼左近衛大将従三位行民部卿清原真人夏野宣」とある。清原夏野は本年三月十九日に権大納言に任ぜられている（『公卿補任』）から、これより以前であることはまちがいない。これらを勘案すると、「正月二日」の日付には、月・日の何れかに誤脱があるとみられるが、草書体が比較的似ている「正」を「三」の誤写とみて、「三月二日」付とみるのが妥当かもしれない。一案として示しておく。

(63)『続日本後紀』承和九年正月乙巳（十日）条。文室宮田麻呂は、この後謀反の嫌疑で逮捕されるが、宮田麻呂は瀬戸内交通の要衝難波に拠点を構え、対外貿易に活躍していたことが知られる（戸田芳実『日本領主制成立史の研究』〔岩波書店、一九六七年〕一三三～一三八頁、参照）。

(64)『入唐求法巡礼行記』巻二開成五年二月十七日条に、「円仁辞郷之時、伏蒙筑前太守寄書一封、転献大使（張宝高）」とある。この筑前太守とは承和五年の円仁入唐時に筑前権守であった小野末嗣ではないかと推測されている（小野勝年『入唐求法巡礼行記の研究』第二巻〔鈴木学術財団、一九六六年〕二〇七頁）。

(65)酒寄雅志「日羅交渉終焉をめぐる事情」（『朝鮮史研究会会報』七四、一九八四年）一八～二〇頁。

(66)この後、『続日本後紀』承和十二年十二月戊寅（五日）条に、新羅人が康州の牒を携えて日本の漂流民を護送してきたこと、あるいは仁和元年（八八五）に「新羅国使判官徐善行」ら四十八人が来日し、執事省牒などを齎したが、それも故実に乖くものであり、〈事ヲ奉賀ニ寄セ、牒貨相兼ヌ〉として放還されている（『三代実録』仁和元年六月二十日条）ことなどがあるが、勿論八世紀の新羅使と同列にして論ずべきものではない。

(67)『続日本後紀』承和三年閏五月条の記事には混乱があり、干支を同じくする四月の記事が混入しているものと推測されている（「新訂増補国史大系」本頭注参照）。紀三津派遣記事も閏五月辛巳ではなく、四月辛巳（十三日）に係けられるもので、遣唐使の発遣（難波出帆は五月十四日）に先立って新羅に派遣されたものとみられる（佐伯有清『最後の遣唐使』〔講談社現代新書、一九七八年〕五三～五四頁、参照）。

(68)遠藤元男「貞観期の日羅関係について」（『駿台史学』一九、一九六六年）一一頁。

(69)森克己「慈覚大師と新羅人」（『続日宋貿易の研究』〔国書刊行会、一九七五年〕）一八〇～一八一頁。

(70)今西龍「新羅史通説」（『新羅史研究』〔国書刊行会再版、一九七〇年〕）七五頁。

(71) 李丙燾（金思燁訳）『韓国古代史』下（六興出版、一九七九年）四五六頁。
(72) 以下、『日本紀略』『日本後紀』等による。
(73) 竹内理三編『大宰府・太宰府天満宮史料』第一巻（太宰府天満宮、一九六四年）では、延暦二十二年に、「是歳、大宰府、消息を新羅に送り、遣唐使派遣の由を告ぐ、」という綱文を立て、『日本後紀』延暦二十三年九月己丑条を掲げている。そして標出に「使兵部少丞大伴岑万里」とあり、延暦二十二年の使節も大伴岑万里と解されている。また石上英一氏は、延暦二十三年の「太政官牒には、八〇三年（延暦二十二）四月の第一回目の渡海（失敗）に際して大宰府から新羅に、遣唐使が漂着した際の供給・送還を依頼する消息を送ったが返信がなかったことが記されている。『三国史記』新羅本紀哀荘王四年（八〇三）七月条の日本との交聘や同五年（八〇四）五月条の日本使の来航とこのこととは関連があろう」（「古代国家と対外関係」〔『講座日本歴史』2〈東京大学出版会、一九八四年〉〕二五三頁）と指摘されている。
(74) 架号・谷―三三六。
(75) 詳細は別稿「『古語拾遺』の識語について」（『日本歴史』四六二、一九八六年→本著作集第二巻所収）参照。
(76) 佐伯有清『新撰姓氏録の研究　考証篇』第三（吉川弘文館、一九八二年）二七二頁。
(77) 坂本太郎『六国史』（吉川弘文館、一九七〇年）二四八頁。
(78) 『続日本後紀』承和三年十二月丁酉条に、「三津一介緑衫」とみえる。「衣服令」朝服条には「六位、深緑衣、七位、浅緑衣」と定められている。
(79) 執事部については、李基白（武田幸男監訳）『新羅政治社会史研究』（学生社、一九八二年）「Ⅲ　専制政治と執事部」参照。なお、執事部は、興徳王四年（八二九）執事省と改称された。
(80) 中村裕一「渤海国咸和一一年中台省牒に就いて」（『隋唐帝国と東アジア世界』〈汲古書院、一九七九年〉）四四七頁、参照。
(81) 大宰府の外交上における機能について、最近、ブルース・バートン「律令制下における新羅・渤海使の接待法」（『九州史学』八三、一九八五年）が公にされ、拙稿「大宰府の外交面における機能」（『法政史学』二二、一九七〇年→『日本渤海関係史の研究』吉川弘文館、二〇〇一年所収）における所説に補訂を加えられたが、大宰府はいわゆる窓口としての機能を有していたにすぎず、独自の外交権というべき権能が付与されていたわけではないことなど、私見と一致している点が多い。

(82) あるいは斎部浜成が大宰府の牒状を齎したとも、また何らかの事情で浜成は渡航せず、大宰府から代理の使者がたてられたとも考えられるが、推測にすぎるであろう。

(83)『高麗史節要』巻一太祖三年正月条も同文である。

(84) 前注67、参照。

(85) 佐伯有清『最後の遣唐使』（前掲）六三～六六頁、参照。

(86) なお、『三国史記』哀荘王三年十二月条の記事について、史実とするには疑問があること、前注36に述べたごとくである。

5　九世紀の日本・唐・新羅三国間貿易について

はじめに

八世紀後半以来、日本に唐や新羅の商人が来航するようになり、活発な貿易活動を展開し、日本の社会・経済・文化の発展に大きな役割を果たしたことはよく知られている。小稿では、こうした日本・唐・新羅三国間の貿易について、主に貿易に従事していた商人の問題に焦点をあてて、考えてみたい(1)。

一　民間貿易の動き

八世紀後半以来拡大する対日貿易のなかで、まず中心となったのは、新羅の公使による貿易活動であった。特に天平勝宝四年（七五二）来日の時に大々的に行われ、一行は、西は遠くアラビア方面から東南アジアにかけて産する香料や薬品、唐の工芸品、そして新羅の特産品などを多量にもたらしている。これは当時の東アジアにおける貿易品をほぼ網羅しており、唐から新羅に伝えられた品物が、更に日本にもたらされたのである。この後も、主に新羅の公使もしくは随行の商人らによって貿易が行われてきたが、次第に変化がみられるようになる。すなわち、神護景雲二年（七六八）に左右大臣以下に、〈新羅ノ交関物ヲ買ハンガ為メ〉つまり新羅の貿易品を購入するための資金として、大宰府において綿が支給されている。これは、太政官の上層部自らが貿易に積極的に参加するためであり、その対象となるのは来日が不定期で間隔のあく公使ではなく、新羅の民間の商人とみなければならない。この頃、公使にたよらない民間の貿易商人が現れてきたことを示している。こうして民間商人の来航が盛んになってゆく頃、新羅の公使の来日は宝亀十年（七七九）をもって終わりを告げる。その背景には、民間貿易商人の成長により、貿易を主目的とする使節を派遣する必要がなくなったという事情が存在するものとみられる。(2)

このような動きは、ちょうど同じ頃起こっていた東南アジア諸国の対唐貿易活動の変化、すなわち唐との朝貢貿易の激減と軌を一にしている。朝貢減少の大きな原因として、サラセン商人と唐商人の民間貿易活動の展開があげられる。つまり、公使派遣の減少は、貿易の停滞を意味するのではなく、公使による貿易に比べ、より拘束の少ない民間貿易活動を指向したもので、実際には貿易はさらに発展したのである。新羅の対日貿易活動と公使派遣停止との関係も、まさにこのような現象とみられ、西方で起こっている動きが、直ちに東方にまで波及してきたことを知ることができよう。これは、また日本の遣唐使についても同様で、九世紀に入るとわずかに二回しか派遣されていない。その背景に民間の唐・新羅商人の頻繁な往来があることは、すでに指摘されているとおりである。(3)

二　九世紀の民間貿易——貿易法規と現状——

さて、九世紀に入ると、北九州を主な商圏とする新羅・唐商人による貿易活動が活発に展開されるようになる。天長八年（八三一）九月、太政官は大宰府に対して次のような官符(4)を下し、来日新羅商人との間で行われている私貿易を管理すべきことを命じている。

太政官符

応レ検二領新羅人交関物一事

右、被二大納言正三位兼行左近衛大将民部卿清原真人夏野宣一偁、奉レ勅、如レ聞、愚闇人民、傾二覆櫃匣一、踊貴競買。物是非レ可レ韜レ遺、弊則家資殆罄。耽二外土之声聞一、蔑二境内之貴物一。是実不レ加二捉搦一所レ致之弊。宜下下二知太宰府一、厳施二禁制一、勿上レ令二輙市一。商人来着、船上雑物一色已上、簡二定適用之物一、附レ駅進上。不レ適之色、府官検察、遍令二交易一。其直貴賤、一依二估価一。若有二違犯一者、殊処二重科一、莫レ従二寛典一。

天長八年九月七日

ここには「愚かな人々は、資産を尽くして、高値で競って購入している。………舶来品をもてはやし、国産品をないがしろにしている。」と、人々が争って新羅商人のもたらす貨物を購入しようとした様子を伝えている。また、入唐留学の経験をもつ僧恵雲は、

余（恵雲）昔被レ拝二太宰府講師兼筑前国講師一之日、新羅商客頻々往来、貨二賚銅鋺・畳子等一。逢二著此客一、為レ備二

之道場一、用二国家講経之僙施一、買得者也。

と述べており、(5) 新羅商人が頻繁に来航した様子を述べているが、これは天長十年頃のことである。

また一方では日本海沿岸地域を舞台に渤海使による貿易活動が行われている。天長四年（八二七）に渤海使が来日した時、到着地の国司（但馬）にあてて出された官符(6)（天長五年正〔三ヵ〕月二日付）に、

一、応レ禁二交関一事

右、蕃客齎物、私交関者、法有二恒科一。而此間之人、心愛二遠物一、争以貿易。宜下厳加二禁制一、莫上レ令二更然一。若違レ之者、百姓決杖一百。王臣家遣レ人買、禁二使者一言上。国司阿容及自買、殊処二重科一。不レ得二違犯一。

とみえる。つまり、「外国の使節がもたらした品物について、勝手に貿易を行うことは、法で禁止されている。ところが日本人は舶来品を愛し、争って貿易を行っている。厳重に取り締まらなければならない。また在京の王臣家は使者を遣わして購入させている。もしそのような場合には、使者を捕らえて報告せよ。なお、国司がこれらの行為を容認したり、みずから交易に加わった場合には特に厳罰に処す」と述べているのである。渤海も唐との交流が盛んで、自国特産品の他、唐からの輸入品を多数日本にもたらしたのであろう。

　このように、北九州地域だけでなく、日本海沿岸地域でも外国との貿易が盛んになってきたが、〈私ニ交関スルハ、法ニ恒科アリ〉とあるように、勝手な貿易は律令で禁止されていた。すなわち、「関市令」に「凡官司未二交易一之前、不レ得下私共二諸蕃一交易上」とあり、「衛禁律」逸文に、「官司未二交易一之前、私共二蕃人一交易者、准レ盗論」とみえている。(7) 要するに、官司すなわち朝廷がまず貿易を行い、必要とする品物を買い上げた後、民

間人に交易を許すというのが原則であった。しかしこの規定が現実にはほとんど守られていなかったことを、これらの官符は示している。

三　貿易の手続き

さて、唐・新羅商人が来日した時の手続きについて、『新儀式』には次のように記されている。

大唐商客事
太宰府言二上商客着岸之由一、為レ令下検二領貨一并行中和市事上、差二蔵人一人・出納一人一下遣。或不レ遣レ使、付二府官一。或被レ遣二蔵人所雑色等一使等検二領唐物一参上。厥後更遣二出納一人一、令レ弁二賜直一、令二太政官一奏。

この時朝廷から派遣される使者を唐物使と称し、蔵人の職務を説明した『侍中群要』には、

唐物使右弁巳下。近代蔵人巳下所小舎人。御牒・官符。

とみえる。つまりこれらによると、外国の商船来着が太政官に報じられると、蔵人等が唐物使として派遣され、貿易の管理にあたるという原則であったが、時には唐物使を派遣せず、大宰府に委任することもあったというのである。これらはやや時代が下る史料であるが、前掲の天長八年九月七日官符に、「商人が来着したら、船内の貨物はひとつ残らず調べ上げ、〈適用ノ物〉を選び出して進上せよ。それ以外の品物は府官――大宰府の官人

――が管理して交易させよ。ただし価格は適正なものとせよ」と述べているのは、大宰府に委任している例であり、その〈適用ノ物〉とは朝廷が必要とする品物で、あらかじめリストが大宰府に送られていたのであろう。ともあれ〈一色已上〉とあるように、貿易品の検査は詳細を極めたのであろう。また唐物使の早い例としては、来日した唐商陳泰信が円珍にあてた書状に、(8)

孟春猶寒、（中略）今間従二京中一朝使来、収二買唐物一。承二蒙大徳消息一、（中略）幸逢二播州少目春大郎(太)廻次一、奉レ状起居。不宣、

とみえる。ここにみえる「朝使」とはいわゆる唐物使とみてよいであろう。そして「播州少目春太郎」とは、『入唐求法巡礼行記』大中元年（八四七）六月九日の条に、唐の明州を発して日本に帰国したと消息が記されている「春太郎」と同一人物で、貞観三年（八六一）に渤海通事に任命された春日宅成のことである。(9) この時の唐物使の一行の中に宅成が含まれていたことは先ず間違いなく、あるいは通訳として一行に加わっていたのであろうか。

四　新羅商人

それでは、この頃、対日貿易に従事していた商人はどのような人々であったのであろうか。八世紀後半以来の対日貿易が新羅使節を中心に進められていたということから、地理的条件などによって、新羅商人がまず対日貿易に着目し、その活動に刺激を受けて、唐商人が本格的に参加するようになっていったというのが、九世紀にお

ける外国商人の動きとみてよいであろう。(10)

ところで、新羅商人といっても、実際には唐内に拠点を置く、在唐新羅人がその主流を担っていたようである。(11)新羅人は、八世紀後半以来、飢饉などの国内事情から、日本や唐に移住するものが多く、唐へ移住した新羅人は「新羅坊」と呼ばれる居留地を形成した。それは、山東半島の登州、揚子江と洛陽・長安を結ぶ大運河に沿う楚州や泗州といった商業経済の要地にあり、おのずから対外貿易を業とするものが多かったとみられ、八世紀後半以降の対日貿易を担ったのは彼等在唐の新羅人が中心であったと思われる。事実上最後となった承和五年（八三八）入唐の遣唐使は、帰国の時楚州の新羅船九隻を雇い、分乗して帰国したが、この時〈海路ヲ諳ンズル〉新羅人六十余人を雇っている。熟知していたという海路は当然日唐間を結ぶものであろう。彼等が頻繁に日唐間を往来していたことを裏付けている。

さて、九世紀前半に、在唐新羅人の中心的人物として三国間の貿易に活躍したのが、張宝高であった。張宝高は新羅に生まれ、唐の徐州に移住し、軍人として名をあげ、やがて新羅に帰る。そして今日の全羅南道の莞島に軍事拠点（清海鎮）を置いて、新羅人を略奪して唐に奴婢として売りさばいていた海賊を取り締まり、成果をあげて武名を高め、政界にも重要な地位を占めるにいたった。

張宝高の台頭の基盤には、唐・新羅・日本三国間貿易による利益があった。張宝高は、唐との貿易を進める一方では、承和七年（八四〇）には使者を日本に遣わして朝貢を求めた。しかし日本は、〈人臣ニ境外ノ交ナシ〉つまり臣下に外交の権利はないとして要求を認めず、貿易のみ許している。ただし張宝高はこれ以前から日本人と取引を行っていた。承和五年の遣唐使に随行して入唐した留学僧円仁は、出発の時、筑前太守（権守小野末嗣カ）から張宝高宛の書状を託されている。新羅にいる張宝高宛の書状が、入唐する円仁に託されているということは、張宝高の勢力が唐・新羅間に強く及んでいることと共に、すでに日本人の間で有力者として知られていたことを示している。

張宝高は承和八年（八四一）頃新羅王と争って、敗死するが、この時たまたま貿易のため来日していた張宝高の使者の貨物を、前筑前守文室宮田麻呂[12]が差し押さえた。その言い分は、張宝高が在世中、唐物を輸入するための代金として絁を渡した。ところが張宝高が死に、約束した唐物を受け取れる見込みがなくなったので、使者の貨物を差し押さえた、というものである。これについて朝廷は商人の権利を奪う不当な行為と断定し、貨物を使者に戻させている。

このように、張宝高は文室宮田麻呂のような北九州地域の中級官人と結んで、貿易活動を展開していた。そしてその貿易の方法は、単に日本に唐物を運び売却するというだけではなく、あらかじめ資本の投下を受けて、希望する品物を届けるという方法も取られていたのである。そして日本側にもこの頃には、資本を投下して唐物輸入をはかる貿易業者が出現していることは大いに注目されよう。円仁に張宝高宛の書状を託した筑前太守もその一人で、書状の内容も貿易にかかわるものであったに相違ない。

なお、張宝高の死は、『三国史記』等に宝高の女を王妃に迎えるという約束が守られなかったことに怒って反乱を起こし、敗死したと記されているが、宝高死後の新羅人の行動をみると、その死の背後には宝高の独占していた貿易ルートの利権をめぐる新羅朝廷との争いがあったのではないかと推測される。いずれにせよ張宝高は当時対日貿易に中心的役割を果たしていた在唐新羅人の中心人物であったのである。そして日本側の主たる取り引き相手は文室宮田麻呂のような九州地域の官人層であり、官人が私利をはかっていることが知られるが、前掲の天長五年の官符で国司の私貿易活動を厳重に戒めているのは、このようなことが地方官の間では普遍的に行われていたことを示している。

五　唐商人

さて、次に日本貿易に活躍した唐商人について、特に唐国内でどの様な立場にあった者が対日貿易に従事しているかを考えてみたい。ここで重要な史料は、園城寺に所蔵される『唐人送別詩并尺牘』[13]と『高野雑筆集』付収唐人書簡[14]とである。前者は円珍にあてた唐人の書状・詩の原本であり、後者は写本ではあるが、日本僧の要請に応じて承和十四年（八四七）頃に来日した唐僧義空にあてた唐人の書簡が約一七通収められており、その中に唐商人関係の書状が多数含まれている。これらの中、特に後者の史料は、これまでその存在は知られていながら十分活用されていない。そこで、以下にはこれらを使って、対日貿易に従事した唐商人の一面を眺めてみたい。

『高野雑筆集』付収唐人書簡の中で注目されるのは、徐公直と徐公祐兄弟である。徐公祐が貿易のために日唐間を往来し、徐公直はその子の胡婆を在日の義空のもとに留学させている。

まず、徐公直・徐公祐関係の書状の日付及び署名をあげると、次のごとくである。

(1)（年欠）五月二十七日　「婺州衙前散将徐公直」（義空宛）
(2)（年欠）九月十一日　「唐客徐公祐」（義空宛）
(3)大中六年五月二十二日　「蘇州衙前散将徐公直」（義空宛）
(4)（年欠）閏十一月二十四日　「唐客徐公祐」（義空宛）
(5)（年欠）十月十五日　「唐客弟子徐公祐」（義空宛）
(6)（年欠）六月三十日　「俗弟子徐公祐」（義空宛）
(7)（年欠）六月三十日　「叔公祐」（胡婆宛）

(8)（年欠）十月二十一日　「俗弟子徐公祐」（義空宛）

これらのうち、日付の明らかなものは、(3)の大中六年（八五二）の一通のみであるが、(4)は閏十一月を手がかりにすると、大中三年である可能性が高い。いずれにせよ、だいたい大中年間のものとみてよいであろう。そして、詳しい内容を紹介するゆとりはないが、徐公直が日本にきた形跡はなく、(6)に「公祐従二六月五日一発二明州一、至二廿日一到レ此、館中且蒙平善」とあり、(7)にも「吾六月初発二明州一、廿日到二鴻臚館一」とあるように、専ら弟の徐公祐が日唐間を往来しており、兄の書状や贈り物をもたらしている。

ところで、徐公直と徐公祐については、仁寿三年（唐大中七・八五三）に入唐した円珍が唐で大変世話になった人物として、その日記『行歴抄』など円珍関係史料に散見している。(15)

すなわち、入唐した円珍は、長安に向けて上京の途中、蘇州で病気にかかった。その時、徐公直の家に滞在して静養にあたっている。『日本高僧伝要文抄』第一・智証大師伝に、

又云、大中九年二月、転至二蘇洲一、縁レ病寄二宿衙前十将徐公直宅一。直尽レ力看病。直中夜見三金人立二和上枕上一、深異レ之。文。

とあり、『円珍伝』には、

便至二蘇州一、縁レ疾寄二宿衙前同十将徐公直宅一。直尽レ力看病。

と記されている。徐公直が円珍の看病に努めたようすがうかがえる。そしてその献身的な看護に感激した円珍は、徐公直一家の平安を祈る一文をしたためている。[16] やがて病の癒えた円珍は、徐公直の家から、長安にむけて出発した。『行歴抄』に、

　　大中九年四月廿五日、従二蘇州押衙宅一発、入二上都一。

とある。五月、長安に到着し、修業の後、十一月末に長安を発して帰途についた。そして洛陽滞在中には、徐公祐の夢をみている。[17] 夢に見るほど、強い印象をもっていたのであり、よほど親切にされたことに感謝しているのであろうか。この後、蘇州に戻った円珍は、再び徐公直の家に滞在し、五月、同家を出発した。『行歴抄』に、

　　〔大中〕十年五月十七日、従二蘇州徐押衙宅一発。

とある。そして天台山国清寺を訪ね、大中十二年（日本天安二・八五八）六月、台州で唐商人の船に便乗して、無事帰国したのである。

　こうした円珍と徐公直・徐公祐兄弟との親交は、対日貿易を通じて、日本人との交際が深かったことによるものであろう。彼等が入唐日本人を親切に迎えていた様子がうかがえる。徐公直が会昌の廃仏で衰退した唐の仏教界を憂えて、自分の子供を在日の義空のもとに留学させているほど、仏教についての理解者であったことを考慮する必要もあろうが、その交流が単に商取引だけでないことを、これらの史料は物語っている。

　なお、『唐人送別詩并尺牘』に徐公直の書状が収められている。

鳥眼綾両疋　花抜尖疊子貳拾面

右、件物、謹憑㆓附往㆒。竊以、此月十日、得㆑書。十一日、便言㆓告発㆒。忩遽、更不㆑備㆓別物㆒、献㆓上此縑素并疊子㆒、粗充㆓微意㆒、不空。不㆑責㆓軽菓㆒、伏垂㆓特賜㆒容納、恩々幸々。謹状。

徐直　状

年次未詳であるが、あるいは円珍帰国の報に接した徐公直が、急ぎしたためたものであろうか。

六　唐商人の性格

さて、対日貿易に従事する唐商人について、その出身・所属地等については知られる例も少なくないが、唐における地位についてはほとんど分からない。ここでは、徐公直の帯びる官職を手がかりに、この点について考えてみたい。前述のように、徐公直自身が来日し、直接貿易活動を行っている形跡はないが、弟の徐公祐と共同、もしくは資本家として日本貿易に関係していたとみてよい。

徐公直の肩書きについては、⑴蘇州衙前散将、⑵婺州衙前散将、⑶衙前同十将、⑷蘇州押衙、などと伝えられている。

唐の官職制度、特に八世紀後半以降節度使が内地にも置かれ、強大化して藩鎮といわれるようになるにつれ、その組織も複雑になり、多数の文武官職が創置される。その中には職掌のよくわからないものも少なくなく、ここにみえる衙前散将・押衙・十将などもその一つであるが、宮崎市定氏の見解[18]を要約すると、次のごとくなる。

節度使は、治所の州の刺史を兼任し、治所の州には節度使の官衙である使院と刺史としての官衙である州院とが、併置されたが、使院においてもっぱら軍事的な職務を荷なう組織として成立したのが衙前である。衙前は師団司令部のようなもので、その職員である押衙は、副官にあたる。やがて押衙等の衙前職員と部隊長である兵馬使等の軍将との混合が起こり、衙前職員は衙前軍将とも呼ばれるようになった。そして実際に軍隊を指揮しない名目だけの軍将（散将・散員）が、別に押衙を兼ねることなく、衙前に勤務することも行われ、その職務は次第に軍事を離れて、倉庫の監督に当るようになっていった。

衙前職員の地位は、「唐代にあっては幾分名誉ある地位で、地方の富人が節度使に賄を送り、先ず衙職に補せられ、更に節度使から朝廷へ奏請して貰って、朝廷の官位を受けるようなことも行われた」。

そしてこのような組織は、節度使の治州以外の州にも波及し、一般の州の刺史も節度使と同じように、衙前組織をもつようになった。

徐公直の帯びる衙前散将とは、ここに言われているように、実際に軍隊を指揮しない名目だけの軍将という意味に受け取ってよいであろう。なお、『資治通鑑』巻二五〇・咸通元年（八六〇）三月辛亥条の胡注に、「散将者、牙将之散員也」とある。牙は衙に通じる。そしてここで興味深いのは、商人が賄賂を送って衙職に補される例があるという指摘である。

これについては、『資治通鑑』巻二四七・会昌三年（八四三・承和十）四月辛未条に、

従《(劉)》諫権㆓馬牧及商旅㆒、歳入銭五万緡。又売㆓鉄・煮塩㆒、亦数万緡。大商皆仮以㆓牙職㆒、使㆘通㆓好諸道㆒、因為㆗販易㆖。商人倚㆓従諫勢㆒、所㆑至多陵㆓轢将吏㆒。諸道皆悪㆑之。

とみえ、胡三省は牙職に、〈牙職、牙前将校之職〉と注をつけている。つまり、昭義節度使の劉従諫が、種々の方法で収入をあげることを計っていることを述べているなかで、大商人に衙前将校の肩書きを与えて諸道に派遣して、交易を盛んに行わせたというのであり、衙前散将の性格を考える上で注目される。[19]

徐公直の場合も大商人のひとりと思われ、自らは資本家として、弟の公祐を日本に派遣し、貿易を行って利益をあげていたのであろうが、あるいは背後に、蘇州の属する鎮海軍節度使が控えているのかも知れない。いずれにせよ蘇州は、白居易が宝暦元年（八二五）に蘇州刺史に任命されたときの上表文によれば、当時の唐朝政府が国家財政の財源の大半を依存した江南諸州の中でも、特に重視されていたが、それだけ負担が多いため、住民の生活は厳しかったという。しかし、別の作品では、蘇州の人口は、唐後半期にその繁栄ぶりが揚一蜀二と称された揚州よりも多かったと述べている。[20]

徐公直はこのような大都市の蘇州の衙前散将の肩書きを帯びていたのである。その威勢の盛んなことを思わせる。

徐公直はまた婺州衙前散将の肩書きを帯びている。両者を兼任することは考え難いが、あるいは特例であろうか。不審であるが、他に考えるべき資料がないので、この点については後考にまちたい。なお、「十将」については、『資治通鑑』天宝十三載三月丁酉条の胡注に、「十将、亦唐中世以来、軍中将領之職名」とあり、また同書元和十二年正月丁酉条の胡注に、「十将、軍中小校也」とみえる。

ところで、徐公直自身が日本にやってきた形跡はないが、衙前散将の肩書きをもった商人が実際に来日している例がある。すなわち、先に触れた『唐人送別詩并尺牘』に収められた一通に、蔡輔という商人が、この頃、来日商人の安置施設となっていた鴻臚館において円珍にあてた詩があり、その末尾に、「時天安二年十月二十一日大唐客管道衙前散将蔡輔鴻臚館書進献、謹上」と署名している。日付からみて、蔡輔は、円珍が帰国する時に利用した唐商船に同乗して来日した者とみられる。その肩書きの内、管道の意味はよく分からないが、[21] 衙前散将の称号を持つ人物が実際に来日しているのである。蔡輔がどこに所属する人物か不明なのは残念であるが、これは先にみた大商人が節度使の意向を受けて貿易のために来日したものでもあろうか。いずれにせよ、唐国内商業の延長上に日本市場が位置付けられていることを知ることができる。[22]

このように、徐公直等の帯びる「衙前散将」の肩書きは、対日貿易に活躍した商人の性格を考える上で重要な手がかりになるものと思われるが、唐商人の場合も新羅の張宝高・日本の文室宮田麻呂等の例と同じように、官人が深く貿易に関与していることを知ることができよう。[23]

むすび

以上、九世紀に日本・唐・新羅三国間で展開されていた国際貿易について、それぞれの貿易を担っていた人々に焦点をあて、特に商人の性格について述べてみた。この他にもこの時期の貿易に関しては触れなければならないことは多いが、別の機会に譲ることとしたい。

注

(1) 日本と唐・新羅三国間の貿易については多くの研究があるが、基本的なものとして木宮泰彦『日華文化交流史』(冨山房、一九五五年)、森克己『日宋貿易の研究』(新訂版、国書刊行会、一九七五年)及び西村真次『日本古代経済』交換篇第五冊(東京堂、一九三九年)があり、また小野勝年『入唐求法巡礼行記の研究』全四巻(鈴木学術財団、一九六四~六九年)・『入唐求法行歴の研究』上・下(法蔵館、一九八二~八三年)は、直接貿易をテーマにしたものではないが、平安時代の二人の著名な留学僧円仁・円珍の入唐求法の足跡を、日記その他を素材に詳細にたどったもので、貿易を含めたこの時代の対外関係史の基礎的な研究として重要である。以下、これらの研究によるところが大きいが、煩を避けて必ずしも一々注しないことを、お断りしておく。

（2）拙稿「八・九世紀の日羅関係」（『日本前近代の国家と対外関係』吉川弘文館、一九八七年→本書所収）参照。これまでの研究成果を掲示してある。なお、拙稿において、神護景雲二年に左右大臣等に綿各二万屯以下が支給されたことに関連して、綿の量を令制の二斤＝一屯で換算したが、木本秀樹「綿の数量『屯』について」（『続日本紀研究』二〇〇、一九七八年）によると、「正倉院文書」に見えるところでは、一斤＝一屯であるという。それにしても、二万屯の数量が多額のものであることには変わりないであろう。

（3）和田久徳「唐代の南海遣使」（『東洋学報』三三—一、一九五〇年）・「東南アジアにおける華僑社会の成立」（『世界の歴史』一三、新訂版、筑摩書房、一九七九年）、亀井明徳『日本貿易陶磁史の研究』第一部第二章（同朋舎、一九八六年）等参照。

（4）『類聚三代格』巻一八所収。

（5）『安祥寺伽藍縁起資財帳』（『平安遺文』第一巻）。恵雲が大宰府講師等に任命されたのは天長十年のことである（同書）。

（6）『類聚三代格』巻一八所収。

（7）滝川政次郎「衛禁律後半の脱落条文」（『律令格式の研究』角川書店、一九六七年）参照。

（8）園城寺蔵『唐人送別詩并尺牘』所収。年次未詳であるが、円珍帰国後のものである。小野勝年『入唐求法行歴の研究』下巻に釈文と訳文があり、『秘宝　園城寺』（講談社、一九七一年）には、写真版が収められている。

（9）佐伯有清『『入唐求法巡礼行記』所載人名考異』（『古代史論叢』下巻、吉川弘文館、一九七八年）参照。

（10）森克己「日宋貿易における中国商人の性格」（『続日宋貿易の研究』国書刊行会、一九七五年）参照。

（11）在唐新羅人及び張宝高については、小野勝年『入唐求法巡礼行記の研究』（前掲）及び蒲生京子「新羅末期の張保皐の抬頭と反乱」（『朝鮮史研究会論文集』一六、一九七九年）・拙稿「円仁と張宝高」（『人物海の日本史』第一巻、毎日新聞社、一九七九年→本書所収）等、参照。

（12）文室宮田麻呂については、戸田芳実『日本領主制成立史の研究』（岩波書店、一九六七年）一三三頁以下、参照。

（13）　前注8参照。

（14）　高木訷元『弘法大師の書簡』（法蔵館、一九八一年）三六・三七頁に一覧表があり、概要及び史料的価値の高いことについては「あとがき」で述べられている。なお、彰考館編『古簡雑纂』にも収められている（元禄五年に佐々宗淳が高山寺本を写す。ちなみに高山寺本『高野雑筆集』は大谷大学に現蔵されている）。高木氏が指摘されているように、これらの書状は『本朝高僧伝』等にすでに一部ではあるが引用されているにもかかわらず、ほとんど利用されていない。筆者もかねて日唐関係史料として重要な意味をもつことを確認し、口頭発表を行っており、最近では、本年（一九八八）三月五日に福岡市で行われた「九州文化シンポジウムいま、鴻臚館がよみがえる」において若干述べた。ここでは、内閣文庫本『高野雑筆集』及び『古簡雑纂』等による。

（15）　以下、円珍関係史料については、小野勝年『入唐求法行歴の研究』（前掲）参照。

（16）　小野勝年『入唐求法行歴の研究』上巻一九〇〜一九一頁。なお、文中に「三郎押衙・舎弟五郎」とあるのは、それぞれ徐公直・徐公祐とみてよい。

（17）　小野勝年『入唐求法行歴の研究』下巻三一〇〜三一一頁。

（18）　宮崎市定「宋代州県制度の由来とその特色」（『アジア史研究』第四、東洋史研究会、一九六四年）五四〜五八頁。この他、浜口重国「宋代衙前の起源について」（『秦漢隋唐史の研究』下、東京大学出版会、一九六六年）参照。なお、節度使及び藩鎮の機構については、日野開三郎『東洋史学論集』第一巻・唐代藩鎮の支配体制（三一書房、一九八〇年）及び周藤吉之「五代節度使の支配体制」（『宋代経済史研究』東京大学出版会、一九六二年）等参照。

（19）　日野開三郎『唐代邸店の研究』（一九六八年）九二頁及び『続唐代邸店の研究』（一九七〇年）五九八頁。同書続編九—Ⅲ藩鎮の邸店経営では、節度使等の藩帥が、「領内の富商巨賈に軍将（将校）の号を与え、実際は軍務に就くことなく、藩の企業経営その他の財用に関する仕事に当らしめていた」（六一〇頁）こと等について、詳しく論じられている。

（20）　礪波護「唐宋時代における蘇州」（『中国近世の都市と文化』同朋舎、一九八四年）二九二頁以下及び日野『唐代邸店の研究』（前掲）三一五頁以下、参照。

（21）　小野氏は、「管道は道路管理、衙前散将は衙門の無任所将校の義である。唐の官制に見当らない職名で、国際貿易を行うにあたって、渉外あるいは監視などの係りとして乗組んだところから、かかる肩書を用いたものと思われる」（『入唐求法行歴の研究』下巻三八七頁）と注されている。あるいは節度使の管轄区域を道と称することと関係があろうか。

（22）日野開三郎『続唐代邸店の研究』（前掲）八—II国内遠隔地間商品流通の発展と道店に、嶺南地方との交易についての考察がある。

（23）唐代の官僚が様々な機会を利用して蓄財を行っていた様子については、鈴木俊「唐代官僚の蓄積に就いての一考察」（『東亜』昭和十年八月）参照。

附記　本稿の要旨は、本年（一九八八）五月二十六日の中央大学人文科学研究所公開研究会において、口頭で発表した。

Ⅲ　内憂と外患

――貞観期の災害・海賊――

6 円仁と張宝高
——入唐日本人と新羅人——

一 一通の手紙——円仁と張宝高へ——

承和五年（八三八）六月、遣唐使に従って入唐した天台請益《しょうやく》僧円仁は、唐国内巡礼を許されないまま帰国することになったが、求法の意志は固く、翌年六月、登州文登県赤山浦《せきさんほ》で遣唐使一行とわかれて上陸し、新羅寺院である赤山法花院に滞在して、新羅人の尽力によって唐国内巡礼に希望を見いだすことができた。

こうして赤山法花院で巡礼の許可を待ちつづけた一日、円仁は二通の書状をしたためた。いま、これが米国人ライシャワー氏（もと駐日大使）によって英訳され、世界的に著名となった彼の日記『入唐求法巡礼行記』(2)に移録されている。そのうちの一通はつぎのようなものである。

「未だ親しくお目にかかったことはございませんが、以前より御高名を承っており、伏して敬慕の念を強くいたしております。時節は仲春に属してすでに暖かくなり、大使におかれましてもお変わりなくお過ごしのことと存じます。円仁は遙《はる》かに大使の仁徳を蒙《こうむ》っており、感謝にたえません。

私円仁はかねてよりの志を果たすため久しく唐国に滞在しておりますが、幸にも現在、大使が建立された赤山法花院に遊住させていただいております。その感謝の気持は到底筆舌に尽すことはできません。

さて、私が日本を離れます時、筑前の太守より一通の書状を託され、大使に献上して頂きたいとのことでございました。しかし不幸にも渡海の途中難船して貨物を失った時、書状も波のまにまに沈み落ちていってしまいました。悔恨の情は日に日に増しております。伏して願わくは叱責されることなからんことを。

何時、親しくお目にかかることができるかわかりません。ただ敬慕の念を増すのみでございます。失礼ながら書面を以て御機嫌をおうかがいする次第です。不宣。謹んで状す。

開成五年二月十七日　　日本国求法僧　伝燈法師位円仁(3)

状上

清海鎮張大使麾下　謹空」

このあて先の「清海鎮張大使」というのが新羅人の張宝高《ちょうほうこう》のことである。円仁は張宝高の部下で唐にやって来た崔暈《さいうん》に、求法を終えて明年の秋ごろには新羅を経由して帰国したいのでその手配を張宝高に依頼するむねの書を寄せ、別に張宝高にあてて転送を依頼したのが、すなわちこれである。このなかで注意される点はいくつかあるが、とくに円仁の入唐に際して筑前太守（円仁入唐の承和五年当時、筑前権守であった小野末嗣であろう）から新羅人張宝高あての書状を託されていることである。これは一見不可解に思われよう。というのは、円仁は遣唐使の一員として入唐し、唐国内巡礼を目的としたからである。しかし、じつは不可解なことでもなんでもなく、張宝高は新羅のみならず、唐・日本の三国を股にかけて活躍していた当時の著名な国際人の一人であったのであり、在唐新羅人の間に大きな影響力をもっていたのである。この円仁の書状は右の状況を裏書きしているのである。

事実、円仁の唐国内求法の旅において、これを支えてくれたのは、唐にあっては同じく異国人である在唐新羅人であったのであり、彼らの援助なくしては円仁の求法の旅は実現をみなかったといっても過言ではない。平安仏教、なかでも天台宗が円仁の入唐求法によっていっそうの発展を遂げたことを考えるとき、こうした円仁の唐国内巡礼を支えた人びとについて認識しておくことも重要なことであろう。

円仁略年譜

年号	西暦	年齢	事項
延暦一三	七九四	一	この年　下野国都賀郡に生まれる。
大同　三	八〇八	一五	この年　比叡山に登る。
弘仁　四	八一三	二〇	この年　年分度者にえらばれて得度。
弘仁　七	八一六	二三	この年　東大寺において受戒。
弘仁一四	八二三	三〇	四月　比叡山においてはじめて大乗戒授戒が行われるにあたり、教授師となる。
天長　五	八二八	三五	このころから　畿内地方を巡化し、さらに北方におもむく。
承和　五	八三八	四五	六月　遣唐使に従って入唐。七月　揚州に至る。大使ら京に向かう。揚州にとどまり唐内巡礼を希望するが許されず。
承和　六	八三九	四六	三月　遣唐大使とともに帰途につくが、途中海州において一行とわかれ、唐にとどまる。のち登州におもむく。
承和　七	八四〇	四七	三月　登州を発ち、五台山などを巡歴しながら、八月　長安に至る。
承和　九	八四二	四九	このころ　唐武宗の仏教弾圧がはじまる。
承和一二	八四五	五二	五月　還俗させられ、帰国を命ぜられる。ついで長安を出発。
承和一四	八四七	五四	九月　楚州を発ち、博多に帰着。
嘉祥　一	八四八	五五	六月　伝燈大法師位となる。七月　内供奉十禅師となる。
嘉祥　二	八四九	五六	五月　延暦寺において灌頂を修す。
嘉祥　三	八五〇	五七	この年　総持院を建立。
仁寿　一	八五一	五八	この年　はじめて念仏三昧を修す。
斉衡　一	八五四	六一	四月　天台座主となる。
貞観　一	八五九	六六	この年　天皇に菩薩戒を授ける。
貞観　二	八六〇	六七	五月　仏舎利会を修す。淳和皇太后に菩薩戒を授け、尼戒壇の建立を企てる。
貞観　三	八六一	六八	六月　太皇太后藤原順子に菩薩戒を授ける。この年文殊楼の造営に着手。
貞観　六	八六四	七一	一月　入寂。
貞観　八	八六六		七月　慈覚大師の諡号を賜わる。

張宝高略年譜

年号（新羅／日本）	西暦	事項
興徳王 三 天長 五	八二八	これより先、唐の徐州に入り軍中小将となる（一説、武寧軍小将）。四月　唐から帰国して王に会い、中国人が新羅人を虜掠して奴婢とするのを防止するため、清海に鎮することを求める。王これを許し、清海鎮大使に任ずる。
興徳王 一一 僖康王 一 承和 三	八三六	十二月　新羅興徳王没す。王族の金均貞と金悌隆、王位を争う。均貞殺され、悌隆即位する（僖康王）。
僖康王 二 承和 四	八三七	五月　均貞の子祐徴、禍の及ぶことを恐れ、妻子らを率いて清海鎮大使張宝高のもとに逃れる。
閔哀王 一 承和 五	八三八	正月　上大等金明、王を自殺させ、みずから王位につく（閔哀王）。二月　祐徴、金明の王位簒奪を聞き、宝高の援助を得て金明を討伐することを請う。宝高これを承諾する。
神武王 一 文聖王 一 承和 六	八三九	閏正月　祐徴の軍、閔哀王の軍を破り、王を殺害する。二月　祐徴、即位（神武王）。宝高、感義軍使に封ぜられる。六月　このころ宝高の交易船、唐の赤山浦に至る。七月　神武王没し、太子慶膺即位（文聖王）。八月　宝高、神武王推戴の功により、鎮海将軍に任ぜられる。
文聖王 二 承和 七	八四〇	十二月　宝高の使者李忠ら日本に至るが、私使であることにより大宰府から追却される。
文聖王 三 承和 八	八四一	二月　日本の太政官、宝高の使者の随身物を民間で売買することを許すむね、大宰府に報ず。十一月　宝高死す。
文聖王 四 承和 九	八四二	正月　新羅人李少貞ら大宰府に至り、宝高の死を報ず。また新羅人於呂系ら至り、宝高が去年十一月中に死去したことを伝える。

二　入唐――五台山を経て長安へ――

円仁は俗姓を壬生《みぶ》氏といい、延暦十三年（七九四）、下野国（栃木県）都賀《つが》郡に生まれ、貞観六年（八六四）に示寂した天台宗の高僧で、諡号の慈覚大師の名で親しまれている。

大同三年（八〇八）、十五歳のとき比叡山にのぼって最澄に師事し、弘仁四年（八一三）得度し、同七年、東大寺において戒をうけた。同十四年（八二三）、最澄寂後、比叡山ではじめて大乗戒受戒が行われたときには教授師に任ぜられ、早くも頭角を現わしている。以後、山内で修行に努めたが、衆僧のすすめによって畿内の布教をはじめ、さらに足跡を東北地方にまで伸ばした。

承和元年（八三四）、朝廷では約三十年ぶりの遣唐使派遣を決め、大使藤原常嗣[4]、副使小野篁、以下判官・録事などを任命した。事実上、最後となった遣唐使である。そして、布教活動を終えて比叡山にもどっていた円仁は遣唐請益僧に選任され、入唐することとなった。円仁はこのころすでに四十歳をこえ、山内の重鎮となっていたので、天台宗義上のいくつかの疑問を明らかにするための請益僧とされたのである。なおこのとき、比叡山からは円載(5)が留学僧にえらばれている。

さて、承和三年五月、遣唐使一行は四船に分乗して難波（大阪）を出発し、ついで博多から渡海ということになったが、なかなか順風を得ず、二度渡航に失敗し、あげくの果て難破で痛んだ乗船の交替をめぐって大使と副使とが争い、大使の行為を怒った副使の小野篁が病気と称して乗船を拒否するなどのことが相次いで渡航はおくれ、ようやく承和五年（八三八）六月に出帆した。途中、難破寸前という状況に見舞われたが、とにかく七月には揚州都督府(6)に到達することができた。

十月、大使ら三十五名が長安へ向かい、他の遣唐使とともに揚州にとどまった円仁は、念願の天台山巡礼の勅許を待った。この間、揚州で新年（八三九）を迎えた円仁は、かつて日本に漂着したことがあるという新羅人王請の来訪をうけている。円仁の日記に登場する最初の在唐新羅人である。

大使らは長安での使命を果たして二月に帰国予定地の楚州に帰着した。円仁らも楚州に向かい、大使と再会した円仁は、天台山行きが唐朝から許されなかったむねを聞いた。天台山までの道のりは遠く、短期留学の請益僧である円仁には、往復に時間がかかって遣唐使の帰国に間に合わないからというのが、不許可の理由であった。同じく天台山行きを出願していた円載は留学僧であったので許され、さっそく旅立ちの準備をはじめている。いっぽうの円仁はむなしく帰国を余儀なくされたのである。

さて、遣唐使一行は入唐時の船舶の脆弱であったことに不安をいだき、帰国にあたっては九隻の新羅船を雇い、さらに海路を熟知している新羅人六十人を雇って各船に分乗させ、万全を期した。

こうして帰国の準備が着々とすすめられていくなかで、ひとり円仁のみは苦悩を増すばかりであった。ついに三月五日、大使藤原常嗣に「このまま帰国することはできない、求法のため唐にとどまりたい」とうちあけた。大使は「もしとどまりたいのならば、それは仏道のためだからあえて反対はしない。とどまりたければとどまりなさい」と答え、円仁を励ました。そこで円仁は日本を発つときからいっしょであった通訳の新羅人金正南に留住の方法を相談し、船が密州に着いたら下船して民家にとどまり、そのまま遣唐船の出帆をやり過ごしてしまうという計画をたてた。

九隻の船は楚州を発ち、淮河《わいが》を東航して海州に至り、さらに密州に向かおうとしたが、「密州は新羅の真西にあたる。いま新羅では張宝高が戦争中である。もし『賊地』(新羅)に漂着したならば危険である」という意見が出て、けっきょく海州からただちに渡海する船と密州へ向かうものとにわかれた。円仁の乗っていた第二船は前者であったので、密州へ向かう第八船に乗り移った。ところが風向きがいっこうに変わらないため、密州へ向かおうとした船も海州からただちに渡海することに変更されてしまった。そこで円仁はいそいで惟正《ゆいしょう》・惟暁《ゆいぎょう》・丁雄満の三人を伴って下船した。大使から金二十両を贈られ、諸人とわかれを惜しんだ。辰時(午前八時)ごろ九隻の船は帆をあげて出発し、風に任せて東北方をさして進んでいった。岸にのぼってはるかに海上をのぞむ円仁師弟の目に、白帆が連綿として海上に浮かんでいる光景が映った。時に唐の開成四年(承和六、八三九)四月五日であった。

円仁一行は上陸後、新羅僧と名のったが、たどり着いた新羅人居住区の村長に簡単に日本人であることを見破られてしまい、聞きつけた唐の役人によって、たまたまこの近くに碇泊していた、入唐のときから離ればなれになっていた遣唐第二船に引き渡されてしまった。翌日、さっそく本国に向けて出帆したが、暴風・豪雨が連日つづき、難航をきわめた。この間、円仁はあくまで唐国留住の意思を変えず、その機会を待ちつづけ、五月十六日には唐国留住の決意を述べた書状を、寄航予定地の赤山浦にある新羅寺院の赤山法花院の責任者に送っている。円仁は新羅人に頼って唐にとどまることを決意したことが知られる。船はようやく六月五日に山東半島東端の登州文登県青寧郷赤山浦に到着した。

さて、赤山にある赤山法花院は張宝高によって建立された寺院で、多数の新羅僧が居住し、年収五〇〇石の荘田が付属していた。法花院を中心とする赤山村は新羅人の居住区となっており、新羅人によって自治・運営されていた。

円仁はさっそく上陸して法花院に投宿した。滞在後まもなく張宝高が派遣した貿易船二艘が赤山浦に至り、翌日その責任者崔暈《さいうん》が法花院に円仁らを訪ね慰問している。

こうして円仁が法花院に滞在している間に、七月十六日に遣唐第二船は進発してしまった。またこの二十一日には先日わかれた大使らの乗る新羅船九艘が赤山浦に入港したが、これもまもなく進発してしまい、円仁らはまったくとり残されたかたちになったのである。

赤山法花院にとどまった円仁は、新羅僧の強いすすめによって天台山巡礼を断念して五台山(7)へ向かうことに変更し、その旅行許可を県に求めた。県との折衝についてはおおいに新羅人が奔走してくれた。許可を待つ間円仁は、あるいは法花院の法会に参加して新羅ふうの法会を体験し、あるいは新羅人の家に招かれて食事にあずかるなど、新羅人との親交を深めている。

こうして赤山に滞在しながら新羅人の温かい援助をうけて新年（開成五、承和七、八四〇）を迎えた円仁は、あらためて地方官に五台山巡礼を申請した。いっぽう、二月十七日に崔暈がふたたび貿易のため近くまで来ていることを聞き、求法を終えてからの帰国の便宜をはかってくれるよう張宝高へのとりなしを依頼する書状を送り、あわせて張宝高への書状をしたためてこれに託した。これが冒頭に掲げた書状である。これまでなん度か出願しながら許されなかった唐国内巡礼が、赤山の新羅人の尽力によって希望が出てきたのであって、これを喜び感謝するため筆をとったものであろう。

二月十九日、先をいそぐ円仁らは、直接官庁におもむいて旅行許可証の交付を求めることとし、赤山院を辞した。まず文登県に入り、勾当《こうとう》新羅使張詠の世話をうけて県牒を交付され、さらに上級官庁の登州都督府を経て、青州におもむき、四月一日に待望の公験《くげん》（旅行許可証）をようやく手にすることができた。ここに円仁らの正式な内地巡礼の第一歩がはじまるのであり、入唐してからすでに約二年を経過していた。

許可証を得たのちの円仁らの足跡は五台山に向かって順調に運び、この間も新羅人の関係を頼ってすすんだらしく、なん箇所かの寺院では新羅院に投宿している。こうして四月二十八日、五台山に到着した。円仁は文殊菩薩(8)の境地をのぞみながら、おぼえず落涙している。一行はさらにすすんで五台山中の天台宗総本山である花厳《けごん》寺に至り、おりから天台山から五台山へ来て講義を行っていた志遠《しおん》ら天台の高僧と会見することができた。

ここに入唐以来多年の宿願を果たすことができた円仁は、その感懐を「大聖の境地に到ると極賤の人をみても敢えて軽蔑の心をおこさない。聖霊の地というものは、自然に人に崇高な心をおこさせるものである」と日記に書きとめた。

さて、七月一日五台山を辞した円仁は八月中葉に長安に到着した。長安では、元政・義真らをはじめとする高僧に師事し、受法に努めた。

三　仏教弾圧に遭い帰途につく

ところが、この長安滞留中、有名な武宗の仏教弾圧がはじまったのである。武宗は道教を尊崇し(9)、道士の調合した不老長生の薬を服用して死期を早めたといわれているほどである。この「会昌《かいしょう》の廃仏」といわれる仏教の大弾圧は、会昌二年（八四二）十月の勅によってはじまった。長安・洛陽におのおの四か寺、僧侶三十人、各州には一か寺、僧侶五〜二十人のみを残し、他はいっさい破却し、僧尼はことごとく還俗させるという峻厳をきわめたものであった。弾圧は日ましに強化され、ついに会昌五年五月には外国僧でも祠部《しぶ》の牒[10]のないものは還俗させて本国へ帰すという勅命がくだった。五月十五日、円仁は俗人の姿となって、長安滞在中に何かとめんどうをみてくれた新羅出身の役人李元佐らに見送られて長安を出発し、揚州・楚州・泗州を経て、八月二十七日に唐国内巡礼の出発点となった赤山法花院のある登州文登県青寧郷の勾当新羅所に到着した。この間各地の新羅人の援助をうけ、ことに楚州の新羅坊にいた通訳の劉慎言は登州に至るまでの路次の新羅人にあてた紹介状を書いてくれた。これによって一行は多大な便宜を得た。また泗州では張宝高の死によって当地に亡命してきていた旧知の崔暈に再会している。

　さて、勾当新羅所には五年まえ五台山巡礼の許可を得るために尽力してくれた張詠が健在で、再会を歓喜し、あつくもてなしてくれた。円仁は思い出の許可証を示していままでのでき事を語った。これに対して張詠は[11]「あなたがここを発ってからいままで消息を聞かなかった。おそらくは本国へ帰られたのであろうと思っていました。ここでふたたびお会いできるとは夢にも思っておりませんでした。弟子（張詠）と和尚とははなはだ奇しき因縁でむすばれているのでしょう。ゆっくり休養されてください。帰国までの食事などのお世話は私がさせていただきます。安心して心ゆくまで食事し、そしてゆっくりと睡眠をとってください」と答えた。ここに「異国にあって活動する新羅人の堂々たる姿と他国人の苦労に対する心からの思いやり」（藤間生大氏）を読みとることができるであろう。なお張詠はかつて天長元年（八二四）、日本に渡航した経験があり、これも円仁に親しみを感ずる要素となっていたことであろう。いずれにせよ、張詠は円仁にとって忘れることのできない新羅人の一人であった。

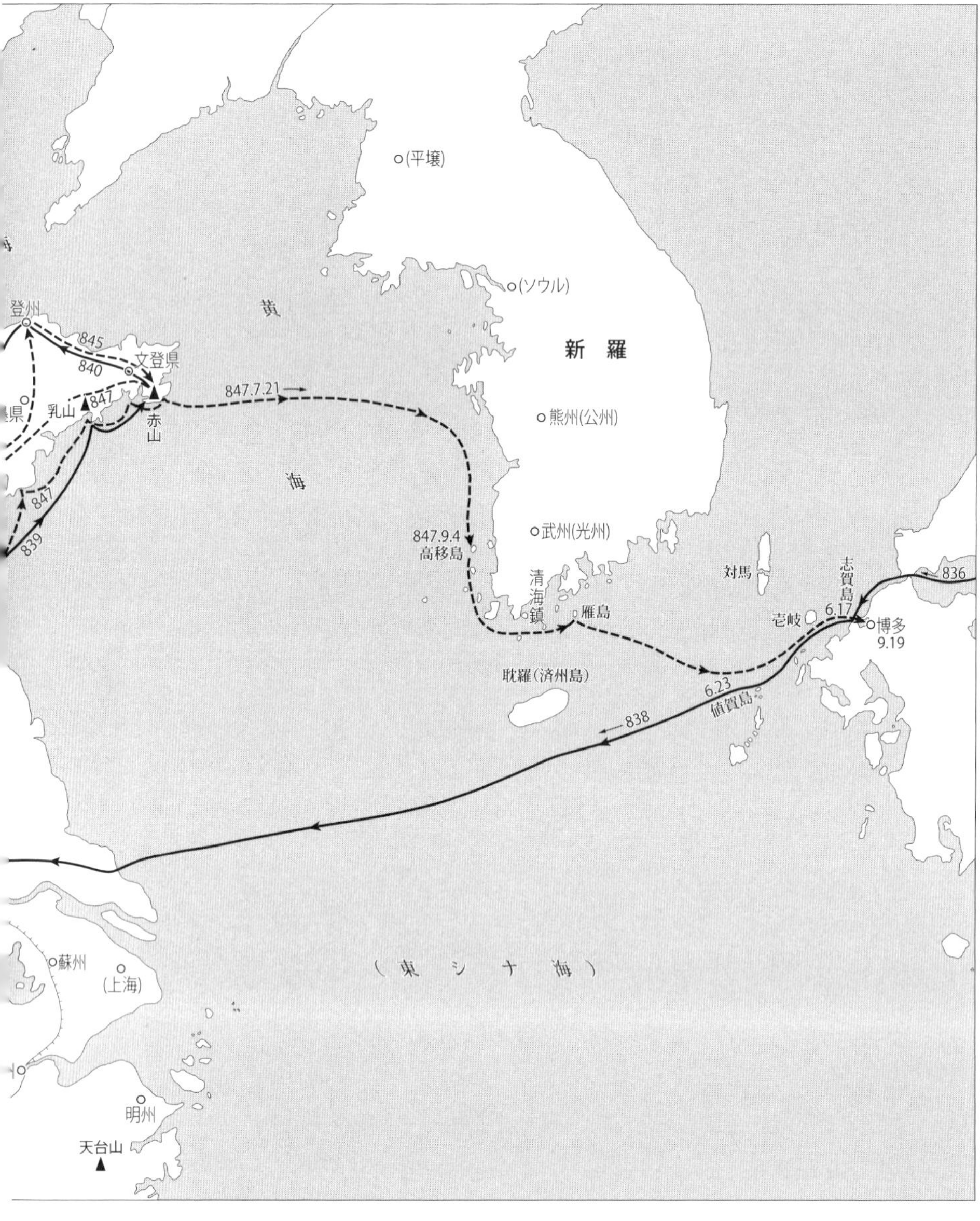
(平壌)
(ソウル)
新　羅
熊州(公州)
武州(光州)
黄
海
登州
845
840
文登県
847.7.21
乳山
847
赤山
847
839
847.9.4
高移島
清海鎮
雁島
対馬
壱岐
志賀島
6.17
博多
9.19
836
耽羅(済州島)
6.23
値賀島
838
蘇州
(上海)
明州
天台山
(東シナ海)

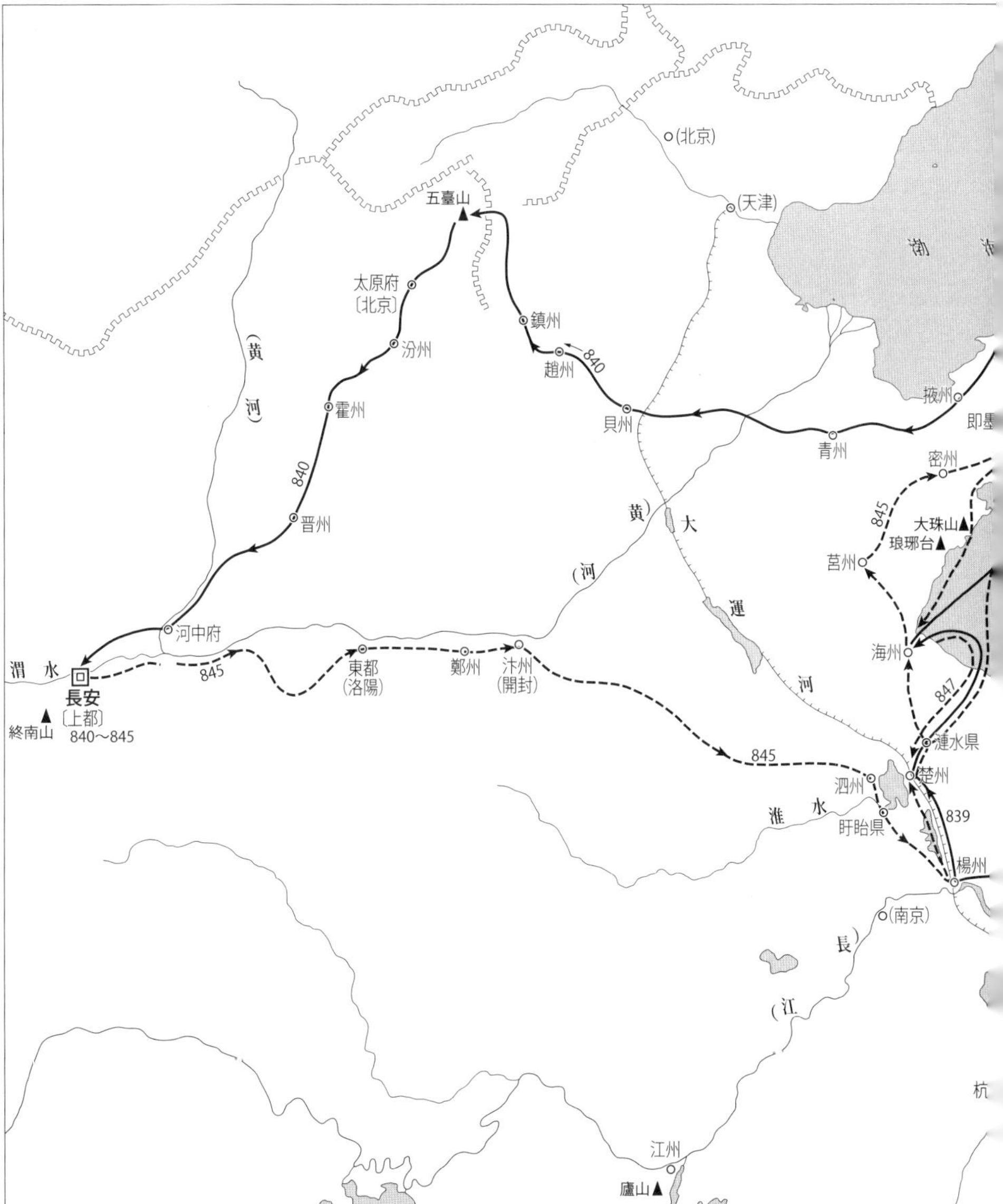
(北京)
(天津)
五臺山
太原府
〔北京〕
汾州
鎮州
趙州
840
霍州
貝州
青州
掖州
即墨
840
晋州
密州
845
大珠山
琅琊台
莒州
(黄
河)
黄)
(河
大
運
河
河中府
海州
渭　水
長安
〔上都〕
840～845
終南山
845
東都
(洛陽)
鄭州
汴州
(開封)
847
漣水県
845
楚州
泗州
淮　水
盱眙県
839
揚州
(南京)
長)
(江
杭
江州
廬山

図1　円仁の足跡

さて、張詠は円仁らを仏教弾圧で荒廃した赤山法花院のなかの一房に住まわせ、円仁の帰国を準備した。のち一年余を経た、会昌六年（八四六）の冬に張詠は、円仁らを送るための船舶をつくりはじめ、翌年二月に竣功した。ところが、たまたま近くに来ていた唐朝の遣新羅使に「張詠がかってに国章（公印）を用いて日本人を送る船をつくり、遣新羅使をもてなそうとしない」と讒言するものがあり、これを真にうけた遣新羅使に渡航を禁じられてしまった。

そこでこんどは、日本人の大神御井《おおみわのみい》らが(12)明州から帰国しようとしていることを聞き、明州へ向かったが、六月五日に着いたときはすでに御井らは出発したあとであった。落胆していた円仁のもとに新羅人金珍らから山東の莱州にあって円仁らを待っているとの知らせがとどいた。さっそく円仁らは楚州新羅坊の王可昌の船に乗って七月九日に金珍らの船に追いついて乗り移り、二十一日に赤山浦に着いた。ここで張詠に三たび会って餞別をうけ、俗衣を捨て、剃髪して僧衣をまとい、九月二日、数々の思い出を残して赤山浦を出帆した。十七日に博多湾口に至り、さらにすすんで鴻臚館(13)に入った。ここに波瀾に富んだ入唐求法の旅を終え、数多くの成果をたずさえて十年ぶりに故国の土を踏んだのである。

帰国後、貞観六年（八六四）に示寂するまでの彼の輝かしい経歴については、紙幅のつごうにより「略年譜」にゆずるが、彼が唐からもたらした成果によって、天台宗がいっそうの発展を遂げたことは周知のとおりである。

四　在唐新羅人の活躍

以上、円仁の入唐求法の経過をとくに新羅人との関連を中心に概観してきた。苦難の連続の求法の旅を支えた根底に彼の不屈の精神があることはもちろんであるが、これまでの記述によってもうかがえるように、新羅人の多大な援助があったことを忘れてはならない。新羅人の援助なくして彼の求法はおぼつかなかったといっても過言ではないであろう。巡礼を許されず帰国せざるをえなかった円仁にとって、何よりも赤山法花院に至ったことが一大転機となったのである。これは円仁の死後その遺言によって、京都の岩倉に赤山明神が建立されたことによってもうかがえる。そしてこうした事情は、また唐内各地で新羅人が活躍していたことを示しており、まことに『入唐求法巡礼行記』は在唐新羅人の活躍が活写されている当代一流の史料なのである。[14]

いったい、新羅では八世紀末から王位継承をめぐる争いを中心に貴族間の権力闘争が相次ぎ、地方へも波及して地方政治の紊乱《びんらん》、農村の荒廃などを招き、流民が増大した。なかでも沿海の各県では、あるいはみずから武装して海賊となり、あるいは唐・日本などと私貿易をいとなむものが現われ、根拠地を唐に求めるものも多かった。彼らは集団で唐内各地に居住し、新羅坊とよばれる居民区を形成していた。その著名なものが、赤山や楚州・泗州のそれであった。このほか、唐に渡って軍人となり立身出世しようとするものもあった。円仁を援助した在唐新羅人に大きな影響力をもっていた張宝高もこうした新羅人の一人で、はじめ唐の軍隊に入り、のち新羅国内のみならず唐・新羅・日本の三国にわたって活躍した立志伝中の人物であった。彼らは貿易のため当然日本へも来航した経験をもつものも多かったはずで、張宝高を筆頭に親日的雰囲気が強かったことと推測され、この点も円仁の入唐求法を成功させた一つの背景と見なすことができよう。

五　張宝高の生涯

張宝高は、『三国史記』[15]に「出身地も父祖もわからない」と伝えられているように、一介の庶民から立身出世した人物で、その名まえも弓福・弓巴（朝鮮）・張保皐（中国）・張宝高（日本）などと伝えられて一定していない。

これは元来、弓福という名まえであったのを、弓福の弓を偏として張という姓とし、福の字を音の近い保皐あるいは宝高の二字にわけて名としたものと推測されている。ここでは『入唐求法巡礼行記』『続日本後紀』などによって、張宝高と記すこととする。

さて、宝高は鄭年《ていねん》というものと唐に渡って徐州の武寧《ぶねい》軍小将となった。二人はともに武芸に長じており、馬にまたがって槍をふるえば新羅および徐州にあってその相手となるものはなかったという。

のち新羅に帰った宝高は興徳王三年（八二八）四月、王に謁見して「ひろく唐では新羅人を奴婢として使っている。願わくは清海に鎮して海賊が新羅人を掠取していくのを取り締まりたい」と申し出た。

宝高のいうように、このころ唐では本国から連れてこられた多くの新羅人が奴隷として使役されていた。唐ではしばしばこれを禁止しているが徹底せず、なん度も禁令が出されているところをみると、かえって新羅からの奴隷輸入がさかんに行われていることを示している。

また清海は現在の莞島《かんとう》（全羅南道）である。つまり宝高は海上交通上の要衝であった清海に拠点をかまえて新羅海賊の奴隷略奪行為を禁圧したいと申し出たわけである。

宝高の申し出をうけた興徳王は、清海鎮大使に任じ、一万人の兵をこれにあたえた。彼の取り締まりは効を奏したらしく、「大和年間（八二七～八三六）以後、海上で新羅人を売買するものがなくなった」と伝えられている。

こうして海賊取り締まりで一躍武名をあげた宝高は、こんどは中央政界の権力争いにまき込まれることになる。八三六年、興徳王が没すると、王位をめぐって興徳王の従兄弟にあたる均貞とその甥悌隆が争い、両派の武力闘争のすえ、均貞を殺して悌隆が王位についた。これが僖康《きこう》王である。翌年五月、均貞の子の祐徴は禍難の及ぶのを恐れ、妻子を伴って王都慶州を脱出し、海路、清海鎮の張宝高に身を寄せた。以後、祐徴の血縁のものなど、かつての均貞派の高官・諸将が相次いで清海鎮へあつまった。

このようななかで都ではふたたび王位をめぐって争乱が起こり、八三八年正月、僖康王擁立に功のあった上大等の金明が、王を自殺に追い込み、みずから王位についた。閔哀王《びんあい》である。この政変を清海鎮で伝え聞いた祐徴は宝高に、金明を討ちたいので援助してほしいと頼んだ。宝高は「古人の言に『義を見て為《せ》ざるは勇なきなり』(『論語』為政篇)というものがある」といってこれに応じた。宝高の援軍を得た祐徴の軍は翌年閏正月、達伐《たつばつ》(現在の慶尚北道)で国王軍に壊滅的な打撃をあたえ、国王は兵士に殺害された。ここに祐徴は王位につき(神武王)、宝高は功績によって感義軍使に任ぜられ、食実封二〇〇〇戸を給された。いよいよ張宝高は国王擁立という大事業をなし遂げた人物として中央政界に重要な人物となったのである。

ところが神武王はわずか数か月の治政で、この年(八三九年)七月に没し、その子があとを継いだ。文聖王である。即位直後、文聖王は、父を助けて王位につけた功により宝高を鎮海将軍に任じた。そして宝高の娘を王妃に迎えようとした。というのは神武王と宝高との間に、敵対者を除き王位につくことができれば、宝高の娘を妃に迎えようという約束があったからである。ところが貴族たちは「宝高は海島に住む、身分の卑しいものである。どうしてその娘を王妃などに迎えることができようか」と反対し、王に断念させた。国王擁立に最大の功績があったものですら、当時の新羅の骨品制《こっぴん》(17)という強固な身分制度のもとでは、卑賤の身、成りあがり者と見なされ、にべもなく一蹴されているのである。

宝高はこの違約を恨み、翌年、清海鎮で反乱を起こした。朝廷はこれを討つべきかどうか、はかりかねていたが、武州の人閻長《えんちょう》が、一兵も用いずに宝高を斬ってみせましょうと名のり出てきたので王はこれを認めた。閻長は国に叛したと偽って清海の宝高のもとに身を投じた。元来、宝高は壮士を愛する性格であったので、毫も疑うことなく閻長を上客としてもてなし、酒宴をひらいた。宴たけなわとなり、宝高に酔いのまわってきたのを見はからった閻長は、宝高の剣を奪いこれを斬ってしまった。さしもの武芸に長じた宝高も、だまし討ちにあってはいかんともしがたく、あっけない最期を遂げたのである。なお、彼の死はたんに納妃問題をめぐっておこったのではなく、当時の新羅における奴隷貿易再開をのぞむ勢力との確執が背後にあったことが指摘されている。

さて、一代で巨富を築き政界の重鎮となった張宝高の基盤は、対唐・日本貿易にあった。そして何よりも清海に拠点をおくことを認められたのが発展の大きな理由となっている。清海鎮の置かれた莞島は、地図に明らかなように、南シナはもちろん、沿岸を北航して山東に到達することも容易であり、また日本への交通にも至便の地であったのである。ただし、彼が勢力を得たのはけっして清海鎮大使に任ぜられてからのこととは考えられない。たとえば唐の登州に赤山法花院を建立し、新羅人に相当の影響力をもっているとみられることを考慮すると、新羅に帰った時期は明らかでないが、国王に会って清海に鎮することを要請したときは、すでに相当の勢力を築きあげていたものと考えなければならない。そして海賊を取り締まると豪語している背景にはそれなりの成算があったはずで、彼自身、おそらくすでに莞島付近に拠点をかまえていたのではないかと推測されるのである。なお、張宝高の出身地を莞島とする意見も出されている。

六　晩唐の詩人杜牧の張宝高伝

さて、張宝高が唐との貿易に活躍していたこと、その唐における拠点の一つが赤山法花院であったこと、在唐新羅人の間に大きな影響力を有していたことなどについてはすでにふれたが、彼が唐でも名の通った国際人であったことを何よりも如実に示す史料として、晩唐の詩人として名高い杜牧《とぼく》(18)が彼の伝記をつくっていることを紹介しておきたい。そしてこの伝は宝高の人となりを知るうえでも興味ぶかいものがある。すなわち「張保皐・鄭年伝」と題されたもので、既述したことと重複する点があるが、つぎのようなものである。

「新羅人の張宝高と鄭年というものは、新羅より唐の徐州に来て軍中小将となった。宝高は三十歳で鄭年はそれより十歳年少であった。二人は戦闘の術に長じていて、馬に乗って槍を揮《ふる》えば、新羅国内および徐州においで敵うものはいなかった。鄭年にはまた水中に潜る特技があった。二人は勇健を競ったが、宝高はやや鄭年に及ばなかった。そして宝高は年長であることを理由に、鄭年は武芸に長じていることから、たがいに相手の下風に立つことをきらった。

のち宝高は新羅に帰り、興徳王に会って海賊取り締まりを申し出て清海鎮大使に任ぜられ、取り締まりに活躍して武名をあげていた。いっぽうライバルであった鄭年は、職を去り、唐にあって飢寒にあえいでいた。ある日鄭年は友人の馮元規《ふうげんき》に『新羅に帰って張宝高のもとに身を寄せたいと思う』と相談した。元規は『かつてのライバルに身を寄せることは死にいくようなものだ』といってとめた。しかし鄭年は『飢寒のまま死ぬよりも戦って死んだほうがましだ。まして故郷で死ねるのなら本望だ』といって新羅に帰り、宝高と会った。案に相違して宝高は鄭年をあつくもてなし、酒宴をひらいた。宴会の最中、国王が殺され、王位が簒奪されたという報告がとどいた。宝高は五千人の兵を鄭年に託し、その手をとって涙を流しながら『君でなければこの禍難を平定することはできない』といって送り出した。鄭年は首尾よく反乱者を誅し、国王擁立に成功した。そこで国王は宝高を宰相となし、鄭年を宝高に代えて清海鎮大使とした」

杜牧はこれにつづけて、安史の乱討伐に際して、私怨を捨てて協力し、功績のあった郭子儀《かくしぎ》(19)と李光弼《りこうひつ》(20)のことについて述べ、張宝高・鄭年の関係をこれに擬している。そしてかつてのライバルである鄭年を喜んで迎え入れた宝高を、郭子儀に匹敵する賢者と激賞しているのである。

これには宝高を宰相とし、鄭年を清海鎮大使とした点など、やや事実に反すると思われるところもあるが、ともかく張宝高は同時代の唐人によって伝を立てられるほどに著名だったのであり、彼の唐における活躍を裏書きしているといえよう。そしてこの杜牧の書いた伝記は、ほとんどそのまま『新唐書』新羅伝、『三国史記』張保皐伝に引用され、『新唐書』の編者はさらに「晋に祁奚《きけい》[21]あり、唐に汾陽《ふんよう》（郭子儀）・宝高がいる。どうして東夷に人材がないなどといえようか」とつけ加えているのである。

さて、多少の誇張があるにせよ、右の説話から張宝高が度量の広い性格の持ち主であったことを看取することができよう。逆にいえば、彼のこうした性格が、杜牧に筆をとらせた動機であったといえよう。これに加えて「侠士《きょうし》」あるいは「壮士を愛す」などとみえているのを参照すると、武芸に長じた親分肌でめんどう見のよいという人物像が浮かびあがってくるであろう。祐徴が挙兵を求めたとき、「義を見て為ざるは勇なきなり」といったというのも、定めし事実であろう。そして、こうした人となりが円仁のような異国を旅する人への思いやりにも発揮されたであろうことは十分に考えられる。

おそらく宝高はこうした度量の広さ、壮士を愛するという性格をもって、奴隷貿易に従事していた海賊を説得し、懐柔し、みずからの配下に組み込んで生業につかせていったのであろう。彼の海賊取り締まりの実態とはこのようなものではなかったかと推測されるのである。また、宝高管下の島民である於呂系《おりょけい》らが、「宝高が死んだので安心して暮らしていけない」といって日本へ亡命して来ていることからも、幅広い層から支持されていたことが知られるのである。

しかし、彼の巨富をもたらした性格は、また彼の死をも早めた。すなわち、閻長の謀計に容易にはまってしまったのも、彼が壮士を愛したことによるのであった。

なお、宝高の死没年次について、『三国史記』では文聖王八年（八四六）とされているが、ここではのちにふれる『続日本後紀』の伝えるところによって、承和八年（八四一）十一月のこととしておく。

七　張宝高と日本

張宝高自身が日本へ来航した明証はない。しかし、彼が早くから日本貿易に着手していたことは、円仁の書状に、筑前太守から宝高あての書状が託されていることによってもうかがわれる。

さて、承和七年（八四〇）十二月、大宰府から[22]「藩外である新羅の臣で張宝高というものが、使者をつかわして方物を献じてきた」という報告がとどいた。朝廷はただちに鎮西から追い返すことを命じた。人臣が外国と交渉をもつことはありえないとの理由からであった。しかしこれは建て前にすぎなかった。すなわち翌年二月太政官は[23]大宰府に対して、張宝高は新羅の家臣であり、その貢物をうけ取ることはできないが、そのもたらした貨物は民間で適正な価格で取り引きさせてよいと指示したのである。ここに朝廷の建て前と本音がみごとに表現されている。張宝高は朝廷と接触して貿易の円滑化をはかったのであろうが、それは失敗した。しかし貿易の目的は十分に達せられたのである。宝高は日本人の舶来品好みを熟知していたのであろう。すでにこのころには大宰府の官人らと密接なむすびつきができていたからである。

ついで承和九年正月、李少貞らが博多にやって来て「張宝高が死んだ。一味も閻丈《えんじょう》（閻長のことか）というものに討平され、いまは平穏であるが、もし貴国に逃れてくるものがあったら捕えてほしい。また去年李忠らがもたらした貨物は、部下の官吏および張宝高の子弟が遺ったものである。速やかに発遣させてほしい。なお、閻丈の筑前国（福岡県）あての牒状をたずさえてきた」と張宝高の死を伝えた。公卿はこの問題について審議し、「少貞はかつては張宝高につかえ、いまは反対派の閻丈の使となっていて、どうにもわからない人物だ。おそらくは交易を認められようとして方便を用いているのであろう。また閻丈の牒状というのも形式が先例に合わない。もし内容を調べて無道であれば返却してしまおう。あるいは、少貞は李忠らを略奪しようとして、彼らを早く発遣させてほしいといっているのであろう。したがって李忠らを少貞と同行させることは、迷獣を餓虎に投ずるようなものだ。だから李忠らに同行の諾否を聞き、帰国の時期は彼らの意思に任せるべきである」といった判断にいたっている。この李忠らは、去年貿易を終えて帰国したところ戦乱のさ中であったので、平穏に着岸することができずに、博多に帰来していたのである。

　このころには、また新羅人の於呂系らがやって来て「私たちは張宝高管下の島民であったが、宝高が去年十一月に死去してしまったので安心して暮らしていることができず、日本に来たのである」と述べた。

　このように張宝高死去の波紋はただちに日本にも及び、朝廷でもその処置に苦心したありさまをうかがうことができよう。このあと、李忠あるいは李少貞らに対してどのような処置がとられたか明らかではない。李少貞らは、閻丈の命をうけて、張宝高が日本に築いた貿易の利権を手中におさめようと意図したものでもあろうか。

　さて、張宝高の死を聞いておどろいたのが文室宮田麻呂《ふんやのみやたまろ》である。彼は承和七年十二月、張宝高の使者李忠らが大宰府に来たときに筑前守に在任中であった。彼は突然、李忠らがもたらした貨物を差しおさえてしまった。その言い分は「宝高が在世中、唐の貨物を購入するため絁《あしぎぬ》(24)を渡し、見返りに貨物をうけ取るはずであった。その数はけっして少額ではない。ところが突然、宝高が死んでしまい、約束した唐の貨物をうけ取れる見込みがなくなってしまった。だから張宝高の使者がもたらした貨物を取りおさえたのである」というものであった。朝廷はこれを「回易の便を失い、商賈《しょうこ》の権を絶つ」不当な行為と断定し、それを見逃した大宰府の役人を叱責して、宮田麻呂から貨物を取り返させた。

　当然の商行為と考えていた宮田麻呂は憤懣やるかたなく、このことが尾を引いたのか、承和十年十二月に謀反をくわだてていると密告され、ただちに伊豆（静岡県）に配流された。この捜索の過程で、彼が瀬戸内交通の要地難波に別宅をもち、西国地方で手びろく交易活動を行っていたことが知られ、張宝高はこうした文室宮田麻呂のような中級官人と結託して中継貿易をいとなんでいたのである。円仁に宝高あての書状を託した筑前太守（小野末嗣）もそうした一人であったのであろう。

以上、張宝高の対日・対唐活動の一端をながめてきたが、円仁が張宝高を頼りとし、書状を送って帰国の便を依頼していることなども、彼の活動状況を知れば、おのずからうなずかれるであろう。

八　入唐日本人と新羅人

これまで、円仁の入唐求法の旅と在唐新羅人、および、新羅・唐・日本にまたがって活躍し、円仁が頼りとした新羅人張宝高の動静について述べてきた。

ところで、わが国が古くから政治制度・文化などの多くの面で中国の影響を強くうけてきたこと、そしてそれらの文物の伝来・移入については、直接・間接に朝鮮半島に興亡した諸国に大きく依存していたこと、などはよく知られている。これは統一新羅の代になっても同様であったが、日本・新羅の公的関係は八世紀初頭から冷却化し、頻繁であった公使の往来も八世紀後半には途絶えてしまう。この原因は何よりも両国の大国意識にあり、のちの日本では新羅敵視観が根強くなってくるのである。しかし、日本は唐との交通上、新羅に依存しなければならないことを熟知していた。円仁が一員となった今回の遣唐使派遣に際しても、あらかじめ遣唐使船が漂着した場合にそなえてその保護を依頼しているのである。ただし、使者の不手際により新羅から追い返されている。

ともあれ、公的関係がとだえてから日本・新羅・唐の三国をむすびつける主役となったのが民間の商人であり、唐商人とともに新羅商人の大活躍がはじまる。そして公的関係の推移にかかわりなく、彼らの船に便乗し日・唐間を往来する僧侶などの日本人が相次ぎ、唐にあっては、唐人はもちろん、在唐新羅人の援助をうけて唐の文物を学ぶという状況が一般的となってくる。

こうした状況はとくに円仁の場合、彼の日記によって顕著になるのであって、彼が特殊な例であったわけではない。ともあれ、はじめにも述べたように「もし彼にこの期間がなかったならば残る晩年の活動もみるべきものがなく、その生涯の彩りもあるいは平凡であったであろう」（小野勝年）と評されている入唐求法のかげに、在唐新羅人がいたことを認識されれば十分である。

注

（1）　還学僧ともいう。俗人の請益生と同じく、ある分野での専門家が特殊な問題を研究することを目的とした短期留学者。遣唐使に随行して入唐し、そのまま唐に残って学ぶ留学僧（生）とは異なり、一行とともに帰国しなければならなかった。

（2）　円仁の日記。全四巻。承和五年（八三八）、博多を発ち入唐してから同十四年帰国するまでのもの。遣唐使一行のようす、唐の仏教・政治・制度・風俗など、在唐新羅人の状況そのほか興味ぶかい内容が多い。玄奘《げんじょう》の『大唐西域記』、マルコ＝ポーロの『東方見聞録』とともに三大旅行記といわれる。

（3）　僧にあたえられる位階（僧位）の一つ。天平宝字四年（七六〇）、伝燈大法師位と伝燈・修業の二色が法師位以下各四階、あわせて九階が定められた。伝燈法師位は大法師位につぐもので、俗言では四位にあたる。

（4）　七九六～八四〇年。平安初期の貴族。葛野麻呂の子。漢文と書風にすぐれ理解力があり身のこなしが堂々としていたという。参議右大弁であった承和元年（八三四）遣唐大使に任命され、難船や副使小野篁の乗船拒否などの苦難のすえに同五年入唐。使命を果たして翌年帰国したが、苦労のせいかその八か月後に病死した。

（5）　?～八七七年。平安初期の僧。大和（奈良県）の人。最澄の弟子。天台宗の教義についての疑問をはらすため留学僧として入唐、天台山で学ぶ。いっぽうでよくない評判もあったが、唐の皇帝宣宗に招かれて講説し紫衣を賜わった。また入唐した円珍や高岳親王の世話をしている。唐の乾符四年（八七七）、多くの経典・儒書をたずさえて帰国する途中、難船して死んだ。

（6）中国の軍政をつかさどった地方官庁。三国時代の魏にはじまる。都督とは軍政官であるが、「刺史」（民政官）を兼ねる場合も少なくなかった。唐代には并・益・荊・揚（楊）の四州のものを四大都督府として重視し、また全国の都督府を上中下の三段階にわけた。

（7）中国山西省にある仏教の聖地。それまで道教の霊山だったが、隋代以後、つねに文殊菩薩がいる聖地としてひろく崇拝されるようになった。日本には円仁によって紹介され、末法思想とむすびついてこの地を巡礼しようとするものがふえ、平安末期に金の領土となるまでつづいた。

（8）般若経・華厳経などで重要な菩薩。仏の知恵を象徴するとされる。釈迦の脇士として普賢菩薩と相対して左わきにいる。中国でもさかんに信仰され五台山がその聖地とされた。

（9）仏教・儒教とともに中国における三教の一つ。後漢末（二世紀）ごろ神仙思想と仏教、土俗信仰などが結合して成立。のちに老子が教祖とされるようになる。現世利益の追求を中心とする宗教。唐代には老子が王室と同じ李姓だったためその祖先とされ、特別の庇護をうけて栄えた。

（10）祠部とは唐の官司で尚書省礼部に属し、祭祠・天文・漏刻・卜筮・医薬・僧尼などのことを扱った。「祠部の牒」とは、牒のうちでもとくに「度牒」すなわち僧尼の出家得度を朝廷が認めた証明書の別名である。

（11）生没年不詳。新羅人。赤山の勾当新羅所（勾当とは世話するという意味で、唐の沿岸地方にあった新羅人地区の世話や取り締まりにあたった機関）の責任者で、かつ平盧節度使の部下の将校として唐の軍人でもあった。

（12）生没年不詳。巳井とも書く。伊予権掾。平安初期に海外貿易に従事。『巡礼行記』により承和十四年（八四七）に唐からの帰国がわかる。貞観十六年（八七四）には香薬を得るために唐につかわされた。また『長谷寺霊験記』に藤原山陰に頼まれて唐で仏像を彫るための香木を求めたという伝説がある。

（13）七〜十一世紀にあった外国人のための応接宿泊施設。外国使節用として摂津（大阪府）の難波、大宰府・平安京にあった。使節の来朝が減るにつれて、難波・京と廃れ、大宰府のものは遣唐使廃止後、唐商人の接待に使われていたが十二世紀に廃れた。

(14)　京都北郊比叡山の西側にある神社。主神は泰山府君（中国泰山の山の神）と伝えられる。円仁の在唐中の誓いを果たすため、遺言によって弟子たちが仁和四年（八八八）、南淵年名の別荘を買い取り建立した赤山禅院にはじまる。
(15)　朝鮮の史書。全五十巻。高麗の金富軾らにより一一四五年成立。新羅・百済・高句麗の三国時代の歴史を『史記』などのような紀伝体で叙述しており、本紀・年表・志・列伝からなる。十四世紀になった一然の手による『三国遺事』とならぶ朝鮮古代の基本史料。
(16)　新羅の官職。和白《わはく》（貴族会議）の議長で国政を総覧する最高官。国政に参加する中央貴族のもつ官職を大等といい、上大等はこれらの大等階層を統制し代表するものとして、六世紀初頭から置かれた。
(17)　新羅の社会制度。その生まれにより、王族は聖骨・真骨、貴族は六・五・四頭品の身分にわけられ、これによって、王になる資格があるのは聖骨だけというように公的な官位から、私生活の様式まで制約された。日本の姓《かばね》制度との関連性が問題にされている。
(18)　八〇三～八五三年。唐末期の代表的な詩人。字は牧之。従郁の子。杜甫と区別するために小杜ともいわれる。唐中期の名宰相杜佑を祖父とする名家の出だが、官職にはめぐまれず地方官の生活が多かった。過去をしのび滅びゆくものの美しさをうたった詩にすぐれたものが多い。散文には伝奇小説の影響がみられる。
(19)　六九七～七八一年。唐の名将。河南省の人。敬之の子。七五五年に安史の乱が起こると李光弼とともに賊軍と戦い、長安・洛陽を奪回して第一の功臣といわれた。その後一時不遇だったが、代宗の時代に吐蕃（チベット）が侵入すると防衛に活躍し、太尉中書令となった。
(20)　七〇八～七六四年。唐の武将。営州（遼寧省朝陽県）の人。祖先は契丹の酋長という。安史の乱に際しては郭子儀とともに反乱軍討伐に活躍した。宝応元年（七六二）臨淮王に封ぜられ、杜牧の張保皐伝には李臨淮と書かれている。
(21)　生没年不詳。春秋時代の晋の大夫。紀元前六世紀中期の人。老年を理由に中軍尉を辞するときに、かわりとして仲の悪かった解狐を推薦した。たまたま狐が死んだので、つぎに自分の子の午をあげた。人びとは奚の公平な態度を称賛し、「祁奚讎《しゅう》（敵）を薦む」という故事となった。
(22)　古代、九州の総管と防衛・外交にあたった役所。福岡県太宰府市にあった。磐井の反乱平定後、宣化元年（五三六）その前身ができたとされる。天智三年（六六四）、白村江の敗戦後に水城が築かれ、大宝令で令制官司として体制が確立。平安時代以後は外国貿易の管理がその役割の中心となった。

（23）律令体制における行政の最高機関。八省以下の官司を指揮し政務を行った。公卿とよばれるその構成員は大臣・大中納言・参議からなり、天皇・摂関の指示をうけ、事務局である弁官を通して各省を統轄した。

（24）「ふとぎぬ」ともいう。古代からの絹織物。「あしき絹」の意味で絹より粗い太織りのもの。律令制の税（調・庸）とされており全国的につくられていた。

読書案内

小野勝年『入唐求法巡礼行記の研究』全四巻（鈴木学術財団、一九六四〜六九年）
藤間生大『東アジア世界の形成』（春秋社、一九六六年）
森克己『続日宋貿易の研究』（国書刊行会、一九八六年）
今西龍『新羅史研究』（国書刊行会、一九七〇年）
佐伯有清『最後の遣唐使』（講談社現代新書、一九七八年）
足立喜六・塩入良道『入唐求法巡礼行記』1（平凡社、一九七〇年）
金庠基『東方文化交流史論攷』（乙酉文化社、一九五四年）

（編者注）

〈1〉初出論文には図版及び図版解説が数点挿入されていたが、地図を除きすべてこれらを割愛した。

〈2〉本章第五節は、九世紀初、新羅人が新羅の海賊により略取され、奴隷としてさかんに唐へ売買されていたとするが、本書第Ⅳ編第14章第三節では、これを唐の海賊によるものとして異同がある。ここではそれぞれの執筆時における著者の見解を尊重し、あえて見解の調整を図らなかった。

7 大宰府鴻臚館と張宝高時代を中心とする日本・新羅関係

はじめに

張宝高（張保皐）時代を中心とする東アジア国際交易の状況については、さまざまな視角から論じられ、論点もほぼ尽くされている感がある。しかしながら、日本における交易の主要な舞台となった博多周辺の考古学調査による知見は、これまでほとんど利用されていないように思われる。本格的な発掘調査以来二十年を経過した大宰府鴻臚館遺跡や博多遺跡群の発掘調査の進展は、これまでの文献史料による理解を補訂し、また出土した陶磁器をはじめとする遺物は、鴻臚館や博多津で行われた交易の実際を彷彿させてくれる。これらの遺跡・遺物は張宝高時代の貿易や交流の具体的な様子を伝える貴重な資料といえるのである。本論文では、鴻臚館遺跡調査等から得られた知見を参考に、あらためて日本・新羅関係について考察を加えてみたい。なお基本史料の整理を兼ねて、煩を厭わず史料原文と読み下し文とを掲げることとした。

一　大宰府鴻臚館の機能

鴻臚館とは、来日した外国使節や日本の遣外使節が利用する施設として都（平城京・平安京）・難波そして大宰府（筑紫）に設けられた。当初は客館と称され、平安時代に呼称を唐風の鴻臚館にあらためられたものである。要するに迎賓館のことであるが、公式使節に限らず、来日外国人を収容する施設としても使われた。公式令駅使至京条に次のようにみえる。

【史料1】『令義解』公式令駅使至京条

凡駅使至京、奏機密事者、不得令共人語。其蕃人帰化者、置館供給、亦不得任来往。

〔読み下し〕

凡そ駅使の京に至り、機密の事を奏さんには、人と共に語らしむるを得ざれ。其の蕃人の帰化せらば、館に置きて供給し、亦任に来往するを得ざれ。

この「館」には都・難波・筑紫いずれの客館も含まれるが、特に「筑紫館」すなわち大宰府鴻臚館を念頭においた規定と考えてよいであろう。外国の使節に限らず、一般外国人も滞在させるとしている。ただし駅使の機密保持とともに規定されていることから考えて、外国人の客館（鴻臚館）滞在も機密保持のための隔離という点にあることに注意しておく必要があろう。

鴻臚館は来日した公私外国人だけでなく、日本の遣唐使や遣新羅使も利用する施設であるが、その性格を考える上で注目されるのが、大同元年（八〇六）に山陽道の駅舎を蕃客に備えて修造すべきことを命じた勅で、その趣旨を参考にすると、特に蕃客すなわち来日外国使を意識した施設とみなされる。

【史料2】『日本後紀』大同元年五月丁丑（十四日）条

勅、備後・安芸・周防・長門等国駅館、本備蕃客、瓦葺粉壁。頃年百姓疲弊、修造難堪、或蕃客入朝者、便従海路。其破損者、農閑修理。但長門国駅者、近臨海辺、為人所見。宜特加労、勿減前制。其新造者、待定様造之。

〔読み下し〕

勅すらく、備後・安芸・周防・長門等の国の駅館は、本より蕃客に備へ、瓦葺き粉壁にす。頃年百姓疲弊し、修造堪へ難し。或は蕃客入朝せば、便りに海路従りせん。其の破損は、農閑に修理せよ。但長門の国の駅は、近く海辺に臨み、人の為に見らる。宜しく特に労を加へ、前制を減ずる勿れ。其の新造者、定様を待ちて造れ。

山陽道の備後・安芸・周防・長門等諸国の駅館を瓦葺き粉壁にすべきことを命じたものであるが、その趣旨は蕃客に対して威容を損なうことがないようにということであった。

このような考えは、早く『隋書』巻八一・倭国伝に、小野妹子に同行して来日した隋使裴世清に対して倭王が語ったという、「今故清道飾館、以待大使」という言葉に表れている。また『日本書紀』白雉四年（六五三）六月条には、「百済・新羅遣使貢調献物。修治処々大道」ともある。隋使応接の時は「大隋礼儀之国」に対して「我夷人」と称するように卑下する状況であったが、やがて自前の律令を完成させ、中華ともなれば、ますます〈館を飾〉り、道路の整備は重要な意味があった。

このような外国の使者に見られても恥ずかしくない中華に相応しい建物ということにおいて鴻臚館はまず重視されるべき建物であろう。特に海を越えてやってきた外国の使節がまず目にする建物が大宰府の鴻臚館である。国家の威信をかけて建設された施設であり、外向けの施設であることを示している。

大宰府鴻臚館については、来日外国使向けとは言っても、その利用者は限られていた。八世紀以降を対象としてみると、日本が公式外交をもっていた国々は、唐・新羅・渤海となるが、そのうち唐使の来日は稀であり、渤海使も漂着を除けば利用しない。一時期渤海使にも大宰府来航を求めたことがあり、渤海側も出港地を変更してこれに応えたが、遭難してしまい、けっきょく従来のように北陸を中心とした地域に来航している。したがって、日本の朝廷が利用を想定していた外国使とは、ほぼ新羅の使節に限られるのであり、【史料2】の「蕃客」も実際には新羅使を指している。そして鴻臚館遺跡から遺物として少数ではあるが新羅土器が発掘されている。それは商品としてではなく、使節が持ち込んだ日用品と考えられている。このようにみてくると、大宰府鴻臚館遺跡調査の知見は日本・新羅関係を考える上で大いに参考にすべき資料となることが理解されるであろう。なお、八世紀後半に新羅との公的な外交関係が終焉を迎えると、その利用者は来日した商人となり、鴻臚館は迎賓館から交易施設へと変化をみせることになる。

二　大宰府鴻臚館遺跡の概要

大宰府鴻臚館遺跡については、韓国ではあまり注目されていないようであるので、遺跡の現状などについて、福岡市教育委員会発行小冊子『史跡　鴻臚館跡』（二〇〇七年）により、やや詳しく述べておくことにしたい。

大宰府鴻臚館の遺跡は現在の福岡県福岡市中央区にある。現在では海岸からずいぶんと離れているが、後世の埋め立てによるもので、古代には海岸に直接面する高台に位置していた。その遺構は、北と南の施設からなり、東西に走る堀（谷）によって隔てられている。北の施設は文献にみえる「鴻臚北館」に相当するとみられ、これに対する南の施設は南館と仮称されている。鴻臚館の造営以前は、二本の尾根が東へ伸び、古墳群が営まれていたが、この尾根を切り崩して平坦地を造っている。現在までの調査により、建物群については、大きく三時期の変遷をたどることができ、その後は遺構が後世の削平により失われて判明しない。

○第Ⅰ期（七世紀後半）

まず掘立柱建物が造られる。堀の南側には直角に配置された南北方向の建物二棟・東西方向の建物二棟が、北側には南北方向の一棟と、その西と南を囲む柱列がある。南と北では建物の向きが異なり、建物の配置も相似していない。なお、堀の北斜面では壁面を保護するための石垣が出土している。

○第Ⅱ期（八世紀前半）

「布掘り」と呼ばれる独特の工法による掘立柱列（塀）が堀の南と北のそれぞれに設けられている。この柱列は東西七一・五メートル、南北五五・四メートルの範囲を囲んでおり、東の中央に門を設けている。ただし塀の内部では建物跡が見つからず、礎石建物が後世に削られて失われたと推測される。この時期の南と北の塀は、まったく同じ方位、同じ寸法で造られていることから、同時に施工したと考えられる。また南館と北館のそれぞれの南西の区画外から、トイレ遺構が南で三基、北で二基見付かっている。

第Ⅱ期に先立つ埋め立てにより、南北を隔てる堀は幅約二〇メートルにまで狭められ、特に北館では高さ四・二メートルの土留めの石垣を築いている。また堀の西側に陸橋を造って南北の館をつなぎ、堀の最奥部と陸橋の北側には池を設けている。一方、堀の東側には最初に土橋を造って南北の東門の連絡路とし、次いで木橋に架けかえている。

○第Ⅲ期（八世紀後半〜九世紀前半）

大型の礎石建物が造られている。近世の築城や戦後の工事により破壊され残りは良くないが、南館では並行する南北方向の二棟とこれに直交する東西方向の一棟を、北館では東西方向の礎石建物一棟を確認している。堀は埋められてさらに狭くなっている。

○第Ⅳ・Ⅴ期（九世紀後半〜十一世紀前半）

建物の遺構を発見することはできない。廃棄土坑（ゴミ穴）がいくつも掘られており、その出土品から、大きく九世紀後半〜十世紀前半（第Ⅳ期）と十世紀後半〜十一世紀前半（第Ⅴ期）の二時期に分けられる。ただしこの時期に製作され使用された瓦が出土することから、瓦葺きの建物が存続していたことは間違いなく、南館の敷地の東と北を区画する第Ⅴ期の溝を確認している。

以上が建物の変遷であるが、十一世紀中頃以降は鴻臚館に関わる遺構や遺物が全くみられなくなる。鴻臚館はその歴史的役割を終え、これ以後博多津に面した地域（博多遺跡群）が日宋貿易の主たる舞台となっていくと考えられている。このように大宰府鴻臚館はまさに日本・新羅関係が盛んに展開された奈良時代から、平安時代中期にいたるまでの対外関係における重要な遺跡である。日本の遣唐使や遣新羅使、来日した新羅使や唐使が利用する外交施設から、外国商人（海商）の利用する施設へと変化したことが知られている。この間には張宝高の活躍した時代が含まれる。周知のように、日本の東アジア国際貿易への参入に大きな役割を果たしたのが張宝高である。張宝高関連遺跡として大宰府鴻臚館に注目する所以である。

なお、鴻臚館遺跡とあわせて注目すべき遺跡が博多遺跡群で、現在の博多駅から海に向かって伸びる一帯に位置している。海抜四〜五メートルの沖の浜と博多浜に点在する、弥生時代以来の複合遺跡であるが、特に十一世紀中ごろ以降の中国産貿易陶磁器を多数出土し、日宋貿易の主要な舞台であったことが知られている。

三　鴻臚館の増改築と日本・新羅関係

鴻臚館遺跡における建物の増改築の様相と日本・新羅関係の推移を考えると、興味深い問題がいくつか浮かんでくる。よく知られているように、日本と新羅との関係は七三〇年代から緊張し、冷却化する。新羅使の来日ごとに外交上の儀礼をめぐって紛糾し、入京を認めずに大宰府から帰国させるという放還が続いている。そして七七九年に来日し、翌年に帰国した金蘭蓀一行を最後として、新羅使の来日はみられなくなる。新羅は日本との断交に踏み切ったのである。そこでまず大宰府鴻臚館が八世紀に迎えた新羅使の一覧表を示すと、次の如くである。

（西暦）	（和暦）	（新羅使）	（人数）	（備考）
七〇三	大宝三	金福護		入京
七〇五	慶雲二	金儒吉		入京
七〇九	和銅二	金信福		入京
七一四	〃　七	金元静	二十余人	入京
七一九	養老三	金長言	四十（三十）人	
七二一	〃　五	金乾安		放還

七二三	〃　七	金貞宿	十五人	入京
七二六	神亀三	金造近		
七三二	天平四	金長孫	四十人	入京
七三四	〃　六	金相貞		入京後放還
七三八	〃　十	金想純	一四七人	放還
七四二	〃　十四	金欽英		放還
七四三	〃　十五	金序貞	一八七人	放還
七五二	天平勝宝四	金泰廉	七〇〇余人	入京
七六〇	天平宝字四	金貞巻		放還
七六三	〃　七	金体信	三十二（二十二）人	放還
七六四	〃　八	金才伯	九十一人	放還
七六九	神護景雲三	金初正	二二六人	放還
七七四	宝亀五	金三玄	二三五人	放還
七七九	〃　十	金蘭蓀		入京

さて、こうした日羅外交関係の推移と、鴻臚館遺跡調査から得られた知見とをあわせて考える場合、まず注目されるのは、日羅関係が冷却化する中で、七五二年に新羅王子金泰廉一行が来日したことと、第Ⅱ期から第Ⅲ期への鴻臚館建物の増改築との関係である。

【史料3】『続日本紀』天平勝宝四年（七五二）閏三月己巳条

大宰府奏、新羅王子韓阿飡金泰廉、貢調使大使金暄及送王子使金弼言等七百余人、乗船七艘来泊。

〔読み下し〕

大宰府奏す、「新羅王子韓阿飡金泰廉、貢調使大使金暄及び送王子使金弼言等七百余人、船七艘に乗りて来泊す」と。

新羅王子金泰廉率いる新羅使は実に七〇〇余人という、空前の規模で来日した。その後泰廉は入京し、「新羅は昔から日本に朝貢している」といった趣旨を述べて日本側を狂喜させるが、もちろん本意ではなかった。貿易を主たる目的とした経済的使節団で、貿易を円滑に進めるために迎合的言動をとったものである。入京した金泰廉らが平城京の官人を相手として大規模な貿易を行ったことは、「買新羅物解」とよばれる文書によって知られる。購入を希望する品目・数量及びその合計の点数、そしてそれらの対価（糸や綿）を記して、大蔵省もしくは内蔵寮に提出した文書である。官司先買の後、適正な価格による民間での取り引きを認めるという律令法に基づく管理システムが取られていたことを示している。その品目は、佐波理製（銅に錫・鉛の合金）食器などの新羅特産品だけでなく、唐の工芸品、さらに遠く東南アジア以西で取れる香料・薬品など、当時唐で取り引きされていた国際貿易品が網羅されている。この頃、新羅では対唐関係の進展にともなって大量の物資が輸入され、また国内産業・経済が進展した。金泰廉一行は、その輸出市場を日本に求めた新羅の国家をあげての経済使節団の性格を持っていたのである。七〇〇余人という人数の大半は貿易要員とみなされる。その目論見はあたり、日本人の舶来品熱を高め、購買層を広げることに成功したことは、この後の歴史に明らかである。そして一行の中の上京できる人数は限られるので、大部分は大宰府鴻臚館（筑紫客館）ないし付近にとどまっており、恐らく大宰府官や在地の人々との間で私貿易が行われていたと推測して誤りないであろう。このことについては、あらためて下文で触れる。

第Ⅱ期建物から第Ⅲ期建物への大型礎石建物増改築の時期は、七五二年の新羅使金泰廉一行七〇〇余人の来日時期とほぼ重なっている。日羅関係が冷却化する中で、新羅向けの建物がより堂々とした建物に増改築しているのは、金泰廉一行による大々的な交易がきっかけとなっているのではないかと推測される。政治的な冷却とは別に経済的な関係は重視する、まさに政冷経熱という関係が日本・新羅間に存在したことを、鴻臚館遺跡は物語っているといえるのではなかろうか。第Ⅱ期から第Ⅲ期への増改築は、日本が新羅使の来日を期待していた表れでもあろう。それはまた次の史料からもうかがえる。

【史料４】『続日本紀』神護景雲二年（七六八）十月条

甲子、…賜左右大臣大宰綿各二万屯。大納言諱・弓削御浄朝臣清人各一万屯、従二位文室真人浄三六千屯、中務卿従三位文室真人大市・式部卿従三位石上朝臣宅嗣四千屯、正四位下伊福部女王一千屯。為買新羅交関物也。…庚午、賜二品井上内親王大宰綿一万屯。

〔読み下し〕

甲子（二十四日）、…左右大臣に大宰の綿各おの二万屯を賜ふ。大納言諱（白壁王。後の光仁天皇）・弓削御浄朝臣清人に各おの一万屯、従二位文室真人浄三に六〇〇〇屯、中務卿従三位文室真人大市・式部卿従三位石上朝臣宅嗣に四千屯、正四位下伊福部女王に一〇〇〇屯。新羅交関物を買はんが為也。…庚午（三十日）、二品井上内親王に大宰の綿一万屯を賜ふ。

左右大臣以下に新羅との貿易のための綿を支給した記事であるが、綿の支給場所については明記されていない。そこで平城京か大宰府かということになる。略年表に明らかなように、この時期には新羅使が来日しても入京が認められることはない。入京の見込みもない新羅使との貿易のために痛みやすい綿が支給されるとは考えがたい。大宰府で支給されたとみるべきであろう。政治外交上の問題とは別に来日新羅使との貿易に対する期待の表れと理解されるのである。

金泰廉の来日によっても日羅関係は好転せず、ついに七七九年来日の新羅使をもって、長い歴史をもつ日羅関係は終焉を迎えることになる。鴻臚館の増改築の様子を考えると、日本側は新羅使の来日を想定し、期待もしていた。日本は新羅が外交を途絶するとは考えていなかったのではなかろうか。新羅側の対日外交中止の措置は、日本側としては想定外であった可能性が高い。

四　新羅商人の鴻臚館退去と博多津「新羅坊」の形成

1　「新羅」商人の鴻臚館退去

さて、新羅との公的な外交は七七九年来日の新羅使が翌年に帰国したことをもって終焉を迎え、それに代わるかのように新羅商人の活躍が始まる。すでに日本に対する政治外交上の目的が希薄となっていた新羅には、商人層が対日貿易を担うまでに成長し、毎回朝貢を求められ、儀礼をめぐって紛糾を起こす公使の派遣は必要を感じなくなったという事情があったものと推測される。新羅商人の来航は弘仁年間からみられるが、周知のように、新羅商人とは言っても在唐の新羅人が中心で、彼らを取りまとめていたのが張宝高である。張宝高は承和七年（八四〇）十二月に日本に対して朝貢を求めたが拒否され、やがて新羅の内乱に深く関与して死去してしまう。こうした新羅の内乱状態と張宝高死去の報はまもなく日本にも伝えられ、張宝高と取引のあった文室宮田麻呂が張宝高の派遣した使者の貿易貨物を差し押さえるという一件が起きている。このような新羅の政情不安を伝える情報は、新羅に対する警戒心を強め、ついには新羅商人に対して鴻臚館利用拒否という措置がとられることになる。この時期の出来事を年表により示すと次の如くである。

八三九年（承和六）是年　遣唐使、楚州で雇った新羅船九隻と日本航路を熟知する新羅人六十人を雇い、分乗して帰国。

八四〇年（承和七）十二月　張宝高の使者（李忠ら）来日し、馬鞍等の献上を請う。

八四一年（承和八）二月　大宰府に命じて、張宝高の朝貢を認めず、返却させる。ただし随身の貨物は民間での適正価格での貿易を許し、使者には帰途の食料などを支給させる。

十一月　張宝高、死去。この前後、李忠ら帰国するが、本国の戦乱によりにより平着できず、再び筑前大津に来航。

十一月以後　張宝高を倒した閻丈の使者李少貞、筑紫大津に来泊。閻丈の筑前国宛牒状をもたらし、宝高残党の拿捕ならびに李忠らをすみやかに帰国させることを求める。公卿議して、大宰府に閻丈牒状の進上を命じ、李忠らの帰国については、本人の意思に任せることとする。

八四二年（承和九）正月　前筑前守文室宮田麻呂、李忠らの貨物を差し押さえる。かつて張宝高に唐物輸入の代価を支払っていたが、宝高死去により入手の機会がなくなったため、差し押さえたことを主張。朝廷、商売の権利を奪う行為として、貨物の返却を命じる。

八月　大宰大弐藤原衛、新羅人は商売を口実に日本の事情を探っているので、新羅人の入国を一切認めないよう要請。朝廷、一切入国を禁止することは徳政に背くことであるので、商人には貿易を許し、取り引きがおわれば速やかに帰国させよ。ただし鴻臚館に滞在することと食料の支給は今後認めない。

この時期の新羅との関係を考える上で重要な史料は次の記事である。

【史料5】『続日本後紀』承和九年（八四二）八月丙子条

大宰大弐従四位上藤原朝臣衛上奏四条起請。一曰、新羅朝貢、其来尚矣。而起自聖武皇帝之代、迄于聖朝、不用旧例。常懐奸心、苞茅不貢、寄事商賈、窺国消息。方今民窮食乏、若有不虞、何用防夭。望請、新羅国人、一切禁断、不入境内。報曰、徳沢洎遠、外蕃帰化。専禁入境、事似不仁。宜比于流来、充粮放還。商賈之輩、飛帆来着、所齎之物、任聴民間令得廻易、了速放却。…。

〔読み下し〕

大宰大弐従四位上藤原朝臣衛、四条の起請を上奏す。一に曰く、新羅の朝貢、其の来るや尚し矣。而るに聖武皇帝の代より起こりて、聖朝にいたるまで、旧例を用ゐず、常に奸心を懐き、苞茅（貢ぎ物）を貢せず、事を商賈に寄せ、国の消息を窺ふ。方今民窮まり食乏しく、若し不虞有れば、何を用て防夭せん。望み請ふらくは、新羅国人、一切禁断し、境内に入れざらんことを、と。報じて曰く、徳沢遠くに洎び、外蕃化に帰す。専ら入境を禁ずるは、事不仁に似たり。宜しく流来に比へ、粮を充て放還すべし。商賈之輩、帆を飛ばして来着せば、齎らす所之物、任に民間に聴して廻易を得しめ、了れば速かに放却せよ、と。

大宰府からの新羅人の入国を一切禁止して欲しいとの要請に対して、朝廷は、入国禁止は仁徳ある政治に背くので、入国は認め、貿易も許す。ただし商人は貿易を終えたら直ちに帰国させるとしたのである。この【史料5】に関する官符が『類聚三代格』に収められているが、官符には重要な文言が付け加えられている。

【史料6】『類聚三代格』巻十八・承和九年（八四二）八月十五日太政官符

応放還入境新羅人事

右、大宰大弐従四位上藤原朝臣衛奏状偁、新羅朝貢、其来尚矣。而起自聖武皇帝之代、迄于聖朝、不用旧例、常懐奸心、苞苴不貢、寄事商賈、窺国消息。望請、一切禁断、不入境内者、右大臣宣、奉　勅、夫徳沢洎遠、外蕃帰化。専禁入境、事似不仁。宜比于流来、充粮放還。商賈之輩、飛帆来着、所齎之物、任聴民間令得廻易、了即放却。但不得安置鴻臚以給食。

〔読み下し〕

応に境に入る新羅人を放還すべきの事

右、大宰大弐従四位上藤原朝臣衛の奏状に偁く、「新羅の朝貢、其の来るや尚し矣。而るに聖武皇帝の代より起こりて、聖朝にいたるまで、旧例を用ゐず、常に奸心を懐き、苞苴（貢ぎ物）貢せず、事を商賈に寄せ、国の消息を窺ふ。望み請ふらくは、一切禁断し、境内に入れざらんことを」者、右大臣宣す、勅を奉るに、夫れ徳沢遠くに洎び、外蕃化に帰す。専ら入境を禁ずるは、事不仁に似たり。宜しく流来に比へ、粮を充て放還すべし。商賈之輩、帆を飛ばして来着せば、齎らす所之物、任に民間に聴して廻易を得しめ、了れば即ち放却せよ。但し鴻臚に安置し以て食を給ふを得ざれ。

太政官符には、〈但し鴻臚に安置し以て食を給ふを得ざれ〉という文言がある。この一節が『続日本後紀』になぜ記されていないのか、その事情は不明であるが、ともかく新羅商人に対して鴻臚館の利用を認めないとの指示を大宰府に出している。そして新羅商人に代わるかのように、唐商人の鴻臚館を舞台とした活躍が始まるのである。しかしながら、新羅商人について言えば、これより十年ほど前の天長八年（八三一）の官符には、新羅商人のもとに日本人が殺到する様子が活写されている。

【史料7】『類聚三代格』巻十八・天長八年（八三一）九月七日官符

応検領新羅人交関物事

右、被大納言正三位兼行左近衛大将民部卿清原真人夏野宣偁、奉　勅、如聞、愚闇人民、傾覆櫃匣、踊貴競買。物是非可韜匵、弊則家資殆罄。耽外土之声聞、蔑境内之貴物。是実不可捉搦所致之弊。宜下知太宰府厳施禁制、勿令輙市。商人来着、船上雑物一色已上、簡定適用之物、附駅進上。不適之色、府官検察、遍令交易。其直貴賤、一依估価。若有違犯者、殊処重科。莫従寛典。

〔読み下し〕

応に新羅人の交関物を検領すべきの事

右、大納言…清原真人夏野の宣を被るに偁く、勅を奉はるに、聞くならく、愚闇なる人民、櫃匣を傾覆して（全財産をはたいて）、踊貴競買す。物は是れ韜匵すべきに非ず、弊は則ち家資殆ど罄きる。外土之声聞に耽り、境内之貴物を蔑ろにす。是れ実に捉搦を加へざるの致す所之弊なり。宜しく大宰府に下知して厳しく禁制を施し、輙く市はしむること勿るべし。商人来着せば、船上の雑物一色已上、適用之物を簡び定め、駅に附して進上せよ。不適之色、府官検察し、遍く交易せしめよ。其の直の貴賤、一に估価に依れ。若し違犯有らば、殊に重科に処す。寛典に従ふ莫れ。

朝廷が必要とする品（適用之物）を優先的に選び、その残りの品（不適之色）を適正な価格で取引を許すとするが、現実には守られていなかったことが、〈若し違犯有らば〉云々の文言から推察される。そしてもっとも舶来品を欲しがったのは、支配層そのものであろう。したがって、日本の支配層が新羅商人から独占的に舶来品を入手する道を自ら閉ざすとは考えがたく、新羅商人との貿易を不便にさせるとは理解できないのである。

そこで考えなければならないのは、鴻臚館利用を拒絶された「新羅」商人の実体である。前述のように、この頃日本貿易に活躍した「新羅」商人は、実際には唐に居住し、新羅坊と呼ばれる居留区を形成していた、在唐の新羅人が多かったと考えられる。彼らを率いていたのが張宝高で、拠点は半島南部の莞島にあった。こうした唐・羅・日ネットワークを形成する在唐新羅人の場合、同一の商人が「唐」商人と表現されたり、「新羅」商人と表記されることが多い。つまり当時の日本における認識は、在唐の新羅人は、民族的には「新羅」人であっても、「唐」商人と理解していたのである。したがって新羅商人にかわって活躍するようにみえる「唐」商人も、その初期においては、実体は在唐の新羅商人、もしくは唐人と共同経営の新羅商人であったとみなされる。前掲【史料7】天長八年官符に記された「新羅」商人とは、こうした在唐新羅人を指しているのであろう。したがって、このような日本人が渇望する唐物を船載する「新羅」商人を鴻臚館から排除するとは考えがたいのである。

そこであらためて「新羅」商人を鴻臚館から排除する理由を考えてみると、問題とする官符に記載された大宰大弐藤原衛の起請【史料5・6】により、新羅への不信感と商人の行動すなわち商売を口実に国情を探っているとの疑心にあることが知られる。大宰府からは同様の危惧が、これより先、承和二年（八三五）にも表明されている。

【史料8】『続日本後紀』承和二年（八三五）三月己未条
大宰府言、壱伎島遙居海中、地勢隘狭、人数寡少、難支機急。頃年新羅商人来窺不絶。非置防人、何備非常。請令嶋徭人三百卅人、帯兵仗、戍十四処要害埼。許之。

〔読み下し〕
大宰府言す、「壱岐島は遙か海中に居り、地勢隘狭、人数寡少にして、機急を支へ難し。頃年新羅商人の来窺絶えず。防人を置くに非ざれば、何して非常に備へん。請ふ、嶋の徭人三百卅人に、兵仗を帯び、十四処の要害の埼を戍らしめんことを」と。之を許す。

これらの史料にみえる新羅・新羅商人は明らかに新羅本国ないし本国の新羅人を指している。つまり警戒すべき相手は新羅であり、〈事を商賈に寄せ、国の消息を窺ふ〉と疑う商人は新羅本国在住の新羅人とみなされ、在唐新羅人を含む「唐」商人は警戒すべき対象とはしていない。すなわち鴻臚館利用を拒絶された「新羅」商人とは、新羅本国を拠点とする「新羅」商人と理解すべきであろう。この頃対日貿易に従事していた「新羅」商人には、在唐新羅人だけでなく、当然のことながら新羅本国に拠点を置き、主に新羅特産品を扱う商人もいたはずである。鴻臚館利用を拒絶されたのは、この新羅本国を拠点とする「新羅」商人ではなかったかと推測される。前に金泰廉の貿易活動について、そのもたらした品物は唐国内市場で取り引きされている品を網羅していることを述べたが、同時に新羅特産の佐波理製品なども多く含まれていることに触れた。こうした品を専門に扱う新羅商人がいても不思議ではないであろう。日本人にとっては彼らからしか入手できない品物だからである。この後、いかに宋海商が活躍し、日宋貿易が盛んになっても、高麗との貿易は行われていた。これと同様に、唐海商――初期の中心が在唐新羅商人であっても――の活躍による日唐貿易の時代にあっても、主に半島の製品・貨物を中心とした新羅本国との貿易は「新羅」商人によって継続されたと考えるのが妥当であろう。

このように八四二年に鴻臚館利用を拒絶されたのは、新羅本国在住の「新羅」商人と考えられる。このことはまた次の事例が傍証していると思われる。すなわち新羅海賊が博多を襲った事件に際して、逮捕・勾留された新羅人の存在である。

2　博多津「新羅坊」の形成

前述のように、新羅商人のもたらす品物を希求する一方では、〈事を商賈に寄せ、国の消息を窺ふ〉と警戒心を抱いていたが、その不安は的中し、貞観十一年（八六九）五月二十二日、新羅海賊二艘が博多津に停泊中の豊前国年貢調船の絹綿を奪って逃走するという事件が起きた。大宰府官が追撃するが捕捉できなかったという国防の現状に対する不安から、新羅人・新羅商人に対する疑念は一層強まり、国防政策が打ち出されている。その一つが大宰府管内居住新羅人の陸奥への強制移住である。そしてそこに新羅商人の交易の実情を示す注目すべき記述がある。

【史料9】『日本三代実録』貞観十二年（八七〇）二月二十日壬寅条

勅大宰府、令新羅人潤清・宣堅等卅人及元来居止管内之輩、水陸両道給食馬入京。先是彼府言、新羅凶賊掠奪貢綿。以潤清等、処之嫌疑、禁其身奏之。太政官処分、殊加仁恩、給粮放還。潤清等不得順風、无由帰発其国。対馬嶋司進新羅消息日記、并彼国流来七人。府須依例給粮放却。但蕞爾新羅、凶毒狼戻。亦廼者対馬島人卜部乙屎麿、被禁彼国、脱獄遁帰、説彼練習兵士之状。若彼疑洩語、為伺気色、差遣七人、詐称流来歟。凡垂仁放還、尋常之事、挟奸往来、当加誅僇。加之、潤清等久事交関、僑寄此地。能候物色、知我无備。令放帰於彼、示弱於敵、既乖安不忘危之意。又従来居住管内者、亦復有数。此輩皆外似帰化、内懐逆謀。若有来侵、必為内応。請准天長元年八月廿日格旨、不論新旧、併遷陸奥之空地、絶其覬覦之奸心。従之。

〔読み下し〕

勅して、大宰府に新羅人潤清・宣堅等卅人及び元来管内に居止する之輩を、水陸両道より食馬を給して入京せしむ。是より先、彼の府言す、新羅凶賊、貢綿を掠奪す。潤清等を以て、之を嫌疑に処き、其の身を禁じて奏す。太政官処分して、殊に仁恩を加へ、粮を給ひて放還す。潤清等順風を得ず、其の国に帰発するに由无し。対馬嶋司新羅消息日記を進む。并びに彼国より流来せる七人、府須らく例に依り粮を給ひて放却すべし。但し蕞爾たる新羅、凶毒狼戻のごとし。亦廼者対馬島人卜部乙屎麿、彼の国（新羅）に禁ぜられ、脱獄して遁れ帰り、彼の兵士を練習する之状を説く。若くは彼、洩語を疑ひ、気色を伺はんが為七人を差遣し、詐りて流来と称する歟。凡そ垂仁放還は、尋常之事、挟奸往来は、当に誅僇を加ふべし。加之、潤清等久しく交関を事とし、此の地に僑寄す。能く物色を候ひ、我の備へ无きを知る。彼を放帰せしめば、弱きを敵に示し、既に安に危ふきを忘れず之意に乖く。又従来管内に居住するの者、亦復た数有り。此の輩皆外帰化に似るも、内逆謀を懐く。若し来侵有れば、必ず内応を為さん。請ふ天長元年八月廿日格旨に准じて、新旧を論ぜず、併せて陸奥之空地に遷し、其の覬覦之奸心を絶たんことを、と。之に従ふ。

大宰府に命じて、新羅人潤清・宣堅ら三十人及び元来大宰府管内に居住する新羅人を、新羅海賊と共謀の嫌疑で逮捕させたという記事である。ここに〈潤清等久しく交関を事とし、此の地に僑寄す〉とある。交関は【史料4】や【史料7】に知られるように、交易・貿易と同義であるので、潤清らは日本に在住して交易に従事していたことを意味している。そしてその交易とはとうぜん海外交易であり、新羅海賊と共謀の嫌疑による勾留であることを考えれば、新羅本国との間の貿易に従事していたと考えて間違いない。つまり、潤清らの存在は、鴻臚館利用を拒絶された「新羅」商人が、鴻臚館以外の場所で貿易を継続していたことを示す何よりの証拠であろう。潤清ら三十人と〈元来管内に居止する之輩〉は、〈又従来管内に居住するの者、亦復た数有り。此の輩皆外帰化に似るも、内逆謀を懐く〉とあるように別の存在とみるべきである。後者は、いわゆる新羅からの「帰化」人で、おそらく現地の戸籍に編入され、農業に従事していたとみられる。これに対して、潤清らは交易に従事していたのである。同じく日本在住の新羅人であっても、その存在形態は全く異なっていたと考えなければならない。この後の潤清らの動向を示す史料をあげると、次のごとくである。

【史料10】『日本三代実録』貞観十二年六月十三日甲午条

先是、大宰府言、肥前国杵嶋郡兵庫震動、鼓鳴二声。決之蓍亀、可警隣兵。是日、勅令筑前・肥前・壱岐・対馬等国嶋、戒慎不虞。又言、所禁新羅人潤清等卅人、其中七人逃竄。

〔読み下し〕

是より先、大宰府言す、肥前国杵嶋郡の兵庫震動し、鼓鳴ること二声。之を蓍亀に決するに、隣兵を警すべし、と。是日、勅して筑前・肥前・壱岐・対馬等国嶋、不虞に戒慎せしむ。又言す、禁ずる所の新羅人潤清ら卅人、其の中七人逃竄す、と。

【史料11】『日本三代実録』貞観十二年九月十五日甲子条

遣新羅人廿人、配置諸国。清倍・鳥昌・南巻・安長・全連五人於武蔵国、僧香嵩・沙弥伝僧・関解・元昌・巻才五人於上総国、潤清・果才・甘参・長焉・才長・真平・長清・大存・倍陳・連哀十人於陸奥国。勅、潤清等処於彼国人掠取貢綿之嫌疑、須加重譴以粛後来。然肆眚宥過、先王之義典。宜特加優恤、安置彼国沃壌之地、令得穏便。給口分田営種料、并須其等事一依先例。至于種蒔秋獲、並給公粮。僧沙弥等安置有供定額寺、令其供給。路次諸国、並給食馬、随身雑物充人夫運送。勤存仁恕、莫致窘苦。

太政官宣久、新羅人大宰府乃貢綿乎盗取礼利。潤清等廿人同久此疑尓処世利。須久波其由乎責勘天、法乃任尓罪奈倍給倍久有礼止毛罪乎免之給比、身乎矜給比天安可留へ支所止量給天、清倍等五人乎波武蔵国尓、元昌等五人乎波上総国尓、潤清等十人乎波陸奥国尓退給波久止宣。

潤清・長焉・真平等、才長於造瓦。預陸奥国修理府料造瓦事。令長其道者相従伝習。

〔読み下し〕

新羅人廿人を遣りて諸国に配置せしむ。清倍・鳥昌・南巻・安長・全連五人を武蔵国に、僧香嵩・沙弥伝僧・関解・元昌・巻才五人を上総国に、潤清・果才・甘参・長焉・才長・真平・長清・大存・倍陳・連哀十人を陸奥国に。勅すらく、潤清等、彼国人の貢綿を掠取する之嫌疑に処し、須らく重譴を加え以て後来を粛すべし。然るに肆眚宥過するは、先王之義典なり。宜しく特に優恤を加え、彼国沃壌之地に安置し、穏便を得令むべし。口分田・営種料を給ふこと、并に須らく其れ等の事、一に先例に依るべし。種蒔・秋獲に至りては、並に公粮を給へ。僧・沙弥等、供え有る定額寺に安置し、其の供給せしめよ。路次の諸国、並に食馬を給ひ、随身の雑物は人夫を充てて運送せよ。勤仁恕を存し、窘苦を致す莫れ。

大政官宣はく、新羅人大宰府の貢綿を盗み取れり。潤清等廿人同く此の疑ひに処せり。須らくは其の由を責め勘へて、法の任に罪なへ給ふべく有れとも罪を免し給ひ、身を矜み給ひて安かるべき所と量り給ふて、清倍等五人をば武蔵国に、元昌等五人をば上総国に、潤清等十人をば陸奥国に退け給はくと宣る。潤清・長焉・真平等、才造瓦に長ず。陸奥国修理府料造瓦の事に預からしめ、其の道に長ずる者に相従ひ伝習せしむ。

ここでも潤清らは一括されている。すなわち、潤清・宣堅らは集住していた可能性が高く、集団で居住し、貿易に従事していたと推測されるのである。これまでの「帰化」人をまとめて東国に配置し、新羅郡を構成させたものとは根本的に異なることに注意しなければならない。こうした新羅人潤清らの日本における存在形態は、張宝高が率いた唐の「新羅坊」には規模の上ではとうてい及ばないが、まさに日本における「新羅坊」とみなしてよいであろう。注目されるのが、集団の構成で、三十人の中に僧・沙弥各一人が含まれていることである（史料11）。僧が集団の精神的紐帯をなしている様子が知られ、登州赤山法華院を彷彿させるものがある。おそらく新羅と日本との間を往復する商人と日本に滞在して売り捌きを担当する潤清らとの分業体制によって新羅商人の対日交易は経営されていたのであろう。潤清らの集住形態は、宋人の「唐房」のさきがけであり、その分業体制はまさに日宋貿易の先駆けとなる形態として注目されるのである。

それでは潤清らの交易の拠点＝新羅坊はどこにあったのであろうか。鴻臚館を追われた「新羅」商人はどこで貿易を行ったのであろうか。主に国防上の理由から鴻臚館の利用を拒絶したとみられる新羅の商人を大宰府の中心地（郭内）に住まわせるとは考えられない。どこかに集住・隔離していたと考えるべきであろう。鴻臚館外において〈交関を事と〉する上で便利な場所は博多津に面した地域しか考えられない。張宝高の部下李忠らが一旦貿易を終えて帰国したが、本国が争乱のため、上陸できず、再び日本にもどってきた、その場所が「筑前大津」

と記されており、後に閻丈の使者李少貞が来航したのも「筑紫大津」ある。大津はすなわち博多津である。そこが彼らの貿易の拠点であったからであろう。

そして「新羅坊」の具体的な位置として注目されるのが、博多遺跡群の中にある。同遺跡群は、一般的には十一世紀後半に鴻臚館貿易に代わって取引の舞台となったとみられるが、実は弥生時代以来の複合遺跡であり、数は多くはないが奈良時代から平安時代中期の貿易陶磁などの遺物も出土しており、貿易に関わる場所であったことが推測されている。そして特に注目されるのは、遺跡群の南に位置する場所から官衙とみられる遺構が出土していることである。すなわち池崎譲二氏「町割の変遷」（『よみがえる中世』一九八八年）によれば、博多遺跡群の南部で、今日の博多駅前に位置する祇園町交差点付近に東西・南北の方向をとる溝があり、官衙遺跡ではないかという。官人支配層が用いた銙帯に用いられた丸鞆などの遺物が出土している。博多津に置かれる官衙の役割としてはまず貿易管理が考えられるであろう。大宰府から派遣された役人が常駐し、彼らが適正な価格での取引を監視していた可能性は十分に考えられるであろう。すでに述べたように、金泰廉一行七〇〇余人のうち、上京を許されたのは少数で、大半は博多津付近にとどまって上京組の戻るのを待っていた。その一部は鴻臚館に滞在したにしても、大半は船上もしくは波打ち際生活を送ったと推測される。そしてこの間、彼らのもたらした貨物を地元で取引したことは十分に考えられる。つまり、博多遺跡群南部遺構や遺物の示す状況はおそらく八世紀半ばにさかのぼることができると思われる。そしてそこが潤清ら滞日新羅商人の鴻臚館以外の取り引きの現場として用いられていたのであろう。こうした発掘によって得られた状況と、先の文献にみられる新羅人潤清らの活動をあわせて考えると、鴻臚館から退去させられた新羅人は、博多津に「新羅坊」を形成し、貿易に従事していたと考えられるのである。その場所はやがて宋人の集住する「唐房」へと進展すると推測されるのである。

そしてこの博多津の「新羅坊」は八四二年に鴻臚館利用を認められなくなってから形成されたのではなく、すでにそれ以前から「新羅」貿易の場として機能していたものと思われる。【史料5・6】にあらためて注目すれば、新羅人の入国を一切禁止するよう申し入れた大宰府に対して、「新羅」商人の鴻臚館の利用は認めないが、貿易は許すとしていることである。鴻臚館以外に対新羅貿易の場が確保できているからこその措置であろう。換言すれば、貿易を継続できる場が他にあったから鴻臚館の利用を拒絶したとみなされるのであり、したがって博多津「新羅坊」は、それより以前から形成されていたと考えられるのである。

五　鴻臚館の武装化と日本・新羅関係

張宝高に関わる一連の出来事は新羅に対する警戒心を一層強め、日本の国防体制にも影響を与えていることをすでに述べたが、鴻臚館の性格にも大きな変化をもたらすことになった。防人制の廃止以来、大宰府には統領・選士が配され、緊急に備えているが、やがて鴻臚館にも兵士が常駐し、武器が配備されるようになる。つまり鴻臚館が平和的外交交流の象徴から、国防の最前線へと変貌を遂げるのである。その時期について通説では天長三年（八二六）に大宰府管内に統領・選士が置かれた際に鴻臚館にも選士らが配備されたとされている。たとえば、「貞観十一（八六九）年に、新羅の賊船二隻に筑前国那珂郡荒津まで進入され、なす術もなく取り逃がしたのは、鴻臚館に上番警固していた選士一〇〇人たちであった」（『太宰府市史』通史編Ⅰ八一四～八一五頁）といったように、貞観十一年の新羅海賊来襲以前から鴻臚館に選士が配備されていたとされているのである。しかし、このような見解には再考の余地があると思われる。鴻臚館がいつから国防の最前線となるのか、その性格の変化を考える上で重要な論点となる問題であるので、あらためて鴻臚館の武装化の経緯について考えてみたい。まず主な史料を挙げると、次の如くである。

【史料12】『日本三代実録』貞観十一年（八六九）十二月二十八日辛亥条（内容が二つの項目に分かれるので、便宜的に①②と分けて記載する）

遣従五位上守右近衛少将兼行大宰権少弐坂上大宿祢瀧守於大宰府、鎮護警固。勅曰、鎮西者、是朕之外朝也。千里分符、一方寄重。況復隣国接壌、非常叵期。今聞、大鳥示恠、亀筮告寇。機急之備、豈令暫輟哉。宜令瀧守勾当縁警固之事。是日、瀧守奏言、

①所以置選士設甲冑者、本為備警急護不虞也。謹検、博多是隣国輻輳之津、警固武衛之要。而埆与鴻臚相去二駅。若兵出不意、倉卒難備。請移置統領一人・選士卌人・甲冑卌具於鴻臚。

②又謹検、承前、選士百人、毎月番上。今以尋常之員、備不意之禦、恐機急之事、実難支済。請例番之外、更加他番統領二人・選士百人。

詔並従之。

〔読み下し〕

従五位上守右近衛少将兼行大宰権少弐坂上大宿祢瀧守を大宰府に遣はし、鎮護警固せしむ。勅して曰く、鎮西は是れ朕之外朝也。千里符を分かち、一方重きを寄す。況や復た隣国壌を接し、非常期し叵し。今聞く、大鳥恠を示し、亀筮寇を告ぐ。機急之備へ、豈に暫しも輟めしめん哉。宜しく瀧守に警固に縁るの事を勾当せしむべし、と。是日、瀧守奏言すらく、

①選士を置き甲冑を設くる所以は、本より警急に備へ不虞を護らんが為なり。謹んで検するに、博多は是れ隣国輻輳之津、警固武衛之要なり。而るに埆と鴻臚と相去ること二駅。若し兵不意に出れば、倉卒に備へ難し。請ふ、統領一人・選士卌人・甲冑卌具を鴻臚に移し置かんことを。

②又た謹んで検するに、承前、選士百人、月毎に番上す。今尋常之員を以て不意之禦ぎに備ふ。恐らくは機

急之事、実に支済し難からん。請ふ、例番之外、更に他番の統領二人・選士百人を加へんことを、と。詔して並に之に従ふ。

【史料13】『類聚三代格』巻十八　貞観十一年（八六九）十二月二十八日太政官符二通

①太政官符

応統領一人・選士卌人・甲冑卌具遷置鴻臚館事

右、大宰権少弐従五位上坂上大宿祢瀧守解状偁、所以置選士設甲冑者、本為備警急、護不虞。而今検案内、博多是隣国輻湊之津、警固武衛之要也。而墎与鴻臚相去二駅。若有客兵出於不意、何以応於急遽。望請、依件遷置、以備禦侮者、大納言正三位兼行皇太子傅藤原朝臣氏宗宣、奉　勅、依請。

貞観十一年十二月廿八日

〔読み下し〕

①　応に統領一人・選士四十人・甲冑四十具を鴻臚館に遷し置くべきの事

右、大宰権少弐従五位上坂上大宿祢瀧守解状に偁く、「選士を置き甲冑を設ける所以は、本より警急に備へ不虞を護らんが為なり。而るに今案内を検するに、博多は是れ隣国輻湊之津、警固武衛之要也。而るに墎と鴻臚と相去ること二駅。若し客兵の不意に出る有れば、何を以てか急遽に応ぜん。望み請ふらくは、件に依り遷し置き、以て禦侮に備へんことを」者、大納言正三位兼行皇太子傅藤原朝臣氏宗宣す、勅を奉はるに請に依れ、と。

②太政官符

応例番外加役他番統領二人・選士百人事

右、大宰権少弐従五位上坂上大宿祢瀧守解状偁、検案内、選士百人、毎月番上。而今以平常之員、備不意之禦、恐機急難支、後悔無及。望請、例番之外、更加件員、置之鴻臚館、為不虞之備者、大納言正三位兼行皇太子傅藤原朝臣氏宗宣、奉　勅、依請。

貞観十一年十二月廿八日

〔読み下し〕

②　応に例番の外、他番統領二人・選士百人を加役すべきの事

右、大宰権少弐従五位上坂上大宿祢瀧守解状に偁く、「案内を検するに、選士百人、月毎に番上す。而して今平常之員を以て不意之禦ぎに備ふ。恐らく機急支へ難く、後悔及ぶ無し。望み請ふらくは、例番之外、更に件の員を加へ、之を鴻臚館に置き、不虞之備へと為さん」者、大納言正三位兼行皇太子傅藤原朝臣氏宗宣す、勅を奉はるに請に依れ、と。

【史料14】『類聚三代格』巻十八　貞観十二年（八七〇）正月十五日太政官符

応甲冑并手纏・足纏各一百十具遷置鴻臚館事

右、依太政官去年十二月廿八日下大宰府符旨、例番之外、更加他番統領二人・選士百人、置鴻臚館訖。右大臣宣、奉　勅、有人無兵、何備機急。宜依件遷置。

〔読み下し〕

応に甲冑幷びに手纏・足纏、各おの一百十具を鴻臚館に遷し置くべきの事

右、太政官去年十二月廿八日大宰府に下せる符旨に依り、例番之外、更に他番の統領二人・選士百人を加へ、鴻臚館に置き訖んぬ。右大臣宣す、勅を奉はるに、人有るも兵（武具）無くば、何ぞ機急に備へん。宜しく件に依りて遷し置くべし、と。

以上の記事に関連する史料を加えて年表にまとめると、次の如くなる。

○天長三年（八二六）
十一月三日　大宰府管内諸国の兵士を廃して、統領・選士を置く。大宰府には、統領八人・選士四〇〇人を配す。四番（四班）に分かれ、毎月交替で勤務。一番は統領二人・選士一〇〇人。

○貞観十一年（八六九）
五月二十二日　新羅の海賊が博多津（荒津）に停泊中の豊前国年貢の絹綿を奪い逃走。
十二月五日　鴻臚中嶋館・津厨等保護のため、夷俘を要所に配置する。
〃　二十八日　①大宰府配備の統領・選士のうち、統領一人・選士四十人・甲冑四十具を「鴻臚館」に遷し置く。
②大宰府に例番の他、更に統領二人・選士一〇〇人を増員し、これを「鴻臚館」に配備する。

○貞観十二年（八七〇）
正月十五日　甲冑并びに手纏・足纏、おのおの一一〇具を「鴻臚館」に遷し置く。

これらの史料の中で、統領・選士が鴻臚館に配備された経緯を考える上で重要な記述は、【史料12】の次の部分である。

承前、選士百人、月毎に番上す。今尋常之員を以て不意之禦ぎに備ふ。恐らくは機急之事、実に支済し難からん。請ふ、例番之外、更に他番の統領二人・選士百人を加へんことを。

通説が天長三年に鴻臚館にも統領・選士が配備されていたとするのは、〈承前、選士百人、月毎に番上す〉云々とある部分を、以前から鴻臚館に統領・選士が配備されており、海賊事件後、さらに増員されたと理解してのことであろう。しかしながら〈選士百人、月毎に番上す〉とは、天長三年に大宰府に配備された選士四〇〇人が毎月一〇〇人づつ上番したことを述べたもので、その上番先は大宰府そのものであったとみなければならない。この例番の他に統領二人・選士一〇〇人の増員要請が認められ、その増員分の配備先が鴻臚館であったのである。そのことは、【史料13】『類聚三代格』所収官符の②〈例番之外、更に件の員を加へ、之を鴻臚館に置き、不虞之備へと為さん〉、さらに【史料14】の〈右、太政官去年十二月廿八日大宰府に下せる符旨に依り、例番之外、更に他番の統領二人・選士百人を加へ、鴻臚館に置き訖んぬ〉という表現に明らかである。これらの意味するところは、以前から大宰府に置かれている例番の他に、新たに統領や選士を増員し、その増員分を鴻臚館に配備するというものである。

なお、次のような史料もある。

【史料15】『日本三代実録』貞観十五年十二月十七日戊申条
大宰府言、…又府之備隣敵、其来自邈代。而去貞観十一年新羅海賊窃窺間隙、掠奪貢綿。自斯遷運甲冑、安置鴻臚、差発俘囚、分番鎮戍。重復分置統領・選士、備之警守。…名警固田、…。

〔読み下し〕

大宰府言す、…又府之隣敵に備ふるは、其の来るや邈代自りす。而るに去る貞観十一年新羅海賊窃に間隙を窺ひ、貢綿を掠奪す。斯自り甲冑を遷し運び、鴻臚に安置し、俘囚を差発し、分番鎮戍せしむ。重ねて復た統領・選士を分置し、之が警守に備ふ。…名警固田、…。

このように鴻臚館に兵士や武具が配備されるのは天長三年ではなく、新羅の海賊が博多津に出現したことをきっかけとしているのである。新羅に対する警戒心はたしかに早くからみられるが、鴻臚館の武装化は貞観十一年の新羅海賊一件を機に進められたのである。そこで問題となるのは、「鴻臚館」に配備というものの、今日知られるところでは、鴻臚館遺構に一〇〇人もの兵士が常駐するスペースは考えられない。「鴻臚館」の武装化とは鴻臚館遺跡を中心とする周辺の地域を含めて検討していく必要があるであろう。今後の発掘調査に期待したい。

むすび

以上、大宰府鴻臚館遺跡ならびに博多遺跡群の発掘調査の成果を参考に、張宝高時代を中心とする日本・新羅関係について考察を進めてきた。まず、大宰府の鴻臚館は、来日する新羅使を主たる対象としていたこと、日本・新羅外交が冷却化を迎える時期に鴻臚館の増改築が行われていることから、日本側では新羅の対日断交は想定外であったとみられることについて述べた。次に、新羅に対する警戒心から新羅商人の鴻臚館利用を拒否したが、貿易は継続されていたこと、したがって鴻臚館利用拒否の背景にはすでに代替施設や場所が確保されており、そこに新羅商人が集住し、博多津「新羅坊」ともいうべきものが形成されていたと考えられることを論じた。最後に、新羅に対する警戒心はやがて鴻臚館の武装化につながっていくこと、その時期について再検討し、貞観十一年の新羅海賊一件以後であることを明らかにした。大方のご批正を仰ぐ次第である。

参考文献（五十音順）

石井正敏『東アジア世界と古代の日本』（山川出版社、二〇〇三年）
大庭康時「鴻臚館」（『列島の古代史 4 人と物の移動』岩波書店、二〇〇五年）
川添昭二編『よみがえる中世 1 東アジアの国際都市 博多』（平凡社、一九八八年）
佐藤鉄太郎「博多警固所考」「鴻臚館考」（『中村学園研究紀要』二六、一九九四年）
太宰府市史編集委員会『太宰府市史 通史編I』（太宰府市、二〇〇五年）
田中史生「承和期前後の国際交易――張宝高・文室宮田麻呂・円仁とその周辺」（『『入唐求法巡礼行記』に関する文献校定および基礎的研究』文部科学省科学研究費補助金研究成果報告書、二〇〇五年）
福岡市教育委員会『史跡 鴻臚館跡』（二〇〇七年）
山崎雅稔「承和の変と大宰大弐藤原衛四条起請」（『歴史学研究』七五一、二〇〇一年）
渡邊誠「承和・貞観期の貿易政策と大宰府」（『ヒストリア』一八四、二〇〇三年）

8　貞観十一年の震災と外寇

はじめに

三・一一東日本大震災から一年を経た今もなお、仮設住宅暮らしを余儀なくされている方々がおり、行方不明者の捜索が続いている。被災された方々に一日も早い平穏が訪れることを切に願っている。

大震災後、俄然注目されているのが、今からおよそ一一五〇年前の貞観十一年五月（八六九年七月）に、今回とほぼ同じ地域を襲った地震ならびに津波で、年号をとって貞観地震あるいは貞観津波とよばれている。『日本三代実録』にあるその記事は臨場感にあふれたもので、大震災当日、筆者が大学から帰宅途中の多摩センター駅で電車の復旧を待つ間見入っていたテレビ画面の、尋常とは思えない津波襲来を彷彿させるものがある。しかしこの記事自体は震災の具体的な記録として早くから注意されていた。特にここ数年、地質・地震学者による調査・研究が進められ、地震の規模はマグニチュード八・四以上、津波の痕跡が仙台平野を中心とする内陸部まで広範囲にわたることを明らかにし、もし今、同規模の地震がおこれば大きな被害をもたらすとのデータを作成して、国や自治体に注意を喚起し、防災対策を求めていた。しかし有効な対策が講じられないまま、その日を迎えてしまったのである。決して「未曾有」の地震、「想定外」の津波ではなかった。大震災後、歴史学の分野からも、災害史の研究はこれまでも相当に進められてはいるが、かならずしも自然科学研究との連携が十分ではなかったという反省を込めて、多くの研究者があらためて貞観地震について論じている。筆者もその一人であるが、特に筆者が注目するのは、陸奥の震災とほぼ同じ頃北九州（博多）で起きた新羅海賊事件である。天災と外寇という視点から見たとき、まさに今の日本の置かれている国内情勢・国際環境と重なってみえるからである。今回筆者に与えられた課題は貞観地震に関わる文献史料の紹介ということであるので、すでに述べたことと重複するところもあるが、以下に基本史料を取り上げ、解説を加えることにしたい。なお柳澤和明氏（柳澤二〇一一）が多賀城周辺の罹災から復興までを、発掘成果によりながら簡潔にまとめられており、また詳細な文献目録も付されているので、ぜひ参照していただきたい。

【貞観十一年（八六九）災害年表】（※ユ暦はユリウス暦、グ暦はグレゴリオ暦）

正月：一日、元日の朝賀を中止。前年末に左大臣源信が死去したことによる。

二月：四日、地震。〇廿九日、地震。◎是月、霖雨《ながあめ》。

三月：三日、陰陽寮、今夏、疾病あるべきことを予言。神仏に祈願。〇八日、雷電暴雨。

五月：五日、端午の節を中止。〇廿二日、新羅の海賊が博多津に停泊中の豊前国の年貢船を襲い、絹綿を奪って逃走。大宰府、兵士に追わせるが取り逃がす。〇廿六日（ユ暦七月九日、グ暦七月十三日）、陸奥国で大地震発生（貞観地震）。

六月：十七日、伊勢神宮に奉幣。旱が続くため、雨を祈る。〇廿六日、清和天皇、旱害は朕の不徳の致すところとして常膳を減じ、また諸国の租税を減免する。
七月：二日、太政大臣藤原良房ら上表し、俸禄の減免を願い出て許される。〇七日、地震。〇八日、大和国の河岸が崩れ、中から鏡が出土する。〇十三日、大内裏武徳殿前の松に落雷。〇十四日（ユ暦八月二十五日、グ暦八月二十九日）京都風雨。肥後国大風雨。〇十八日、紫宸殿に僧を招き大般若経を転読させる。
八月：廿六日、京都に暴風雨。
九月：七日、検陸奥国地震使を任命。〇九日、重陽宴を中止。秋稼稔らざるによる。〇廿五日、地震。
十月：六日、雷雨。〇十三日、検陸奥国地震使の派遣にあたり、被害者救済策について指示する。〇廿三日、大宰府に肥後国の被害者救済策について指示する。
十一月：三日、雷電風雨。〇廿一日、安芸国の旱害により田租を減免する。
十二月：十三日、地震。〇十四日、伊勢神宮に奉幣。新羅海賊・肥後地震・陸奥地震等について奉告。〇十七日、新羅海賊に加え、大宰府庁舎に大鳥が集まる怪異について、陰陽寮、新羅兵寇の予兆と占う。肥後の風水・陸奥の地震等により、全国の神社に奉幣して防禦を祈る。〇廿三日、地震。〇廿五日、諸国に命じて、地震風水害に謝し隣兵入寇を払うため、三日間金剛般若経を転読させる。〇廿八日、大宰府の防衛を強化し、鴻臚館に兵士と武器を配備する。〇廿九日、石清水八幡宮に奉幣。新羅海賊・肥後地震・陸奥地震等について奉告。
※十二年二月十五日、宇佐八幡宮・香椎廟・宗像神・甘南備神に奉幣し、また仁明・文徳・神功三山陵に使者を派遣する。震災に謝し、新羅寇賊の退散を祈念する。

一　貞観十一年の主なできごと

清和天皇の治政で、藤原良房が摂政を務める貞観十一年という年は災害の多い年であった（前掲【貞観十一年災害年表】参照）。年表に知られるように、恒例の朝賀儀式を自粛することから始まっている。前年末に左大臣源信が没したことによる措置であるが、この年の行く末を暗示しているようである。旱害・地震そして外寇と、災難が相次いでおり、年末に伊勢神宮ならびに宇佐八幡宮に奉幣した際の告文に、この一年が凝縮されている。告文では、五月の新羅海賊事件と陸奥国の地震・津波、七月の肥後国の「地震風水」をあげている。肥後の災害については、七月十四日条では「肥後国大風雨。飛〻瓦抜〻樹、……」、十月二十三日条では「肥後国迅雨成〻暴、……」とあり、地震を思わせる記述はなく、時期的にみて台風による大水害と思える。しかし両宮への告文では「地震風水」と明記されている。昨年（二〇一一年）は三月十一日に引き続き、各地で地震が頻発しているが、熊本でも十月五日（旧暦九月九日）には菊池市で震度五強、マグニチュード四・五という大きな地震が起きている。『日本三代実録』の記事に符合しているかのようである。

そして一見無関係に思える東北陸奥の震災と北九州の新羅海賊事件とが、実は深く結びつくのである。すなわち新羅海賊が出現した際、大宰府管内に居住する新羅人を共謀の嫌疑で身柄を拘束し、分散して国内に移住させた。陸奥にも一団が移された。その中に瓦づくりの技術を持つ者がおり、震災後に設けられた陸奥復興のための「陸奥国修理府」に配属し、被災した建造物の再建に用いる瓦の製作に従事させたのである。こうして、同年同月に起こった東北の震災と北九州の外寇が、強い関連で結ばれることになるのである。

二　基本史料

1　地震の発生と津波の襲来

貞観地震について具体的に伝える史料は次のごとくである。

【史料1】『日本三代実録』貞観十一年五月二十六日癸未条(1)

陸奥国地大震動。流光如レ昼隠映。頃之、人民叫呼、伏不レ能レ起。或屋仆圧死、或地裂埋殪。馬牛駭奔、或相昇踏。城墎・倉庫、門櫓・墻壁、頽落顚覆、不レ知二其数一。海口哮吼、声似二雷霆一。驚涛涌潮、泝洄漲長、忽至二城下一。去レ海数十百里、浩々不レ弁二其涯涘一。原野道路、惣為二滄溟一。乗レ船不レ遑、登レ山難レ及。溺死者千許。資産・苗稼。殆無二孑遺一焉。

〔読み下し文〕（　）内の数字は語注の番号

陸奥国①、地大《おお》いに震動す。流光、昼の如く隠映②す。しばらくして人民叫呼《キユウコ》し、伏して起つ能《あた》はず。或は屋仆《たお》③れて圧死し、或は地裂《さ》けて埋殪《マイエイ》④す。馬牛駭奔《ガイホン》⑤し、或は相ひ昇踏《シヨウトウ》す。城墎《ジヨウカク》・倉庫、門櫓・墻壁《シヨウヘキ》、頽落《タイラク》し顚覆《テンプク》すること、其の数を知らず⑥。海口⑦、哮吼《コウコウ》⑧し、声、雷霆《ライテイ》⑨に似たり。驚涛《キヨウトウ》、涌潮《ヨウチヨウ》し、泝洄漲長《ソカイヨウチヨウ》して、忽《たちま》ち城下に至る⑩。海を去ること数十百里⑪、浩々《コウコウ》として其の涯涘《ガイシ》⑫を弁ぜず。原野・道路、惣《すべ》て滄溟《ソウメイ》⑬と為る。船に乗るに遑《いとま》⑭あらず、山に登るも及び難し。溺死する者千許《ばか》り。資産・苗稼《ビヨウカ》⑮、殆《ほと》んど孑遺《ケツイ》⑯無し。

〔語注〕

①陸奥国　陸奥国府は多賀城に置かれていた。②隠映　断続的に光り輝く。③仆　倒。④埋殪　生き埋めになること。殪は死。⑤駭奔　驚き走り回ること。⑥城墎・倉庫…其の数を知らず　多賀城の被害。⑦海口

港。⑧哮吼　たけりほえること。⑨雷霆　雷。⑩驚涛…忽ち城下に至る　驚涛は怒濤、涌潮は高波、泝洄は遡上、漲長はあふれること。多賀城下まで津波が押し寄せた。⑪数十百里　実数ではなく相当の距離・面積を示す、驚きを込めた表現。⑫涯涘　海と陸の境。⑬滄溟　大海原。⑭遑　余裕。⑮苗稼　作物。⑯孑遺　残り。

〔現代語訳〕

陸奥国で（この日の夜）大きな地震があった。流れるような光があり、ぴかぴかと断続的に闇夜を昼の如く照らした、と思ったら、間もなく（大きな揺れがあり）人々は叫び声をあげ、起とうとしても立ち上がることができなかった。或る者は倒れた建物の下敷きになって圧死し、或る者は地割れに落ちて生き埋めになってしまった。馬や牛は驚いて逃げまどい、互いに踏みつけあう有様であった。陸奥国府である多賀城の城郭や倉庫、門や櫓や築地塀の多くが倒壊し、崩れ落ちてしまった。港は猛り狂うようなうなり声をあげ、その音はまるで激しい雷鳴の如くであった。海水が怒濤のように湧き上がり、（大津波となって）陸に駆け上がるように覆い尽くし、あっと言う間に多賀城下まで押し寄せた。海岸から遠く離れた城下まで、見渡す限り海水に覆われ、どこまでが海なのか陸なのか分からない。原野も道路も、すべて大海原となってしまった。船に乗って逃げようとしてもその余裕が無く、山に登ろうとしても間に合わず、（大津波に呑み込まれて）溺死する者は千人にも及んだ。資産も作物も（全て失われ）殆んど残るものはなかった。

〔解説〕

五月二十六日の夜、陸奥国で地震が起こった。〈常に異なる〉大きな地震（史料5——十二月の伊勢神宮への告文）であった。地震と津波により、陸奥国府多賀城およびその周辺の建物は損壊し、多数の死者を出す大きな被害を受けた。東日本大震災では地震発生から津波襲来までの時間は三〇分ほどであったという。したがって貞観地震の際は夜明け前に津波に襲われた可能性が高い。人も牛馬も暗闇で逃げまどったことであろう。史料1は、多賀城ならびにその周辺の状況を伝えているだけであるが、実際には地震・津波の被害は広範囲にわたっている。おそらくこの記事は陸奥国司から届けられた第一報であったと思われる。なお〈流光、昼の如く隠映す〉とは、大きな地震の前触れとして現れる、いわゆる宏観異常現象と呼ばれるものであるが、その原因はわからない。

2　現地に派遣する使者を任命

陸奥国から震災の情報がいつ朝廷に届いたのかは明らかでないが、地震被害の実情調査し救済にあたるための使者が任命されたのは、地震が起きてから三ヵ月余を経た九月七日のことであった。

【史料2】『日本三代実録』貞観十一年九月七日辛酉条

以㆓従五位上行左衛門権佐兼因幡権介紀朝臣春枝㆒為㆓検陸奥国地震使㆒。判官一人。主典一人。

この後、紀春枝一行が現地に向けて出発するのはそれからさらに一ヵ月後のことである（史料3）。地震の発生から現地への使者派遣に至るおよそ四～五ヵ月を、早いとみるか、遅いというべきか、何とも判断は難しいが、陸奥国司は公式令国有瑞条「凡国有㆓大瑞及軍機・災異・疫病・境外消息㆒者、各遣使馳駅申上」の規定に基づき、震災発生後できるだけ早く馳駅して言上したに違いない。今回の大震災にあたって交通網が寸断され、マヒに陥ったように、道路事情が悪く、人（使者）以外に情報伝達の手段がなかった貞観当時にあっては、報告までに相当の困難があったに違いない。発掘調査によれば、多賀城外郭南門から南に延びる大路等に破損のあとがみえるという。現地情報はなかなか朝廷に伝わらなかったのではなかろうか。

「検陸奥国地震使」は単に被害状況を視察するだけでなく、次にあげる十月十三日の詔で指示されているように、現地の国司と協力して、被害状況に応じた救済策を講じる現地責任者として臨む使命を帯びている。

3　被災者に対する救済策

使者の任命から一ヵ月後の十月十三日に具体的な救済策を含む詔が出されている。これを受けて検陸奥国地震使紀春枝一行は現地へと出発したのであろう。詔を四つの段落に区切って示す。

【史料3】『日本三代実録』貞観十一年十月十三日丁酉条

①詔曰、羲農異レ代、未レ隔二於憂労一。尭舜殊レ時、猶均二於愛育一。豈唯地震二周日一、姫文於レ是責レ躬。旱流二殷年一、湯帝以之罪レ己。

②朕以二寡昧一、欽二若鴻図一。修レ徳以奉二霊心一、莅レ政而従二民望一。思レ使下率土之内、同保二福於遂生一、編戸之間、共銷中災於非命上。而恵化罔レ孚、至誠不レ感。上玄降レ譴、厚載虧レ方。

③如聞、陸奥国境、地震尤甚。或海水暴溢而為レ患、或城宇頽圧而致レ殃。百姓何辜、罹二斯禍毒一。憮然媿懼、責深在レ予。

④今遣下使者一、就布中恩煦上。使与二国司一、不レ論二民夷一、勤自臨撫。既死者尽加二収殯一、其存者詳崇二振恤一。其被害太甚者、勿レ輸二租調一。鰥寡孤〔独〕、窮不レ能二自立一者、在所斟量、厚宜二支済一。務尽二矜恤之旨一、俾レ若二朕親覿一焉。

〔読み下し文〕（　）内の数字は語注の番号

①詔して曰く、羲《ギ》・農《ノウ》、①代を異にするも、憂労②を隔てず。尭《ギョウ》・舜《シュン》、③時を殊《こと》にするも、猶《な》ほ愛育を均《ひとし》くす。豈に唯だ地は周の日にのみ震《ふる》はむや。姫文《キブン》、是に於いて躬《みずか》らを責む。④旱は殷《イン》の年にも流《めぐ》る。湯帝、以て己を罪す。⑤

②朕、⑥寡昧《カマイ》⑦を以て、鴻図《コウト》を欽若《キンジャク》す。⑧徳を修めて以て霊心⑨を奉じ、政に莅《のぞ》⑩みて民の望みに従ひ、率土《ソツト》⑪之内、同じく福を遂生《スイセイ》⑫に保ち、編戸⑬之間、共に災いを非命⑭に銷《け》⑮さしめんと思ふ。而るに恵化《ケイカ》⑯孚《まこと》⑰罔《な》く、至誠感ぜず。上玄⑱譴《せめ》⑲を降し、厚載⑳方《みち》を虧《か》く。㉑

③如聞《きくならく》、陸奥国の境、㉒地震尤も甚しく、或は海水暴溢《ボウイツ》して患を為し、或は城宇頽圧《タイアツ》して殃《わざわい》㉓を致すと。百姓何の辜《つみ》㉔ありて、斯《こ》の禍毒《カドク》に罹《かか》る。憮然として媿《は》ぢ懼《おそ》る。責め深く予㉕に在り。

④今使者を遣はして、就て恩煦《オンク》㉖を布《し》かしむ。使、国司とともに、民夷を論ぜず、㉗勤めて自ら臨撫し、既に死せる者は尽く収殯《ことごとシユウヒン》㉘を加へ、其の存する者には詳《あま》ねく賑恤《シンジュツ》㉙を崇《かさ》㉚ねよ。其の害を被《こうむ》ること太甚なる者には、租調を輸《いた》さしむる勿れ。鰥寡孤独《カンカコドク》㉛の、窮して自立能《あた》はざる者には、在所に斟量《シンリョウ》して、厚く支へ済《たす》くべし。務めて矜恤《キョウジュツ》㉜之旨を尽くし、朕親《みづか》ら覩《み》るが若《ごと》くならしめよ。

〔語注〕

①羲・農　羲は伏羲、農は神農。いずれも中国神話伝説にみえる帝王。②憂労　人民を労る気持ち。③尭・舜　いずれも伝説上の聖王。④豈に唯だ……躬らを責む　姫文は周の名君文王。地震が起こった際、文王が自らの不徳を責めたという故事。⑤旱は……己を罪す　殷の湯王が旱が続いた時、一心に祈禱して雨を得たという故事。⑥朕　清和天皇。⑦寡昧　徳が薄いこと。⑧鴻図を欽若す　鴻図は王者の大きなはかりごと、ここでは皇位。欽若はつつしみて順うこと。⑨霊心　上天の心。⑩莅　臨む。⑪率土　天下。⑫遂生　生命を全うすること。⑬編戸　人民。⑭非命　天命を全うしないこと。⑮銷　消。⑯恵化　恩恵教化。⑰孚

信（まこと）。⑱上玄　天。⑲譴　譴責。⑳厚載　地。㉑方を虧く　虧は損、毀。方は道。㉒陸奥国の境　国境ではなく、陸奥国内の意味。㉓殃　災。㉔辜　罪。㉕予　自分。ここでは清和天皇。㉖恩煦　恩恵。㉗民夷を論ぜず　公民も蝦夷も区別なく。㉘収殯　埋葬。㉙賑恤　施し恵むこと。㉚崇　重ねる・積む。㉛鰥寡孤独　鰥は六十一歳以上で妻がいない者、寡は五十歳以上で夫がいない者、孤は十六歳以下で父がいない者、独は六十一歳以上で子がいない者をいい、賑給などの対象となった。㉜矜恤　あわれみ恵む。

〔現代語訳〕

①詔して曰く、伏羲と神農は天下を治めた時代は異なるが、人民の憂いを労《いたわ》ることにおいて変わりはない。聖王尭と舜も同じく時代は異なるが、等しく人民の愛育に努めている。地震は周の時代のみに起こるわけではないが、それでも文王は天子の不徳によるものと、自らを責めている。また旱は殷の時代にも起こっており、湯帝は、その責任はみずからにあるとしている。

②朕（清和天皇）は薄徳にもかかわらず皇位を継承した。徳を修め、霊心を奉じ、政治は人民の希望にかなうようにと思い、天下の万民が幸福で、災いのない世にしたいと願っている。しかし人民に恩恵を施し、教化するという（朕の）努力は天に伝わらず、天は譴責し、大きな地震による被害をもたらしめた。

③聞くところによれば、陸奥国の地震は非常に激しいもので、あるいは津波に襲われ、あるいは多賀城をはじめとする建物が倒壊して被害を出しているという。いったい百姓に何の辜があってこのような被害に遭うのか。その責任は予にあり、百姓にあるのではない。憮然として愧じおそれるばかりである。

④今使者を現地に派遣して救済策を講じる。使者は国司とともに、民・夷を区別することなく、自ら被害者のもとを訪ね、死者は埋葬し、生存者については手厚く保護を加え、特に甚大な被害を受けた者には租調を免除せよ。また鰥寡孤独といった、自立できない困窮者については、状況に応じて対応し、救済措置を

取れ。使者は、朕が自ら現地に臨んで人民を救済するのと同じ態度で対応せよ。

〔解説〕

旱害・洪水・地震などの災異が起こると、その対策を指示する詔が出されるのが常である。そこで示されるのは、徳政・善政が行われていれば天は祥瑞を示し、悪政であれば災異を表すという考え方、いわゆる天人相関思想に基づいている。その構成はほぼ同一である。史料3を例にあげれば次のようになる。

①中国の故事――天子たる者、常に人民を思い、災異が生じた時には自らの不徳を責める。周文王・殷湯王いずれの故事も、『日本書紀』編纂以来、日本で参考にされている中国類書の代表『芸文類聚』巻一二・帝王部二に「韓詩外伝」「帝王世紀」をそれぞれ出典として記述されている。

②不徳を愧じる――自分は徳がないにもかかわらず皇位を継いだ。徳を修め、人民の平穏を実現しようと努めてはいるが、いまだ努力が足りず、その思いが天には届かず、天は災いを降した。

③被害状況――陸奥国では大きな地震が起こり、無辜の民が被害を被っているという。すべて自分の責任である。

④具体的な救済策――今、勅使を派遣する。使者は現地の官吏とともに、救済にあたり、被害状況に応じて租税を減免するように。そして朕が現地に臨むと同じ態度・気持ちで対応するようにせよ。

時に順序が入れ替わっている場合があるが、およそこうしたパターンで構成されている。そして注目される文言は、〈民夷を論ぜず〉である。民夷と類似の表現に民狄などがあり、災異に際して出される詔勅では常套句となっている。(2) 民は編戸の民つまり公民であるが、夷は蝦夷か夷俘か、いくつかの意見がある。広大な陸奥国の領域にはとうぜん朝廷に取り込まれていない人々も存在した。被害を受けた者については、公民も蝦夷も分け隔てなく救済するという方針を示したものと理解される。ただし『続日本後紀』承和八年七月癸酉（五日）条にみえる、伊豆国地震に際して出された勅に、「夫化之所レ被、無レ隔二華夷一。悪之攸レ覃、必該二中外一。宜下不レ論二民夷一、普施中優恤上」とある。伊豆国に蝦夷や俘囚が配されたという記録は、管見では見あたらない。またいたとしても少数であろう。とすれば「不レ論二民夷一」という文言は天下万民を指す中華的表現であり、天下に徳政を施すという意味合いもあると考えてよいのではなかろうか。

4　復興への道――「陸奥国修理府」の設置と新羅人

現地に使者を派遣して被害者の救済にあたる一方、東北支配の拠点である多賀城の復興は緊急の課題となった。これより先、天長七年（八三〇）正月に出羽で地震が起きた際、秋田城は大きな被害を受けた。鎮秋田城国司は第一報で、「大地震動、響如二雷霆一。登時、城墎官舎、幷四天王寺丈六仏像・四王堂舎等、皆悉顛倒。……」と被害状況を述べた後、「夫辺要之固、以レ城為レ本。今已頽落、何支二非常一。仍須下差二諸郡援兵一、相二副見兵一備中不虞上」と、日本海側で蝦夷との境界の最前線に位置している秋田城が損害を受けたことにより、不測の事態に備えて援軍を要請している（『類聚国史』巻一七一・地震・同年正月癸卯条）。陸奥も同様の事情にあったであろう。鎮守府機能が北方の胆沢城に移されたとはいっても多賀城は東北支配の要である。朝廷では「陸奥国修理府」を設けて急ピッチで復興をはかることになる。「陸奥国修理府」がいつ設置されたかは明らかでないが、その存在を伝える史料は震災翌年の次の記事である。

【史料4】『日本三代実録』貞観十二年（八七〇）九月十五日甲子条

遣下二新羅人廿人一、配中置諸国上。清倍・鳥昌・南巻・安長・全連五人於武蔵国。僧香嵩・沙弥伝僧・関解・元昌・巻才五人於上総国。潤清・果才・甘参・長焉・才長・真平・長清・大存・倍陳・連哀十人於陸奥国。勅、潤清等処下於彼国人掠二取貢綿一之嫌疑上。須下加二重譴一以粛中後来上。然肆レ眚宥レ過、先王之義典。宜下特加二優恤一安二置彼国沃壌之地一、令上レ得二穏便一。給二口分田・営種料一、幷須三其等事一依二先例一。至二于種蒔秋獲一、並給二公粮一。……潤清・長焉・真平等、才長二於造瓦一。預二陸奥国修理府料造瓦事一、令下長二其道一者相従伝習上。

〔読み下し文〕（ ）内の数字は語注の番号

新羅人廿人を諸国に配置せしむ。清倍・鳥昌・南巻・安長・全連五人を武蔵国に、僧香嵩・沙弥伝僧・関解・元昌・巻才五人を上総国に、潤清・果才・甘参・長焉・才長・真平・長清・大存・倍陳・連哀十人を陸奥国にす。勅すらく、潤清等、彼の国の人貢綿を掠取する之嫌疑に処す。須く重譴を加へ以て後来を粛すべし。然るに眚《あやまち》①を肆《ゆる》②し、過《つみ》③を宥《ゆる》すは先王之義典④なり。宜しく特に優恤を加へ、彼の国沃壌之地に安置し穏便を得しむべし。口分田・営種料を給ふこと、幷に須らく其れ等の事一に先例⑤に依るべし。種蒔・秋獲に至るまで、並に公粮を給へ。……潤清・長焉・真平等、才造瓦に長ず。陸奥国修理府料造瓦事に預からしめ、其の道に長ずる者、相従ひて伝習せしめよ。

〔語注〕

①眚　あやまち。②肆　緩める。許す。③過　過失。罪。④先王之義典　『尚書』舜典に「眚災肆赦」とみえる。⑤先例　『類聚国史』巻一五九・口分田の天長元年五月己未条に、「新羅人辛良・金貴・賀良・水白等五十四人、安二置陸奥国一。依レ法給レ復、兼以二乗田一充二口分一」とみえる。

〔現代語訳〕

新羅人二十人を諸国に移配する。清倍・鳥昌・南巻・安長・全連ら五人を武蔵国に、僧香嵩・沙弥伝僧・関解・元昌・巻才ら五人を上総国に、潤清・果才・甘参・長焉・才長・真平・長清・大存・倍陳・連哀ら十人を陸奥国に移す。勅すらく、潤清らは、（同郷の）新羅人海賊が貢綿を掠取した事件に関与した嫌疑で身柄を拘束した。本来であれば重罪に処して再発を防止すべきところであるが、過ちや罪を赦すことは王たるもののとるべき姿勢である。そこで特に恩恵を施し、陸奥の肥沃な大地に移住させ、生活を営ませることとする。ついては（天長元年の）先例に従い、口分田・営種料を支給し、また種蒔から秋の収穫に至るまでの生活費として公粮を給え。……潤清・長焉・真平等は瓦製造の技術に長じている。彼らを陸奥国修理府の瓦製造部門に配置し、現地の瓦職人に製造技術を学ばせよ。

〔解説〕

震災の翌年、製瓦技術をもつ新羅人を「陸奥国修理府」に配したという。「陸奥国修理府」の存在を示す史料はこれだけであり、貴重な記事である。そして文中にあるように、彼ら新羅人の移配は震災と同じ五月に起きた新羅海賊一件とかかわっている。新羅人の陸奥移配に至る経緯を事件の発端から示すと、次のようなものである。

『日本三代実録』貞観十一年六月十五日辛丑条に、「大宰府言、去月廿二日夜、新羅海賊、乗二艘一、来二博多津一。掠二奪豊前国年貢絹綿一、即時逃竄。発レ兵追レ之、遂不レ獲レ賊。」とみえる。五月二十二日に博多津に新羅の海賊が現れ、折から停泊中の豊前国の年貢を奪って逃走するという事件が起きた。大宰府はただちに兵士を派遣して追わせたが取り逃がしてしまった。九州防衛の最前線に位置する博多津に海賊の侵入を許し、年貢を奪われ、なおかつ逃走を許してしまったということに、朝廷は大きな衝撃を受け、七月二日には大宰府司を譴責している（『日本三代実録』同日条）。その内容は、①管内諸国の貢調船運搬に際しては単独行動は避けるべきところ、豊前国に単独行動を許したこと、②新羅の海賊に立ち向かった現地の住民がいるのに、大宰府の公式報告では記述がないことの二点を問題とし、さらに③大宰府ならびに管内居住の新羅人を共謀の嫌疑で拘束したというが、拷問を加えることなく、本国に送り返すようにといった指示からなっている。そして拘束した新羅人を本国に送還しようとするが順風を得ないことを理由に、国内に移住させることになり、前掲の強制移住措置がとられたのである。なお貞観十二年[1]二月二十日には、大宰府から、潤清ら新羅人は内応の恐れがあるので、「請准二天長元年八月廿日格旨一、不レ論二新旧一、併遷二陸奥之空地一、絶二其窺覦之奸心一」という要請があり、これを認めている。〈陸奥之空地に遷す〉とあるのは、あるいは地震と津波で被害を受けた地域かも知れない。ここにほぼ同時に北と南で起こった出来事が結びつくことになるのである。

5　伊勢・石清水両宮への奉幣

そして十二月に入り、伊勢大神宮（十二月十四日）・石清水八幡宮（同二十九日）への奉幣が行われた。神前で読み上げられた告文の主文では、およそ三つの出来事をあげている。五月の新羅海賊事件と陸奥国の地震・津波、七月の肥後国の「地震風水」である。両宮への告文はほぼ同文であるので、伊勢大神宮への告文を紹介すると、次の如くである。なお前書きは省略し、本文の必要箇所を段落に区切って紹介する。

【史料5】『日本三代実録』貞観十一年十二月十四日丁酉条

遣二使者於伊勢大神宮一奉幣。告文曰、……

①去六月以来・大宰府度々言上多良久、新羅賊舟二艘、筑前国那珂郡乃荒津尓到来天、豊前国乃貢調船乃絹綿乎掠奪天逃退多利。

②又庁楼・兵庫等上尓、依レ有二大鳥之恠一天、卜求尓、隣国乃兵革之事可レ在止卜申利。

③又肥後国尓地震風水乃災有天、舎宅悉仆顛利。人民多流亡多利。如レ此之災比古来未聞止、故老等毛申止言上多利。

④然間尓、陸奥国又異レ常奈留地震之災言上利多。自余国々毛、又頗有二件災一止言上利多。……

〔読み下し文〕

使者を伊勢大神宮に遣はして奉幣せしむ。告文に曰く、

①去ぬる六月以来、大宰府度々言上したらく、新羅の賊の舟二艘、筑前国那珂郡の荒津に到《いた》来りて、豊前国の貢調の船の絹綿を掠め奪ひて逃退たり。

②又庁楼・兵庫等の上に大鳥の恠あるに依りて、卜《うら》へ求《ま》ぎしに、隣国の兵革《いくさ》の事在るべしと卜へ申せり。

③又肥後国に地震風水の災有りて、舎宅悉に仆《たふ》れ顛《くつが》へり、人民多《さは》に流れ亡せたり。此の如き之災、古来未だ聞かずと、故老等も申すと言上したり。

④然る間に、陸奥国又常に異なる地震之災ひ言上したり。自余の国々も又頗る件の災ひ有りと言上したり。

……

〔語注〕〔現代語訳〕は省略する。

〔解説〕

告文ではまず新羅海賊一件を述べ、さらに大宰府庁舎で起こった怪異が隣国兵寇の兆しであるとの占いが出たことに触れ、ついで肥後の地震、そして陸奥の〈常に異なる〉地震について述べている。そして引用は省略したが、これに続けて〈伝へ聞く、彼の新羅人は……〉と長々と新羅海賊のことについて触れ、〈然れども我が日本の朝は、所謂神明之国なり。神明の助け護り賜はば、何の兵寇か近き来るべき。……若し賊の謀已に熟《な》りて、兵船必ず来べく在らば、境内に入れ賜はずして、逐ひ還し漂ひ没《おぼ》れしめ賜ひて、我が朝の神国と畏れ憚られ来れる故実を澆《み》だし失ひ賜ふな〉と、神の加護によって侵入しようとする敵の退散を願い、我が本朝は神国であり、神明により護られているので、敵国の侵入を許すことはない、といったことが述べ

られている。いわゆる神国思想が顕在化し、高揚する契機となった重要な出来事であることが知られる。告文の大半が新羅対策にさかれているのは、それだけ新羅海賊一件が朝廷に大きな衝撃を与えたことを示している。震災の防止は、神仏に頼ることと為政者の不徳を反省し、常膳を減じたり、減税するといったこと以外に手だてはない。これに対し、隣国新羅の脅威に対しては神仏に頼るだけでなく、大宰府の防衛体制強化がはかられている。兵士の増強とともに、博多津に面して建てられていた、元来迎賓館として機能していた鴻臚館にも兵士を配備し、最前線基地化していることが注目される。(3)

三　発掘と科学的調査の成果

1　貞観地震の規模と津波の範囲

以上、文献史料に知られる貞観地震について見てきたが、多賀城ならびに周辺地域の考古学調査および地質学・地震学の研究により、具体的な被害状況、そして復興の足跡を知ることができるようになった。こうした成果についてはインターネットでも公開されているので、主にそれらを参考に概要を述べることにしたい。

これまでの研究により、貞観地震の規模はマグニチュード八・四以上と推定されている。今回が九・〇であるので、それよりもやや下回るが、大規模地震であることに変わりはない。そして津波の範囲と遡上地点については、津波堆積物の調査から、仙台平野を中心に、北は石巻平野から南は福島県沿岸北部にまで及び、貞観当時の海岸線は、現在よりも約〇・五〜一キロ程度内陸側にあったが、そこから約二〜三キロ前後内陸まで遡上したことが明らかにされている。今回の津波とほぼ重なっているとみてよいであろう。

2　多賀城周辺の地形と構造

『日本三代実録』の記事は多賀城および城下の被害状況について記しているだけで、その他の地域には及んでいない。おそらく現地国司からの第一報を記載したものであろう。震災当時の多賀城ならびに周辺の様子は以下のとおりである。(4)

多賀城は仙台平野を一望できる丘陵の北端を利用した微高地に設けられ、丘陵を取り囲むように約一キロ四方の築地塀や材木塀がめぐらされていた（外郭）。外郭の内部には、中央に方約一〇〇メートルの築地塀に囲まれた、行政の中心である政庁が置かれ（政庁域）、政庁域の周囲の平坦地には、行政の実務にあたる役所や工房などが配置されていた（曹司域）。外郭の外の南に広がる低地には、国守をはじめとする役人の住居などが建てられていた（国府域）。そして主に政庁域における建造物の構造や配置の変化により、創建から衰退期までおよそ四期に分けられている。貞観地震に襲われた時期は第III期にあたり、地震後に再建された第IV期の構造が最後まで続くことになる。

第III期の地震に襲われた頃の構造は、まず築地塀と材木塀とから成る外郭には、南と東・西に門があり、築地塀には数ヵ所に櫓が設けられていた。正門にあたる南門は二階建ての八脚門であった。次に外郭内部中央の政庁域では、南門を入ると、その正面に正殿があり、それを囲むように東西脇殿・後殿・東西楼など、いずれも礎石を用いた立派な建物が整然と配置されていた。政庁域周囲の曹司域は、いくつかの区域に分かれ、役所や工房とみられる掘立柱に庇のついた建物、井戸や竪穴住居などが数多く発掘されている。

そして外郭の外の南に開けた国府域も第III期には町並みを形成するまでになっていた。外郭南門から幅二三メートルの道が北に向かって延び、およそ五〇〇メートルの地点で幅一二メートルの東西道路と交差する。東西道路は東山道の延長上に位置している。この二つの大路が交差する地点を中心にして、さらに小路によって区画する方格地割りが施されていた。ここには国司をはじめ様々な業務に従事する役人、管内諸郡の出張所や工房などが集中しており、行政府多賀城を支える都市の景観を呈していた。

なお、外郭の外は、北を除く地域は低地で、西南には川があり、外郭南面築地塀に沿うように西から東に流れ、外郭南門から南に延びる大路（南北大路）の手前で南に向きを変えて大路に沿って流れ、蛇行して大路を横切るところには橋が架けられていた。そして南に流れる川のその先には潟湖が形成され、海につながっていたという。これらの地形が容易に津波の遡上を招く原因となった。

四　文献史料と調査の結果

これまでの多賀城の調査から知られることを『日本三代実録』の記事に重ねて考えると次のごとくである。

1　被災記事

①「城墎・倉庫、門櫓・墻壁、頽落顚覆、不ㇾ知二其数一」

外郭の築地塀や政庁域・曹司域の建物などが大きな被害を受けたことを伝えている。

②「海口哮吼、声似二雷霆一。驚涛涌潮、泝洄漲長、忽至二城下一」

「城下」とは外郭南面に形成された町並みをさしているとみてよい。低地に展開する町並み、町並みの中を流れる川、その先に広がる潟湖、こういった自然地形により、町並み区域にまで津波が押し寄せたのである。(5)

③「去ㇾ海数十百里、浩々不ㇾ弁二其涯涘一。原野道路、惣為二滄溟一」

外郭南面に広がる町並みや低湿地帯がすべて浸水した情景を述べている。道路の破損も遺構から知られ、津波の激しさを物語っている。

④「乗レ船不レ遑、登レ山難レ及。溺死者手許」

地理的な条件から、津波の襲来もあっという間のできごとで、逃げる時間もなかったことであろう。溺死者一〇〇〇人は、主に外郭南面に形成された町並みに居住していた人々であろう。

2　「陸奥国修理府」と多賀城の復興

震災からの復興に中心的な役割を果たした陸奥国修理府の活動は、行政や防衛のための施設の再建や修理を優先したことであろう。政庁域ではまず暫定的な建物が建てられ、ついで本格的な再建がなされた様子が発掘調査によって明らかにされている。また外郭城外南の東西・南北道路に沿って作られた方格地割りの町並みも、破損した道路を修理し、掘立柱建物も相次いで建て替えられ、復興したとみられている。

遺物の中でも注目されるのが瓦で、第Ⅳ期の建物に用いられた瓦が多賀城の東一キロに位置する多賀城廃寺や現在の仙台市若林区にある陸奥国分寺からも出土している。これらが多賀城と同じく大きな被害を受けたことを示しているのであるが、さらに注目されるのは、第Ⅳ期の瓦の一部にみられる宝相花文軒丸瓦・連珠文軒平瓦である。これらは九州の弥勒寺跡や安楽寺跡で出土した新羅系瓦と類似しているところから、上述した陸奥国修理府に配属された新羅人職人によって生産された瓦とみられている[6]。これも『日本三代実録』の記事を裏付ける重要な発見であろう。

むすび

以上、『日本三代実録』にみえる貞観地震に関連する記事について解説を加えてきた。近年の発掘調査によって、その記述が正確であることが裏付けられるとともに、簡潔な記事に込められた当時の人々の恐怖を感じさせるものがある。今後の調査により、さらに貞観地震・津波の実態が明らかになっていくことであろう。今回の大震災により、日本が地震国であることをあらためて思い知らされた。そしてこれを機会に、震災にかかわる多くの歴史資料の見直しが、歴史学だけでなく、さまざまな分野で始まっている。やや言い古された言葉ではあるが、今こそ学際的な研究が本当に求められているのではないかと感じている。

本論は多くの貴重な研究に依拠しているが、一々については煩雑をさけて注記を省略した。最後にまとめて掲載することをご了解いただきたい。

注

（1）『日本三代実録』の本文については新訂増補国史大系本（初版一九三四年、完成記念版一九六六年、吉川弘文館）により、注釈や訓読については佐伯有義校注「増補六国史」本（初版一九四〇年、朝日新聞社、復刻一九八二年、名著普及会）、武田祐吉・佐藤謙三訳「国文六国史」本（初版一九三五年、大岡山書店、復刻『訓読日本三代実録』一九八六年、臨川書店）を参考にした。

（2）田中聡（一九九七）参照。

（3）石井正敏（二〇一二）参照。

（4）宮城県教育委員会（一九八〇・一九八二・二〇一〇）、高倉敏明（二〇〇八）、進藤秋輝（二〇一〇）、等参照。

（5）柳澤和明（二〇一一）に、当時の地形に浸水想定状況を重ね合わせた図が掲載されている。

（6）宮城県教育委員会（一九八二）三八六頁。

参考文献（五〇音順）
石井正敏（二〇一二）「貞観十一年（八六九）の天災と外寇」（『中央史学』三五）↓本書所収
工藤雅樹（一九六五）「陸奥国分寺出土の宝相華文鐙瓦の製作年代について――東北地方における新羅系古瓦の出現」（『歴史考古』一三）
坂元義種（二〇一一）「『三代実録』にみる貞観地震の実態」（『歴史読本』五六―七）
宍倉正展・澤井祐紀・行谷佑一（二〇一〇）「平安の人々が見た巨大津波を再現する――西暦八六九年貞観津波」『AFERC NEWS』一六）
進藤秋輝（二〇一〇）『古代東北統治の拠点　多賀城』新泉社〈2〉
菅原大助・今村文彦・松本秀明・後藤和久・箕浦幸治（二〇一一）「地質学的データを用いた西暦八六九年貞観地震津波の復元について」（『自然災害科学』二九―四）
菅原大助・今村文彦・箕浦幸治（二〇一一）「貞観地震津波と今回の比較」（「東北大学による東日本大震災1ヵ月後緊急報告会」四月）
高倉敏明（二〇〇八）『多賀城』同成社
田中聡（一九九七）「民夷を論ぜず――九世紀の蝦夷認識」（『立命館史学』一八）
橋本政良（二〇〇五）「古代日本の災異詔勅にみる環境認識」（『環境歴史学の探究』岩田書院）
保立道久（二〇一一）「地震・原発と歴史環境学――九世紀史研究の立場から」（『歴史学研究』八八四）
箕浦幸治（二〇〇一）「津波災害は繰り返す」（『まなびの杜』一六）
宮城県教育委員会・宮城県多賀城跡調査研究所（一九八〇）『多賀城跡　政庁跡・図録編』、同（一九八二）『多賀城跡　政庁跡・本文編』、同（二〇一〇）『多賀城跡　政庁跡・補遺編』、同（二〇一〇）『多賀城跡調査五〇周年記念　多賀城跡――発掘のあゆみ二〇一〇』
柳澤和明（二〇一一）「貞観地震・津波からの陸奥国府多賀城の復興」（「NPOゲートシティ多賀城」ホームページ）

（編者注）

〈1〉　原著は「これに先立つ二月二十日」とあるが、二月二十日は翌年の貞観十二年のことのため「貞観十二年二月二十日」に修正した。

〈2〉　原著は注4に「進藤秋輝（二〇一〇）」と記すも参考文献に進藤論文がなかったため、出版年から当該書と判断した。類似の文献に進藤秋輝『東北の古代遺跡　城柵・官衙と寺院』（高志書院、二〇一〇年）もあり、こちらの可能性もある。

9　貞観十一年の天災と外寇

はじめに

三・一一大地震が発生した時、筆者は大学構内にいた。これまで体験したことのない強く長い揺れに、いわれようもない不安と恐怖とを感じながら、建物の外の階段のてすりにつかまっていた。その後も余震の続く中、帰宅の途についたが、結局その日は多摩センターに設けられた避難所で一夜を明かした。一睡もできなかったが、それでもその後自宅に帰ることはできた。被災し、いまだ仮設住宅暮らしを余儀なくされている方々に、一日も早く平穏な日々が訪れることを心より願っている。

一　東の大地震と西の新羅海賊

今から一一五〇年ほど前の貞観十一年五月二十六日（八六九年七月九日〈ユリウス暦〉、七月十三日〈グレゴリオ暦〉）、今回とほぼ同じ地域を大地震、大津波が襲った。年号をとって貞観地震あるいは貞観津波と呼ばれ、マグニチュードは九・〇前後と推定されている。『日本三代実録』同日条には、

陸奥国、地大《おお》いに震動す。流光、昼の如く隠映す。しばらくして人民叫呼《キユウコ》し、伏して起つ能《あた》はず。或は屋仆《たお》れて圧死し、或は地裂《さ》けて埋殪《マイエイ》す（生き埋めとなる）。馬牛駭奔《ガイホン》し（逃げまどい）、或は相ひ昇踏《シヨウトウ》す（お互いに踏みつけあう）。城墎《ジヨウカク》・倉庫、門櫓・墻壁《シヨウヘキ》、頽落《タイラク》し顚覆《テンプク》（崩れ落ち、倒壊する）すること、其の数を知らず。海口、哮吼《コウコウ》し、声、雷霆《ライテイ》に似たり（海はまるで雷のようなうなり声をあげていた）。驚涛《キヨウトウ》、涌潮《ヨウチヨウ》し、泝洄《ソカイ》漲長《チヨウチヨウ》して（大津波が怒濤の如く陸にかけのぼり）、忽《たちま》ち城下に至る（陸奥の国府多賀城まで押し寄せた）。海を去ること数十百里。浩々《コウコウ》として其の涯涘《ガイシ》を弁ぜず（どこまでが海か分からない）。原野・道路、惣《すべ》て滄溟《ソウメイ》（大海原）と為る。船に乗るに遑《いとま》あらず（船に乗って逃げる時間もなく）、山に登るも及び難し。溺死する者千許《ばか》り。資産・苗稼《ビヨウカ》（農作物）、殆《ほと》んど孑遺《ケツイ》（残るもの）無し。

と記されている。臨場感に溢れた文章で、まさにテレビに映し出される大津波の状況と重なり、胸に迫るものがある。貞観地震については、震災以後、新聞・テレビ等でたびたび取り上げられ、筆者も大学における講義・演習で『日本三代実録』の記事について解説した[1]。地震の専門家や災害の歴史に関心をもつ研究者の間では早くから注目され、有識者からは同地域の防災対策について提言がなされていたが、十分な対応がとられないまま、その時を迎えてしまったのである。無念の思いを抱いている人も少なくない。

この貞観十一年という年は地震の他、旱害もあり、天災に見舞われている。そしてそれだけではない。陸奥の大地震とほぼ同じ時期の五月二十二日に、西では博多津を新羅の海賊が襲い、折から停泊中の豊前国の年貢輸送

船から絹綿を奪って逃走するという事件が起きているのである。『日本三代実録』同年六月十五日辛丑条には、

大宰府言、去月廿二日夜、新羅海賊、乗二艦二艘一、来二博多津一。掠二奪豊前国年貢絹綿一、即時逃竄。発レ兵追レ之、遂不レ獲レ賊。

とあり、七月二日には、勅して、〈唯に官物を亡失するのみに非ず、兼ねて亦た国威を損辱す。之を往古に求むるに、未だ前聞有らず。後来に貽すに、当に面目無かるべし〉と述べ、海賊を取り逃がした大宰府官の不手際を譴責している（『日本三代実録』同日条）。

大震災による被害だけでなく、対外的にも大きな問題を抱える状況は、筆者には内外多端な現在の日本を取り巻く環境と重なってみえる。貞観地震については、多くの研究があるのでそれらに譲り、ここでは貞観十一年におけるもう一つの大きなできごとである、新羅海賊のもたらした波紋について述べることにしたい(2)。

二　貞観十一年のできごと

さて、清和天皇の治政で、藤原良房が摂政を務める貞観十一年は、恒例の朝賀儀式を自粛することから始まっている。前年末に左大臣源信が没したことによる措置であるが、この年の行く末を暗示しているようである。そして年末に伊勢大神宮（十二月十四日）・石清水八幡宮（同二十九日）への奉幣が行われた。神前で読み上げられた告文に、この年の全てが凝縮されている。両宮への告文はほぼ同文であるので、伊勢大神宮への告文を紹介すると、次の如くである（『日本三代実録』同日条(3)）。

告文ではまず、新羅海賊のこと、大宰府の庁舎に大鳥が集まるという怪異が隣国の兵革（新羅の侵攻）の予兆とする占い結果が出たこと、肥後国の地震のこと、陸奥国の〈常に異なる〉地震のこと、自余の国々にも地震等が起こっていることを列記した後、次のように記している。

伝へ聞く、彼新羅人は我が日本国と久しき世時より相ひ敵《あたな》ひ来たり。而るに今境内に入り来りて、調物を奪ひ取りて、懼《おそれ》れ沮《はばか》る之気無し。其の意況を量るに、兵寇之萌、此自りして生《おこ》るか。我が朝久しく軍旅無く、専ら警備を忘れたり。兵乱之事、尤も慎み恐るべし。然れども我が日本の朝は、所謂神明之国なり。神明の助け護り賜はば、何の兵寇か近き来るべき。況むや掛けまくも畏き皇大神は、我朝の大祖と御座て、食国の天の下を照し賜ひ護り賜へり。然れば則ち他国異類の侮を加へ乱を致すべき事を、何ぞ聞し食して、警《いまし》め賜ひ拒ぎ却け賜はず在らむ。…此の状を平けく聞し食して、仮令時世の禍乱として、上の件の寇賊之事、在るべき物なりとも、掛けまくも畏き皇大神、国内の諸神達をも唱《いざな》ひ導き賜ひて、未だ発《い》で向《た》たざる之前に、沮拒ぎ排却け賜へ。若し賊の謀已に熟《な》りて、兵船必ず来べく在らば、境内に入れ賜はずして、逐ひ還し漂ひ没《おぼ》れしめ賜ひて、我が朝の神国と畏れ憚かられ来れる故実を澆《み》だし失ひ賜ふな。此自り之外に、仮令として、夷俘の逆謀・叛乱之事、中国の刀兵《いくさ》・賊難之事、又水旱・風雨之事、疫癘・飢饉之事に至るまでに、国家の大禍、百姓の深き憂へとも在る可からむをば、皆悉に未然之外に払ひ却け銷し滅し賜ひて、天下躁驚《さやぐこと》无く、国内平安に鎮め護り救助け賜ひ、皇御孫命の御体を、常磐堅磐《かきは》に天地日月と共に、夜の護昼の護に、護り幸《さきは》へ矜み奉り給へと、恐み恐みも申し賜はくと申す。

告文の主文では、およそ三つのできごとをあげている。五月の新羅海賊事件と陸奥国の地震・津波、七月の肥後国の「地震風水」である。なお肥後の災害については、発生した七月十四日（ユリウス暦八月二十五日、グレゴリオ暦八月二十九日）条では「肥後国大風雨。飛レ瓦抜レ樹、…」、十月二十三日条では「肥後国迅雨成レ暴、…」とあり、地震を思わせる記述はなく、時期的にみて台風による高潮被害と思える。しかし両宮への告文では「地震風水」と明記されている。今年（二〇一一年）は三月十一日に引き続き、各地で地震が頻発しているが、熊本でも十月五日（旧暦九月九日）には菊池市で震度五強、マグニチュード四・五という大きな地震が起きている。『日本三代実録』の記事に符合しているかのようである。

三　新羅海賊の来襲と鴻臚館の変容

さて、主要な三つの出来事の中でも、告文の大半は新羅海賊退散祈念に紙幅がさかれている。翌年二月にも宇佐八幡宮・香椎廟・宗像神・甘南備神等に奉幣し、仁明・文徳・神功三山陵に使者を派遣している。宇佐・香椎・宗像ならびに山陵には、伊勢・石清水とほぼ同じ内容の告文が読み上げられているが、甘南備神の告文は新羅の寇賊に関わることのみである。また山陵への使者派遣記事には「遣二使於諸山陵一、告下可レ禦二新羅寇賊一之状上」と記されている。[4] この年、東西の震災風雨被害以上に為政者を驚かせたのが、新羅海賊の来襲という、外寇にあったことを示している。〈国威を損辱〉するとまで衝撃を与え、告文にみえるように、これを契機に「神国」意識が高揚し、その後の日本人の思想、対外認識に大きな影響を与えていることはよく知られているところである。[5] そして大宰府の怪異が新羅侵攻の予兆とされたことが追い打ちをかけ、〈我が朝久しく軍旅無く、専ら警備を忘れたり。兵乱之事、尤も慎み恐るべし〉という状況に鑑みて、大宰府管内諸国の防衛体制が強化されることになる。中でも注目したいのは、平和外交の象徴ともいうべき大宰府鴻臚館の国防前線基地化である。

大宰府鴻臚館とは、博多津に面して設けられた迎賓館で、来日した新羅や唐の使者、日本の遣唐使や遣新羅使らが利用し、やがて外国の商人も滞在するようになる施設である。その遺跡は現在の福岡県福岡市中央区にある。(6) 今では海岸からやや離れているが、後世の埋め立てによるもので、八、九世紀の地形では、海岸に直接面した、博多湾を一望できる高台に位置していた。志賀島方面から来航する船がまず目にする位置に建てられており、特に外国の使節に見られても恥ずかしくないよう、礎石を用いた、瓦葺きの立派な建物であった。その鴻臚館の周辺がにわかに緊張を迎えるのである。

古くから中国・朝鮮との交流の窓口であった九州地方（西海道）は、また国防の最前線でもあった。そのため、大宰府が設けられ防人が配備されていた。やがて防人制は廃止され、さらに律令軍団制における大宰府管内諸国の兵士の実態が〈実はこれ役夫なり〉と言われるように、軍団の軍毅や大宰府官人・国司らによって私的に使役されている現状であったので、天長三年（八二六）、大宰府ならびに管内諸国の兵制に大きな改革が行われた（『類聚三代格』巻一八　同年十一月三日太政官符）。軍団兵士制を解体し、新たに〈富饒遊手の児〉をもって選士とし、指揮をとる統領を置くこととしたのである。(7) 大宰府には統領八人・選士四〇〇人を配し、九国二島には統領三四人と選士一三二〇人を配置した。このうち府では四番（四班）に分かれ、一番統領二人・選士一〇〇人が分番で勤務することとした。

こうして兵制を改革したにもかかわらず、貞観十一年の新羅海賊の来襲に際して、統領・選士制は機能しなかった。〈往者新羅海賊侵掠之日、統領・選士等を差遣し、追討せしめんと擬するも、人皆懦弱にして、憚りて肯へて行かず〉（十二月五日戊子条）というのが現実であった。そこで新たな防衛策の強化がはかられるにいたったのである。まず十二月五日には諸国の俘囚を配備することになり（『日本三代実録』『類聚三代格』）、さらに十二月十三日に大宰権少弐に任命されたばかりの坂上瀧守から、同月二十八日にはさっそく防衛強化のための方策が示された。その眼目は鴻臚館の前線基地化である。関連史料を掲げると次の如くである。

【史料1】『日本三代実録』貞観十一年十二月二十八日辛亥条（内容が二つの項目に分かれるので、便宜的に①②と分けて記載する）

遣下従五位上守右近衛少将兼行大宰権少弐坂上大宿祢瀧守於大宰府一、鎮護警固上。勅曰、鎮西者、是朕之外朝也。千里分レ符、一方寄重。況復隣国接レ壌、非常叵レ期。今聞、大鳥示レ恠、亀筮告レ寇。機急之備、豈令二暫輟一哉。宜レ令下瀧守勾中当縁二警固一之事上。是日、瀧守奏言、

①所下以置二選士一設中甲冑上者、本為下備二警急一護中不虞上也。謹検、博多是隣国輻輳之津、警固武衛之要。而堺与二鴻臚一相去二駅。若兵出二不意一、倉卒難レ備。請移二置統領一人・選士卌人・甲冑卌具於鴻臚一。

②又謹検、承前、選士百人、毎月番上。今以二尋常之員一、備二不意之禦一、恐機急之事、実難二支済一。請三例番之外、更加二他番統領二人・選士百人一。

詔並従レ之。

【史料2】『類聚三代格』巻一八　貞観十一年十二月二十八日太政官符二通

（一）太政官符

応三統領一人・選士卌人・甲冑卌具遷二置鴻臚館一事

右、大宰権少弐従五位上坂上大宿祢瀧守解状偁、所下以置二選士一設中甲冑上者、本為下備二警急一、護中不虞上。而今検二案内一、博多是隣国輻輳之津、警固武衛之要也。而堺与二鴻臚一相去二駅。若有三客兵出二於不意一、何以応二於急遽一。望請、依レ件遷置、以備二禦侮一者、大納言正三位兼行皇太子傅藤原朝臣氏宗宣、奉　レ勅、

依レ請。

貞観十一年十二月廿八日

（二）太政官符

応三例番外加二役他番統領二人・選士百人一事

右、大宰権少弐従五位上坂上大宿祢瀧守解状偁、検二案内一、選士百人、毎レ月番上。而今以二平常之員一。備二不意之禦一、恐機急難レ支、後悔無レ及。望請、例番之外、更加二件員一、置二之鴻臚館一、為二不虞之備一者、大納言正三位兼行皇太子傅藤原朝臣氏宗宣、奉レ勅、依レ請。

貞観十一年十二月廿八日

【史料3】『類聚三代格』巻一八　貞観十二年（八七〇）正月十五日太政官符

応三甲冑幷手纏・足纏各一百十具遷二置鴻臚館一事

右、依下太政官去年十二月廿八日下二大宰府一符旨上、例番之外、更加二他番統領二人・選士百人一、置二鴻臚館一訖。右大臣宣、奉レ勅、有レ人無レ兵、何備二機急一。宜二依レ件遷置一。

大宰府𨛗（本庁）と鴻臚館とは二駅の距離にあり、府𨛗にいる統領・選士では不測の事態に緊急出動ができないため、まず大宰府の統領一人・選士四十人と武具を鴻臚館に移し置き、さらに統領二人・選士一〇〇人を増員し、鴻臚館に配備するようにして欲しいという要求が出され、これを認めている。ついで武具も配備されている。前述のように、鴻臚館は博多湾を一望できる高台に置かれており、望楼としての機能も付与されていた。貞観十一年の新羅海賊の来襲を契機として、望楼から要塞へと、防衛機能がいっそう強化されたと言うべきであろう。

四　鴻臚館への統領・選士配備の時期

なお、鴻臚館への統領・選士配備の時期について天長三年（八二六）に大宰府管内に統領・選士が置かれた際に鴻臚館にも選士らが配備されたとする説がある。(8) それはおそらく【史料1】の②に、〈承前、選士百人、月毎に番上す。…〉とある部分を、以前から鴻臚館に統領・選士が配備されており、海賊事件後、さらに増員されたと理解してのことと思われる。しかしながら〈選士百人、月毎に番上す〉とは、天長三年に大宰府に配備された選士四〇〇人が毎月一〇〇人づつ上番したことを述べたもので、その上番先は大宰府そのものであったとみなければならない。この例番の他に、新たな鴻臚館に配備するため、統領二人・選士一〇〇人の増員要求が認められ、その増員分の配備先が鴻臚館であったのである。そのことは、【史料2】の（二）に、〈例番之外、更に件の員を加へ、之を鴻臚館に置き、不虞之備へと為さん〉、さらに【史料3】の〈右、太政官去年十二月廿八日大宰府に下せる符旨に依り、例番之外、更に他番の統領二人・選士百人を加へ、鴻臚館に置き訖んぬ〉という表現に明らかである。これらの意味するところは、以前から大宰府に置かれている例番の他に、新たに統領や選士を増員し、その増員分を鴻臚館に配備するというものである。【史料1】の②には、【史料2】の（二）官符にある「置之鴻臚館」といった文言が脱しているか、あるいは①の末に「移置…鴻臚」とあるため省略されているかの何れかであろう。なお、『日本三代実録』貞観十五年十二月十七日戊申条には、「大宰府言、…又府之備二隣敵一、其来自二邈代一。而去貞観十一年新羅海賊窃窺二間隙一、掠二奪貢綿一。自レ斯遷二運甲冑一、安二置鴻臚一、差二発俘囚一、分番鎮戍。重復分二置統領・選士一、備二之警守一」という記事もある。鴻臚館への統領・選士配備の時期は貞観十一年の新羅海賊の来襲を契機としているのである。

新羅に対する警戒心はたしかに早くからみられるが、鴻臚館の前線基地化は貞観十一年の新羅海賊一件ならびに新羅侵攻の予兆を機に進められたのである。ただし鴻臚館そのものはこれ以後も迎賓館としての機能を維持し続ける。そこで問題となるのは、鴻臚館に配備されたとはいうものの、今日知られるところの鴻臚館遺構には、一〇〇人もの兵士が常駐するスペースがあるようには思えない。鴻臚館の前線基地化とは狭義の鴻臚館遺跡を中心に、周辺の地域を含めて検討していく必要がある。鴻臚館周辺に選士らの駐屯地が設けられ、やがてそれが「警固所」へ発展していくものと考えてよいであろう。(9)

むすび

このように貞観十一年という年には、陸奥国大震災だけでなく、対外的にも大きな問題が発生しているのである。天災に国際的な緊張というべき状況は、今の日本を取り巻く内外の情勢、国際環境に重なり、あらためて歴史から学ぶことの多いことを感じている。

注

（1）他にも四月二十一日付け「Chuo Online」（Ｗｅｂ版）に「情報の歴史学」と題して三・一一大震災に関する文章を寄せた。

（2）以下の本論で述べる天災と外寇という視点からは、坂元義種氏が「『三代実録』にみる貞観地震の実態」（『歴史読本』二〇一一年七月号）に簡潔にまとめられている。なお、この年の新羅海賊については、山崎雅稔「貞観十一年新羅海賊来寇事件の諸相」（『國學院大學大學院紀要』文学研究科三二、二〇〇一年）参照。

（3）読み下し文は武田祐吉・佐藤謙三訳『訓読日本三代実録』（臨川書店、一九八六年）を参照した。

（4）『日本三代実録』貞観十二年二月十五日丁酉条。
（5）注2前掲山崎論文参照。
（6）大宰府鴻臚館については、大庭康時「鴻臚館」（『列島の古代史4　人と物の移動』岩波書店、二〇〇五年）参照。
（7）以下、大宰府ならびに管内諸国の軍制については、山内邦夫「選士制とその周辺」（『日本古代史論苑』国書刊行会、一九八三年）、及び佐藤鉄太郎「博多警固所考」「鴻臚館考」（『中村学園研究紀要』二六、一九九四年）等、参照。
（8）注7前掲佐藤論文ならびに太宰府市史編集委員会『太宰府市史　通史編I』（太宰府市、二〇〇五年）等、参照。ちなみに後者では、「貞観十一（八六九）年に、新羅の賊船二隻に筑前国那珂郡荒津まで進入され、なす術もなく取り逃がしたのは、鴻臚館に上番警固していた選士一〇〇人たちであった」（八一四～八一五頁）とされている。
（9）警固所については、注7前掲佐藤論文参照。

附記　本論で述べた鴻臚館とその前線基地化については、拙論「大宰府鴻臚館と張宝高時代を中心とする日本・新羅関係」（海上王張保皐紀念財団編『七―一〇世紀　東アジア文化交流の諸像』二〇〇八年（韓国語）↓日本語版は本書所収）を基礎としている。

10　東アジア史からみた鞠智城

一　山城と鞠智城への関心

只今ご紹介いただきました中央大学の石井でございます。どうぞよろしくお願いします。私は、対外関係史を専攻しており、外交だとか貿易をはじめとした交流史を勉強しております。そこで早くから白村江前後の日本、あるいはその後の朝鮮半島新羅との交流、遣唐使の問題、いろんなことを学んでまいりました。当然こうした鞠智城をはじめとする山城の築造、その背景、あるいはその後の維持・管理、そして最後はどうなったのだろうということに関心を持っております。そうした中で、例えば鬼ノ城であるとか対馬の金田城にも一度行く機会がございました。それから大野城であるとか、そういうところを幾つか廻ったことがあります。ところが鞠智城については知識としては知っておりましたけれども一度も訪ねたことがありませんでした。シンポジウム〈1〉にご出席の皆さんはおそらく一度はご覧になっているのではないかと思われ、その肝心の話す側が知らないではどうしようも無いだろうということで、一夜漬けですが、昨日矢野裕介さん〈2〉にご案内していただき、隅々まで見学することができました。それまで見ないと何となく不安だったんですが、見て随分と安心もいたしました。それと同時に今まで知っている山城とは随分違うなということも実感いたしました。あれだけ平坦な場所、報告書等にはすでにそういうことも書いてあるのですけども、実際にその状況を目の当たりにして、これは通常の山城ではないなという感じをしまして、ますますこの鞠智城というものに興味が持たれました。そこで本日私に与えられました課題は東アジア史からみた鞠智城ということですので、これまで私が勉強を進めてまいりました東アジアという視点からこの鞠智城というものを位置づけるとどういう意味合いを持っているだろうか、そんなことについて少しお話できればと思っております。どうぞよろしくお願いいたします。

それでは本日お配りしたレジュメ集（後掲「資料集」）の内容に則してお話を進めていきたいと思います。年表（後掲）も参考にしながらお聴きいただければと思います。だいたいこうした歴史事象について考えるとき、私はまずは年表を作ります。年表を作って時系列、だいたい時代順にどういうことが起こっているのか、その中に出来事を配置していく。そうすると随分と状況が見えてくると、そういうことがあるものですから、この講演のお話を伺ったときにもまずこの時代の年表、特に山城を中心とした年表を作ってみよう、また肥後地域の歴史的な様々な問題を踏まえながら考えてみるとどんな年表ができるだろうか。そんなことを考えてまずは年表を作ってみました。そしてもう一つ、これは先ほど来何度か話題にして取り上げられていますけれども、今年の三月、これまで発掘を長く続けてこられた教育委員会の方々を中心にして報告書が刊行されました[3]。それはとても分厚いものですね。写真もたっぷり入っていて重いものですけれども、内容的にも重厚なもので、それで私実際には見たこともない鞠智城に、もう何度も行ったような気持ちになって読み返すことができました。建物であるとか瓦であるとか、あるいは菩薩像、そういった素晴らしい品々が発掘されている。しかしながらその一方では、私は文献史料つまり主に文字に基づいた研究を進めておりますが、文字史料となるとかなり限られております。そこでこうした考古学の発掘調査の成果というものをいかにして文献資料と結びつけて考えていくか、そのあたりを課題として研究を進め、そして本日、私なりの勉強の成果の一端を皆さんの前でお話をさせていただきたいと思っております。

二　発掘調査の成果と九世紀の鞠智城

東アジア史から見たという時にはどうしても、こうした山城がいつ出来たのかに関心があり、先ほどの小田先生のお話[4]にもありましたように、白村江の戦いで敗れた後、今度はいよいよ唐と新羅の連合軍が日本に向かってくるだろうという状況の中で建てられたということはおおよそ共通の認識になっていると思います。私もさきほど小田先生がホワイトボードに書かれました、朝鮮半島に置かれた唐の出先機関から派遣された使者である郭務悰がたくさんの百済人、二〇〇〇人ともいわれる人たちを連れて来ている。多数の百済からの亡命者が日本に渡って来た。そのあたりのところから少しお話をしようかというふうに考えておりました。ところがこの報告書を読んでおりましたところ、私のレジュメ（後掲「資料集」）の冒頭に紹介したような記事が目に入ったのですね。それを少し読み上げてみますと――「はじめに」のところですね――、長者原地区の一部で確認された建物群の層位的な検出例から掘立柱建物が二時期、それから礎石立ちの建物も二時期ある。その中で最も新しい礎石建物跡は九世紀末に建てられた、とこういう一節を見出したのですね。だいたい山城というのは非常、緊急事態に備えるためということであまり長い期間使われているものではないということが私のイメージにありましたから、九世紀末にもまた新しい建物が建てられているということの記述に非常に驚きました。九世紀といいますと、新羅の海賊が博多を襲ったり、あるいは肥後国を襲ったりする出来事がある。また一方では貿易が盛んになって、朝鮮半島の南海岸、その特に西の部分には島々が点在している、多島海と呼ばれるような地域がありますが、そこを拠点としている人たちが時には海賊となり、時には貿易商人となるというような形で日本に盛んにやって来ている。そういうことは以前から知ってはおりました。そうするとそういう時期に、まさに重なるような時期にこの鞠智城に建物が新たに、それも礎石立ちの建物が建てられているということで、この時期の国際的な環境というものはどういうものだったのだろうか、そんなところを少し中心にして今回お話をしてみたいと思うようになりました。元来の関心というものは築城の最初の頃、朝鮮半島の動乱というものを軸にして東アジア全体が混乱した時期に設けられた重要な遺跡としての鞠智城をどう位置づけるかというところにあったわけですが、もう一つの私の関心である九世紀、十世紀、そうした国際的な広く多様な交流の中にこの鞠智城を位置づけることができるとすれば、どういう意味合いを持たせることができるだろうか、と思うようになった次第です。

三　二つのテーマ――貞観十一年の新羅海賊と貞観十五年の渤海使天草漂着――

そこで本日は、大きく二つのテーマを用意いたしました。まず一つ目が八六九年（貞観十一）、新羅の海賊が博多湾に侵入してそこに泊まっていた豊前国――今日の大分県――の年貢を運ぶ船を襲い、積んでいた絹綿を奪って逃げて行った。大宰府は海賊を追跡させたのですが結局逃がしてしまった、という出来事が起こっています。九州の綿、特に筑紫の綿というのは非常に良質なものとしてよく知られています。そうした絹綿というのは新羅ではほとんど産出しませんので彼らにとっては貴重な品だったわけですね。それを奪って逃げたと。それを追わせたけれども結局は逃がしてしまったということに大きな衝撃を朝廷は受けるのですね。その波紋といったものがこうした大宰府を中心とした防衛ネットワークにも影響を与えているのではないだろうか。先ほどの小田先生のお話、あるいは矢野さんの話にもありましたように鞠智城というのが九州、大宰府を中心としたネットワークの南の重要拠点であることを考えると、この貞観十一年の新羅の海賊の出現というものも何らかの形で鞠智城の経営に影響を与えているのではないか、そんなことを少し考えてみたいということですね。

それからもう一つは、八七三年（貞観十五）、渤海の使者が薩摩・肥後に漂着したというできごとです。渤海というのは今日の中国の東北三省・朝鮮半島北部からロシアの沿海州にかけて七世紀の末から十世紀のはじめまで存続して、日本とは七二七年から二〇〇年間も友好的な交流を持った国です。この渤海との交流は原則としては、今日のロシアと中国・北朝鮮との国境地域にあった港と、能登半島を中心とした地域との間を船が往来して交流を続けるという形なわけですが、そうした渤海の使いが薩摩・肥後に到着しました。ただし今回の渤海使というのは日本を目的とした使節ではなくて実は唐に向けて派遣された使者、いわば渤海の遣唐使ですね。渤海の遣唐使が二隻で唐に向かう途中で風に流され、薩摩の甑島に着きます。そこで最初に日本の役所から尋問を受けるのですが、二隻のうち一隻はその後逃げてしまって、今度は肥後天草に漂着するのですね。そういった経過を辿る渤海の使節がやって来るのですが、この時の渤海の使いが何のために派遣されたかといえば、唐で九世紀の末に起こっていた内乱、これを唐が平定したということで、お祝いのために渤海の王様が送った使者だったのです。ですから日本とは全く関係が無い出来事であり、使いでもあるのですが、その使いがたまたま日本に漂着したことで、その唐の情報を日本もキャッチすることになります。その情報を知った日本は、果たして対岸の火事と見ていただろうか、それ以前、同じように唐の情報が伝わった時にはどう対応をしたのか、そういう問題を参考にしながら考えてみたい。今回はこうした二つの問題点、いわば九世紀から十世紀にかけての対外関係における鞠智城、そんなテーマで少しお話をしてみたいと思います。

四　貞観十一年（八六九）の新羅海賊と鞠智城

それではまず最初のテーマですね、貞観十一年の新羅海賊と大宰府防衛網の強化と鞠智城ということでお話を進めてまいります。ここで大宰府防衛網という言葉を使っておりますけれども、これには二つの意味を込めています。一つは大宰府を天守閣にみなせば、その周辺、例えば大野城、基肄城、南側の鞠智城、こういった城が櫓であるとか二の丸、三の丸、そういった形でまずは大宰府を防衛するためのネットワークという意味。それともう一つは大宰府を中心として周辺に配置した幾つかの支城という位置づけですね。そうした支城でもってともかく唐や新羅、朝鮮半島や中国からの軍事的な脅威から守る。そうした二つの意味で大宰府防衛網という表現をここでは私は使っておりますけれども、そうした意味で南の押さえとしてこの鞠智城、非常に重要な意味を持っていることは改めて言うまでもありません。そこでそれでは二つの事例からこの鞠智城の位置づけを行うとどういうことが言えるのだろうか、そんなことについてこれからお話しを進めてまいります。

それでは貞観十一年の出来事というのはどういうことだったのかということですが、そのことについても私の文章でまとめておきました。つまりここで私が述べたいところは、先ほど来のお話で、いわゆる朝鮮式山城というものが白村江の戦後のその緊急体制、唐や新羅がいつ今度は自分たちのもとに押し寄せてくるかわからない、そのために造られたという、外敵防衛という視点から見た時、そうした対外的な脅威というものは、その後も決して減ることはないだろうということですね。

新羅との関係は七世紀、八世紀を通じて大きく変化していきます。白村江の戦いの後、唐と新羅は共同して百済についで高句麗を滅ぼすわけですが、新羅は百済・高句麗を滅ぼせば自分は朝鮮半島全域を統治できるだろう、こう目論んでいたところ、そうではなくて唐が出先に機関を置いて間接統治を目指す。そこで新羅の思惑と唐の思惑とが大きく違ってくる。昨日の友はそこに今日の敵となってしまうわけですね。そうなると白村江で直接戦火を交えた日本であっても新羅はまずは背後をしっかり押さえておかなければいけないということで、日本との交流を復活させ、友好的な形で進めようといたします。そこで日本側も新羅の方針に応じて交流を再開いたします。そういうことで最初は唐という共通のいわば敵といいますか、非常に大きな勢力を相手に新羅と日本は同盟を結びます。ところが新羅はやがて唐との敵対関係を緩和して、平和友好的な交流へと転換していきます。そうなると日本に対する態度、当然変わってきますね。一方の日本側としては今まであれだけ低姿勢で日本に交流してきたのに段々低姿勢を失って対等へと交流の姿勢を変えていこうとするのは無礼ではないかということで、八世紀に入ると日本と新羅両者の間で紛糾が生じてまいります。そういう形で新羅との関係が悪化して最終的には七七九年を最後として新羅とのいわゆる外交交渉は終わりを告げることになります。こうした流れの中で考えていくと、新羅関係の悪化ということは新羅が脅威へと転換することを意味します。そういった意味では白村江の敗戦後の状況と少しも変わらない。対外的な脅威というものは常に存在しているわけです。そういうことからみれば、確かに鞠智城は建物などいろいろな変遷はありますけど、その役割の重要な一つとしてこの対外的な防衛、大宰府ネットワークの一角として重要な意味を持つという点においては、ずっと変わりはないだろうと思っております。そうした事例をよく示しているのがこの貞観十一年の新羅海賊ということになりますね。

これにつきましては資料集の一――(一)「新羅海賊の出現とその衝撃」、衝撃というのは朝廷が大きな衝撃を受けたという意味ですね。その関連する史料を一、二、三にあげておきましたが、その内容は先ほどお話したとおりです。つまり博多湾内に停泊していた豊前国の年貢船、これを二隻の新羅海賊が襲って積載していた絹綿を奪って逃走した。これを大宰府の兵士に追わせたのだけれども、結局取り逃がしてしまったということですね。朝廷はこれに非常に大きな衝撃を受けるわけです。早速、大宰府の役人を譴責するのですね、叱り飛ばすのです。

何たる失態だというところですね。この【史料2】では上から四行目のところ、「唯に官物を亡失するのみに非ず、兼ねて亦た国威を損辱す。之を往古に求むるに、未だ前聞有らず。後来に貽《のこ》すに、当《まさ》に面目無かるべし」とあります。非常に恥であるとするし、面目ないと、こういう状況にした大宰府、いったい何をしているのだという形で叱責するわけですね。そして唯叱責するだけではないのです。ここが大事なところですが、ここで軍備の強化をはかるんですね。

ただその前にもう一つ衝撃を受けたできごとがこの年にありました。この貞観十一年、新羅の海賊事件が起こったのは五月ですが、実は同じ頃、貞観地震と呼ばれる大地震と大津波が陸奥国で起こっています。マグニチュードおそらく八・四以上だろうということですので、昨年の三・一一とほぼ同規模になります。そしてその津波であるとか地震によって多賀城が壊滅したという記録がこの『日本三代実録』の中に残っています。さらにその年の七月に同じく肥後国でも地震・風水の災害が起こっているんですね。年号をとって貞観地震と呼ばれて、もっぱら陸奥国の場合が有名ですけれど、実は肥後国でも起こっているのです。これも昨年、本日ご来場の方におそらく菊池市にお住まいの方いらっしゃるかもしれません、まさに鞠智城のある菊池市では十月でしたかね、大きな地震、震度五強の地震があったというように私記憶しておりますけれども。貞観十一年（八六九）にも陸奥、そして肥後で地震が起こり、同じように昨年も三月とそれから十月に起きています。何か歴史的に符合するようなそんな感じがいたしておりますが、そうした大地震もあり、また、一方新羅の海賊事件も起こるということで、この貞観十一年は外寇と天災が続きます。また、そこに大宰府から、大きな鳥が集まってガアガア騒いでいるという異変の報告が届きます。こうした異変があると、朝廷では必ず占いにかけます。占った結果、これは隣国つまり新羅から兵が攻めてくる、そういう兆しじゃないかと、そんな結果が出たんですね。ですから朝廷としては国内外いろいろ出来事でもって右往左往します。しかしながら出来ることといえば寺社に祈ることです。そこで年末には伊勢大神宮とそれから石清水八幡宮、翌年にも九州の宗像、そういったところに使者を派遣してお祈りをしております。それらはほぼ同文なものですから一通を挙げましたのが【史料3】になります。これは伊勢大神宮に使者を派遣して、その神宮の神前でもって天皇の言葉を読み上げるのですね。これを告げる文と書いてこうもんと読みます。その告文をここに記しておきましたけど、これは長文にわたりますので要点のみ申し上げますと、まず線を引いてあるところですね。「我が朝《みかど》」我が国ですね、「久しく軍旅」つまり長いこと戦いが無く、「専ら警護を忘れたり」、警戒を忘れていた。だからこういう海賊の侵入を易々と招く結果になったのだということですね。対外的な防衛というもの、まあ平和な時に危機を考えるというのが元来国家がとるべき道ですけれども、こうした時、つい、平和におぼれてしまう。そういうことが今回のような結果を招いたのだということ、こういったことをまず述べています。そして一方重要な部分は、我が国は神の国であると。神明の国であるということが続けて書いてありますね。「然れども我が日本《やまと》の朝《みかど》は、所謂神明之国《かみのくに》なり」。神が作り神が守っている国だと。だから伊勢大神宮にお参りして、その神の加護によって、もし隣国新羅が日本を攻めようなどと企てたならばこれは神の力によってぜひ防いで欲しい。こういうことを神前で読み上げるという内容になっております。

五　大宰府防衛ネットワークの強化と鞠智城

そこでただ神に頼むだけでなくて、防衛網の強化を図るのです。どういう強化を図るかというと、これも【史料4〜6】にあげておきました。これまで諸国に軍団兵士というものがありました。肥後国の場合には益城の軍団の存在が知られておりますが、おそらく鞠智にも軍団が置かれていただろうと思いますけれども、そうした軍団制における兵士の質が落ちてきて、実際の防衛の役には立たないということで、天長三年（八二六）以来、何度か再編が企てられています。年表にまとめておきましたのでご覧ください。天長三年の段階、貞観十一年より以前ですね、まだ海賊が出現する以前ですけれども、その辺りから軍備の再編が行われています。この時に軍団制の兵士に変わって選士という制度を創設してこれを九州各国、大宰府を中心として九州各国に配備いたします。当然肥後国にも配備されました。ただ、人数の内訳というのは明確にはわかりません。大宰府には四〇〇人ということがわかってはいます。それはだいたい一〇〇人前後を部隊としてそれが四番、四グループでもって交代に勤務をする、こういう体制を作りあげました。これが八二六年の段階ですね。ところがこうしたせっかく選士制という軍備を整えたのですが、それから四十年後に起こったこの貞観十一年の海賊事件に際しては、選士をきちんと配備しておいたにも関わらず大宰府は海賊を取り逃がしてしまったということで、ここで更に防備の強化が図られます。皆さんは鴻臚館という名前はご存知だと思います。古代の迎賓館ですね。かつての平和台球場の外野席の一角、そこから遺跡が見つかって発掘調査が今日も進められています。今、鴻臚館の跡に行きますと、海からずいぶん離れています。でも実際にはそれは後世の埋め立てによるものであって八世紀、九世紀頃の鴻臚館というのは海に面した崖の上に建っていました。志賀島からずっと博多湾に入ってくると一番最初に目に入るのが鴻臚館の建物ですね。そこで鴻臚館の海側の部分には石垣もきちんと積んで見栄えもよくしています。ところが反対側はあまりきちんとしていないですね。ともかく新羅や唐の外国の使節が最初に来た時に、ああ凄い建物だと圧倒しようというようなことでもって鴻臚館は立派な施設といたします。平和外交の象徴ですね。使節がやって来るとまずそこに滞在させて、そして大宰府との間でやり取りをして都に向かったり、あるいは充分な礼儀を備えていなければそこから帰国させてしまう。そういった形の迎賓館として鴻臚館が使われていました。ところがこの貞観十一年の海賊事件をきっかけにして、この鴻臚館に兵士とそれから武器を配備するようになるのですね。もともと鴻臚館は一番見晴らしのいいところですから当然望楼的な役割、物見櫓的な役割は今までもあったわけですけれども、今度はそこに兵士を常駐させる、それから武器も配備するということでもって、平和的外交の象徴であった鴻臚館が今度は防衛の最前線となる。こうした大きな改革が行われております。

このように貞観十一年の海賊侵入をきっかけとして大宰府の防衛網の強化が図られています。こうした状況は海賊が博多湾に侵入した、ということで大宰府側だけだろうとあるいは思われるかもしれませんが、実はこの時の新羅の海賊のルートというものを見てみますと、別の考えも出てくるんですね。年表の八七六年（貞観十八）のところをご覧ください。先ほどの事件から数年後ということになりますが、大宰府から、肥前国松浦郡の庇羅《ひら》というのは平戸島ですね、それから値嘉《ちか》とあります。五島列島小値賀《おちか》島を指すとするなど、いろんな議論があるのですが、だいたい平戸と五島列島、こうした地域を新たに郡として編成したいという申請があって、これが認められています（『日本三代実録』貞観十八年三月九日条）。注目したいのは次に続いている文章ですね。唐の商人は平戸であるとか五島、こういった地域にまず立ち寄って、準備をしてそれから博多に行って貿易を行う。時にはそこでもって貿易品を仕入れていく。平戸や五島にあるものを唐物と称して売っていると。日本人はまだ目利きができませんでしたからありがたいものとして受取って買ってしまうのですが、実際にはこうした身近なところで取れたもの、こうしたものを有難がっていたんですね。そうした重要な地点ですが、注日されるのは、貞観十一年の新羅海賊もここを通っていると述べていることです。博多湾を襲ったということで、プサン（釜山）辺りを出た海賊、あるいは半島の南海岸を出た海賊が対馬、壱岐、そして博多へと来たのだろうというルートを思い浮かべますが、この時の史料には対馬や壱岐に寄ったという形跡がありません。ということは海賊侵入のルートとしては朝鮮半島南海岸の東側ではなくて西側、例えばチンド（珍島）、あるいはワンド（莞島）といったところは早くから新羅の貿易商人が根拠地とした場所です。つまりおそらくそうした地域を根拠地とした海賊集団が平戸・五島列島地域を経て博多を襲ったんだろうということですね。そういうルートを考えると、これは博多側だけを防衛すればいいだけじゃない。当然平戸・五島列島からさらに肥前・肥後、そういった地域も防衛網の重要な地点になってくるわけです。したがって鴻臚館というところをクローズアップしましたけども、鴻臚館はいわば北側ですね、北側の部分でもってまず最前線を構成する。それと同時にこれまで配備されている肥前であるとか肥後、こういった地域の軍団、当然のことながら鞠智城にも軍備再編の波が押し寄せているのではないかと考えるわけです。九世紀、先ほどの矢野さんの時期区分〈5〉でいくとだいたいⅣ期、Ⅴ期にあたりますが、Ⅳ期になると確かに建物が少なくなるということですので、この私の推測を発掘の成果とどう整合性をとっていくのか、このあたりが一つ論点となり、私自身の課題となります。ただ、そうした九世紀以降も対外関係、特に新羅の脅威というものを考えたときには決して減少はしていないということですね。そうした意味でこの鞠智城の存在や存続の意味について、こうした対外的な側面からも、もう一度発掘の成果というものを見直してみたい、こんなふうに考えております。これが第一点のテーマになります。第一点でほぼ時間を尽くしてしまいました。第二のテーマについて急ぎたいと思います。

六　渤海使の肥後天草漂着と鞠智城

第二のテーマは、渤海遣唐使の薩摩・肥後来着と唐情報ということになります。これは八七三年（貞観十五）、八六九年から四、五年後に渤海の遣唐使が天草に漂着したというできごとです。この時、薩摩の甑島、それから天草に着いたわけですけれども、当時の日本ではそうした異国人が来着すると必ず現地の役人が出かけていって事情聴取を行います。一体お前は何人か、どこから来たのか、何のためにやって来たのか。そういうことを尋問してそれを国であるとか大宰府を通して朝廷に報告します。朝廷では報告にもとづいて議論し、対応を指示すると、こういう流れになるわけですが、この時、最初、現地の役人は新羅人ではないかと疑ったのですね。渤海人と言っているけれども、どうも新羅人が渤海人と偽ってやって来たんじゃないかと。どうも怪しいということで身柄を拘束します。身柄を拘束して大宰府に向かおうとするわけですが、その間に一隻が逃げて、薩摩の甑島から今度は天草の方に着くと、そういう経過を辿ります。ただ、朝廷で審議し、彼らの持ち物をきちんと調べてみると、これは渤海の使いに間違いないということがわかり、渤海の使いなのだから丁重に扱って帰国させなさいと大宰府に指示します。ただ渤海の使いであるなら日本との交流が友好的に進んでいるのはよく知っているはずなのに、何でそのあたりをしっかり説明をしないのだということも注意しなさい、そんなことも指示しています。そして万一新羅人だったら直ちに追い返せとも付け加えています。つまり新羅は悪い国、渤海はいい国、こういう固定観念がこの時期、この段階で定着しているのです。先ほどの伊勢神宮への告文でもみられる考えですね。そこにみえる朝鮮観であるとか、神国思想、この二点、これはずっと日本の今日に至るまでと言って過言ではないと思いますが、日本人の根底にある対外意識を定着させる根源が実に貞観十一年の段階にあるのですね。そこでは神功皇后などの話も必ず持ち出されます。神国思想の画期としてはよく蒙古襲来があげられますが、私はこの貞観十一年のできごとを非常に重視しています。そして朝鮮観が定着していることを思わせるのがこの渤海使漂着の記事になると考えています。

七　渤海使が伝えた唐情報

さて、そこで大事なところは、この渤海の遣唐使が何のために派遣されたかということですが、【史料7】に記されています。これによれば、この時唐で徐州の乱が平定されたのでそれをお祝いするために渤海から唐に使いを派遣したとあります。つまり渤海は唐の冊封を受けた属国になっていますから臣下としての礼儀を尽くすために唐で起こっていた内乱、これが終息したのでそのお祝いのための使いを派遣した。ところが航路をそれてしまって日本に着いたという説明をしています。そうすると漂着した渤海使から事情聴取をしていますから、唐の徐州の反乱についても当然日本側でもキャッチしました。徐州は上海のほど近くを通っている大運河で洛陽・長安へと辿っていく途中にある重要な地点です。そこはまた遣唐使が使うルートでもあります。だから徐州という名前はこの当時の日本人にとって決して無縁の場所ではなかったのです。実際に史料にあげておきましたが八三九年に入唐した有名な円仁という僧侶、『入唐求法巡礼行記』という日記を残しておりますが、その円仁の日記の中に徐州というところを通過したという記事も出てまいります。

ここで一体何が起こったのかというと、龐勛《ほうくん》の乱というできごとです。龐勛というのは人名で、龐勛をリーダーとした兵士の反乱です。黄巣《こうそう》の乱というのは皆さんご存知だと思いますが、実はその前に唐の朝廷を脅かす内乱が徐州を中心とした地域で起こっていました。非常に大きな反乱で、最初は兵士の反乱であったのがやがて民衆を巻き込み、さらには在地の豪族も加わって、民衆反乱へと発展します。これから次に黄巣の乱が起きて、やがて唐が滅亡するわけですが、こうした唐滅亡への直接の引き金となった出来事がこの龐勛の乱ということになります。そしてそれは徐州ですから当然日本の遣唐使のルートにも関わります。こういったことでこの情報を得て日本が非常に驚いたであろうと推測されます。

こうした海外情報で想起されるのは、八世紀の半ばに起きた安禄山の乱情報です。安禄山の乱の情報が渤海を通じて日本に入ってきます。その頃の権力者は藤原仲麻呂、これもご存知ですね、恵美押勝。この恵美押勝は安禄山反乱の情報を得て何をしたかといえば、決して対岸の火事と見ていないわけです。海を越えた遥か彼方で起こっている出来事とは考えないですね。安禄山の反乱軍は洛陽から長安へ向かおうとしているけれども、おそらく西へは向かえないだろう。矛先を転じて東に向かってくる可能性がある。その行き先は日本かもしれない。だから大宰府の責任者――たまたま吉備真備という非常に著名な学者が責任者を務めていました――吉備真備に命じて、しっかりと防衛方針を固めろ、こういう指示を出しているのですね。外交に関する感覚、非常に鋭いものがあると思います。仲麻呂は中国文化を学んでおり、そうした鋭敏な感覚の持ち主なんですね。仲麻呂というと歴史上あまりよい評判ではないんですが、大変な政治家だと思わせる出来事だろうと思います。そうしますと同じように徐州の乱というものを聞いた時、こうした過去の出来事が当時の人々の脳裏を過ぎったのではないかと思います。そうしたことで、新たに肥後地域の防衛が必要と考えたのではないか、そのように推測しています。

その当時は日本の遣唐使は博多を発ってその後、五島を経由して一気に東シナ海を横断しますが、五島列島からは、天草、有明海に入ったり、あるいは肥後の海にやって来ることができます。こうした地域は逆に言えば、常に対外的な脅威の下にあるといってよいと思います。一方では平和的な外交もあり、裏腹に脅威というものが存在している、そうしたことを想定してもいいだろうと考えております（補注）。

そして時期的に唐が滅亡してから後になりますけれども、その時期に実際に商人が五島や、長崎県の突端の方に野母崎という場所がありますが、その野母崎近くに唐が滅亡した後の五代十国という時代の商人がやって来たことがあります。野母崎を入れば肥前、肥後どこにでも行けるわけです。そういった意味では、貿易の商人がやって来るということはいつ海賊が出現するとも限らない。そんな地域になります。この時期にはまた、年表をご覧いただきたいと思いますけれども、新羅をめぐる不穏な動きがあり、新羅と肥前、肥後の人たち、この地域の郡司クラスの者が新羅と手を結んで対馬を奪おうというような計画も立てられています。彼らとしては有明海を中心とした貿易ルートを確保するためにそうしたことを企てたのではないかとみられていますが、いろいろと不穏な動きも見える、そんな時期でもあるのですね。そうした点から見ていけば、渤海遣唐使の天草漂着は、有明海防衛の拠点としての鞠智城の存在意義をあらためて認識させる重要な意味をもっているものと思います。

（補注）この後、仁和元年（八八五）には新羅の使者を称する者が天草にやってきました。しかし正式の使者ではないと疑い、警戒心をあらわにして帰国させています。

八　変わらぬ鞠智城の対外防衛機能

以上、貞観十一年の新羅海賊と同十五年の渤海使天草漂着のできごとを取り上げ、九世紀の鞠智城をめぐる国際的環境について考えてきました。その結果、鞠智城の存在は、対外的な防衛という観点から見たとき八世紀、九世紀、十世紀決して変わることはないだろうと思われます。多様な目的あるいは機能というものがこの鞠智城には付与されています。それはあの建物群を見ればわかると私は感じましたけれども、でもその一本の柱としては対外的な意義、これは一貫して変わらなかったのではないかと、こんなことを感じておりますね。

少し時間を超過をしてしまいました。もう少しお話をしたかったのですけれども、後ほど補足の機会があればお話をしたいと思います。急ぎ足で失礼いたしました。ご清聴ありがとうございました。

［参考］資料集

はじめに

今年（二〇一二）三月に刊行された、熊本県教育委員会編『鞠智城跡Ⅱ――鞠智城跡第8～32次調査報告』第Ⅲ章「鞠智城の研究史」の中で、「長者原地区の一部で確認された建物群の層位的検出例から、掘立柱建物群に二時期、礎石建物群に二時期があり、「最も古い掘立柱建物跡を創建期、最も新しい礎石建物跡を九世紀末のもの」（四九頁）とする研究が紹介されている[1]。

これまで鞠智城の歴史については、築城の時期やその事情をめぐる問題を中心に論じられており、私の関心もそのあたりにあったが、九世紀末にも新しい建物、それも礎石建物が建立されているという指摘に興味が惹かれた。周知のように、九世紀後半には北九州博多周辺だけでなく、肥後にまで新羅の海賊による入寇事件がみられ、対外的な緊張が高まった時期にあたるからである。

鞠智城と新羅海賊の問題については、これまでもすでに注意されている（濱田耕策二〇一〇、板楠和子二〇一二、等）。筆者もかねて九世紀の新羅海賊問題には関心を抱いており、屋上に屋を架すきらいもあるが、大宰府を中心とする防衛網強化と鞠智城という視点から若干の考察を加えてみたい。私見の主要な論点は、新羅海賊に加えて、八七三年の漂着渤海使により伝えられた、争乱相次ぐ唐の情勢も、防衛体制に大きな影響を与え、鞠智城も防衛ネットワークの九州南西の中心として一層重要性を増したのではないかという点にある。

一　貞観十一年（八六九）の新羅海賊と大宰府防衛網の強化

鞠智城が白村江敗戦後の唐・新羅の侵攻に備えて築城されたという経緯を考えると、同じく新羅対策という視点から、九世紀後半の新羅海賊の出現が注目される。八六九年（貞観十一）五月と八九三年（寛平五）五月〜八九四年（同六）九月の入寇が知られており、特に八九三年閏五月には肥後飽田郡が被害を受けている。こうした事件が直接に鞠智城の運営に影響を与えているとみられるが、特に貞観十一年の新羅海賊の入寇が大きな意味をもっていると考える。貞観十一年の新羅海賊一件は大きな衝撃を朝廷に与えた。これを機に大宰府を中心とする防衛体制が強化され、これまで平和外交の象徴であった博多鴻臚館《こうろかん》が国防最前線基地とされることになるのである(2)。したがってその強い衝撃は必ずや九州南西の防衛拠点としての鞠智城の体制にも影響を与えたに違いない。

1　新羅海賊の出現とその衝撃

八六九年（貞観十一）五月、新羅の海賊が博多湾内に現れ、折から停泊中の豊前国の年貢を積載した船を襲い、絹綿を奪って逃走した。兵士がすぐに追跡したがついに取り逃がしてしまった。

【史料1】『日本三代実録』貞観十一年六月十五日辛丑条

大宰府言す、「去月廿二日夜、新羅の海賊、艦二艘に乗り、博多津に来たり、豊前国の年貢の絹綿を掠奪し、即時逃竄す。兵を発して追うも、遂に賊を獲ず」と。

この一件に朝廷は大きな衝撃を受け、海賊を取り逃がした大宰府官の不手際を譴責している。

【史料2】『日本三代実録』同年七月二日戊午条

是日、勅して、大宰府司を譴責して曰く、「諸国の貢調、使吏領将し、一時に共に発し、先後零畳して其の群類を離すべからず。而るに豊前一国をして独り先に進発せしむ。亦た弱奸の人、餌を虎の口に乗す。遂に新羅の寇盗をして、隙に乗じて侵掠を致さしむ。唯に官物を亡失するのみに非ず、兼ねて亦た国威を損辱す。之を往古に求むるに、未だ前聞有らず。後来に貽すに、当に面目無かるべし。使人責むべしと云うと雖も、抑も亦た府官に怠有り。…」と。

そして年末には伊勢大神宮・石清水八幡宮両社に奉幣し、神前で告文《こうもん》が奉読されている。告文ではまず、新羅海賊のこと、大宰府の庁舎に大鳥が集まるという怪異が隣国の兵革（新羅の侵攻）の予兆とする占い結果が出たこと、肥後国の地震のこと、陸奥国の〈異常なる〉地震(3)のこと、自余の国々にも地震等が起こっていることを列記しているが、その大半は新羅退散を祈願する内容となっている。両宮への告文はほぼ同文であるので、伊勢大神宮への告文を紹介する。

【史料3】『日本三代実録』同年十二月十四日丁酉条

伝え聞く、彼新羅人は我が日本国と久しき世時より相ひ敵《あだな》い来たり。而るに今境内に入り来りて、調物を奪い取りて、懼《おそ》れ沮《はばか》る之気無し。其の意況《こころばえ》を量るに、兵寇之萌、此自りして生るか。我が朝久しく軍旅無く、専ら警備を忘れたり。兵乱之事、尤も慎み恐るべし。然れども我が日本の朝は、所謂神明之国《かみのくに》なり。神明の助け護り賜はば、何の兵寇《あだ》か近き来るべき。況むや掛けまくも畏き皇大神は、我朝の大祖と御座て、食国の天の下を照し賜ひ護り賜へり。然れば則ち他国異類の侮を加へ乱を致すべき事を、何ぞ聞し食して、警め賜ひ拒ぎ却け賜はず在らむ。故是を以ちて、王従五位下弘道王、中臣雅楽少允従六位上大中臣朝臣冬名等を差使して、礼代の大幣帛を、忌部神祇少祐従六位下斎部宿祢伯江が弱肩に太襁取り懸けて、持ち斎り捧げ持たしめて奉出し給ふ。此の状を平けく聞し食して、仮令時世の禍乱として、上の件の寇賊之事、在るべき物なりとも、掛けまくも畏き皇大神、国内の諸神達をも唱ひ導き賜ひて、未だ発《い》で向《た》たざる之前に、沮拒《ふせ》ぎ排却《しぞけ》け賜へ。若し賊の謀已に熟りて、兵船必ず来べく在らば、境内に入れ賜はずして、逐ひ還し漂ひ没れしめ賜ひて、我が朝の神国と畏れ憚られ来れる故実を澆《み》だし失ひ賜ふな。此自り之外に、仮令として、夷俘の逆謀・叛乱之事、中国の刀兵・賊難之事、又水旱・風雨之事、疫癘・飢饉之事に至るまでに、国家の大禍、百姓の深き憂へとも在る可からむをば、皆悉に未然之外に払ひ却け銷し滅し賜ひて、天下躁驚无く、国内平安に鎮め護り救助け賜ひ、皇御孫命の御体を、常磐堅磐に天地日月と共に、夜の護昼の護に、護り幸へ矜み奉り給へと、恐み恐みも申賜はくと申す。

2　大宰府防衛網の強化と鴻臚館の最前線基地化

このように新羅海賊の博多湾内侵入を許し、なおかつ取り逃がした事実に朝廷は大きな衝撃を受け、新羅海賊の退散を祈願する一方、防衛体制の強化を打ち出した。その内容は兵士の増員だけでなく、新たに博多湾に面して建てられていた、元来海外使節の迎賓館である鴻臚館に兵士を常駐させるという方策である【史料4～6】。

【史料4】『日本三代実録』貞観十一年（八六九）十二月二十八日辛亥条

（内容が二つの項目に分かれるので、便宜的に①②と分けて記載する）

従五位上守右近衛少将兼行大宰権少弐坂上大宿祢瀧守を大宰府に遣わし、鎮護警固せしむ。勅して曰く、「鎮西は是れ朕之外朝也。千里符を分かち、一方重きを寄す。況んや復た隣国壌を接し、非常期し叵《がた》し。今聞く、大鳥恠を示し、亀筮《きぜい》寇を告ぐと。機急之備え、豈に暫しも輟《や》めしめん哉。宜しく瀧守に警固に縁《よ》るの事を勾当《こうとう》せしむべし」と。是日、瀧守奏言すらく、

①「選士を置き甲冑を設くる所以は、本より警急に備え不虞《ふぐ》を護らんが為なり。謹んで検するに、博多は是れ隣国輻輳《ふくそう》之津、警固武衛之要なり。而るに墎《かく》と鴻臚と相去ること二駅。若し兵不意に出れば、倉卒に備へ難し。請う、統領一人・選士四十人・甲冑四十具を鴻臚に移し置かんことを。

②また謹んで検するに、承前、選士百人、月毎に番上す。今尋常之員を以て不意之禦ぎに備うるも、恐らくは機急

之事、実に支済し難からん。請う、例番之外、更に他番の統領二人・選士百人を加えんことを」と。詔して並に之に従う。

【史料5】『類聚三代格』巻十八　貞観十一年（八六九）十二月二十八日太政官符二通

①　応に統領一人・選士四十人・甲冑四十具を鴻臚館に遷し置くべきの事

右、大宰権少弐従五位上坂上大宿祢瀧守解状に稱《いわ》く、「選士を置き甲冑を設ける所以は、本より警急に備え不虞を護らんが為なり。而るに今案内を検するに、博多は是れ隣国輻輳之津、警固武衛之要也。而るに埒と鴻臚と相去ること二駅。若し客兵の不意に出る有れば、何を以てか急遽に応ぜん。望み請うらくは、件に依り遷し置き、以て禦侮に備えんことを」者、大納言正三位兼行皇太子傅藤原朝臣氏宗宣す、勅を奉《うけたま》わるに請に依れ、と。

②　応に例番の外、他番統領二人・選士百人を加役すべきの事

右、大宰権少弐従五位上坂上大宿祢瀧守解状に稱く、「案内を検するに、選士百人、月毎に番上す。而して今平常之員を以て不意の禦ぎに備う。恐らく機急支え難く、後悔及ぶ無し。望み請うらくは、例番之外、更に件の員を加え、之を鴻臚館に置き、不虞之備えと為さん」者、大納言正三位兼行皇太子傅藤原朝臣氏宗宣す、勅を奉わるに請に依れ、と。

【史料6】『類聚三代格』巻十八　貞観十二年（八七〇）正月十五日太政官符

応に甲冑幷びに手纏・足纏、各おの一百十具を鴻臚館に遷し置くべきの事

右、太政官去年十二月廿八日大宰府に下せる符旨に依り、例番之外、更に他番の統領二人・撰士百人を加え、鴻臚館に置き訖んぬ。右大臣宣す、勅を奉わるに、人有るも兵（武具）無くば、何ぞ機急に備へん。宜しく件に依りて遷し置くべし、と。

以上の記事に、関連する史料を加えて年表にまとめると、次の如くなる。

○天長三年（八二六）

十一月三日　大宰府管内諸国の兵士を廃して、統領・選士を置く。大宰府には、統領八人・選士四〇〇人を配す。四番（四班）に分かれ、毎月交替で勤務。一番は統領二人・選士一〇〇人。

○貞観十一年（八六九）

五月二十二日　新羅の海賊が博多津（荒津）に停泊中の豊前国年貢船を襲い、絹綿を奪って逃走。

十二月五日　鴻臚中嶋館・津厨等保護のため、夷俘《いふ》を要所に配置する。

〃二十八日　①大宰府配備の統領・選士のうち、統領一人・選士四十人・甲冑四十具を「鴻臚館」に遷し置く。

②大宰府に例番の他、更に統領二人・選士一〇〇人を増員し、これを「鴻臚館」に配備する。

○貞観十二年（八七〇）

正月十五日　甲冑并びに手纏・足纏、おのおの一一〇具を「鴻臚館」に遷し置く。

こうした大宰府防衛網強化の中で、当然鞠智城においても強化策がとられたであろう。特に注意されるのは、この時の海賊は平戸・五島列島方面から博多に侵入したとみられ（年表八七六年条参照）、より肥後国に近い地域を新羅の海賊が中継点としていた可能性があることである。

その後、八九九年（昌泰二）四月には、肥後国の史生一名に代えて弩師一名が置かれている。

二　渤海遣唐使の薩摩・肥後来着と唐情報

次に注目したいのは、八七三年（貞観十五）五月・七月の渤海使の薩摩・肥後来着であり、この時渤海使が伝えた唐情報である。

1　渤海遣唐使来着の経緯

【史料7】『日本三代実録』貞観十五年（八七三）五月二十七日庚寅条

廿七日庚寅。是より先、大宰府言す、「去る三月十一日、何許の人を知らざる船二艘、六十人を載せ、薩摩国甑嶋郡に漂着す。言語通じ難きも、何用かを問うに、其首崔宗佐《さいそうさ》・大陳潤等、自ら書きて曰く、『宗佐等、渤海国の人なり。彼国王、大唐に差入《つかわ》して徐州を平らぐるを賀せしむ。海路浪険しく、漂盪して此に至る』と。国司、事意を推験するに、公験を賷《も》たず。書く所の年紀も、亦復た相違す。疑うらくは是れ新羅人、偽りて渤海人を称し、来りて窃《ひそ》かに辺境を窺う歟《か》。二船を領将して、府に向う之間、一船風を得て、飛帆して逃遁す」と。是日、勅して、「渤海は遠蕃にして我に帰順し、蕞爾《さいじ》たる新羅は〔新羅は蕞爾にして〕久しく禍心を挟む。宜しく府国の官司、審《つまび》らかに推勘を加えしむべし。実に是れ渤海人なれば、須らく慰労を加え、粮を宛てて発帰すべし。若し新羅の凶党なれば、全て其の身を禁じて言上し、兼ねて管内諸国に重ねて警守に慎しましむべし」と。

【史料8】『日本三代実録』貞観十五年七月八日庚午条

八日庚午。…是より先、大宰府馳驛して言す。「渤海国の人崔宗佐・門孫・宰孫等、肥後国天草郡に漂着す。大唐通事張建忠を遣わして事由を覆問し、情状を審実するに、是れ渤海国入唐之使にして、去る三月薩摩国に着き、逃げ去る之一艦也。仍て宗佐等の日記、并びに賷《も》つ所の蠟封の函子、雑封書、弓剱等を奉進す」と。是日、勅して、「宗佐等の申状を討覈するに、是《まこと》に渤海の人なるを知る。亦た其の表函・牒書、印封官銜《かんかん》（官職）等、先来入覲して此間に在る者と讎校するに、符合すること一の如し。崔宗佐等、既に隙を伺う之姦寇に非ず。善隣之使臣と謂うべし。其の飄泊の艱渋、誠に矜恤すべし。宜しく在所に衣粮を支済せしむべし。上《たてま》つる所の蠟封の函子、雑封書等、其の印封を全うし、披閲を煩わす莫れ。亦た其の随身の雑物、秋毫も犯さず、皆な悉く還与せよ。其の乗る所の二船、設し破損有らば、勤めて繕修を加え、以て波を凌ぐに足らし、早く好去を得しめよ。但し宗佐等、彼の国の名宦之人なり。盍んぞ我朝之相善《よ》くするを知らざらんや。然れば則ち飄着之日、須らく情実を露わし、以て恩済を望むべし。而るに飛帆して逃亡するは、還りて奸賊に似たり。我が仁恕に非ずば、何ぞ重誅を免れん。宜しく責むるに過契を以てし、其の非を悔い俾《し》むべし」と。

2　渤海使が伝えた唐における龐勛《ほうくん》の乱情報

この一連のできごとの中で注目したいのは、崔宗佐らが、自分たち渤海遣唐使の目的が、徐州平定を慶賀するためであると述べていることであり、これを日本側が記録に留めていることである。「徐州を平らぐるを賀」すとは、これより先、八六八年に起こり翌年まで続いた、徐州を中心とする龐勛の乱が平定されたことを慶賀するために渤海王から唐に使者を派遣したことを意味している。龐勛の乱の概要は次のとおりである。

唐は、南詔（雲南地方にあった王国）の侵攻に対する安南地域防衛のため徐州（江蘇省）で募兵し、応じた兵士を桂州（現在の広西チワン族自治州桂林市）に配備した。ところが当初の任期を延長されたため、故郷を遠く離れた兵士たちは不満を募らせ、ついに咸通九年（八六八）七月、龐勛を首領とし、武器をもって立ち上がり、故郷に向けて北上を始めた。途中では抵抗らしい抵抗にもあわず、九月には徐州に迫り、十月にはこの地域一帯を統括している徐泗《じょし》観察使の治所である彭城を落とした。これを機に勢力は急激に増大し、民衆や在地の土豪が彼らに加わった。これにより、兵士の乱から始まった龐勛の乱は、唐の朝廷に対する民衆反乱へと様相を変え、戦乱は徐州・宿州・寿州・濠州など淮河から揚子江に至る地域に拡大した。こうした動きに対して唐は、南北から攻撃を加え、咸通十年（八六九）九月、ついに龐勛を破り、平定することができた。こうして龐勛の乱自体は一年余で平定されたが、この後も唐の混乱は続き、黄巣の乱（八七四～八八四）が起こり、やがて唐は滅亡（九〇七年）の時を迎えることになる。

渤海遣唐使崔宗佐らは、この龐勛の乱が平定されたことを慶賀するための使者として派遣されたのであるが、唐に到る前に航路をはずれ、薩摩に漂着してしまったのである。

3　徐州地方と日本

『日本三代実録』五月二十七日条には「賀平徐州」と記されているのみであるが、大宰府官は詳しくその情勢について聴取したに違いない。七月に一船が天草に漂着した際には、大宰府から大唐通事張建忠を派遣して、「事由を覆問し、情状を審実」している（傍線部参照）。異国人来着の際には、詳しく事情を聴取することが公式令《くしきりょう》に定められている。

【史料9】「公式令」遠方殊俗条

凡そ遠方殊俗の人、来たりて朝に入らば、所在の官司各おの図を造れ。其の容状・衣服を画いて、具さに名号・処所并せて風俗を序《つい》でよ。訖《おわ》らんに随《したがい》て奏聞せよ。

朝廷では徐州周辺における乱の発生を聞いて驚いたに違いない。戦乱の舞台となった徐州・宿州等は日本の遣唐使にとってなじみのある土地であった。

【史料10】円仁『入唐求法巡礼行記』開成四年（八三九）三月二十五日条

卯の時、発つ。風は正西より吹く。淮《わい》（河《が》）に乗りて東行す。未の時、徐州管内漣水県の南に到り、淮中に停宿す。

※ただし徐州は泗《し》州の誤りか

この他、戦乱の主要舞台の一つ宿州（埇橋《ようきょう》）は、日本の遣唐使が利用する揚州―楚州―泗州―宿州―…汴州―洛陽―長安というルート上にある要衝の地で、たとえば『資治通鑑《しじつがん》』巻二三三・貞元四年十一月条に「李泌《りひつ》上（徳宗）に言して曰く、江淮の漕運、埇橋を以て咽喉と為す。地、徐州に属し、…」、あるいは『旧唐書』巻一五二・張萬福伝に、「李正己反す。将に江淮路を断たんとす。兵を会して埇橋・渦口を守らしむ」等とみえる。

4　過去における唐反乱情報への対応

徐州の乱を聞いた日本はどのような反応を示したか、残念ながら具体的な史料はない。ここで参考にしたいのは、八世紀半ばに起きた安禄山の乱情報が渤海を経てもたらされた際の対応である。

【史料11】『続日本紀』天平宝字二年（七五八）十二月戊申（二十日）条

戊申。遣渤海使小野朝臣田守等、唐国の消息を奏して曰く、「天宝十四載歳次乙未十一月九日、御史大夫兼范陽節度使安禄山反す。…其の唐王の渤海国王に賜える勅書一巻、亦た状に副えて進つる」と。是に於て、大宰府に勅して曰く、安禄山は是れ狂胡の狡竪也。天に違いて逆を起こす。事必ず利あらず。疑うらくは是れ西を計る能わず、還りて更に海東を掠めん。古人曰く、『蜂蠆《ほうたい》（さそり）すら猶お毒あり。何ぞ況んや人を乎』と。其れ府の帥《そち》船王及び大弐《だいに》吉備朝臣真備、倶に是れ碩学《せきがく》にして、名、当代に顕《あら》わる。簡《えら》ぶこと朕が心に在り、委ぬるに重任を以てす。宜しく此状を知り、預じめ奇謀を設け、縦《たと》い来らざるも、儲備悔ゆること無からしむべし。其の謀る所の上策及び応に備うべき雑事、一一具《つぶさ》に録して報じ来れ」と。

【史料12】『続日本紀』天平宝字三年（七五九）三月庚寅（二十四日）条

大宰府言す、府官の見る所、方《まさ》に不安なる者四有り。

①警固式に拠るに、「博多大津及び壱岐・対馬等要害之処に、船一百隻以上を置き、以て不虞に備うべし」と。而るに今船の用ゆべきもの无し。交、機要を欠く。不安の一也。

②大宰府は三面海を帯び、諸蕃是に待つ。而るに東国の防人を罷《や》めてより、辺戍《へんじゅ》日に以て荒散す。如し不慮之表、万一変有らば、何を以て卒かに応じ、何を以て威を示さん。不安の二也。

③管内の防人、一に城を作るを停め、勤めて武藝に赴き、其の戦陣を習わしむ。而して大弐吉備朝臣真備論じて曰く、「且つ耕し且つ戦うは、古人善しと称す。乞う五十日教習して十日築城に役せんことを」と。請う所行うべしと雖

も、府僚或は同ぜず。不安の三也。

④天平四年八月廿二日勅有り、所有兵士全て調庸を免じ、其の白丁は調を免じ庸を輸す。当時、民息み兵強く、辺鎮と謂うべし。今管内の百姓、乏絶する者衆《おお》く、優復（免税等の優遇策）有らずば、以て白ら贍わうこと无からん。不安の四也。

勅して、「船は、宜しく公糧を給い、雑徭を以て造るべし。東国の防人は衆議允さず。仍て請いに依らず。管内の防人を十日役する者、真備之議に依れ。優復は、政、其の理を得ば、民、自ら富強ならん。宜しく所職を勉めて、以て朝委に副うべし」と。

この当時の朝廷の権力者は藤原仲麻呂で、中国の学問にも通じた人物であった。そうした資質と関わって、安禄山情報を海の向こうの出来事と、決してのんびりと構えてはいない。「安禄山の反乱軍は洛陽から長安への進軍は難しいだろう。そうすると矛先を東へと転じ、場合によっては日本に向かってくる可能性がある。だから万一に備えての防衛を講じるように」と指示しているのである。鋭い外交感覚と評することができるであろう。その後、さらに新羅を後援する唐の混乱に乗じて新羅遠征計画まで樹立する（けっきょく中止となるが）。

こうした前例があり、寵勛の乱についての情報を得た朝廷も参考にしたであろう。大宰府を中心とする防衛網の強化が図られ、鞠智城も防衛拠点の一つとして、強化の方策が指示されたに違いない。

なお寵勛の乱情報は、八九四年（寛平六）の有名な菅原道真の遣唐使派遣の再検討を求める、いわゆる建議にも影響を与えているように思われる(4)。

【史料13】『菅家文草』巻九・寛平六年（八九四）九月十四日付け菅原道真奏状

臣等、伏して旧記を検するに、度々の使等、あるいは渡海にして命に堪えざる者有り、或いは賊に遭いて遂に身を亡ぼす者有り。唯未だ唐に至りて難阻・飢寒の悲しみあるを見ず。中瓘（在唐日本人留学僧）申報する所の如くんば、未然の事、推して知るべし。」

道真が触れている唐の混乱については、直接には黄巣の乱による荒廃を指しているであろうが、龐勛の乱についての情報も含まれていると思われる。

むすび

以上、「鞠智城に九世紀末に新しい礎石建物が建てられている」ことに注目し、東アジア情勢との関連から検討を加えてきた。これまで指摘されている新羅問題だけでなく、漂着渤海遣唐使によって伝えられた唐情勢は、唐・新羅に対するさらなる警戒と緊張をもたらし、大宰府防衛網が強化され、重要拠点である鞠智城においても、その一環として整備・強化がはかられた事実を、長者原地区の九世紀末の建物跡は物語っているのではないかとの憶測を述べた(5)。

この後も、時期は降るが九四五年（天慶八）に肥前国高来郡肥最埼（現在の長崎県長崎市野母崎）方面に呉越国（唐滅亡後の十国の一つで、杭州を中心とする国）商船が来着した事例などをみると、鞠智城周辺の地政学的な位置づけに変化はない。文献史料では、鞠智城に関しては、『日本三代実録』元慶三年（八七九）三月十六日条の「肥後国菊池郡城院の兵庫の戸、自ら鳴る」という記事を最後としているが、発掘調査の成果をふまえて、鞠智城存在の下限時期の問題について、さらに考察を進めたいと考えている。

注

（1）西住欣一郎氏（一九九九）の研究による。なお長者原地区の九世紀末の建物とは三六号建物（三間四間）を指している（熊本県教育委員会二〇一二年、六一～六二頁、一一〇～一一二頁等参照）。

（2）石井正敏（二〇一二a）参照。なお二〇〇三年には鴻臚館遺跡から鎧の一部が出土している。

（3）　この年（貞観十一年）五月二十六日、陸奥で、昨年の東日本大震災に匹敵する地震と大津波が起こり、大きな被害を出した。年号をとって貞観地震とよばれている（石井正敏（二〇一二b）参照）。

（4）　石井正敏（二〇一一）参照。

（5）　ただし、小西龍三郎氏（二〇一二）は、主に長者原・長者山周辺の建築物により、「古代山城としての機能が九世紀中期には消失し、小規模な郡倉とその管理舎的な施設へと変化している」（四四四頁）と論じられている。

参考文献

石井正敏（二〇一一）「寛平八年の遣唐使計画について」（中央大学人文科学研究所編『情報の歴史学』中央大学出版部）↓本著作集第二巻所収
石井正敏（二〇一二a）「貞観十一年（八六九）の天災と外寇」（『中央史学』三五）↓本書所収
石井正敏（二〇一二b）「貞観十一年の震災と外寇」（歴史学研究会編『震災・核災害の時代と歴史学』青木書店）↓本書所収
板楠和子（二〇一二）「「肥後国」と「鞠智城」」（『鞠智城跡Ⅱ』第Ⅴ章第三節）
熊本県教育委員会（二〇一二）『鞠智城跡Ⅱ――鞠智城跡第8～32次調査報告』
小西龍三郎（二〇一二）「建築から見た鞠智城」（『鞠智城跡Ⅱ』第Ⅴ章第二節）
笹山晴生・熊本県教育委員会（二〇一〇）『古代山城　鞠智城を考える――二〇〇九年東京シンポジウムの記録』（山川出版社）
西住欣一郎（一九九九）「発掘から見た鞠智城跡」『先史学・考古学論究』Ⅲ（龍田考古会）
濱田耕策（二〇一〇）「朝鮮古代史からみた鞠智城――白村江の敗戦から隼人・南島と新羅海賊の対策へ」（笹山晴生・熊本県教育委員会『古代山城　鞠智城を考える』）

［参考］年表

八二六年（天長三）十一月三日、大宰府管内諸国の兵士を廃して、統領・選士を置く。大宰府には統領八人・選士四〇〇人を配す。四番（四班）に分かれ、毎月交替で勤務。一番は統領二人・選士一〇〇人。

八五八年（天安二）閏二月二十四日肥後国、菊池城院の兵庫の鼓、自ら鳴る由を報ず。二十五日、また鳴る。五月一日、肥後国菊池城院の兵庫の鼓、自ら鳴る。また不動倉十一宇、焼失。

八五九年（貞観元）正月二十二日大宰府、筑前国志摩郡の兵庫の鼓、自ら鳴り、庫中の弓矢に声有り、外に聞こゆとの報を伝える。

八六六年（貞観八）二月十四日、神祇官、肥後国阿蘇大神怒気を懐蔵す。是により、疫癘・隣境の憂いあるべしと奏上。勅して、大宰府城山四王院等で金剛般若経等を転読させる。同十六日、摂津住吉神社において、兵疫消伏のため、金剛般若経等を転読させる。四月十七日、この頃京師に頻りに怪異あり。陰陽寮、隣国入寇の予兆とする。よって大宰府に警固に努めるべきことを命じる。七月十五日、大宰府、肥前国基肄郡の人川辺豊穂が、同郡擬大領山春永から、新羅人とともに新羅に行き、武器の製造技術を学んで帰国し、対馬嶋を討ち取ろうという計画を持ちかけられたと告げたことを報ず。藤津郡領、高来郡擬大領らが共謀しており、射手四十五人の名簿を添える。是歳、隠岐国浪人安曇福雄、前隠岐守越智貞原が新羅人と共謀して謀反を企てていると密告（八六九年十月、誣告であることが判明）。

八六七年（貞観九）五月二十六日、八幅の四天王像五鋪を造り、伯耆・出雲・石見・隠岐・長門国に配付。国司に、新羅に近く、尊像を供えて修法を勤仕し賊心調伏に努めるべきことを命じる。五月二十六日、太政官、卜筮の結果、新羅入寇の予兆とでたため、隠岐国に警固に努めるべきことを命じる（他の辺要国に対しても同様か）。

八六八年（貞観十・唐咸通九）七月、（唐）龐勛を首領とする徐州兵士の乱、起こる。

八六九年（貞観十一・唐咸通十）三月七日、隠岐国に弩師を置く。五月二十二日新羅海賊、博多湾に停泊中の豊前国年貢船を襲い、絹綿を奪って逃走。七月二日、大宰府司の怠慢を譴責する。同十四日、肥後国に地震・暴風雨。大きな被害をもたらす。九月、（唐）龐勛の乱、平定。十一月二十九日、長門国に弩師一名を置く。十二月五日、大宰府鴻臚中嶋館・津厨等保護のため、夷俘を要所に配置する。同十四日、伊勢大神宮に奉幣し、新羅海賊のこと、大宰府の庁舎に大鳥が集まるという怪異が隣国の兵革（新羅の侵攻）の予兆とする占い結果が出たこと、肥後国の地震のこと、陸奥国の〈異常なる〉地震のこと、自余の国々にも地震等が起こっていることを列記し、新羅退散を祈願する。同十七日、新羅海賊等のことにより、五畿七道諸国に、境内の諸神に班幣し、後害を予防させる。同二十五日、勅して、五畿七道諸国に地震風水の災害ならびに隣兵入寇を防ぐため、金剛般若経を転読させる。同二十八日、①大宰府配備の統領・選士のうち、統領一人・選士四十人・甲冑四十具を鴻臚館に遷し置く。②大宰府に例番の他、更に統領二人・選士一〇〇人を増員し、これを鴻臚館に配備する。同二十九日、石清水八幡宮に奉幣し、伊勢大神宮と同じく、新羅退散等を祈願する。

八七〇年（貞観十二）正月十三日、壱岐嶋に冑・手纏等二〇〇具を配備する。同十五日、甲冑幷びに手纏・足纏、おのおの一一〇具を鴻臚館に遷し置く。二月十二日、諸国（山陰道か）に弩師の適任者を選び報告させる。また是より先、大宰府、新羅との国境で捕らえられた対馬島民が帰国し、新羅が大船を造り、軍事教練を行い、対馬嶋を奪おうとしているとの情報をもたらしたことを伝える。是日、勅して、新羅の入寇に備えて、因幡・伯耆・出雲・石見・隠岐等に警固を命じる。同十五日、八幡大菩薩宮・香椎廟・宗像大神・甘南備神に奉幣し、地震風水等のこと及び新羅寇賊の防禦を祈る。同二十日、大宰府に勅して、新羅海賊と共謀の嫌疑で捕らえた新羅人を陸奥の空地に配す。同二十三日、大宰大弐藤原冬緒、管内の国嶋において烽火の調練を請う。五月十九日、出雲国の権史生を弩師に遷補す。六月七日、対馬嶋に選士五十人を置く。同十三日、これより先、大宰府、肥前国杵嶋郡の兵庫震動し、鼓が二度鳴るとの異変を報ず。これを卜するに、隣兵を警戒すべしとの結果がでる。よって是日、勅して、筑前・肥前・壱岐・対馬等に警戒を命じる。また大宰府、先日拘禁した新羅人三十人のうち七人が逃亡したことを報ず。八月二十八日、これより先、対馬嶋、新羅に近く、侵略の恐れがあるので、弩師一名を置くことを請う。これを許す。九月十五日、先日拘禁した新羅人を武蔵・上総・陸奥等に配置する。陸奥に配した新羅人の中に、瓦作りの職人がおり、「陸奥国修理府」で造瓦に従事させるとともに、技術を伝習させる。十一月十三日、筑後権史生佐伯真継、（上京して）新羅国牒を奉進し、大宰少弐藤原元利万侶が新羅国王と通謀して国家を害せんとしていると告ぐ。真継の身柄を検非違使に付す。同十七日、大宰府に勅して、藤原元利万侶らの身柄を拘束させる。また推問密告使を大宰府に派遣する。同二十六日、佐伯真継を防援に差し加え、大宰府に下す。

八七一年（貞観十三）八月十六日、伯耆国に弩師を置く。

八七三年（貞観十五）六月二十一日、武蔵国、貞観十二年に遷配された新羅人のうち三人が逃亡したことを報ず。諸国に捜索を命じる。九月八日、貞観十二年に上総に配された新羅沙門ら二名が甲斐山梨郡に到る。本処に還らせる。九月二十五日、大宰府、対馬嶋司から送還されてきた新羅人三十二人を鴻臚館に滞在させる（十二月二十二日、勅して、漂着を装って国情を探っている疑いもあるため、事情聴取の上で早く放帰させる）。十二月十七日、大宰府、貞観十一年の新羅入寇以来、統領・選士を増員した。その食料等の経費にあてるため警固田の設置を求める。これを許す。

八七四年（貞観十六）六月三日、唐商人の乗る一艘、肥前国松浦郡に来着。八月八日、是より先、大宰府、新羅人十二人が対馬嶋に漂着したことを報ず。是日、事情を聴取した上で早く放還させる。

八七五年（貞観十七）正月二十二日、石見国に弩師を置く。六月二十日、大宰府、大鳥二羽が肥後国玉名郡の倉の上で西に向かって鳴き、また数百羽が菊池郡倉舎の葺草を噬み抜く由を報ず。同二十六日、大宰府に肥後国内の明神に班幣し、大鳥・群鳥の怪異を攘わせる。是月、（唐）黄巣の乱、起こる（〜八八四年六月）。

八七六年（貞観十八）三月九日、大宰権帥在原行平の起請により、肥前国松浦郡庇羅・値嘉両郷を併せて上近・下近二郡とし、値嘉嶋と号す。唐・新羅人ならびに日本の遣唐使等は必ずこの嶋に立ち寄る。貞観十一年（八六九）の海賊も同嶋に立ち寄ったという。また唐商人はこの嶋で香薬を採取し、貿易品に加えているという。同十三日、大宰権帥の起請により、管内六国の防人九十四人に警備の実態がないため、配備を止め、役料を徴収することとする。

八七八年（元慶二）七月十三日、大宰府に、卜筮が隣国の入寇を示したので、警戒すべきことを命じる。

八七九年（元慶三）二月五日、肥前国に弩師を置く。三月十六日、肥後国菊池郡城院の兵庫の戸、自ら鳴る。

八八〇年（元慶四）八月七日、佐渡国に弩師を置く。同十二日、越後国に弩師を置く。

十一月、（唐）黄巣、長安を陥れる。

八八四年（元慶八）五月、（唐）黄巣、朱全忠らの軍に敗れる。

是歳、新羅人徐善行ら、漂着（肥後国天草郡か）。

八八五年（仁和元）六月二十日、是より先、四月十二日、大宰府、新羅国の徐善行・高興善ら四十八人が肥後国天草郡に来着したことを報ず。前年漂着した際に食料等を支給され無事に帰国できたことの答礼のために来日したと言い、携行の新羅執事省牒の写し、及び積載の貨物目録を伝える。是日、勅して、新羅人が漂着を口実に国家を窺う疑いがあるので、放還させる。八月一日、陰陽寮、北境・西辺に兵賊あるべき由を言上。よって北陸道諸国及び長門国、大宰府に命じて警戒を厳重にさせる。

八九〇年（寛平二）十月三日、隠岐国、新羅人三十五人の漂着を言上。

八九一年（寛平三）二月二十六日、昨年隠岐国に漂着した新羅人に食料を支給する。

八九二年（寛平四）（新羅）是歳、新羅の将軍甄萱、自立して王を称す（後百済の建国）。

八九三年（寛平五）三月三日、長門国に漂着した新羅僧三人に食料を支給して帰国させる。五月十一日、新羅の賊、肥前国松浦郡を襲う。閏五月三日、大宰府、新羅の賊が肥後国飽田郡に入寇し、民家を焼いて肥前国松浦方面に逃走したことを報ず。六月二十日、大宰府、新羅の賊のことを報ず。勅符を賜う。

八九四年（寛平六）二月二十二日、大宰府飛駅使、新羅賊の入寇を報ず。三月十三日、大宰府飛駅使、新羅賊が辺嶋に入寇したことを報ず。四月十四日、大宰府飛駅使、新羅賊が対馬嶋に入寇したことを報ず。同十六日、大宰府、新羅賊追討のため将軍の派遣を請う。参議藤原国経を権帥に任じて派遣。同十七日、大宰府に新羅賊追討を命じ、また北陸・山陰・山陽諸国に警固を命じる。ついで大宰府、少弐清原令望を討賊使として対馬嶋に派遣。同十八日、東山・東海道の勇士を召集。同十九日、伊勢大神宮に奉幣し、新羅賊の追討を祈る。同二十日、石清水八幡宮以下の諸社に奉幣。また陸奥・出羽国に警固を命ず。八月九日、対馬嶋に再び防人を置く。八月二十一日、遣唐使を任命。大使菅原道真、副使紀長谷雄ら。是日、能登国に、越後・佐渡等の例に準じて弩師を置く。九月五日、対馬嶋司、新羅の賊船四五艘来襲の由を大宰府に報ず。同十三日、大宰府に弩師一名を加え置く。同十四日、菅原道真、遣唐使の派遣について再検討を求める（けっきょく、実施されず）。同十七日、対馬嶋司文室善友、郡司等を率いて新羅の賊と戦い、三百余人を殺す。捕虜にした新羅人、本国の飢饉により一〇〇艘・二五〇〇人で襲ったこと、賊の将軍の中には唐人もいることなどを語る。その後、大宰府からの報告が相次いで届く。同十九日、延暦年中に停止された出雲・隠岐両国の烽燧を再び置く。同二十三日、山陵に奉幣。十月六日、大宰府、新羅賊船退去の由を報ず。

八九五年（寛平七・唐・新羅）三月十三日、博多警固所に夷俘五十人を加え置き（計一〇〇人）、新羅の賊に備えさせる。七月二十日、越前国に弩師を置く。九月二十七日、大宰府、壱岐嶋の官舎が新羅の賊により悉く焼失したことを報ず。十一月二日、伊予国に弩師を置く。十二月九日、越中国に弩師を置く。

八九九年（昌泰二）四月五日、肥後国に弩師を置く。

九〇七年（延喜七）四月、（唐）唐、滅亡。

九一八年（延喜十八）是歳、（新羅）王建、自立して高麗王を称する。

九三五年（承平五）是歳、（新羅）新羅王、高麗に降る。

九三六年（承平六）是歳、（高麗）王建、後百済を滅ぼし、朝鮮半島を統一。

〔編者注〕

〈1〉この講演は、平成二十四年（二〇一二）九月二十二日（土・祝）に九州国立博物館ミュージアムホールで開催された「鞠智城シンポジウム　ここまでわかった鞠智城――古代山城の歴史を探る」（熊本県、熊本県教育委員会主催、九州国立博物館、熊本県文化財保護協会共催）【福岡会場】で行われたものである。矢野裕介氏の報告ののち、石井氏、小田富士雄氏、坂井秀弥氏の講演があり、佐藤信氏をコーディネーターに三名の講演者によるパネルディスカッションが行われた。

〈2〉熊本県教育委員会。

〈3〉資料集「はじめに」でも紹介されている熊本県教育委員会編『鞠智城跡II――鞠智城跡第8～32次調査報告』（熊本県教育委員会、二〇一二年）のこと。

〈4〉小田富士雄氏（福岡大学名誉教授）。シンポジウムでは「鞠智城の創設について」と題した講演をしている。

〈5〉矢野裕介氏のシンポジウムでの報告「最新調査成果報告」では、三〇〇年間存続した鞠智城を機能と役割からI期～V期の五期に区分している。詳細はシンポジウムの記録（『鞠智城シンポジウム成果報告書　二〇一二（ここまでわかった鞠智城）』熊本県教育委員会、二〇一三年）掲載の矢野氏の報告に譲るが、石井氏が言及しているIV期は「鞠智城の変革期にあたり、年代的には八世紀第4四半期から九世紀第3四半期」、V期は「九世紀第4四半期から十世紀第3四半期で、鞠智城の終末期」に該当する。

Ⅳ　古代国家の変転と残像

11　『金液還丹百問訣』にみえる渤海商人李光玄について
――日本渡航問題を中心に――

はじめに

日本と渤海との国家間の関係において、渤海の対日外交の主たる目的が、当初の渤海を取り巻く緊張した国際的環境に基づく政治的なものから、次第に経済的なものへと変化するということについては、ほぼ異論のないところであろう。藤原緒嗣による、渤海使は〈実に是れ商旅にして、隣客とするに足らず〉との指摘は天長三年(八二六)のことである。

それでは、「商旅」と断じられ、時には使者が入京を認められず、到着地から帰国(放還)させられるという措置を受けながら、それでも使者の派遣を続ける渤海側の政治的意図・経済的事情はいかなるものであったのか。この点についての筆者によるこれまでの考察は、政治的意図については若干触れることがあったものの(1)、経済的事情については十分な検討を行うことはなかった。すなわち、渤海が経済的目的へと重点を移行させたとすれば、その背景にはどのような渤海の国内外事情があったのであろうか。渤海から日本に持ち込まれた「物」には、国産品だけでなく、唐などからの輸入品も含まれていたことが知られている。渤海はいかにして国外の「物」を入手し、これを日本にもたらしたのか。本稿では、渤海が日本へ「物」を移動させる以前のルートの問題を扱い、課題の一端を明らかにしてみたいと思う。

一　新たに見出された渤海商人李光玄

さて、この問題を考える上で興味深い史料が近年紹介された。明代正統帝の時に編集された道教の一切経である「正統道蔵」に収められた『金液還丹百問訣』に、渤海人李光玄なる人物が山東半島から浙江地方にかけて貿易に活躍する記事である。このことを最初に指摘されたのは朱越利氏「唐気功師百歳道人赴日考――以『金液還丹百問訣』為拠」（『世界宗教研究』一九九三年第三期）で、李光玄は唐だけでなく、新羅さらに日本にも往来して貿易活動を営んでいたという注目すべき見解を示された。その後、王勇氏が一九九八年十一月に國學院大學で行われた国際シンポジウム「渤海をめぐる古代東アジアの交流」において朱氏論文を紹介され、同シンポジウムの成果を収めた『アジア遊学』第六号（一九九九年七月）に論文「渤海商人李光玄について――『金液還丹百問訣』の史料紹介を兼ねて」と題して発表され、日本でも広く知られるところとなった。文献史料の限られた渤海史にあって、新史料の発掘に等しい重要な成果である。かねて日本と渤海との関係、特に渤海の経済、貿易に関心をもつ筆者としても、興味深く、多くの示唆を得ることができた。ただし、記事を子細に読むと、両氏の見解には若干の検討を必要とすると思われるところもあるので、以下に私見を述べてみることにしたい。

二　『金液還丹百問訣』の記事

両氏の論文では『金液還丹百問訣』本文は断片的にしか引用されていないので、原文紹介をかねて、当面の考察に必要な部分を示すと次のごとくである。検討の便宜上、段落を区切って掲載する。なお、以下の史料引用における句読点・返り点は筆者によるものであり、…は省略、〈 〉は読み下しであることを示す。ただし問題となる部分（下線部）は原文のままとした。

【史料1】『金液還丹百問訣』（『正統道蔵』洞真部・方法類）

①昔李光玄者、渤海人也。少孤、連気・僮僕数人、家積二珠金巨万一。

②光玄年方弱冠、乃逐二郷人舟船一、往二来於青社・淮・浙之間一貨易。

③巡歴後却過海、遇二一道人一。同在二舟中一、朝夕与光玄言話巡歴新羅渤海日本諸国。

④光玄因謂二道人一曰、中国豈無二好事一耶。争得二過海遊歴一。道人曰、我於二世上一、喩若二浮雲一、心無二他事一。是以過海。光玄異レ之。因更日夜与二道人一攀二言論一。道人乃謂二光玄一曰、郎君家更有二何資産一。光玄曰、余少孤、兄弟・僮僕数人、家財巨万。道人曰、既家資如レ此。何得下遠渉二風波一、更求中其利上。漫漫大海、浩浩長波、一旦傾危、虫魚得レ便。此何智也。光玄答曰、我非下為レ財渉中此風波上、…道人曰、行二此道一遂得レ如レ斯。余今已逾二百歳一、不レ識二疾病一。汝豈知レ我乎。光玄再拝謝曰、…

⑤後至二東岸一下船。道人自欲レ遊二新羅・渤海一、告二別光玄一。光玄乃涕泗交并、奉レ辞二道人一、帰二還故里一。

⑥光玄達レ家之後、一心奉二其至道一、不レ顧二繁華一、遂却離レ郷、重遊二滄海一。駐二居雲島之中一。十有余年、依二高人之指的一、弘持二至道一、乃得二気力百倍一、儀形異レ常。因被〔彼カ〕往日同船之人、号二光玄一為二海客一。…

以上が、当面の考察に必要な本文である。『正統道蔵』には、『金液還丹百問訣』とほぼ同内容の『海客論』が収められている(2)。参考のために『金液還丹百問訣』と内容の同じ部分で段落を区切りながら示すと、次の如くである（返り点は省略する）。

【史料2】『海客論』（『正統道蔵』太玄部）

①海客李光元、渤海人也。少孤而家財鉅万。
②洎弱冠、随郷人舟、往来於青社淮浙為商賈。
③後却過海而同舟有一道人。
④問予曰、君家有何人及貨産。渉海何為者也。曰、少孤、兄弟家財及万。道人曰既若如此。更渉風波、以貪其利。漫漫大海、浩浩長波、一旦傾危、魚龍得便。甚非所知也。光元曰、我非為利而渉風波、縁思世間皆若夢耳。…
（道人）曰、我行此道遂得如斯。今已百歳矣。疾病未嘗染也。光元再拝而謝曰、不肖得聞大道、何其幸也。若非夙縁、無由覩此道人。
⑤到東岸下船。欲遊新羅、遂相告別。
⑥光元帰渤海。乃依行此道、不顧浮華、乃往長雲島中。修行数年、固有益験、因彼往来時人、号之曰海客。…

一見して『海客論』が『金液還丹百問訣』の略本のように思えるが、『金液還丹百問訣』『海客論』の編著者・成立年代等について、奥書などに一切手がかりは記されていない。わずかに『金液還丹百問訣』本文中に「己酉年中八月三日」との記述がある。渤海時代の己酉年は、七〇九・七六九・八二九・八八九年となるが、『海客論』

では「己酉」が「己巳」となっており、必ずしも信を措くことはできないであろう。朱・王両氏は、『金液還丹百問訣』は唐代の渤海人李光玄その人の著作とされているが、『海客論』との関係を含めてさらに検討が必要のように思われる。ここでは説話的要素が強いことを十分に考慮したうえで、『金液還丹百問訣』を素材として当面の考察を進めることにしたい。

三 『金液還丹百問訣』の記事の概要と問題点

さて、『金液還丹百問訣』の記事の概要はつぎのようにまとめることができる。

①李光玄は渤海人である。少くして父母を失ったが、家は裕福であった。
②弱冠（二十歳）の時、同郷の貿易商人の船に乗り、青社・淮・浙地域で交易を行った。(3)
③交易活動の後、「過海」に際して一人の唐人道士と出会い、船中で「朝夕与光玄言話巡歴新羅・渤海・日本諸国」。
④さらに李光玄と道士とは人生のことなどを論じ、光玄は深い感銘を受けた。
⑤「東岸」に到着したところで別れ、道士は新羅・渤海へ、李光玄は郷里すなわち渤海へと向かった。
⑥故郷に還った光玄は、再び郷里を離れて「雲島」で修行に努め、十有余年にして、ついに気力百倍の成果をあげ、かつての仲間から海客と称されるようになった。

このあと、中国に渡ってさらに各地を巡歴して修行を続け、別の道士（玄寿先生）に出会うという話が続くが、ここでは省略する。なお③は解釈の分かれるところであるので、敢えて一部を原文のままとした。

およそ以上のような内容である。文中②で李光玄が交易活動をおこなったという「青社・淮・浙」地域とは、青社は周代諸侯国の一つで山東半島を領域とした斉の社をいい、淮は淮河、浙は浙江であるので、今日の山東半島から江蘇省・浙江省一帯にかけての地域とみてよいであろう。山東半島における渤海人の交易活動については、『入唐求法巡礼行記』開成四年（八三九）八月十三日条に、

聞下相公已下九隻船在中青山浦上。更有二渤海交関船一、同泊二彼浦一。従レ彼有レ人来報二県家一去。未レ詳二虚実一。所二以然一者、九隻船従二此赤山浦一発後、〔西〕北風連日常吹、于レ今猶有。更有二何所レ障不二発去一。但応二是人虚伝一。

とみえる、日本の遣唐使が寄港した山東半島東端に位置するとみられる青山浦に、〈渤海の交関船〉も停泊していたという記事がよく知られている。これに李光玄の事例が加えられたことは、渤海人の交易活動を考える上で貴重なことである。それだけでなく、朱・王両氏は「過海」の語に注目して、李光玄は日本にも渡航したとされたのである。日本貿易に活躍した渤海商人としては、円珍の大中十二年閏二月付「乞台州公験状」[4]に、

…円弥遂遇二越州商人詹景全・劉仕献、渤海国商主李延孝・李英覚等一、去大中十年九月（九月ノ二字見セ消チ—石井）、従二日本国一廻、願施二銭四十千文一、造二住房三間一、備二後来学法僧侶一。…

とみえる、「渤海国商主」李延孝・李英覚らの存在が知られているに過ぎない。しかし李延孝の場合、他の記事

では唐商人とも見え、(5)その性格の詳細については明らかでない。それに比べて、李光玄の場合、間違いなく渤海人であり、この点で特に注目される史料である。そして両氏の研究と紹介の結果、日本の人名辞典にも李光玄が著録されるに至る。すなわちユニークな対外関係史辞典ともいうべき東大寺教学部編『シルクロード往来人物辞典(新版)』(昭和堂、二〇〇二年)の「Ⅲ　インド・中国・朝鮮等より日本に渡来した者」の一人として、李光玄の項目(三五八七番)が立てられ、次のように記述されている。

渤海の商人。道士。二十歳ごろから華北の東海岸を中心とする海上交易にたずさわり、日本に渡海することもあったが、二十四歳ごろ、日本からの帰途、同船した一〇〇歳の道士と邂逅、帰国後まもなく海外の島に隠遁し、のち帰国して中国各地を巡り、己酉年(あるいは己巳年)に嵩山に至った。海上交易に従った年代は、唐末ごろの可能性が高い。

このように貴重な史料が紹介されたわけであるが、李光玄の活動のうち、日本に渡航したとする、もっとも注目される行動には、検討の余地があるように思われる。以下、『金液還丹百問訣』にみえる李光玄の活動のうち、特に渡日の問題について考えてみたい。なお、上記の説によれば、李光玄は唐人道士と日本からの帰途の船に乗り合わせたというのであるから、道士は来日し日本巡歴を終えていることになる。唐人道士の来日もまたこれまで知られていないことであろう。したがって李光玄来日問題を検討することは、また唐人道士の来日について考えることにもなる。

四　李光玄渡日説

まず朱越利氏の見解は次の如くである。李光玄は、渤海・黄海・東海岸一帯の貿易活動から「過海」へと活動路線を変更したとし、続けて、

按照一般理解、越渤海自然称得上〝過海〟、但前引文却用転折筆法、将李光玄〝往来于青社淮浙之間〟、排斥于〝後却過海〟之外。于是乎、李光玄〝過海〟所往、唯余日本。

と述べられる。つまり「過海」は一般的には渤海への渡航と理解できるが、ここでは「後却過海」という「転折筆法」が用いられているので、「過海」して往く所は日本であるとする。そして、李光玄は『過海』の後」、日本から郷里（渤海）に還る船上で道人と会い、「東岸」に到ったところで別れたとある。日本から東方に向かって帰郷することは考えられないので、渤海国の図們江口一帯に到達したとすれば、それはまさに東海岸であり、道人が新羅・渤海に遊び、李光玄は郷里渤海へ還るという文章とも一致する。「東岸下船」の記述からみても、李光玄が「過海」したのが日本であったことは間違いない。「唐宋時代の『過海』とは『日本に去くこと』と同義語である」とされたのである。(6)

王勇氏も、次のようにほぼ同様の見解を示されている。

鑑真のことを「過海和尚」と称する例に象徴されるとおり、唐では中国（わけても江南地方）から東シナ海をわたって日本へ渡航する行為をとくに「過海」と表現することが多い。したがって、「後却過海」とは、李

光玄らの渤海商人団が中国の沿岸貿易から日本貿易へ切り替えたことを意味するものと理解される。

そして日本からの帰り道に、李光玄はたまたま便乗していた百歳ばかりの中国道人（道士のこと）と出あい、朝夕となく「新羅・渤海・日本諸国を巡歴し」た道人の遊歴を聞かされ、ついに道教修行の啓蒙を受けることになった。……ここに「東岸に至って下船す」とあるのは、いささか理解に苦しむ。……可能性として考えられるのは、貿易船が日本を発って西岸の中国海港（青社淮浙の間）にいったん立ち寄り、商品を売ってから、北東の渤海（鴨緑江口の丹東あたりか）に迂回するという中継貿易ルートしかない。

このように、「東岸」の理解は異なるが、両氏ともに李光玄が日本に渡航し、日本から渤海への帰途道士と出会い、船中を共にしたという基本的な点では一致している。その主要な根拠は本文③の「後却過海」の理解にある。朱氏は「後却過海」には「転折筆法」が用いられており、また「過海」は日本渡航と同義語であるので、李光玄は日本に渡航したと主張されるのである。朱氏の言われる「転折筆法」の意味が今ひとつ理解できないが、「反して」とか「一転して」といった、今までのルートとは異なる航路をとったとの解釈のようである。王勇氏も明言はされていないが、朱氏と同じような理解によるものと思われる。

「却」字については、たとえば諸橋轍次『大漢和辞典』巻二（六三七〜六三八頁）にみえる却の正字卻の語義を参照すると、「しりぞく――さがる、去る、帰る」の意味にとってよいように思われ、「後却過海」とは、「青社・淮・浙」地域で貿易を終えた李光玄が郷里の渤海に帰国するために海を渡るの意味に理解することができると思う。朱氏も、先に紹介したように、「過海」は一般的には渤海への渡航と理解できるとされながらも、ところが「後却過海」という「転折筆法」が用いられているので、「過海」して往く所は日本であるとされるのである。そこで、「却」字の解釈はしばらく保留して、朱・王両氏の日本渡航説におけるもっとも大きな理由である「過海」

の語の検討、李光玄・道士の問答から知られる状況について考察した後、あらためて「後却過海」の一節について考えることにしたい。

五　李光玄渡日説の検討

1　「過海」

朱・王両氏の李光玄渡日説の前提として、「過海」は日本渡航と同義語とする理解がある。両氏は「過海」の具体例として、いずれも鑑真が「過海和尚」[7]と称されていることをあげられている。他にも、たとえば金沢文庫旧蔵『白氏文集』巻四四・識語に、「四月廿日、為二過海一、設二斎於白楽天禅院一、一勘了。恵蕚」とあるように、中国から日本に渡ることを「過海」と称している例は、たしかに多い。

しかし、「過海」を日本渡航に限定するのは無理がある。李商隠「唐刑部尚書致仕贈尚書右僕射太原白公（白居易）墓碑銘」（『李義山文集』巻四）に、

姓名過海流二入雞林・日南〔本カ〕一。…

とあり、名声が雞林（新羅）に伝わることを「過海」と表現している。また張籍「送金少卿副使帰新羅」（『文苑英華』巻二九七・詩・行邁九・奉使）に、

雲島茫茫天畔微　向東万里一帆飛　久為侍子承恩重　今佐使臣銜命帰

過海便応将国信　到家〔一作郷〕猶自着朝衣　従前此去人無数
光彩如君定是稀

とある。唐代の文献には往々にして新羅と日本とを混同する例が見られるが、(8)これは詩題に「金少卿副使」とあるので、新羅使とみて間違いない。つまり新羅に渡る場合にも「過海」の表現を用いることの明らかな例である。

また宋代の史料では、有名な蘇東坡の「乞禁商旅過外国状」（『蘇東坡全集』巻五八）に、

至㆓今年七月十七日㆒、杭州市舶司准㆓密州関報㆒、據㆓臨海軍状申㆒、准㆓高麗国礼賓院牒㆒、據㆓泉州綱首徐成状㆒称、有㆓商客王応昇等㆒冒㆘請㆑往㆓高麗国㆒公憑㆖、却発㆑船入㆓大遼国㆒買売、尋捉㆓到王応昇等二十人、及船中行貨㆒。並是大遼国南挺銀糸銭物。并有㆘過海祈㆔平安将㆓入大遼国㆒願子二道㆖。……

とみえる。ここでは宋から遼へ渡航することを「過海」と表現している。

このような用例を参考にすれば、「唐宋時期、〝過海〟蓋為〝去日本〟的同義詞」とは決して言えず、「過海」の語をもって直ちに李光玄が日本に渡航したとすることはできないであろう。少なくとも『過海』の語は、渤海や新羅への渡航とみることを排除するものではない。

2　「巡歴新羅・渤海・日本諸国」の解釈

李光玄の渡日を考える上で「過海」とともに重要な論点となるのが、船中における李光玄と道士との会話の場面にみられる「朝夕与光玄言話巡歴新羅・渤海・日本諸国」の一節である。朱・王両氏は李光玄が道士と会った

のは「過海」の後つまり日本から帰国の際であると理解しており、王勇氏は、李光玄は「朝夕となく『新羅・渤海・日本諸国を巡歴し』た道人の遊歴を聞かされ」たと解釈されている。朱氏は、「遇一道人同在舟中，朝夕与光玄言，話巡歴新羅，渤海，日本諸国」と句読点をつけられているので、王氏と同じ解釈かと思われる。しかし道士がすでに新羅・渤海・日本諸国を巡歴した体験を語ったとすると、不可解な記述となるであろう。すなわち、道士はその後、舟が「東岸」に到着したところで「新羅・渤海に遊ばんと欲す」といって、李光玄に別れを告げているから、日本から帰って再び新羅・渤海巡歴の旅に出たことになる。再度の巡歴があり得ないことではないが、いささか不可解ではなかろうか。「再」字や「重」字もない。すなわち、③の「朝夕与光玄言話巡歴新羅・渤海・日本諸国」の部分は、「与光玄言話」とあるので、主語は道士で、〈朝夕光玄と言話し、新羅・渤海・日本諸国に巡歴せんとす〉と訓み、「道士は朝夕光玄と語り、新羅・渤海・日本諸国を巡歴しようとする自らの予定を話した」と解釈すべきではなかろうか。つまり道士は新羅・渤海・日本諸国巡歴を志してはいるものの、まだいずれにも行っていないと理解すべきであろう。したがって李光玄が日本からの帰途に道士と出会ったという解釈は成り立たないと思われる。

3　「東岸」について

それでは李光玄と道士とが別れたという「東岸」については如何であろうか。朱・王両氏はいずれも日本からの帰途同船した道士と「東岸」に至って別れたとし、東岸を朱氏は渤海の図們江口一帯、王氏は日本からいったん中国西岸に渡り、そこからさらに朝鮮半島に迂回するルートをとったとされている。

ここで単に「東岸」とされていることについて注目したいのが、『北夢瑣言』巻十三・張建章泛海遇仙の記事である。張建章は、大和七年（八三三）に渤海に奉使し、同九年（八三五）に帰国した後、『渤海国記』を著した人

物として夙に知られている。(9)

張建章、為二幽州行軍司馬一。後歴二郡守一。尤好二経史一、聚書至二万巻一。所居有二書楼一、但以二披閲清浄一為レ事。経渉之地、無レ不レ理焉。曽賷二府戎命一往二渤海一。遇二風濤一乃泊二其船一。忽有二青衣一泛二一葉舟一而至。謂二建章一曰、奉二大仙命一、請二大夫一。建章乃応之。至二一大島一、見二楼台一巋然、中有二女仙一処レ之。侍翼甚盛器食。皆建章故郷之常味也。…（女仙の導きにより、無事に渡ることができた―石井）…又廻至二西岸一、経二太宗征遼碑一。半在二水中一。建章則以レ帛包二麦屑一、置二于水中一摸而読レ之、不レ欠二一字一。其篤学也如レ此。…

渤海に奉使した張建章が〈廻りて西岸に至り〉、半ば水中に埋もれていた「太宗征遼碑」を工夫して読みとったという記事である。〈廻りて〉とあるから、幽州府近くまで帰ってきたとみてよいであろう。そこに「太宗征遼碑」があったという。「太宗征遼碑」とは、唐の太宗による高句麗遠征に関わる碑文で、とくに太宗が親征したことを記念して立てられたものであろう。(10) 太宗は貞観十九年二月に洛陽を出発し、定州・幽州・平州・営州を経て遼河を渡り、安市城で高句麗と攻防戦を繰り広げたのち撤退し、翌年三月に長安に帰着している。(11)「太宗征遼碑」がこの時のものとしても、どこに立てられていたのか、ただ一つなのか、それとも新羅真興王巡境碑のように、いくつか立てられていたのか、明らかに出来ないが、幽州府の官人である張建章が、〈廻りて西岸に至る〉とあるのだから、幽州に近い渤海湾西岸とみて間違いないであろう。そして〈半ば水中に在り〉とあるので、幽州府につながる河の河口付近にでも立てられていたのであろうか。これはいずれにせよ、渤海湾の西岸をただ〈西岸〉と称していることに注目したいのである。すなわち渤海湾〈西岸〉に対する〈東岸〉はどこか。遼東半島付近ないし朝鮮半島西岸がただちに思い浮かぶであろう。周知のように、『新唐書』巻四三下・地理七下に引かれた、いわゆる賈耽の道里記には、登州から島伝いに朝鮮半島に達し、新羅・渤海へ到るルートが記されている。渤海湾奥深くの「西岸」に対して、まさに「東岸」と表現するにふさわしい位置関係にあるといえよう。『金液還丹百問訣』にみえる「東岸」は朝鮮半島西岸と理解して誤りないと思われる。

なお、「東岸」については、王氏も触れられているが、当時の史料によく使われる「海東」の語との関わりが注意される。「海東」は〈海東の盛国〉渤海の代名詞のごとく思われがちであるが、中国からみた海の東の地域を指す言葉で、新羅や日本の呼称としても用いられている。張喬「送碁待詔朴求（球イ）帰新羅」（『文苑英華』巻二八三・詩・送行十八）に、

海東無敵手　帰去道応孤　…

とあり、姚合「送源中丞使新羅」（『文苑英華』巻二七八・詩・送行十三）に、

将雨露海東万里灑扶桑

とみえるのは、いずれも新羅を指しており、『続日本紀』慶雲元年（七〇四）七月甲申朔条では、

粟田朝臣真人（大宝度遣唐使）自二唐国一至。…唐人謂二我使一曰、亟聞、海東有二大倭国一、謂二之君子国一。

と、日本を指して「海東」の語が用いられている。したがって、唐人からみた「東岸」すなわち東方の海岸を、

朝鮮半島の新羅・渤海側沿岸とみて差し支えないのである。

4　「後却過海」の解釈

以上、「過海」は必ずしも日本渡航を意味するものではないこと、本文で単に「東岸」と記されているのは朝鮮半島西岸とみなされること、そして船中における李光玄と道士との会話の内容から、李光玄も道士も日本に渡航していないと理解するのが妥当である等の見解を述べたが、これらは筆者の指摘をまつまでもない解釈のように思う。それでも敢えて朱・王両氏が日本渡航説を唱えられるのは「後却過海」に「転折筆法」が用いられているとする点にある。そこであらためてこの一節について考えてみる必要があろう。

さて、さきに『大漢和辞典』にみえる「却」字の語義を紹介したが、『金液還丹百問訣』本文⑥にも、「遂却離郷、重遊滄海」と「却」字が使われている。ここも去るまたは帰るの意味で理解できる。そして『金液還丹百問訣』の末尾近くに、李光玄が修行に努めていた時に出会った道士（船中で出会った道士とは別の人物で、玄寿先生と称されている）と別れる場面があり、そこに、「光玄悵望、却㆓帰山寺㆒之中、一夜不㆑眠」と記されている。この「却」も「かえる」の意味で、「却帰」と熟して解釈してよいと思う。「却帰」という熟語は『佩文韻府』や『大漢和辞典』などにも採られていないが、例えば円仁『入唐求法巡礼行記』会昌五年（八四五）七月五日条に、

…是恐会昌三年送㆓円載闍梨弟子等㆒船、令㆓却廻㆒歟。…又日本国恵蕚闍梨子〔弟脱〕、…就㆓李隣徳船㆒、却㆓帰本国㆒去。

とみえる。「却㆓帰山寺㆒」の例と共に「帰る」の意味にとってよいであろう。『入唐求法巡礼行記』文中の「却

廻」の語は『大漢和辞典』補巻（一一二六頁）にも掲げられており、「もとの所へ帰る」（出典：白居易王昭君二首）とある。さらに用例を精査する必要があると思うが、「却」字には、もともとこのような意味が含まれているとみてよいと考える。

これまでの検討から、本文③⑤については、次のように読み下し、解釈すべきであると思われる。

〔読み下し〕

〈巡歴の後、却《かえ》りて過海せんとするに、一道人と遇ふ。同《とも》に舟中に在りて、朝夕光玄と言話し、新羅・渤海・日本諸国に巡歴せんとす、と。…のち東岸に至りて下船す。道人自ら新羅・渤海に遊ばんと欲し、光玄と告別す。…〉

〔解釈〕

「李光玄が唐における貿易活動を終えて渤海に帰るため（山東半島あたりから）渡海しようとした時に一人の道士と出会った。渡海の船中で道士は李光玄に、新羅・渤海・日本諸国巡歴の予定を語った。…その後、東岸（すなわち朝鮮半島西岸の新羅・渤海国境地帯に）到り、そこで道士は船を下り、新羅・渤海遊歴に向かった」

このような理解に大過なければ、道士が日本への巡歴予定ないし希望を語ったもので、李光玄は日本には渡航していないとみなされるのである。

むすび

以上、新たに紹介された渤海商人李光玄の、特に日本渡航問題について検討を加えてきた。その結果、日本渡航説にしたがうことはできず、残念ながら対日貿易に活躍した渤海商人の事例に加えることはできないとの結論に達した。しかし『金液還丹百問訣』にみえる李光玄の記事は、山東半島付近から江浙地方にかけて、国を超え、海を越えて交易活動に従事する渤海商人の存在を具体的に伝えている貴重な史料であることに変わりはない。

特に注目したいのは、たとえ予定地ではあっても、道士の巡歴の範囲に日本が含まれていることである。これはこの頃の人々の間では、唐と新羅・渤海そして日本を一つの世界とする認識があったことを示しているものと思われる。この意味において、李光玄の史料は重要な意味をもつものと考えるのである。

また「東岸」の語は、幽州府の官人張建章の渤海奉使に関連して現れる「西岸」との対照で興味深いものがある。幽州府官人の渤海湾ルートはまた渤海使らの用いるところであり、『新唐書』渤海伝にいう営州道の陸路とともに、唐・渤海間の「物」の移動のルートとして重要な役割を果たしていたものと考えられる。営州・幽州といえば、商胡すなわちソグド商人が集住しており、ソグド人の足跡が渤海にも及んでいたことが指摘されている。(12)本稿の当初の目的も、李光玄の活動と『旧唐書』『新唐書』などに伝えられる営州・幽州の商胡との関わりの検討にあったが、李光玄渡日問題に終始してしまった。今後の課題とすることでひとまず筆をおくことにしたい。

注

（1） 拙著『日本渤海関係史の研究』（吉川弘文館、二〇〇一年）第三部第四章「光仁・桓武朝の日本と渤海」参照。

（2）朱・王両氏によれば、『金液還丹百問訣』『海客論』の他、同じ内容の『金液還丹内篇』が道蔵に収められているとの由であるが、筆者には所在を確認できなかった。王勇氏によれば『金液還丹百問訣』の略本とのことであるので、当面の考察に支障はないと考える。

（3）この個所を朱氏は、「往来于《ママ》青社淮浙之間、貨易巡歴。後却過海」とされているが、『資治通鑑』巻一三五・斉紀・武帝永明元年五月条に、「会有レ人告二敬児一、遣レ人至二蛮中一貨易。《貨易、即貿易也。以二我所一レ有、易二我所一レ無。》」と、貨易は貿易のことであるので、貨易で区切った。

（4）『園城寺文書』第一巻（講談社、一九九八年）所収。

（5）円珍は、入唐に際して申請し証明を得た仁寿三年七月一日付「鎮西府公験」には「大唐商客王超・李延孝等」としている。さらに王超については、「乞台州公験状」では「新羅商人王超」と称しており（いずれも、前掲『園城寺文書』第一巻所収）、李延孝を新羅商人とする説もある。小野勝年『入唐求法行歴の研究』上下巻（法蔵館、一九八二～三年）参照。

（6）朱氏の原文は次のとおりである。

「這是説、李光玄従20歳（〝年方弱冠〟）時起、乗渤海国商船往返于今渤海、黄海、東海沿岸一帯（〝青社淮浙之間〟）経商。後改変路線過海」

「李光玄〝過海〟後、乗船還郷、在船上結識了一位百歳道人。《金液還丹百問訣》継続描述説：

後至東岸下船。道人自欲遊新羅・渤海、告別光玄。光玄乃涕泗交并、奉辞道人、帰還故里。

由于是緊接〝過海〟情節、故此処東岸当指海岸。…従日本向東航行還郷則不然、到達渤海国則正是東海岸。如果登陸地点是図們江口一帯、道人可立即開始〝遊新羅・渤海〟、李光玄也可径直〝帰還故里〟。前後文恰相契合、順理成章。因此、従〝東岸下船〟的情節也可推断、李光玄是従日本返郷、当初〝過海〟的确是去了日本」

「唐宋時期、〝過海〟蓋為〝去日本〟的同義詞」

（7）『唐国史補』巻上に、「天宝末、揚州僧鑑真、始往二倭国一、大演二釈教一。経二黒海蛇山一、其徒号二過海和尚一」とみえる。

（8）小川昭一「唐代の日本という称呼について」（『中哲文学会報』一、一九七四年）参照。

（9）張建章の事跡については、張琫撰「張建章墓誌銘」に詳しく記されている。古畑徹「渤海建国関係記事の再検

討──中国側史料の基礎的研究──」（『朝鮮学報』一一三、一九八四年）参照。
（10）張建章のこの逸話は『北夢瑣言』を出典として、『太平広記』巻七〇・女仙をはじめとする諸書にみえる。なお本文に触れた「西岸」を『南部新書』丙では「西崖」としている。
（11）『資治通鑑』巻一九七〜八、貞観十九〜二十年条参照。
（12）E・V・シャフクノフ「北東アジア民族の歴史におけるソグド人の黒貂の道」（『東アジアの古代文化』九六、一九九八年）、鈴木靖民「渤海国家の構造と特質──首領・生産・交易──」（『朝鮮学報』一七〇、一九九九年）、同「渤海の遠距離交易と荷担者」（『アジア遊学』六、一九九九年）等、参照。

12 『日本書紀』金春秋来日記事について

はじめに

「彼を知り己を知れば百戦殆《あや》うからず」という『孫子』の兵法に凝縮されているように、外交の要諦は相手の情報を探ることにあり、その主役である外交使節の往復の路次及び現地における行動は諜報活動そのものと言っても過言ではないであろう。その報告（復命）が国家の命運を左右する大きな意味をもったことは、たとえば朝鮮王朝において、豊臣秀吉による侵攻意志の有無を探るために派遣した通信使の意見が分かれ、兵禍無しとする意見が採用された結果、容易に侵攻を招いたという事例が想起されるであろう。[1] 筆者は近年「情報」をキーワードに、古代の東アジアにおける対外関係について研究を進めている。インターネット等を通じて瞬時に世界の動きが分かる現代とは対極的な時代にあって、国家はいかにして情報の蒐集に努め、その情報を分析し、どのように対応したのか。そうした海外情報の蒐集・蓄積と記録・伝来について、日本史リブレット『東アジア世界と古代の日本』（山川出版社、二〇〇三年）においても、いくつかの問題を取り上げて論じたが、主に紙幅の関係から触れられなかった問題も多く、ここにその一例を述べてみたい。

一　外交と情報

国家の存亡を賭けた戦いを長年にわたってくりひろげてきた古代の朝鮮半島諸国においては、特に諜報活動が盛んに行われ、間諜（スパイ）の活躍を示す記録も多く残されている。記録に残らないまでも情報と外交の密接な関連をうかがわせる事例も多い。厳しい争いを勝ち抜いた新羅の対日外交における一例をあげれば、前掲拙著において取り上げた、天平四年（七三二）の年期奏請がある。来日新羅使が日本への来朝の年期（間隔）について指示を求め、日本は三年に一度と回答したという、外交交渉である。[2] この新羅側の奏請の背景には、これに先立つ神亀四年（七二七）に渤海が日本に初めての使者を送り、これに応えて日本も渤海に使者を派遣したという情報をキャッチしたことがあるに違いない。新羅は北方の新興勢力渤海（六九八年建国）に対して警戒心を抱き、その渤海と通交を開始した日本が、新羅に対して今後どのような態度に出るのか、その対応をみきわめようという意図により、日本に定期的な通交を匂わせたものとみて間違いないであろう。現実にはこの頃の新羅は対唐友好関係の進展により、対日外交の比重が下がり始める時期である。したがって、渤海対策のための対日外交活動とみなされるのである。新羅の国際的に張り巡らせた諜報活動に基づいて展開された外交の具体例であり、新羅の組織的な諜報活動の一端をかいま見せる事例でもある。

こうした新羅をはじめとする古代の朝鮮半島諸国における諜報活動については、直木孝次郎氏に詳しい研究がある。氏は外交使節の諜報活動の例の一つとして、大化三年（六四七）に来日し、「質」とされた新羅王子金春秋の例をあげ、金春秋は「じつは偵察の目的をもった諜者的外交官であったのであろう。……〔『日本書紀』に〈善く談咲す〉とあるように―石井〕たくみな話術によって情報の蒐集につとめたのであろう。こうして春秋は、自分の目で高句麗と日本の実情をたしかめたうえで、六四八年に唐に入朝し、唐との連合戦線の形成に成功する。さすがに見事な外交手腕である」(3)と述べられている。金春秋は新羅が百済・高句麗と激しく覇権を争っていた時代に外交で活躍し、後に即位して武烈王となった人物である。来日の前後には高句麗、そして唐へと赴き、新羅の半島制覇に主導的な役割を果たしている。激動する当時の東アジアでもっとも重要な人物の一人と言っても過言ではなく、金春秋の日本奉使はきわめて注目されるのである。ところが『三国史記』をはじめとする朝鮮側史料に金春秋の日本奉使に関する史料はなく、また春秋の多彩な活動からみて来日のゆとりはないとし、『日本書紀』の記事そのものを疑う説も出されている。本章ではこうした半島諸国においてはもちろん、日本にとってもいわゆる大化改新の真っ最中という、百済・新羅・高句麗外交がもっとも重要な意味をもっていた時期の対外関係に関する出来事として注目される、金春秋来日をめぐる問題について考えてみたい。なお、「日本」の国号は天武・持統朝以後正式に用いられるようになったとみられるが、本章では便宜上、それ以前の叙述でも日本の呼称を用いることとする。

二　金春秋来日をめぐる諸説

金春秋の来日については、『日本書紀』大化二年（六四六）九月条に、

遣二小徳高向博士黒麻呂於新羅一、而使レ貢レ質、遂罷二任那之調一。《黒麻呂、更名玄理》

とあり、翌年（大化三）是歳条に、

新羅遣二上臣大阿飡金春秋等一、送二博士小徳高向黒麻呂・小山中中臣連押熊一来。献二孔雀一隻・鸚鵡一隻一。仍以二春秋一為レ質。春秋美二姿顔一善談笑。

とみえる。改新政治の中枢をになった国博士高向黒麻呂を新羅に派遣し、「任那之調」を罷める代わりに人質を求め、それに応えて新羅は金春秋を質として同行させた、という有名な記事である。この時の日羅間の交渉については、改新政権が新羅との関係を強め、軍事協力を進めるための相互の使者派遣であったとみる意見をはじめさまざまな見解があるが、春秋来日の目的が日本に対百済戦争の支援を求めることにあったとみることは、現在およそ共通した理解になっているとみてよいであろう(4)。

ところが前述のように、『三国史記』をはじめとする朝鮮側史料に、金春秋の日本（倭国）入質はもちろん、奉使の記事も一切みえず、『日本書紀』には帰国の記事もない。一方『三国史記』や『旧唐書』などの史料から知られるこの頃の金春秋の行動をみると、まず日本奉使以前では、善徳王十一年（六四二）に高句麗に奉使し、対百済戦の支援を要請したが受け入れられず、かえって国内情勢の偵察ではないかと疑われ、一旦は幽閉される事態を迎えたが、新羅の援軍の到来で解放された（『三国史記』新羅本紀・善徳王十一年条、金庾信伝上）。そして日本奉使の翌年にあたる真徳王二年（六四八）には唐に赴き、対百済戦の支援を要請し、太宗から承諾の約束を取り付けている（『三国史記』新羅本紀・真徳王二年条）。なお『旧唐書』倭国伝には、同（唐貞観二十二）年のこととして、「至二（貞観）二十二年一、又附二新羅一奉レ表、以通二起居一」と、新羅の使者が倭国から託された上表を唐に進めたことが記されている。この倭国の上表を唐に伝えた新羅の使者とは金春秋その人とみなされているのであるが(5)、たとえば『三国史記』巻四一・金庾信伝上には、「真徳王大和元年戊申（唐貞観二十二）、春秋以レ不レ得二請於高句麗一、遂入唐乞レ師」とあり、高句麗奉使の後、唐に赴いたと記されており、その間の倭国奉使の記述はないのである。(6)

このような金春秋の行動から、春秋の人質としてはもちろん、来日の事実をも疑う説がある。すなわち、金春秋は当時の国人の人望を得ていた英傑で、王位継承の第一人者であり、当時の新羅の国内情勢からみて、春秋が留守にするとは考えられないこと、また日本滞在がわずかに一年にも満たないことなどが主な理由としてあげられている。(7)また来日の事実は否定しないが、人質とするのは、『日本書紀』編者の虚構であろうとする見解や、(8)虚構と明言しないまでも、「質」を疑問視する意見もある。(9)そもそも『日本書紀』における、〈新羅、上臣大阿飡金春秋等を遣し、博士小徳高向黒麻呂……を送りて来る。……仍りて春秋を以て質と為す〉という表現は、新羅側が金春秋を質として派遣してきたというには、やや不自然な表現である。もし当初から金春秋が人質として送られてきたのであれば、日本側としても大きな成果であるから、高向黒麻呂が質である金春秋を伴って帰国したと記述するのが素直なところであろう。同じ『日本書紀』における舒明天皇三年三月庚申朔条の「百済王義慈入二王子豊章一為レ質」、大化五年是歳条の「新羅王遣二沙喙部沙飡金多遂一為レ質。従者卅七人。……」といった、他の新羅や百済の入質記事とは異なった表現が用いられていることには注意されるのである。

このように、大化改新前後の対外関係のみならず、東アジアの国際情勢を考える上で重要な金春秋の来日を伝える『日本書紀』の記事をめぐって、いろいろな意見があり、特に「質」としたとする記述を疑問とする見解もあるのが現状と言えるであろう。これは『日本書紀』以外に傍証となる史料がないことに起因しているものと思われる。

ところが、これまでほとんど注目されていないが、朝鮮側の史料に金春秋が日本の人質であったと理解される記述がある。すなわち、時代は降るが延喜二十二年（九二二）に来日した後百済王甄萱の使者がもたらした牒状に、かつて「質子」が逃れ帰り、隣国に誣告したとする一節があり、この「質子」は金春秋のことと理解されているのである。もしこの理解が正しければ、朝鮮側の生の史料に金春秋入質の事実が記されていることになり、『日本書紀』の記載を裏付ける重要な史料となるであろう。そこで次に甄萱牒状の問題の一節について考察を加えることにしたい。

三　後百済王甄萱牒状にみえる「質子」と金春秋

『扶桑略記』裡書延喜二十二年（九二二）六月五日条に、

対馬島新羅人到来。早可㆑従㆓却帰㆒之由、官符給㆓宰府㆒了。

とあり、対馬に新羅人到来との報が大宰府を経て伝えられた。朝廷ではその対応を協議した上、廻却とさだめ、大宰府返牒（菅原淳茂作）を与えて帰国させた。新羅人・新羅返牒とあるが、実際には後百済王甄萱からの使者であり甄萱宛返牒であった。『本朝文粋』巻十二に「大宰答㆓新羅㆒返牒」と題して収められている返牒本文を①から③の段落に区切って示すと、次のごとくである。[10]

却㆓帰使人㆒等事

①伏思、当国之仰㆓貴国㆒也、礼敦㆓父事㆒、情比㆓孩提㆒。唯甘㆓扶轂執鞭㆒、豈憚㆓航㆑深桟㆑険。而自㆓質子逃遁、

隣言矯誣一。一千年之盟約斯渝、三百歳之生疎到レ此。春秋不レ云乎、親レ仁善レ隣国之宝也。魯論語曰、不レ念二旧悪一。是宜下恩深二含垢一、化致中慕羶上。今差二専介一。冀蔵二卑儀一者。
②如レ牒、都統甄公、内撥二国乱一、外守二主盟一。聞二彼勲賢一、孰不二欽賞一。然任土之琛、藩王所レ貢。朝天之礼、陪臣何専。代二大匠一而採レ刀、慕二庖人一而割レ肉。雖三誠切二攀龍一、猶嫌レ忘二相鼠一。縦宰府忍レ達二金闕之前一、而憲臺恐安二玉条之下一。仍表函方物、併従二却廻一。宜下稽二之典章一、莫上処二疎隔一、過而不レ改、如二其余一何。
③但輝嵒等、遠疲二花浪一、漸移二葭灰一。量給二官粮一、聊資二帰路一。今以レ状牒、牒到准レ状。故牒。

延喜年月日

①が甄萱牒状本文、②が返牒、③が使者への対応となる。返牒ならびに①の冒頭部分には省略があると思われる。よく知られている承暦四年（一〇八〇）の請医に際しての高麗礼賓省牒に対する大宰府返牒（『朝野群載』巻二〇所収）には、

日本国大宰府牒　高麗国礼賓省
　却二廻方物一等事
牒、得二彼省牒一偁、当省伏奉二　聖旨一、仍収二領疋段麝香一者、如レ牒者、……今以レ状牒、牒到准レ状。故牒。

となっている。したがって牒状の差し出しの署名（肩書き）が不明であるが、②に「都統甄公」とあることが手がかりとなる。『三国史記』巻五〇・甄萱伝によれば、甄萱が孝恭王四年（九〇〇）に後百済王を称する以前に、

「新羅西面都統・指揮兵馬制置・持節・都督全武公等州軍事・行全州刺史兼御史中丞・上柱国・漢南軍開国公・食邑二千戸」と自署したといい、後百済王自称後、中国の呉越から「検校太保」を加えられ、さらに同光三年(九二五)には後唐から「検校大尉兼侍中判百済軍事」を策授され、前に依り「持節・都督全武公等州軍事・行全州刺史・海東四〔西カ〕面都統・指揮兵馬制置等事・百済王・食邑二千五百戸」を認められたという。(11) したがって延喜二十二年(九二二)の牒状では少なくとも海東西面都統や百済王を含めた称号を名乗ってきたものと推測される。(12)

この頃の朝鮮半島では、新羅が末期を迎え、後百済王を名乗る甄萱と高麗王を名乗る王建そして新羅王とが三者鼎立して覇権を争う、いわゆる後三国時代を迎えていた。日本と新羅との関係研究については、数多くの蓄積があるが、後三国時代の日本との関係、中でも短い期間で歴史的役割を終えた後百済との関係については、あまり研究がないように思われる。(13) それは史料の少ないことが何よりも大きな理由であろうが、すでに一九二七年に発表された中村栄孝氏の論文(14)にほぼ尽きている感があるからかも知れない。こうした状況の中で最近山崎雅稔氏(15)が論文を発表された。前掲大宰府返牒の検討をはじめとして、甄萱の日本通交の事情や背景について詳しく論じられ、問題点はほぼ究明されたと評価される。以下、中村・山崎両氏の論文に多くを依拠しながら、叙述を進めることにしたい。

さて、本章における課題との関連で、甄萱牒状のもっとも注目される部分は、「而自二質子逃遁、隣言矯誣一千年之盟約斯渝、三百歳之生疎到レ此」という一節である。これについて山崎氏は、「質子」とは新羅の金春秋であり、「三百歳之生疎到レ此」とは、大化三年(六四七)に金春秋が「倭に質として入ってきて翌年、唐に入朝し」、「唐と結合して唐軍を引き入れて百済を滅亡させたことを示している」と述べられている。春秋を「質子」とする史料が、朝鮮側の、それも編纂史料ではなく、生の外交文書に記されているだけに注目されるのである。ただ甄萱がこのような情報をどのようにして手に入れることができたのか、明らかでない。それだけに果たして事実とみなしてよいのか、そもそも「質子」を金春秋と解釈してよいのか、慎重な検討が求められるであろう。そこで山崎氏の説に屋上屋を架すのきらいがあるが、あらためて「質子」を中心に、甄萱牒状の問題の一節について考えてみたい。

　前掲記事の「質子」を理解する上で、手がかりとなる記述は、〈一千年之盟約、斯に渝り、三百歳之生疎、此に到る〉の部分で、「然るに質子逃れ帰り、隣国誣言せしより、千年来の盟約は遂にかはり、三百年の疏隙を生ずるに至りぬ[16]」といった意味に解釈される。延喜二十二年（九二二）現在で一〇〇〇年前とは紀元前八〇年頃、三〇〇年前とは六二〇年前後となるが、もちろん概数とみるべきであろう。『三国史記』等によれば、百済の建国すなわち温祚の即位は鴻嘉三年（癸卯）、紀元前一八年にあたり、ほぼ〈一千年〉とみることができる。次に〈三百歳之生疎〉とは、疎遠となって三〇〇歳を経ているの意味となる。六〇〇年代の日本と疎遠になる出来事と言えば、六六〇年ないし六六三年の百済滅亡を指しているとみて間違いないであろう。そしてその疎遠（百済滅亡）の原因が「質子逃遁、隣言矯誣」にあったというのである。このようにみてくると、山崎氏の指摘のごとく、「質子逃遁」とは金春秋の日本（倭国）からの帰還であり、「隣言矯誣」とは唐に対する誣告（対百済戦支援要請）と解釈されるのである。なお、新羅の建国すなわち赫居世の即位は前漢五鳳元年（甲子）、西暦紀元前五七年にあたるとされている。〈一千年之盟約〉には該当するが、少なくとも新羅とは八世紀後半まで交流は続くので、〈三百歳之生疎〉には該当しない。

　それでは、百済建国以来交流のあった日本との関係が途絶した原因は新羅・金春秋の行動にある、と明記する甄萱の意図は那辺にあったのであろうか。そもそも甄萱には百済再興の強い自負があった。『三国史記』巻五〇・甄萱伝に、

萱西巡至二完山州一。州民迎労。萱喜レ得二人心一、謂二左右一曰、「吾原二三国之始一、馬韓先起、後赫世勃興。故辰卞従レ之而興。於レ是百済開二国金馬山一六百余季。揔章中、唐高宗以二新羅之請一、遣二将軍蘇定方一、以二舩兵十三万一越レ海。新羅金庾信巻土歴二黄山一至二泗沘一、与二唐兵一合攻二百済一滅レ之。今子〔予〕敢不下立二都於完山一以雪中義慈宿憤上乎。」遂自称二後百済王一、設レ官分レ職。是唐光化三季、新羅孝恭王四季也。遣レ使朝二呉越一。呉越王報聘、仍加二検校太保一、余如レ故。

※唐光化三年・新羅孝恭王四年は、九〇〇年にあたる。

とある。甄萱には、新羅が唐と手を組み、百済を滅ぼしたことに深い恨みがあり、また一方ではそれを標榜して、人心収攬に努めたことが知られる。そしてこのような経緯で百済滅亡をみれば、その張本は唐に支援を求めた金春秋にあり、ひいては春秋こそが百済・日本友好関係の破壊者となるであろう。それが牒状の中の〈魯の論語に曰く、旧悪を念はずと〉という「旧悪」という表現にもつながっていると思われ、九二二年当時にはすでに固定観念化した日本の新羅に対する排斥意識を十分に理解した上での文言であろう。つまり甄萱としては、百済の対日外交の途絶は新羅の所為であるとして、再開の意志を伝えるため、「質子」「旧悪」などの表現を用いたものと考えられる(17)。

以上のように、甄萱牒状にみえる「質子」とは金春秋のことと考えられ、『日本書紀』の記述を裏付ける重要な史料になると思われる。ただし注意しなければならないのは、『三国史記』巻四一・金庾信伝上に、「真徳王大和元年戊申、春秋以レ不レ得二請於高句麗一、遂入唐乞レ師」とあるように、金春秋は高句麗奉使の後、ただちに唐に赴いたとするのが、いわば朝鮮側における公式的な見解であったことである。そして高句麗に奉使した金春秋は、実は一時拘禁され、ようやく解放されて本国に帰還したという事実がある。したがって、甄萱牒状の「質子逃遁」云々は高句麗における拘禁状態から本国に帰還したことを表現し、その後唐に赴いたことを述べている可能性があることである。すなわち、『三国史記』巻五・新羅本紀・善徳王十一年条によれば、高句麗に赴いた金春秋が高句麗王（宝蔵）に対して百済の無道を述べ、援兵を要請したところ、新羅が領有するかつての高句麗の地域を返還したならば要請に応えようと回答した。これに対し春秋は乞師のために派遣されてきた（領土問題の交渉のためではない）と応えたため、高句麗王は大いに怒り、春秋を別館に幽閉した。そこで春秋はひそかに使者を本国に送り窮状を伝えたところ、新羅王はただちに金庾信に兵を与えて派遣した。高句麗王は金庾信軍の到るのを聞いて、金春秋を解放したという。『三国史記』本文には次のように記されている（〔　〕内は『東国通鑑』により補う）。

春秋対曰、臣奉二君命一乞レ師。大王無レ意二救レ患以善レ鄰、但威二-劫行人一、以〔要二帰〕地一、臣有レ死而已。不レ知二其他一。蔵怒二其言之〔不遜一、囚二〕之別館一。春秋潜使レ人告二本国王一。王命二大将軍金庾信一、領二死士一万人一赴レ之。庾信行軍過二漢江一、入二高句麗南境一。麗王聞レ之放二春秋一以還。拝二庾信一為二押梁州軍主一。

また『三国史記』巻四一・金庾信伝上には、庾信が勇士に語った言葉として、「今国之賢相、被二他国之拘執一。其可二畏不レ犯レ難乎」とみえる。このような高句麗に奉使した際の状況をふまえて、「質子逃遁、隣言矯誣」と表現しているのではないかとも考えられるのである。

しかしながら、冒頭に、〈伏して思へば、当国之貴国を仰ぐ也〉云々と述べる「貴国」が日本を指していることは間違いないので、「質子」が「逃遁《のが》」れ還ったのは「貴国」すなわち日本から、とみるのが妥当であり、日本から帰ってすぐに唐に奉使した事実を述べているとみるのが、もっとも合理的な解釈と思われる。山崎氏は、「質子」との表現には「揶揄」「侮辱」の意味が込められているとされる。前述のように、甄萱牒状には、ことさらに新羅を悪役に仕立てて日本の歓心を買い、支援を得ようとする意図が感じられるが、たとえ悪意を込めた表現をとるにしても、敢えて「質子」という表現を用いる理由は考えられない。何らかの依拠すべき史料があったと考えてよいであろう。

おわりに

甄萱は金春秋の倭国奉使・入質の事実をどのようにして知ったのであろうか。百済・新羅の倭国入質の記事は『三国史記』に散見し、『日本書紀』に対応する記事がある例もある。[18] たとえば新羅に関しては、実聖尼師今元年（四〇二）奈勿王の子未斯欣が倭国に質として赴いたが、訥祇麻立干二年（四一八）に倭国より〈逃げ還〉ったという有名な記事がある。帰還に献身的な働きを示した朴堤上については、『三国史記』巻四五をはじめ『三国遺事』紀異第一・奈勿王・金堤上条、そして『日本書紀』神功皇后摂政五年三月にも記されている。一方、百済の倭国への人質派遣については、『三国史記』百済本紀・阿莘王六年（三九七）五月条に、「王与二倭国一結好、以二太子腆支一為レ質」とあり、『日本書紀』応神天皇八年三月条にも対応する記事がある。したがって、『三国史記』が倭国入質記事を敢えて避けるとは考えられない。新羅・百済・高句麗間では同盟の証としての人質外交が盛んに行われており、これら三国間と同じレベルで、倭国入質も行われていたのであろう。しかしながら、金春秋の場合は、新羅の英雄であり、王となる人物である。いわば伝説の時代に属する未斯欣らと同列には論じられない要素を多分に有している。一一四五年頃に金富軾らによって現在の『三国史記』が編纂される以前に、『旧三国史』とも称すべきものがあったが、それは高句麗の歴史を中心とするものであったため、新羅王族出身の編者金富軾はこれを不満とし、さらに自己の立場を高める上から、新羅を中心とする現『三国史記』を編纂したとみられている。(19) したがって、こうした観点から、金春秋の倭国入質記事が意図的に採録されなかった可能性があるのではなかろうか。

集められた情報は、記録として残され、後世に伝えられていく。古代の朝鮮半島諸国においても多くの日本関係情報が蒐集・集積され、記録にとどめられていたと思われる。特に新羅には「倭典」という対日外交を掌る役所が設けられていた。(20) 何らかの情報蒐集の成果がまとめられていたと思われるが、残念ながら今日ではまとまった形でみることはできない。百済の場合は、たとえば『日本書紀』に引用された、いわゆる百済三書などにその片鱗をうかがうことができるであろう。そうした史料の零細な残存状況の中にあって、後世の史料に含まれた記述は、たとえ断片的であっても重要な意味をもっている。その例の一つとして後百済王甄萱の牒状を取り上げ、考察を加えた次第である。

なお、後百済王甄萱の対日通交の方法は、かつての渤海のそれを彷彿させるものがある。周知のように、最初の渤海使がもたらした渤海王大武芸の国書には、〈高麗之旧居に復し、扶余之遺俗を有てり〉と述べている（『続日本紀』神亀五年正月甲寅条）。これは日本がかつて高句麗と交流があったことをふまえた叙述であり、この国書を受け取った日本側がその意味を理解できることを前提としている。渤海の日本遣使の契機にかつての高句麗との交流が想起され、後百済の日本遣使の契機にかつての百済との友誼が利用された。外交の場面に、過去の情報、情報の集積としての記録が常に参照されたことをよく示す事例としても、甄萱牒状は興味深いものがあると考える。

注

(1) 中村栄孝「豊臣秀吉の外征」(『日鮮関係史の研究』中、吉川弘文館、一九六九年)一一一～一一四頁参照。

(2) 『続日本紀』天平四年五月庚申条・壬戌条、参照。

(3) 直木孝次郎「古代朝鮮における間諜の活躍」(『古代日本と朝鮮・中国』講談社学術文庫、一九八八年。初出一九七九年)一二九頁。なお氏は、「ただし、金春秋のような外交使節まで諜者の範囲に入れようというのではない。やはり諜者・間諜は、情報活動を主とするものに限定すべきであろう」とも述べられている。

(4) 高向黒麻呂派遣・金春秋来日の目的については、数多くの研究があるが、ここでは代表的なものとして、金鉉球『大和政権の対外関係研究』(吉川弘文館、一九八五年)、山尾幸久『古代の日朝関係』(塙書房、一九八九年)、鈴木英夫『古代の倭国と朝鮮諸国』(青木書店、一九九六年)等をあげておきたい。

(5) 前注4金鉉球書、参照。

(6) なお下文で紹介する金春秋来日記事を疑問視される三池賢一氏は、この記事にみえる金春秋の高句麗奉使を大和元年のこととし、「時間的に極めて短期間中に、金春秋は日本、高句麗、唐の間を奔走していたことになる。従って益々日本渡来が時間的に無理に思えて来る」(「金春秋小伝」一一三頁。旗田巍・井上秀雄編『古代の朝鮮』学生社、一九七四年。初出一九六八～一九七〇年)とされているが、この記事の大和元年は入唐乞師にかかるもので、高句麗奉使は六四二年のこととみるべきであろう。

(7) 三池賢一「『日本書紀』〝金春秋の来朝〟記事について」(『古代の日本と朝鮮』学生社、一九七四年。初出一九六六年)、及び前注6論文。

(8) 前注4金鉉球書。

(9) 鈴木英夫氏(前注4書)は、「(金春秋の例を—石井)質とみなすことについては疑問が多い」(二九八頁)、「金春秋を質と理解する『日本書紀』の認識にも問題がある。春秋は倭国滞在を一年足らずで新羅に帰国し、翌年には倭国の上表文を携えて入唐していることを考えると彼の来倭の目的は外交にあったとみるべきであろう」(三一二頁)等とされている。また山尾幸久氏は、「金春秋は滞在期間も短く、事実上『質』ともいいがたいが、しかし彼がヤマトに国家的援助を求める任務を帯びていたことは推測できる」(「六四〇年代の東アジアとヤマト国家」『青丘学術論集』二、一九九二年、一八〇頁)とされている。また小島憲之ほか『日本書紀③』(新編日本古典文学全集、小学館、一九九八年）では、「日本側は新羅王族で高官の春秋の遣使を喜び、人質の来朝と誤解」（二六八頁、頭注二〇）との注がある。

(10)『本朝文粋』は、柿村重松『本朝文粋註釈』（内外出版、一九二二年）七一五〜七一八頁所収本文による。

(11)申虎澈『後百済甄萱政権研究』（一潮閣（韓国）、一九九三年）参照。

(12)「新羅西面」はもちろん、「海東西面」でも、新羅の一部の支配を委任されたに過ぎないため、たとえ「(後)百済王」を称してはいても、新羅王配下の有力者、すなわち陪臣であり、「然任土之琛、藩王所」貢。朝天之礼、陪臣何専」と廻却されてしまったのである。

(13)もちろん後百済ないし甄萱については、主に韓国人研究者によって盛んな研究が行われている。しかしながら管見では、対日本関係の問題については、史料をあげるのみで、あまり詳しい考察はみられないようである。

(14)中村栄孝「後百済王および高麗太祖の日本通使」（『日鮮関係史の研究』上、吉川弘文館、一九六五年）。

(15)山崎雅稔「甄萱政権と日本の交渉」（『韓国古代史研究』三五、二〇〇四年）。

(16)前注10柿村重松書、七一五頁。

(17)권덕영（権悳永）氏は、「後百済が日本との交渉を試みたことも、政治的に計算された行動であった。九二〇年代に入って、各地の豪族たちが大挙して後百済を離脱するようになるや、甄萱は後百済がかつての百済の真正な継承国であるという正統性を確立して、その危機を乗り切ろうとした。そこで後百済の正統性を確認してもらえた国がまさにかつての百済と親密であった日本であった。そして同じ時期新羅と高麗が急速に近づいている状況から、後百済は日本の新羅に対する強い敵対感を利用して、軍事的に新羅を牽制しようとした」（「後百済の海外交渉活動」『後百済と甄萱』書景文化社（韓国）、二〇〇〇年、一五六頁）と述べられている。

(18)前注4鈴木英夫書、二九七頁注34、及び羅幸柱「古代朝・日関係における『質』の意味」（『史観』一三四、一九九六年）等参照。

(19)末松保和「旧三国史と三国史記」（『青丘史草』第二、一九六六年。初出一九六六年）、田中俊明「『三国史記』撰進と『旧三国史』」（『朝鮮学報』八三、一九七七年）等参照。

(20)倭典については、鈴木靖民「新羅の倭典について」（『古事類苑月報』三三、吉川弘文館、一九六九年）、奥田尚「「任那日本府」と新羅倭典」（『古代国家の形成と展開』吉川弘文館、一九七六年）、濱田耕策『新羅国史の研

究』（吉川弘文館、二〇〇二年）第一部第四章・第五章、等参照。

附記　『三国史記』については、李康来校勘『原本三国史記』（ハンギル社（韓国）、一九九八年）を用いた。

13　藤原定家書写『長秋記』紙背文書「高麗渤海関係某書状」について

はじめに

宮内庁書陵部に所蔵されている冷泉家旧蔵『長秋記』二二巻[1]（旧三の丸尚蔵館保管）は、藤原定家（一一六二～一二四二）が家人らの協力を得て、嘉禄元年（一二二五）頃に書写したものと推測されている。その料紙として使われ、現在は紙背となっている文書の一通に高麗・渤海・東丹国の歴史に関わる記述がある。書写の料紙に用いられたという性格上、天地が切られて文字の一部が欠け、文書の年月日・宛先・差出人等の一切が不明であるが、中世以降の渤海関係史料となると極めて限られるので、貴重な史料であることは言うまでもない。長年渤海に関心をいだいてきた筆者にとって興味を惹かれる文書であり、下文で紹介するように、すでに研究論文があるが、あらためてここに考察を試みる所以である。なおこの文書は、「高麗渤海相並事……」に始まる差出人不明の書状であるので、叙述の便宜上、本稿においては「高麗渤海関係某書状」と称することとしたい。

さて、「高麗渤海関係某書状」は、一九九四年七月～八月に宮内庁三の丸尚蔵館において開催された、「古記録にみる王朝儀礼」展の図録（同年七月刊・菊葉文化協会）に収められた平林盛得氏の論文「冷泉家旧蔵『長秋記』『平兵部記』の史料的価値について」で紹介され、挿図5「長秋記第三巻紙背文書」として写真が掲載されている。その後、二〇〇一年三月刊行の東京大学史料編纂所編『大日本史料』第一編補遺（別冊三）第一編之五・延喜十九年十一月十八日条に、〔「長秋記目録」《三　康和三年四年／〇三の丸尚蔵館所蔵冷泉家本》〕として本文が著録され（一三二～一三三頁）、同書に収められるに際して参考意見を出されたという（下記論文付記）、田島公氏による研究論文「冷泉家旧蔵本『長秋記』紙背文書に見える「高麗」・「渤海」・「東丹国」」（上横手雅敬編『中世公武権力の構造と展開』吉川弘文館）が同年八月に公表された。そして二〇〇六年三月刊行の『大日本史料』第一編補遺（別冊四）第一編之六・延長八年三月二日条にも再び本文が翻刻されている（三八頁）。本文書の内容とその意義については平林・田島両氏の研究に詳しく述べられている（以下に引用する両氏の見解は前掲論文による）。筆者も本文書の存在を東京大学史料編纂所架蔵写真帳（架号：六一七三―二七三）で知って以来、関心をもっていたが、拙著『日本渤海関係史の研究』（吉川弘文館、二〇〇一年三月）公刊の頃には未だ検討が不十分で、日本における渤海認識を扱った序説の付記に簡単に記すにとどめざるを得なかった。(2) その後も平林・田島両氏論文ならびに『大日本史料』の翻刻を参考に検討を進めてきたが、未読の文字がいくつか残っている。それでもかねて本文書の内容や意義について上記研究とは別の見方もできるのではないかと考えているので、ここに私見を述べることにした次第である。(3)

一　「高麗渤海関係某書状」の釈文・校訂本文ならびに解釈

問題とする「高麗渤海関係某書状」は、冷泉家旧蔵本『長秋記』巻三の紙背文書の一通で、まず釈文ならびに校注を、前記三研究に原本調査による私見を加えて示すと次のごとくである。

1　釈文と校注

「
　称東丹国使□(一)
改名事なと候やらん□
高麗渤海相並事無
異議候歟延喜十九年渤
海使貢朝候延長七年
渤海使裴球(二)来朝之時□(三)
東丹国使被召過状被返□(四)
候歟大宋之末にも渤海□(五)
存候歟本文可引(六)勘(七)候之
一旦雖被滅其地以(八)其□□
復故地者漢家之法候
高麗尚存之条又勿論
候恐々謹言
」

【校注】（平林盛得氏＝平、大日本史料＝大、田島公氏＝田と略称する）
（一）□　大「〔定カ〕」と傍注を付す。（二）球　正しくは「璆」。（三）□　大・平・田いずれも「□」とする。

残画は「為」字の上の部分か。(四)□　残画と文脈から考えて「却」か。(五)□　墨痕があり、「尚」の第一画か。(六)引勘　平・田「引□勘」とするが、大に従う。(七)候之　平「例之」、大「候□」、田「候歟」とする。(八)其□□　大「其少□〔郷カ〕」、田「□〔其カ〕少□」とする。空角二字目は「や」か。

2　校訂本文と読み下し文

右によって校訂した本文を、段落ごとに番号を付し、読み下し文とあわせて示すと次のごとくなる。なお冒頭の「称東丹国使□改名事なと候やらん□」は追而書とみられるので、書かれた順に従い末尾に配置した。

①高麗・渤海相並事、無異議候歟。
〈高麗・渤海相並ぶ事、異議無く候歟〉
②延喜十九年、渤海使貢朝候。
〈延喜十九年、渤海使貢朝し候〉
③延長七年、渤海使裴球〔璆〕来朝之時、□〔為カ〕東丹国使。被召過状、被返□〔却カ〕候歟。
〈延長七年、渤海使裴璆来朝之時、東丹国使為《た》り。過状を召され、返却せられ候歟〉
④大宋之末にも□〔尚カ〕渤海存候歟。
〈大宋之末にも尚《なほ》渤海存し候歟〉
⑤本文可引勘候之。
〈本文引きて勘ふ可く候之〉

⑥一旦雖被滅其地、以其□□、復故地者、漢家之法候。
〈一旦其の地に滅ぼさると雖も、其の□□を以て、故地に復する者《は》、漢家之法に候〉
⑦高麗尚存之条、又勿論候。
〈高麗尚存する之条、又た勿論に候〉
⑧恐々謹言。
〈恐々謹言〉
⑨称東丹国使、□改名事なと候やらん□。
〈東丹国使と称するは、□改名の事など候やらん□〉

3　「高麗渤海関係某書状」本文の解釈

このように「高麗渤海関係某書状」は、平林氏が「高麗・渤海の消長についての質問（定家か）に答えているもの」（五六頁）とされているように、一見して高麗と渤海との関係ないし渤海の歴史について質問を受けた某が回答した文書であることが知られる。その具体的な内容については田島氏による研究があり、全文の現代語訳も示されている（二一四頁）。両氏の研究を参考に、以下に考察を進めることにしたい。

まず①〈高麗・渤海相並ぶ事、異議無く候歟〉が、この返書のいわば主文になる。「高麗と渤海とが並存していた（と理解する）ことに問題は無いでしょう」という意味であるので、質問の主旨は、「高麗と渤海とは並存していたのでしょうか」ということにあり、特に渤海の存続期間を尋ねたものと推測される。そこで回答者は、②③を根拠として④で「大宋の末にも渤海はなお存在していたように思われます」と述べている。ただし「大宋」は「大唐」の誤りであろう。唐の滅亡は九〇七年、その後いわゆる五代十国の時代を経て宋朝（九六〇年建国）による統一は九七九年のことである。宋（北宋）はこの後一一二七年に一旦滅びるが、再興（南宋）して一二七六年まで続く。したがって一二二五年頃の文書に「大宋之末」では意味をなさず、田島氏の指摘のごとく、「宋」は「唐」の誤記とみなされる（二一三頁）。ここで〈大唐之末〉とした場合でも、果たして回答者に五代十国の歴史についての認識があったのか不明で、宋以前の意味で使っているように思われる。回答者は④のようにみなす根拠として、②「延喜十九年（九一九）に、渤海使が朝貢してきました」、③「延長七年（九二九）に、渤海使裴璆が来朝しました。その時は東丹国使でした。過状を提出させられ、（到着地からそのまま）帰国させられたのでしょう」と二つの渤海使来日記事をあげている。③の「返□」を「返却」と推測するのは、返却は廻却と同義で、渤海使の入京を許さずに到着地から帰国させる場合に多く用いられる表現であり(4)、残画も「却」字の第一・二画と判断されることによる。裴璆の過状（怠状）は、『本朝文粋』巻一二・怠状に収められている。次のとおりである。

東丹国入朝使裴璆等解申進過状事
　謬奉臣下使入朝上国怠状
右、裴璆等背レ真向レ偽、争レ善従レ悪、不レ救二先主於塗炭之間一、猥諂二新王〔主イ〕於兵戈之際一。況乎奉二陪臣之小使一、紊二上国之恒規一。望二振鷺一而面慚、詠二相鼠一而股戦。不忠不義、向レ招二罪過一。勘責之旨、曽無二避陳一。仍進二過状一。裴璆等誠惶誠恐謹言。
　延長八年六月二日　　大使

また『扶桑略記』延長八年四月朔日条には、

唐客称二東丹国使一、著二丹後国一。令レ問二子細一、件使答状、前後相違。重令二覆問一、東丹使人等、本雖レ為二渤海人一、今降為二東丹之臣一。而対答中、多称二契丹王之罪悪一云々。一日為二人臣一者、豈其如レ此乎。須下挙二此旨一、先令中責問上。今須レ進二過状一。仰二下丹後国一已了。東丹国失二礼儀一。

とあり、過状提出にいたる経緯が記されている。裴璆らは丹後国司を通じて過状を徴収された後、そのまま丹後国から帰途についたものと思われる。書状本文には記されていないが、延喜十九年の使者も裴璆である。すなわち、九〇七年の唐滅亡以後も渤海使の来日があり、さらに渤海使が東丹国使と称していることから、渤海＝東丹国と理解し、渤海は東丹国として〈大唐之末〉にも存在していたと答えているのであろう。しかしながら確証はなく、調査が不十分であるので、⑤「典拠となる史料を調べて確認するようにしたいと思います」と述べて、続報を約束している。

そして本文書解釈のもっとも重要な部分が⑥で、二文字未読の文字があるが、「(国が)一旦滅んでも、故地に再興することは、〈漢家之法〉であります」との意味に取ることができる。〈漢家之法〉とは、「中国の習い」「中国の例」といった意味で[5]、歴史的にたどれば、前漢が王莽によって滅ぼされて新となるが、やがて後漢として再興するような例であろうし、身近なところでは、前述した宋(北宋)が一旦滅亡して再興(南宋)した事例があげられるであろう。要するに万世一系と考える日本人からすれば理解のできない、中国における王朝の交替を〈漢家之法〉と称しているものと考えられる。特に「復二故地一」という文言に注目すれば、本文書の主題である渤海に直接関わる事例が想起される。すなわち第一回渤海国書における「復二高麗之旧居一、有二扶余之遺俗一」(『続日本紀』神亀五年正月甲寅条)という一節で、この記述から当時の日本の人々が「渤海はかつての高句麗が再興した国家」と理解したことは周知の通りである。「高麗渤海関係某書状」の筆者に渤海に関するこのような知識があったかどうか不明であるが、こうした事例が渤海が東丹国へと続くとみなす基本的な理解となっていることは十分に考えられるであろう。すなわち回答者は、②③により、来日した渤海使が東丹国使とも称していることを知っていたので、「渤海は一旦滅亡したが、再興して東丹国となった」と考えた。それは〈漢家之法〉と同じ例とみなしたからである。しかし再興とみなすことも確証がないので、あとで⑨に「(裴璆が)東丹国使と称しているのは、(あるいは渤海が)名称を(東丹国と)改めたものかも知れません」と書き加えたのである。再興か改称か、いずれかは不明であるが、ともかく渤海は東丹国として唐の末(宋以前)にも存続していたとの理解を示しているものと考えられる。したがって、渤海の最後は不明であるが、高麗と並存していた時期もあることを述べ、⑦で「高麗が今でも存在していることは言うまでもありません」と、現実に半島を支配している国家が王氏高麗朝であることを十分に認識していることを述べている。

要するに、質問者は高麗と渤海との関係、特に渤海の歴史について尋ね、回答者は渤海と東丹国との関係については再興か改称か不明なまま、取り急ぎ返書を認め、続報を約束しているものと考えられる。回答者が頭を悩ましている原因は、延長七年の渤海使が東丹国使とも称していることである。そこで渤海と東丹国との関係は一体どうなっているのか、〈漢家之法〉のように滅亡・再興なのか、それとも改称にすぎないのか、それが問題であった。回答者は東丹国使裴璆が「過状」を提出させられたことは知っていたが、より詳しい史料は見ていなかったのであろう。前掲の『本朝文粋』所収怠状を見れば、渤海が滅亡して東丹国となり、裴璆が渤海滅亡後東丹国に仕えるにいたった事情は容易に理解できたであろうが(6)、すぐには史料を見出せないまま、取り急ぎ返書を認めたのではなかろうか。

筆者は「高麗渤海関係某書状」の内容を以上のように解釈する。それでは本文書は、いつ・どのような問題に関連して作成された書状であろうか。

二　「高麗渤海関係某書状」の年次

「高麗渤海関係某書状」には、年月日・宛所・差出人など、データとなる部分はすべて残されていない。そこで、まずいつ頃の文書かということについて、冷泉家旧蔵本『長秋記』全二二巻に利用されている紙背文書ならびに『明月記』記事から推測を試みることにしたい。

1　紙背文書の年代

冷泉家旧蔵本『長秋記』の料紙については、平林氏によれば次のようになる。

①巻一には寿永二年（一一八三）の具注暦が用いられている。
②巻四・巻二一には「民部卿」宛の文書が数通見られる。定家の民部卿在任は建保六年（一二一八）七月から嘉禄三年（一二二七）十月までである。
③巻二一に見える紙背文書の一通は、年月日を欠くが、『明月記』によって嘉禄元年（一二二五）十二月十四日付平知宗書状であることが知られる。

平林氏は以上のような紙背文書の様相から、「嘉禄元年十二月十四日以後のある期間に書写の業がなされた」（五六頁）とされている。書写の期間に含みを持たせておられるが、巻二一の紙背文書の一通が嘉禄元年十二月十四日付であるとの指摘に注目したい。二二巻全巻の外題は定家が記しているが、その内訳をみると、一巻すべて定家による書写は八巻（巻二・三・一〇・一三・一五・一六・一七・二二）、定家が一部書写は四巻、一巻すべて他筆は一〇巻である。つまり巻二一は定家が自ら一巻すべてを書写した八巻の最後の巻にあたる。もし定家が書写を担当した八巻を巻の順に写したとすれば最後に書写したことになる。すなわち嘉禄元年十二月十四日付平知宗書状をすぐに反古にして書写の料紙に用いたとすれば、この日付からほどなく書写を終えているとみることができるであろう。なお問題とする「高麗渤海関係某書状」は定家が一巻すべてを書写した巻三に含まれている。

2　『明月記』の『長秋記』関連記事

一方、定家の日記『明月記』に『長秋記』書写に関する重要な記事がある。すなわち、嘉禄元年十一月五日条に、

天晴、参二室町殿一。先レ是長清朝臣来臨。臨時祭彼之間事云々。給二長秋納言記一合一、退出了。

と見える。定家が室町殿（家司として仕えている前摂政九条道家・教実邸）に赴き、『長秋納言記（長秋記）』一合を貸与されたという記事である。これを定家が書写を終えていつ返却したかは明らかでないが、借用から五カ月ほど経た、『明月記』嘉禄二年四月十四日条に、

天晴、頭中将（定家の息為家）参二詣日吉一云々。新宰相（平経高）音信、明後日依二入内一、姫君御名字定有レ召云々。借二送中右・長秋永久両記一。……申時許、中将来。参二詣日吉・賀茂一、帰路之次。教雅少将於二賀茂一相逢、長秋記一部相儲、可二借送一由約束云々。

とみえる。この時点で定家が『長秋記』を所蔵していたことは間違いないが、道家から借りた『長秋記』の書写を終えているかどうかについては明らかにできない。しかしながら、『長秋記』の貸借に言及しながら、主家から借用した本の書写を未だに終えていないとは考えがたいので、すでにこの時点では書写を終えて返却しているとみるべきであろう。そして、前述の紙背文書の年代からみて、この嘉禄元年十一月に九条道家から借用して書写した『長秋記』写本が、今問題としている冷泉家旧蔵二二巻本にあたるとみてよいと思われる(7)。かつて定家は藤原資房の日記『資房卿記（春記）』七巻を、当時の主家にあたる九条兼実から建久九年（一一九八）正月二十五日に借り受け、二月七日には全部を返却している(8)。七巻をおよそ十日余りで書写している例を参考にすると、分量が三倍強の二二巻とやや多いが、同じように主家から借りた貴重な記録であるので、家中の者に手分けして急ぎ書写の業を進めたとすれば、三十日余り、およそ一・二カ月後には書写を終えているのではないかと推測される。

3　「高麗渤海関係某書状」の年次

このように、冷泉家旧蔵藤原定家等書写本『長秋記』二二巻は、嘉禄元年十一月に九条道家から借用し、早ければ同年年末までに、遅くとも翌嘉禄二年四月までには書写されたものと思われる。したがって定家が書写を担当した巻三の料紙に用いられた「高麗渤海関係某書状」の年次も、嘉禄元年年末以前ないし翌二年四月以前と推測されるのである。

三　「高麗渤海関係某書状」に関する既往の見解と問題点

それでは、「高麗渤海関係某書状」はどのような問題に関連して作成された書状であろうか。これまでの見解を紹介し、その問題点について述べると次のごとくである。

1　嘉禄・安貞期高麗牒状一件関連説

「高麗渤海関係某書状」が、高麗と渤海の関係、渤海と東丹国との関係などについて、質問を受けた人物の回答を内容としていることは一見して知られる。この点について、平林氏は、「問題は鎌倉時代前期――嘉禄元年ころ――にこのような事柄がどのような契機で話題になったかという点である。……嘉禄三年五月に高麗国から大宰府に牒状が発せられ（同年二月付）、対馬の島民のかの地全羅州での略奪をやめさせることと、その処置の復命を求めることがあり、大宰大弐が島民を処刑し、上奏することなしに返牒するという事件がおこっている」（五六頁）とされている。田島氏も、「問題の紙背文書は、嘉禄元年末にそう遠くない時期に、なにか「渤海」や「高麗」にかかわるような外交問題に対応するため、書かれた可能性が予測されるが、最も関係のありそうなことは、平林氏がすでに指摘されたように、嘉禄二年十月ごろから同三年（安貞元年〈一二二七〉）七月にかけて、公家日記や高麗側の史料などに見える外交問題、すなわち対馬嶋など北九州沿岸の住民が高麗国の沿岸を侵し（高麗国側はこれを「倭寇」と認識）、それに対して高麗国側が対策や処罰を求めて日本の大宰府に牒状を送ってきた事件との関係である」（二一五～二一六頁）と述べ、『明月記』『民経記』『吾妻鏡』などの関連史料を列挙して考察を加えられ、「おわりに」で、「問題の紙背文書の内容が書かれた背景として、十三世紀前半、嘉禄・安貞年間の「倭寇」事件との関係について、若干の検討を加えた」と述べられている。また『大日本史料』でも本文引用の末尾に、「《〇下欠ク、高麗国牒状ノコト、安貞元年五月一日ノ第二条ニ見ユ》」と按文を付しており、平林・田島両氏と同じく高麗との外交に関わる文書と判断されていることが知られる。

嘉禄元年頃の文書に高麗・渤海・東丹国などと記されていれば、まず想起されるのは同時期に起きた高麗への倭人の入寇から倭寇禁圧要求の牒状到来に至る一連の事件との関わりであろう[9]。特に倭人入寇の情報を日本側でいち早く伝えているのが定家その人で、『明月記』嘉禄二年十月十六日条に、「法眼音信之次云、対馬国与㆓高麗㆒闘諍之由有㆓巷説㆒。未㆑聞事歟云々。依㆓末世之極㆒、敵国来伐歟。可㆑恐可㆑悲」と記し、翌十七日条には、更に詳報を記した上で、「彼国已為㆓怨敵㆒者、宋朝之往反、不㆑可㆑輙。……末世之狂乱至極、滅亡之時歟」と、重ねて憂慮の気持も表している。「高麗渤海関係某書状」がこの問題に関連して作成された文書とするのは妥当のように思われる。

2　高麗牒状一件関連説の問題点

しかしながら、「高麗渤海関係某書状」を高麗牒状一件に関連すると理解する時、いくつか疑問がある。まず第一は「高麗渤海関係某書状」推定年次との時間的な問題で、外交問題は文書の作成年月より後の出来事のように思われることである。すなわち、倭人（対馬島民）入寇の報が京都に伝わり、定家が日記に記すのは前述のように嘉禄二年十月十六日・十七日のことで、倭寇禁圧を求める高麗の牒状が大宰府を経て京都に届くのは翌安貞元年五月一日（『民経記』）のことである。そして外交問題化するのはそれより以後のこととなる。一方前述のように、「高麗渤海関係某書状」の年次は遅くとも嘉禄二年四月、早ければ嘉禄元年年末以前と推測される。そうすると、二年十月以降に知られる倭寇事件、さらにその翌年（嘉禄三・安貞元年）五月以降に外交問題化する高麗牒状一件に「高麗渤海関係某書状」が関わるとする理解には、時間的にみて疑問が生じてくるのである。

次に、内容からも疑問がある。あらためて「高麗渤海関係某書状」を見直してみると、一見して問答の話題が渤海の歴史にあることが理解される。ところが、嘉禄・安貞期の一連の出来事に関連する史料に肝心の渤海が現れることなく、また渤海そのものあるいは高麗と渤海との関係について話題になりそうにも思われないのである。何よりも本文⑦「高麗尚存之条、又勿論候」という箇所が高麗牒状問題に関わるものでないことを物語っていると思われる。「高麗渤海関係某書状」が高麗との外交問題に関連しているとすれば、当の交渉相手である高麗について、「高麗が今でも存在していることは言うまでもありません」などと述べる理由は考えられないのではなかろうか。

この他、定家がこの一連の外交問題とどのように関わったのか不明なこともあげられる。このような外交上の先例勘申や牒状作成にあたるのは、局務・官務ならびに諸道博士らであり、[10]当時民部卿であった定家がどのような立場で関与したのか疑問がいだかれる。歌壇の大御所としての地位を不動のものとしている定家ではあるが、牒状作成や先例勘申に関与することは、考えがたいのである。このことから田島氏は、本文書の宛先は定家ではなく、「九条道家の周辺で取り交わされた文書である可能性も考えられ」る（二二一頁）とされている。[11]

以上のように、「高麗渤海関係某書状」を嘉禄・安貞期における、倭寇事件に端を発する高麗との外交問題に関わるとの理解にはいくつか疑問がある。

四　「高麗渤海関係某書状」と『源氏物語』「高麗人」記事との関連

そこで、あらためて本文書を見直すと如何であろうか。定家が嘉禄元年頃に別の問題に関連して高麗や渤海に関心をいだく出来事はないであろうか。もしあれば本文書の宛先問題も自ずから解消するであろう。そして『明月記』などを参考にすると、その可能性は十分にあると考える。すなわち『源氏物語』桐壺巻などにみえる「高麗人（こまうど）」記事との関係で、「高麗渤海関係某書状」はこの「高麗人」記事に関連して定家が尋ねた質問に対する某の返書ではないかと推測されるのである。ここで筆者が『源氏物語』の「高麗人」記事に注目するのは、「高麗」「渤海」と、「高麗渤海関係某書状」における二つのキーワードを共通にするだけでなく、『長秋記』書写と同じ年に定家が『源氏物語』全五四帖を書写していることが『明月記』によって知られるからである。『源氏物語』研究の世界ではもっとも著名な史料の一つであり、すでに平林氏が、九条道家から借用した『長秋記』を定家がどのくらいの期間で書写したのか、その期間を比較するために引用されているのであるが（五六頁）、筆者は問題としている「高麗渤海関係某書状」との関係でこの『源氏物語』書写の記事にあらためて注目するのである。

１　『源氏物語』の「高麗人」記事

『源氏物語』桐壺巻などに見える「高麗人」が来日渤海使をモデルとしていることはよく知られているが、その検討に入る前に、『源氏物語』の「高麗人」記事とはどのようなものかについて簡単に説明しておきたい。
『源氏物語』の「高麗人」記事とは、『源氏物語』の冒頭「桐壺」巻に、主人公光源氏の未来を予言し、「光の君」の命名者として「高麗人」が登場する記事のことで、次のように見える。(12)

そのころ、高麗人（こまうど）の参れる中に、かしこき相人（さうにん）ありけるを聞こしめして、宮の内に召さむことは、宇多帝の御誡あれば、いみじう忍びて、この皇子を鴻臚館に遣はしたり。御後見だちて仕うまつる右大弁の子のやうに思はせて率（ゐ）てたてまつるに、相人驚きて、あまたたび傾（かたぶ）きあやしぶ。「国の親となりて、帝王の上（かみ）なき位にのぼるべき相おはします人の、そなたにて見れば、乱れ憂ふることやあらむ。朝廷（おほやけ）のかためとなりて、天の下を輔弼（たす）くる方にて見れば、またその相違ふべし」と言ふ。……

物語は、この後、右大弁と高麗人がお互いに漢詩などを作って贈答し、皇子（光源氏）もこれに加わって、胸をうつ詩を作り、高麗人が感激するという場面を描いている。これらはまさに『菅家文草』などに知られる、鴻臚館等を舞台にした菅原道真をはじめ当代を代表する文人と渤海使との詩文の交歓の場面を彷彿させるものがある。そして桐壺の巻の最後は、

光る君といふ名は、高麗人のめできこえてつけてたてまつりけるとぞ言ひ伝へるとなむ。

という言葉で結ばれている。『源氏物語』には、桐壺のほかにも、「高麗人」がみえるが、これらの「高麗人」について、早くから行われている注釈で来日渤海使との関わりが指摘されている。『源氏物語』における「高麗人」研究は、『源氏物語』のいわゆる準拠（時代設定）の問題と関連して、『源氏物語』研究の重要な一分野を形成しており、「高麗人」をテーマとする論考も数多く発表されている。(13)

2　『源氏物語』の高麗人＝渤海使説の歴史

『源氏物語』の現存最古の注釈書は、十二世紀中頃、ほぼ定家と同時代に活躍した藤原伊行の『源氏釈』と言われているが、(14)『源氏物語』の「高麗人」を渤海使と関連づけて解釈する文献の初見は、現在知られるところで

は、およそ文永四・五年（一二六七・八）頃にまとめられたという僧素寂著『紫明抄』[15]と思われる。まず「こまうと（高麗人）のまいれるけるなかに……こうろくわん（鴻臚館）につかはしたり」の注に、『寛平御遺誡』等を引き、さらに「御うしろみたちてつかうまつる右大弁の……又そのさうたかふへしといふ」の注に、『日本三代実録』光孝天皇即位前紀に見える、

嘉祥二年、渤海国入覲大使王文矩望見天皇在諸親王中拝起之儀、謂所親曰、此公子有至貴之相、其登天位必矣。

を引用している。これによって「高麗人」を来日渤海使に擬していることが知られるのであるが、このような解釈は、四辻善成の『河海抄』（一三六七年撰進）にも踏襲されて、以後通説となっていく。以下、代表的な例をあげれば、慶長三年（一五九八）成立の中院通勝による旧注釈集成である『岷江入楚』に『河海抄』の渤海記事が採られ、さらに江戸時代の国学の大家本居宣長の『源氏物語玉の小櫛』にも「延喜のころ参れるは、みな渤海国の使にて、高麗（コマ）にはあらざれども、渤海も、高麗の末なれば、皇国（ミクニ）にては、もといひなれたるまゝに、こまといへりし也」[16]と記されている。そして現代の代表的な『源氏物語』注釈書において、「高麗は古代朝鮮北部にあった国。ここでいう高麗人とは渤海国使のことか」とされている。[17]

このように『源氏物語』の冒頭に、光源氏の未来を予言するという重要な存在として「高麗人」が登場し、そのモデルは来日渤海使とみられているのである。[18]

五　定家の『源氏物語』書写・注釈と「高麗渤海関係某書状」

さて、筆者が「高麗渤海関係某書状」を嘉禄・安貞期の高麗牒状問題ではなく、『源氏物語』の「高麗人」記事に関連すると推測するのは、「高麗渤海関係某書状」を料紙とする『長秋記』書写とほぼ同時期に定家による『源氏物語』書写事業が行われていることであり、その注釈の作業が進められていたことである。[19]

1　定家の『源氏物語』書写

まず『明月記』嘉禄元年（一二二五）二月十六日条に次のように記されている。

自㆓去年十一月㆒、以㆓家中小女等㆒、令㆑書㆓源氏物語五十四帖㆒。昨日表紙訖、今日書㆓外題㆒。年来依㆓懈怠㆒、家中無㆓此物㆒。《建久之比、被㆑盗失了。》無㆓證本㆒之間、尋㆓求所々㆒、雖㆑見㆓合諸本㆒、猶狼藉未㆑散㆓不審㆒。雖㆓狂言・綺語㆒、鴻才之所㆑作、仰㆑之弥高、鑽㆑之弥堅。以㆓短慮㆒寧弁㆑之哉。

定家は建久年間（一一九〇～一一九九年）に盗まれて以来『源氏物語』を所持していなかったので、諸家から写本を借りて校訂し、家中の小女らと手分けして書写し、およそ三ヵ月で全部五十四帖の書写を終えたという有名な記事である。定家が建久年間以来およそ三十年もの間『源氏物語』を所持していなかったとは、やや信じがたいことである。まして父俊成（一一一四～一二〇四）が、「紫式部、歌詠みの程よりも物書く筆は殊勝なり。其上、花宴の巻は殊に艶なる物なり。源氏見ざる歌詠みは遺恨事なり」（『六百番歌合』）と述べているにもかかわらずである。[20] したがって、これ以前の『明月記』元久二年（一二〇五）十二月七日条に、

天晴。自レ院有レ召。未時許馳参。……以二清範朝臣一被レ仰云、物語中歌可二書進一。《源氏以下也。》与二有家朝臣一承二此事一。但荒涼無レ極。仍粗書二出歌事宜物語名一、経二奏覧一、此等可レ書由有二仰事一。……

と、『源氏物語』以下の物語に見える歌の撰進を命じられたという記事に基づき、実は定家は嘉禄の書写以前から『源氏物語』を所持していたのであり、建久年間に盗まれたというのは俊成の「証本」であるとする解釈がなされるのも一理あるところである。[21]

しかしながら、日記の中に〈年来、懈怠に依り、家中此物無し。《建久之比、盗まれ失ひ了ぬ》〉と明記していることは無視できないであろう。「此物」が『源氏物語』を指すことは間違いない。定家自筆本『物語二百番歌合』下冊奥書に、

此歌先年依二後京極殿（九条良経）仰一、給二　宣陽門院御本物語一、所二撰進一也。私草被二借失一了。仍更求二書写本一、令二書留一之。

とあり、九条良経の依頼に応じて『物語二百番歌合』を撰進する際には、宣陽門院から「物語」を借用している。九条良経の没日は元久三年（一二〇六）三月七日であるので、撰はそれ以前のこととなり、この借用した物語の中に『源氏物語』が入っている可能性が指摘されている。[22] 前掲元久二年の記事も共同ないし分担の作業で、必ずしも定家が『源氏物語』を所持していた史料にはなり得ないのではなかろうか。

前掲の書写記事は、「年来（必要とは思いながら）懈怠により、『源氏物語』を家蔵していなかった。（『源氏物語』の）証本（とすべき良質の写本）が（他家にも）無いため、諸家から写本を借用し、諸本を見比べて校合を加えた（一

本を作成した）が、それでもまだ不十分である」ことを述べているのであろう。〈證本無きの間〉とは〈所々〉にかかる表現で、もしどこかの家に証本というべき一本があれば、それを借りて写せばよいものを、現状はそうではないので諸家から借用したという事情を述べているものと解釈される。したがって、家の小女らに書写させたというのは、定家が諸本を校訂した稿本を清書させた、といった意味であろう。定家が校訂にどれほどの時間を費やしたかは不明であるが、ともかく、『明月記』にあるとおり、建久年間に盗難に遭って以来、定家のもとに『源氏物語』写本は無く、校訂作業を終えて本文全編にわたる清書本は、盗失以来およそ三十年を経てはじめて家蔵されるに至ったとみてよいであろう。この後定家が『源氏物語』の書写を依頼されたりする記事が盛んに見えるようになることもそれを裏付けている。[23]

ここで定家の『源氏物語』所持の問題についてやや詳しく述べてきたのは、定家が本格的に『源氏物語』を読み始めるのはいつかということを明らかにしたいがためである。上に述べた状況を考えると、定家の本格的な『源氏物語』研究は嘉禄元年二月頃に始まるとみてよいであろう。諸本の校訂を経て不十分ながら定本（稿本）の作成を終え、ようやく本文研究が可能となったことを意味している。そしてそれはまた定家が『源氏物語』注釈を本格的に開始した時期であり、不審な語句について識者に尋ね始める時期でもあると理解されるのである。

2　定家の『源氏物語』注釈

藤原定家が『源氏物語』を読み進める一方では、物語の中の和歌を中心に注釈を行っていたこともよく知られている。定家の注釈には大別して二種類あり、各帖（各巻）末に注記した形を取るものと（大島本ほか）、帖（巻）末から切り取り別冊にしたものとがあり、後者については『奥入』と題した自筆本（国宝）が伝来している。[24]この二種類の注釈時期の先後をめぐって様々な議論があることもまた周知のとおりであるが、定家自筆本『奥入』

奥書は、その作業の経緯を具体的に伝えている。次のごとくである。

此愚本、求㆓数多旧手跡之本㆒、抽㆓彼是㆒用捨。短慮所㆑及、雖㆑有㆓琢磨之志㆒、未㆑及㆓九牛之一毛㆒。井蛙之浅才、寧及哉。只可㆑招㆓嘲弄㆒。纔雖㆑有㆓勘加事㆒、又是不㆑足㆑言。未㆑及㆓尋得㆒以前、依㆓不慮事■■㆒、此本披㆓露於華夷遐邇㆒、門々戸々書写、預㆓誹謗㆒云々。雖㆓後悔㆒無㆑詮、懲㆓前事㆒、毎巻奥所㆓注付㆒僻案、切出為㆓別紙㆒之間、歌等多切失了。旁難㆑堪㆓恥辱㆒之外無㆑他、向後可㆑停㆓止他見㆒。

非人桑門明静

※「事■■」の箇所は、「之」の上に「事」を重ね書きし、墨で塗りつぶした二字は「悪徒」と読める。(25)

署名に明静という法名を用いていることから、定家七二歳で出家した天福元年（一二三三）十月十一日以降、没する仁治二年（一二四一）八月二十日までに書かれたことになる。すなわち、「諸本を参考に、注釈を試みているが、未だ九牛の一毛にも及ばず、井蛙に譬えるべき浅才にしてみれば、全体に及ぶことはとうていできないであろう。わずかに自ら調べ、先説に付け加えるところがあっても、言うほどのこともない」といった謙辞に続き、「ところが検討が不十分な段階で巷間に漏れて転写され、（注釈の内容について）批判されるという出来事がおこった。これに懲りて、それまで巻末（帖末）に書いていた注釈を切り取り、まとめて別冊にした」云々というのである。

さて、この奥書で筆者が注目したいのは〈未だ尋ね得るに及ばざる以前〉という部分である。「尋」の語は、例えば自筆本『奥入』に「行平中納言歌可㆑尋之」（すま）、「定有㆓先例㆒歟。可㆓尋勘㆒」（未通女）などとあり、さらに調べを必要としていることを「尋」の語を用いて表現している。「尋得」と熟した形での用例は『奥入』諸本に見出すことは出来ないが、『明月記』建久九年（一一九八）二月二十九日条に次のような記事がある。

晦日、……伊予少将昨日借㆓送元暦之式㆒、写取了返㆑之。不審事等尋㆓問坊門大納言・堀川宰相中将等㆒、各有㆓返事㆒。家絶心愚、万事只惘然、臨㆑期問㆓諸方㆒。又無㆓後世之人㆒、適尋得事、是万々一歟。雖㆑然又不㆑可㆑有㆑不㆓励営㆒。雖㆓九牛之一毛㆒、猶師説大切之故也。

「元暦之式」とは後鳥羽天皇即位式に関わる記録で、この年正月の後鳥羽天皇譲位にともなう土御門天皇の即位式（三月）に備えて借覧したものである。定家がこれに関連して不審に思ったことを識者に〈尋ね問〉い、返事をもらっているが、それでも〈尋ね得る〉事はわずかである、と感慨を述べている。「尋得」だけでなく、「九牛之一毛」という自筆本『奥入』奥書と似たような表現が用いられていることにも注意される。前掲『源氏物語』書写の記事にも、諸家の写本を借り集めたことを、〈所々に尋ね求め〉たと表現している。この他『明月記』に散見する「尋」「尋―」という表現はいずれも他者に対して〈尋ねる〉という意味で用いられている。つまり自筆本『奥入』奥書で、自分で考えて先説に増補したことを「勘加〈勘へ加ふ〉」と記し、それに対比する形で、その分野の識者に尋ね、教示を仰いでいたことを「尋得〈尋ね得る〉」と表現しているものと解釈される。「他者に尋ね問うて、その意を得る」といったところであろう。

このような定家の『源氏物語』注釈作業における〈尋ね得る〉の例に、大島本『奥入』うつせみ巻の「問安家、答云なかゝみ天一神也」[26]といった例を見出すが、具体例として想起されるのは、紅葉賀・匂宮・橋姫等にみられる多久行消息である。[27]自筆本『奥入』には貼付され、大島本では一部が書写されている。多久行は楽師として知られ、定家が『源氏物語』の中の楽曲について質問したことに対する回答とみて間違いない。本稿で問題としている「高麗渤海関係某書状」も、多久行消息と同じように、まさに〈尋ね得る〉の例にあたり、定家が『源氏物語』桐壺巻の「高麗人」について識者某に尋ねた、その返書ではないかと推測するのである。

3　定家の『源氏物語』「高麗人」注釈と「高麗渤海関係某書状」

「高麗渤海関係某書状」を定家による『源氏物語』「高麗人」注釈に関連する文書とみるのは、まずその年次の一致である。定家の本格的な『源氏物語』読解は全編の書写を終えた嘉禄元年二月以降に始まると考えられる。そして「高麗人」は冒頭桐壺の巻に出てくる。その「高麗人」記事について、識者に質問を出し、回答を得て、不用となったその返書を反古として『長秋記』書写の料紙に用いるという、時間的経過を考えると、それはまさに嘉禄元年年末ないし翌年四月以前とする「高麗渤海関係某書状」の推定年次と一致することになる。

次に文書の内容からは如何であろうか。すでに上文で述べたことであるが、まず冒頭で「高麗・渤海相並事無異議候歟」と回答していることは、質問の主旨が、高麗・渤海は「相並」と考えてよいのか、ということにあったことを示している。「相並事」については、〈相並ぶる事〉並記、〈相並ぶ事〉並存のいずれとも理解できるが、続く文章ではもっぱら渤海の存続期間を述べ、文末に、「高麗が今でも存在していることは言うまでもありません」とも述べているので、「並存していたとみて問題ありません」の意味であろう。質問者の関心はもっぱら渤海の存続期間にあったとみなしてよい。それではこの時期に定家が高麗・渤海の歴史、特に渤海の存続期間に関心をもつとすれば、何があるであろうか。今日に残されている史料によれば、まず想起されるのが『源氏物語』の「高麗人」となるのである。定家の気持を忖度すれば、『源氏物語』の「高麗人」は来日渤海使とみる解釈があるが、なぜ渤海使を「高麗人」と呼ぶのか、その「高麗」は今の「高麗」ではないのか、そうすると渤海はいつまで続いたのか、高麗と渤海とは並存していたのか等々、定家がこのような疑問を識者に尋ねたと推測することができるのではなかろうか。文書の内容からも「高麗人」記事に関連するとみなしてよいと考えるのである。

このように高麗・渤海の歴史に言及する「高麗渤海関係某書状」と定家の『源氏物語』高麗人注釈とを関連すると推測するものであるが、上述のように、現在知られる文献で『源氏物語』の高麗人と渤海使とを関連させる見解は文永四・五年頃にまとめられたという僧素寂著『紫明抄』であり、現存する『奥入』諸本に「高麗人」に関連する記事を見出すことはできない。しかしながら、高麗人記事に関連しては、定家が参考にしている先行注釈書である藤原伊行『源氏釈』（冷泉家時雨亭文庫本(28)）に、

源氏のわらはにてこまのくにの人にみえ給所に宇多院の御いさめありけりといふは
寛平の遺誡にみかとは異国の人にはみえ給ましとあるところとなり

とあるのに対し、自筆本『奥入』では、第二丁表に（／は改行を示す）、

書加之／寛平遺誡／外蕃之人必所召見者在簾中／見之不可直対耳李環朕已失／之慎之

と、伊行注には記されていない「寛平御遺誡」の本文を増補している。したがって、定家が「高麗人」そのものに関心をもって識者に尋ねたとしても不思議ではない。現在の『奥入』には残されていないが、識者への質問が多岐に及んだ可能性は十分に考えられ、また尋ね得たことをすべて『奥入』に記しているとは限らないこともまた考慮しておくべきことであろう。

なお、このように推測する場合、『源氏物語』の高麗人＝渤海使とする認識が定家にもあったことが前提とな

るが、定家に「高麗人」記事を読んで、渤海使との鴻臚館における詩文の交歓をイメージするだけの知識があったことは疑うまでもないことと思われる。『文集百首』の作もあるように、中国の漢詩文に親しみ、自ら多くの漢詩を作っている定家のことであるので、(29)来日渤海使と日本文人との詩文交歓の事実も当然承知していたであろう。

すなわち「高麗渤海関係某書状」は、『源氏物語』に見える「高麗人」に関連して、主に渤海の歴史、高麗と渤海との関係について定家から質問を受けた某の定家宛返書である可能性が高いと考えるのである。

むすび

以上、藤原定家書写『長秋記』紙背文書の一通「高麗渤海関係某書状」について検討を加えてきた。その結果、本文書はこれまで嘉禄・安貞期の対高麗外交問題に関わるものとみられてきたが、文書の年代と内容とから、嘉禄元年（一二二五）に定家から『源氏物語』の「高麗人」記事との関連で渤海の歴史について尋ねられた某からの定家宛返書と推測されることを述べてきた。もし私見が妥当とされれば、定家の『源氏物語』に対する関心の高さ、好奇心の旺盛さを思わせ、注釈作業の経緯、『奥入』の成立過程を知ることとの出来る貴重な史料と言えるであろう。そして渤海に関連しては、鎌倉初期の渤海に対する人々の関心のあり方を示す史料でもあり、『源氏物語』の「高麗人」を来日渤海使と関連づけて解釈するのは、文永頃の『紫明抄』が現在のところ初見であるが、本文書により、すでに定家も同様の理解を有していたことが推測され、『源氏物語』とともに渤海との交流の記憶が人々に脈々と伝えられていたことを示す史料としても興味深いものがあると思われる。

注

（1）函号五五三—一九。筆者の閲覧は写真帳（複二一一四）によるが、本稿で取り上げる「高麗渤海関係某書状」を収める巻三については原本の閲覧を許された。宮内庁書陵部に御礼申し上げる。

（2）拙著『日本渤海関係史の研究』（本文前掲）序説注32に、「この他、藤原定家書写にかかる『長秋記』の紙背文書に、「高麗渤海相並事、無異議候歟。延喜十九年渤海使貢朝候。延長七年渤海使裴球来朝之時、為東丹国使被召過状、被返□候歟」云々とする記述がみえる」（四一頁）と触れるにとどめざるを得なかった。

（3）筆者は二〇〇六年十一月三日・四日に韓国で開催された、第十二回高句麗研究会国際学術大会「東アジアと渤海」において、『源氏物語』にみえる「高麗人（こまうど）」と渤海」と題する発表の中で本文書に触れた（『高句麗研究』二六、二〇〇七年）。その時は限られた紙幅と時間であったので、本文書の詳しい考証は省略せざるを得なかった。鎌倉時代初期の日本人の渤海認識を知る上で貴重な史料だけでなく、藤原定家の『源氏物語』研究とも関わる重要な史料でもあると考えるので、重複するところも多いが、文書の考証に重点をおいて、ここにあらためて発表することとした。

（4）裴璆は丹後国司を通じて怠状を提出させられているので、おそらく到着地の丹後国から帰国を命じられたものと思われる。渤海関係史料で、このような違例・無礼により帰国させる場合、例えば「返二却本郷一」（『続日本紀』宝亀四年六月戊辰条）、「返却」（『日本後紀』逸文弘仁十年十一月甲午条）といったように表現されている。

（5）「漢家之法」について、田島氏は「中国で言われている法諺の類か」（二一三頁）とされているが、筆者は「中国の習い」あるいは「中国の例」といった意味に理解する。その理由は本文で述べたほか、九条伊通『大槐秘抄』（応保二・一一六二年頃成立。『群書類従』二八輯所収）にみえる「異国の法」という、「漢家之法」に類似した表現を参考にしてのことである。すなわち、「帥・大弐に武勇の人なりぬれば、かならず異国おこると申候けり。……異国の法は、政乱ぬる国をばうちとる事と存てさぶらふが、……」とみえる。ここは言い換えれば、「政治が乱れれば討ち滅ぼされる」のが〈異国の法〉であると述べているので、〈異国の法〉とは「異国の習い」もしくは「異国の例」であるといった意味に解釈される。悪政を行い人望を失って滅ぼされた夏の桀王や殷の紂王の伝説の時代から、隋の煬帝あたりまでをただちに思い浮かべるであろう。『大槐秘抄』における異国は中国だけでなく広く高麗・渤海・刀伊までを含めて用いられているが、『将門記』に、「于レ時新皇（将門）勅云、……今世之人、必以二撃勝一為レ君。縦非二我朝一、僉在二人国一。如二去延長年中大赦契王〔大契赧王カ〕一、以二正月一日一、討二取渤海国一、改二東丹国一領掌也。盍二以レ力虜領一哉。」（柳瀬喜代志ほか校注・訳『新編日本古典文学全集』小学館、二〇〇二年）という記述があるので、九条伊通の念頭にはあるいは契丹による渤海滅亡の事実もあったかも知れない。「漢家之法」も「異国の法」と同様に、「中国の習い」「中国の例」といった意味に理解してよいであろう。なお『大槐秘抄』の記事については、拙論「日本・高麗関係に関する一考察――長徳三年（九九七）の高麗来襲説をめぐって――」（中央大学人文科学研究所編『アジア史における法と国家』中央大学出版部、二〇〇〇年）↓本著作集第三巻所収、第一回渤海国書ならびに渤海の高句麗継承国意識については拙著（注2前掲）をそれぞれ参照されたい。

（6）前注5に触れたように、『将門記』に契丹による渤海滅亡の記述があり、少なくとも藤原定家の活躍した時代の人々の中に渤海滅亡の事情を知る人がいたことは間違いないことである。

（7）以上の定家による『長秋記』書写については、平林・田島両氏論文ならびに五味文彦『明月記の史料学』第一～四「藤原定家の写本形成」（青史出版、二〇〇〇年）参照。ただし二二巻本とは別に、冷泉家には定家自筆の『長秋記』写本四巻が現蔵されており（冷泉家時雨亭叢書『古記録集』朝日新聞社、一九九九年、所収）、紙背文書の年代もほぼ二二巻本と共通する。嘉禄元年十一月に九条道家から借用して書写した『長秋記』がいずれにあたるかについて意見が分かれており、平林・田島両氏ならびに宮崎康充氏「長秋記（師時卿記）」（『皇室の至宝11　御物　書跡Ⅱ』毎日新聞社、一九九二年）は二二巻本、五味氏は冷泉家現蔵四巻本とされている。『明月記』記事からは、このいずれに相当するか（あるいは両本とは別の写本である可能性もある）確証はないが、「一合」という表現から、一定の分量が推測されるので、二二巻本を想定してよいと思われる。

なお『明月記』嘉禄二年四月十四日条の記事にみえる、平経高に借し送ったという永久巻は冷泉家旧蔵二二巻本には含まれていない。また後半の記事については、為家が教雅に借し送る約束をしたものか、もしくは教雅から借し送ってもらう約束をしたものか判然としないが、為家が大切な写本を父定家に無断で貸与を約束することは考えがたいので、恐らく後者であろう。二二巻本書写に自身も参加している為家（平林氏五一頁）が、教雅から『長秋記』一本を借用する約束がとれたことを喜んで父に伝えたものではなかろうか。ちなみに教雅は歌人として名高い飛鳥井雅経の息男である。

（8）定家による『春記』書写については、五味文彦（注7前掲書）参照。

（9）嘉禄・安貞期の日本高麗関係の概要については、拙論（注5前掲論文）でも触れたことがあるが、最近中央大学大学院生近藤剛氏が再検討を行っている（同氏「嘉禄・安貞期（高麗高宗代）の日麗交渉について」二〇〇七年三月十七日開催中央大学人文科学研究所公開研究会発表）。なお対外関係史総合年表編集委員会編『対外関係史総合年表』（吉川弘文館、一九九九年）参照。

（10）『大日本史料』第六編之二八・南朝正平二十二年・北朝貞治六年五月二十三日「北朝、高麗国牒状ノ事ヲ議ス」の条に、『師守記』以下にみえる外交文書の勘申や作成にあたった具体例が列挙されている。それによれば、例えば永久五年（一一一七）宋国牒状到来に際しては、「紀伝・明経・明法道等博士并式部大輔（菅原）在良朝臣」に先例に叶うや否やを勘申させている。ちなみに菅原在良は道真の子孫で儒者の家柄に属し、文章博士も勤めている。

（11）田島氏の説は『長秋記』紙背文書を調査された宮崎康充氏（注7前掲論文）の見解を参考にされてのことである。宮崎氏は、「高麗渤海関係某書状」と同じ巻三の紙背文書の一通に伊勢内宮祢宜荒木田氏良（貞応元・一二二二年没）の請文があり、それについて、「氏良の晩年に近い頃のものと推測される。……『長秋記』の料紙とされた際、上下に加えて宛所まで切断されてしまい、僅かに文字の一部を存するばかりであるが、定家宛ではないように思われる。そうであるとすると、九条家の政所あたりにあったものを反古紙として利用したとも考えられる」（二〇五頁）と述べられている。具体的な論拠により定家宛ではないとされているわけではなく、内容からの推測である。同じように、「高麗渤海関係某書状」についても定家宛か否かについては、内容から検討を進める必要がある。

（12）『源氏物語』は、阿部秋生ほか校注・訳『新編日本古典文学全集』（小学館、一九九四年）本による。

（13）『源氏物語』の「高麗人」は、『うつほ物語』を参考にしていることが指摘されているが、これら『うつほ物語』『源氏物語』にみえる「高麗人」に関する研究は数多く、枚挙にいとまないので、最近の研究として、田中隆昭「『うつほ物語』『源氏物語』における遣唐使と渤海使」（『アジア遊学』二七、二〇〇一年）、河添房江『源氏物語時空論』第一部「『源氏物語』と東アジア交易圏」（東京大学出版会、二〇〇五年）、同「国風文化の再検討――モノ・人・情報から見た高麗人観相の場面――」（日向一雅ほか『源氏物語の始発――桐壺巻論集』竹林舎、二〇〇六年）をあげるにとどめる。
（14）『源氏物語』注釈書に関する研究も数多いが、池田和臣「源氏物語の伝流――本文と注釈」（『別冊国文学五〇 新・源氏物語必携』一九九七年）に簡潔に紹介されている。
（15）『紫明抄』は、玉上琢弥編・山本利達校訂『紫明抄　河海抄』（角川書店、一九六八年）所収本による。
（16）『本居宣長全集』第四巻（筑摩書房、一九六九年）所収。
（17）阿部秋生ほか（注12前掲書）三九頁頭注14。
（18）『源氏物語』の読者は、「高麗人」とはかつて交流のあった渤海使であるとの認識をいだきながら読み進めたことであろう。すなわち『源氏物語』とともに渤海・渤海使は、漢詩文に代表される中国文化を具備した存在として常に日本人に意識され続けたと言えよう。好感をもって印象づけられる点において、「敵国」とされる新羅とは好対照と評してよいであろう（注2前掲拙著参照）。
（19）定家の『源氏物語』の書写ならびに注釈の概要については、池田亀鑑『源氏物語大成』巻七（中央公論社、一九五六年）、藤本孝一『『定家本源氏物語』冊子本の姿』（『日本の美術』四六八、至文堂、二〇〇五年）等参照。
（20）ちなみに『六百番歌合』は建久四年（一一九三年）の成立であるので、この時まで俊成・定家のもとに『源氏物語』があったとすれば、盗まれたという建久年間とは四・五年以降のことであろうか。
（21）藤本孝一（注19前掲書）二六頁。
（22）池田利夫『源氏物語の文献学的研究序説』（笠間書院、一九八八年）二九八頁・三五二頁等参照。なお奥書の写真は、日本古典文学影印叢刊14『物語二百番歌合　風葉和歌集桂切』（貴重本刊行会、一九八〇年）二八四頁、参照。
（23）池田亀鑑（注19前掲書）、池田利夫（注22前掲書）。
（24）『奥入』本文については、池田亀鑑（注19前掲書）資料編参照。なお、大橋寛治氏所蔵定家自筆本の複製本に『源氏物語奥入』（解説：山岸徳平　日本古典文学刊行会、一九七一年）があり、影印本に日本古典文学影印叢刊19『奥入　原中最秘抄』（貴重本刊行会、一九八五年　解説：池田利夫「自筆本奥入について」〔注22前掲書所収〕）がある。また藤本孝一（注19前掲書）等参照。
（25）池田利夫（注22前掲書）一三～一五頁、二九一～二九二頁、参照。なお、藤本孝一（注19前掲書）図版16、参照。

(26) ただし「なかゝみ」は、空蝉巻ではなく帚木巻にある、「こよひ（今宵）、なか神、うち（内裏）よりは、ふた（塞）がりて侍りけり」に付せられる注釈で、自筆本『奥入』では、帚木巻に、「安家説」として引用されている。

(27) 多久行消息については、待井新一「『源氏物語』と『奥入』――二つの提案をめぐって――」（森本元子編『和歌文学新論』明治書院、一九八二年）、磯水絵「『源氏物語奥入』に見える楽人多久行について」（『鎌倉室町文学論纂』三弥井書店、二〇〇二年）等参照。定家自筆本『奥入』（国宝）に貼付されている三枚の多久行消息は、いずれも原本で、表裏にみられる消息本文とは別筆の書き込みは定家筆とする見方が一般的であるが、最近、藤本孝一氏は、これらの多久行消息は江戸時代に冷泉為満が他本から書写し、貼付したものとの見解を示されている（注19前掲書・挿図第17図解説および六〇頁）。冷泉家蔵書の調査に長く従事され、定家自筆本をはじめとする重書原本に直接触れ、歴代の筆跡にもっとも詳しい藤本氏であるだけに、その見解は注目される。ただし藤本氏の見解が、「国宝にも（多久行消息は――石井）従来はなかったことが冷泉為満の義兄にあたる山科言経の日記『言経卿記』に記録されている」と述べられるように、『言経卿記』にみえる『奥入』書写の記事を参考にされてのこととすると、その記事については別の解釈も可能のように思われる。『言経卿記』（大日本古記録）によれば、慶長十一年（一六〇六）五月、後陽成天皇から『奥入』書写献上の命が義兄山科言経を通じて為満に下り、書写の業を終えてまず五月七日に進上した。同日の『言経卿記』に、「一、長橋殿へ参。冷ヨリ奥入出来トテ進上了。猶多久ー筆写之（可カ――石井）有之。ソレモ可書進之由有之間、トリテ帰了、冷へ渡了」とある。そして翌々日の九日条に、「一、長橋殿へ参。冷泉ヨリ奥入首尾〆進上了。御祝着之由、相心得可申之由仰也」とみえる。多久行消息が書写されていなかったのでいったん戻され、消息を書き加えたものをあらためて進上したという経緯が知られる。ここから、「為満はこの三か所の（多久行――石井）消息を他本から書写したことになる」との解釈が生まれるのであるが、為満は多久行消息は元来の定家の『奥入』本文ではないので、敢えて写さずに進上したところ、すでに存在の知られていた多久行消息を加えるべきことを命じられ、あらためてこれを書き加えて進上したとも理解できる。わずか一日で増補版を作成していることも考慮すべきであろう。すなわち慶長十一年の為満書写の時に定家自筆本『奥入』に多久行消息が貼付されていた可能性は十分に考えられるのである。橋姫に貼付された多久行消息には、消息の途中に「催馬楽不可然事歟不入名家目六」という一行の書き込みがあるが、影印本を見ても、明らかに消息本文とは別筆（通説では定家筆とされている）である上に、消息の文字に重なるようにして記されている。もし為満が書写したとすれば、模写本をつくるのでなければわざわざ筆跡を変える理由も考えられず、また大島本のように行間に記すのではなかろうか。以上のような私見が妥当とされれば、『言経卿記』の記事は江戸初期の『奥入』に多久行消息が貼付されていなかったとする論拠には成り得ないと思う。影印本を通しての所見であるので、池田亀鑑氏が「杉原紙（檀紙風な厚様）」（注19前掲書八四頁）、藤本氏が「江戸時代前期の一般的な楮紙」（注19前掲書第17図）とされる紙質などについては不明とせざるを得ないが、多久行消息は本稿で問題としている「高麗渤海関係某書状」と同様、定家が『源氏物語』釈読に際して専門家から意見を求めた実例として貴重であるので、あえて私見を述べた次第である。

(28)『源氏釈』（渋谷栄一編『源氏物語古注集成』第一六巻、おうふう、二〇〇〇年）一六頁。

(29)中西進『源氏物語と白楽天』（岩波書店、一九九七年）、佐藤恒雄『藤原定家研究』第五章「定家の漢詩文受容」、第六章「定家の漢詩」（風間書房、二〇〇一年）等参照。

附記　本稿は二〇〇七年三月十七日開催の中央大学人文科学研究所公開研究会において報告した内容をまとめたものである。席上ご意見をいただいた諸氏に御礼申し上げる。

14　東アジアの変動と日本外交

一　九～十世紀初の日本と東アジア

1　対外関係の転換期

東アジアの十世紀は激動の時代と称されるように、あたかも九〇七年の唐滅亡に連動するかのように、唐と交流のあった周辺地域では勢力図を塗り替える大きな変動が起きている。その予兆はすでに九世紀にあらわれている。唐では安史《あんし》の乱（七五五～七六三年）を機に増設された節度使《せつどし》が軍事のみならず、政治・財政の権力をも掌中に収めて地方政権化し、唐帝国の崩壊、五代十国の分裂へと導く。朝鮮半島の新羅でも王権をめぐる争いが激しく展開され、地方勢力が台頭し、後三国とよばれる新羅・後百済・高麗の対立、高麗による統一に向けての歩みを始める。さらに北方では渤海が新興の契丹に滅ぼされ、契丹（遼）はやがて中国王朝に脅威を与える存在となる。日本では大きな変革こそみられないが、平安京遷都（七九四年）を経て、律令から格式の時代へと移行してゆく。こうした変化の時代はまた新しい階層の出現をうながし、東アジア海域を舞台とする唐・新羅の海商の活躍や海賊の活動が活発化し、その活動はやがて日本にも波及してくる。こうして日本の対外交流に多様化がみられる一方、外交に目を転ずると、渤海との外交はその滅亡直前まで続くものの、特に日本が重視する対新羅外交の閉塞感から対外認識に大きな変化があらわれる重要な時期でもある。本章ではこのような九世紀から十世紀前半にいたるまでの日本の対外関係について、遣唐使派遣と対新羅関係、新羅海賊の襲来、寛平の最後の遣唐使計画、そして後百済・呉越という朝鮮・中国で覇権を競う地方政権との交渉など、諸問題について述べることにしたい。

二　延暦・承和度遣唐使と対新羅外交

1　延暦度遣唐使と新羅

八〇四年（延暦二十三）、藤原葛野麻呂《ふじわらのかどのまろ》を大使とする遣唐使が派遣された。平安京遷都後初めての遣唐使で、春秋学に造詣が深く（東野治之一九九九）、中国文化に憧憬の念を抱く桓武天皇による満を持しての派遣である。この時随行させた最澄・空海・橘逸勢《たちばなのはやなり》等の留学僧・留学生は期待通りの成果を収めて帰国した。彼らの活躍ぶりや、社会文化史上に大きな影響を与えたことは周知の通りであるが、この度の遣唐使はそれだけでなく日本の対外関係史上から見た場合にも大いに注目される。それは遣唐使が新羅領内に漂着した場合の保護を要請するため、事前に新羅に使者を派遣していることである。

もともとこの度の遣唐使は前年（八〇三）の四月に難波を出帆したものの、悪風に遭い船が破損するなどして出発を延期したものであるが、最初の出発に先立つ延暦二十二年三月、斎部浜成《いんべのはまなり》らを新羅に派遣している（『日本後紀』逸文）。その目的については「大唐消息」と記されているのみであるが、遣唐使が万一漂着した際の保護を求めたものである。そしてあらためて遣唐使は四船で出発したのであるが、まもなく二船の消息が不明となったため、今度は大伴峰麻呂《おおとものみねまろ》らを新羅に派遣した。この時持たせた太政官牒では、「若し遣唐使船が領内に漂着していたならば、保護して帰国させて欲しい。もし漂着していなければ、願わくは（新羅から）使者を唐に使わし、消息を尋ねて知らせて欲しい」と述べている。事前に協力依頼のための使者を送り、出発後には消息を確かめるために再び使者を派遣しているのである（『日本後紀』延暦二十三年九月己丑条）。

こうした新羅への使者派遣は、前回七七七年（宝亀八）入唐の遣唐使が帰途新羅領耽羅《たんら》島（済州《チェジュ》島）に漂着し、新羅朝廷によって保護され、送還されたことを受けての措置であるが、これはこれまでの日本・新羅両国の関係に大きな転機をもたらすこととなる。これより先、八世紀前半以降、新羅が対唐関係の進展とともに対日外交方針を従属から対等へとあらためたため、あくまでも新羅を蕃国に位置づける日本との間に確執が表面化し、新羅使が来日しても、蕃礼を具備していないとの理由で入京を認めず、大宰府から帰国させるのが恒例化していた。ところが宝亀度の遣唐使を送り届けた新羅使を久しぶりに都に招き、礼遇している。それでも「本来であれば大宰府から放還するところ、今回は遣唐使を送り届けてくれたので、特に賓礼をもって待遇するのである」と言い、「今後の使者は新羅王の上表をもっていなければ受け付けない。この旨を新羅王に伝えるように」と新羅使に告げて帰国させたのである（『続日本紀』宝亀十一年二月庚戌条）。上表の提出などとうてい新羅には呑める条件ではなく、これを最後として新羅使の来日は途絶え、長く続いた新羅との公式外交は終焉を迎えた（石井正敏一九八七）。

このように、自らを中華とし、新羅を蕃国として振る舞ってきた日本が、遣唐使の保護を依頼する立場に転じたのである。それも単に保護を求めるだけでなく、消息が不明の場合は唐にまで使者を派遣して事情を尋ねて欲しいとは、ずいぶんと踏み込んだ依頼といえよう。新羅がこの日本の要請にどのように対応したかは明らかでないが、延暦二十二年に相当する『三国史記』哀荘王四年七月条に「日本国と交聘し好みを結ぶ」とあり、新羅側にも特筆すべきできごとという認識があったのであろう。これまで日本から独善的な華夷秩序を押し付けられていたという思いの新羅からすれば、日本に恩義を感じさせる口実を得たのであり、その姿勢に変化が起こらないはずはない。次に同様の依頼がおこなわれた際に、これまでの鬱憤が噴き出すこととなる。

2　承和度遣唐使と新羅

延暦度からおよそ三十年を経て遣唐使が計画され、八三八年（承和五）に入唐した（佐伯有清 一九七八、森公章 二〇〇八）。大使藤原常嗣《つねつぐ》と副使小野篁《おののたかむら》との用船をめぐる争いなど、紆余曲折を経てようやく入唐したのであるが、今回も事前に新羅に使者紀三津《きのみつ》を派遣し、「脱し使船の彼境に漂着する有れば、則ち之を扶けて送過し、滞閼俾《も》しめざれ」とする新羅執事省宛太政官牒を伝えた。ところが三津は偽使の疑いをかけられ、使命を果たせずに帰国したのである。三津が持ち帰った新羅の執事省牒の全文が『続日本後紀』に掲載されており、「小人」「大国」の語で、それぞれ三津（日本）と新羅とを対比させた文章をはじめ、かつて日本が新羅使を非難したのと同じような文言が散りばめられており、全文にわたって新羅が自らを大国と任ずる意識が明白に示されている。この新羅側の態度に日本は憤慨した。「新羅側の言い分は嘘偽りに等しい。もし概要だけを記録に残せばかえって後世誤解を生じ、正しい評価ができないであろう。だから執事省牒の全文を掲載する」（『続日本後紀』承和三年十二月丁酉条）として憤懣やるかたない感情を露わにしているが、如何ともし難いことであった（西別府元日 二〇〇三、山崎雅稔 二〇〇七、石井正敏 二〇一〇）。

3　対外認識の転換

紀三津を偽使とする新羅側の主張は、もちろん言いがかりというべきであろう。もはや対日外交に何らの意義も見いだせず、明らかに有利な立場に転じた新羅が、これまでの鬱憤を晴らすかのような対応を示したのである。かつて天平九年（七三七）に帰国した遣新羅使が、新羅無礼の由を復命した際には新羅征討論も出たが、今回はそのような強硬論はみられない。この新羅執事省牒を受け取った日本の朝廷は、憤慨はしても、自らを中華とする対外認識が現実の対新羅関係においては破綻したことを覚らざるを得なかった。唐を中華とする華夷秩序において上位を譲れなかった蕃国新羅の下風に立つことを潔しとしない日本が、自らを中華とする立場を維持する道は、現実の外交を絶ち、観念の上で存続させることであった。ここでついに新羅との外交は終焉を迎え、したがって新羅の協力が望めない遣唐使は派遣できず、日本にとって唯一の外交関係は渤海との間で継続されることとなる。商旅に変身した使者を送る渤海は日本の方針を受け容れることを厭わなかったのであり、九一九年（延喜十九）まで使者を派遣し続けるのである。

4 日本の新羅観

承和度遣唐使で日本の朝廷が覚ったのは、遣唐使には新羅の協力が不可欠であること、しかしながらその新羅の協力は望めないことであったが、注意しておかなければならないことは、この遣唐使には最初から新羅人訳語を同乗させていることである（榎本淳一 二〇〇五）。しかしこれは新羅漂着を想定してのことではない。これより先、飢饉などの理由で唐に移住する新羅人も多く、彼らは山東半島の登州や大運河沿いの楚州などに集住して居留区（新羅坊）を形成し、物流に活躍していた（内藤雋輔 一九六一、小野勝年 一九六四、堀敏一 一九九八、田中俊明 二〇〇三）。新羅訳語の起用は、在唐新羅人の協力を得ることを目的としていたのである。それは同行した請益僧円仁が、出発に際して「筑前太守」から清海鎮大使すなわち張宝高宛の手紙を託されていることに知られる（『入唐求法巡礼行記』）。張宝高（唐・新羅史料では張保皐《チャンボゴ》）は新羅・唐・日本三国間の貿易を主とするネットワークの中心として活躍していた人物で、在唐新羅人社会に大きな影響力をもっており、日本にも張宝高と直接取り引きする者もいた。筑前太守もその一人であろう。つまり当初から在唐新羅人との交流を前提としての新羅訳語の同乗であり、したがって遣唐使が往路に用いた船が脆弱であるとして、楚州新羅坊の新羅船ならびに新羅人船員を雇って帰国したことも偶然ではない。『入唐求法巡礼行記』に描かれた在唐新羅人はまことに日本の遣唐使人に好意的であり、日本人も好意的に接している。ところがその一方では帰途新羅船・新羅船員にもかかわらず新羅本国に近づくことを極度に警戒している。この落差はどのように考えれば良いのであろうか。熟女真《じゅくじょしん》・生女真《せい》にたとえて言えば、地理的世界観により熟新羅（在唐）と生新羅（本国）ともいうべき認識の違いを示しているように思われる。

こうして承和度遣唐使派遣に際して行われた新羅との交渉で衝撃を受けた日本に台頭してくるのが、新羅に対する一層の敵対心であり、蕃国視であり、新羅人の帰化（移住）を一切認めないという方針を打ち出すまでにいたる（『類聚三代格』承和九年（八四二）八月十五日官符）。その背景には、頻繁に来航するようになった新羅商人がもたらす先進の目を瞠る品物を求めて日本人がわれ先にと殺到する現実に（『類聚三代格』天長八年（八三一）九月七日官符）、憧憬や羨望の念をいだくとともに、それが裏腹の憎悪の感情に転化するという複雑な思いもあったのである。こうした思いはやがて新羅海賊の来襲によって一層の昂揚を迎えることになる。

三　新羅海賊と日本

1　唐の海賊と新羅

九世紀の唐では、安史の乱を機に増置された節度使が自立、やがて地方政権化へという状況が進行していた。

こうした支配体制の弛緩は沿海地域では海賊の跳梁を招くこととなる。唐の海賊はもちろん早くからみられ、たとえば『唐大《とうだい》和《わ》上《じょう》東征伝《とうせいでん》』には七四三年（天宝二）当時、台州・温州・明州等の沿海地域が海賊の被害を受けていたことが記されている。浙江沿岸を荒らしていた唐の海賊は、やがて朝鮮半島にまで活動の舞台を広げ、新羅人を拉致し奴婢として売り捌くという事態が起こる（玉井是博 一九四二）。八一六年（元和十一）、宿衛新羅王子の要請により、新羅人の売買を禁止しているが、効果はなく、八二一年（長慶元）には平盧軍節度使が、海賊が新羅の良民を拉致して、管内の登・萊州界（山東半島）及び沿海の諸道に奴婢として売買している現状を報じ、一切禁断すべき事を命じている（田中俊明 二〇〇三）。

2　張宝高

この唐の海賊による新羅人拉致の取締りで武名を馳せたのが、前に触れた張宝高である（蒲生京子 一九七九、李基東 二〇〇一、田中俊明 二〇〇三）。若くして唐に渡り、在唐新羅人社会で台頭した張宝高は新羅に帰り、唐の海賊平定を名目として半島南端の莞島を拠点とする清海鎮大使に任ぜられた。以後海賊の動きは史料にあらわれず、張宝高の取り締まりは成果を収めたようであるが、海賊を平定したというよりも、彼らを懐柔し、その行動を平和的な貿易という形に置き換えたとみるべきかも知れない。海賊平定で名を揚げた張宝高はやがて、新羅の王権中枢と深く関わり、対立する勢力からついには殺されてしまう。新羅の文聖王は八五一年に清海鎮を廃止し、その配下の住民を碧骨郡（全羅北道金堤郡金堤邑）に移した。張宝高の影響力を払拭するためであろう。しかし彼らの一部は日本に逃れ、また残存勢力もいた。彼らは新羅国内の混乱により、やがて海賊となり、その矛先は日本へと向けられる。

なお、日本人の顧客との取り引きを行うなど、日本でも知名度を高めた張宝高が日本に朝貢を願い出たことがある。これに対して日本の朝廷は「人臣に境外之交無し」として却けている（承和七・八四〇年）。この文言は『礼記』郊特牲篇の「人臣たる者に外交無し」を典拠としており、「君主にあらざれば外交の資格は無い」というものである。この言葉はこれ以後の日本の対外基本方針を示す文言として定着していくことに注意しておきたい。

3　新羅海賊の衝撃

張宝高の死の前後、新羅の混乱が日本に持ち込まれそうになった。この時大宰大弐藤原衛《まもる》は、八四二年（承和九）、新羅人は事を商売に寄せて日本の事情をうかがっている（いつ襲ってくるか分からない）。そこで、新羅人はいっさい入国させないようにして欲しいと要請した。これに対して朝廷は入国を一切禁止するのは、徳政の観点から問題がある。そこで商売を終えたなら、直ちに帰国させること、また鴻臚館の利用を認めないこと、この二点を指示している。しかしながら藤原衛の危惧はやがて現実のものとなる。八六九年（貞観十一）五月、新羅の海賊が博多津に停泊していた豊前国の年貢船を襲い、積荷の絹綿を奪うという事件が起きたのである（遠藤元男九六六、山崎雅稔二〇〇一）。本来管内諸国の貢調船は船団を組んで行動すべきところ、豊前国は単独行動してしまったために襲われたとして、大宰府官がまず譴責されている。そして「唯官物を亡失するのみに非ず、兼ねて亦国威を損辱す。之を往古に求むるに、未だ前聞あらず。後来に貽すに、当に面目無かるべし」と記されている。十二月には伊勢大神宮に奉幣使が派遣された。その告文には、我が国は久しく軍旅なく、警備を忘れていたことが今回の事件を招いたとの前置きに続き、「然るに我が日本の朝はいわゆる神明の国なり」と始めて、皇大神が諸神を唱導《いざないみちび》き、もし兵船が攻めてくるようなことがあれば、境内に入れず、漂没させ賜え、「我が朝の神国と畏れ憚られ来たれる故実を澆たし失ひ賜ふな」云々と記されている（『日本三代実録』）。ついで五畿内七道諸国の諸神に班幣し、諸山陵に荷前が奉幣されている。対外警備のもっとも厳重であるべき博多津でいとも簡単に侵入を許し、取り逃がしてしまうという失態と、外敵の出現を機に、一気に神国思想が吹き出したのである。

さらに同年末頃、追い討ちを掛けるように、新羅の不穏な情勢が伝えられた。鵜を捕りに新羅国境近くまで出かけ、新羅に拘留されてしまった対馬島民が逃げ帰り、新羅では大船を建造し、兵士を訓練しているという情報をもたらしたのである。新羅侵攻の恐れは現実のものとなり、ただちに沿海諸国の警固を厳重にさせている。ただしその後新羅が日本を襲うことはなかった。対馬島民の新羅情報が事実とすれば、それは日本への侵攻計画などではなく、恐らく海賊対策であろうが、新羅に対する疑心暗鬼が一層深まったことはいうまでもない。

4　国境地域の動き

なお、警備の手薄な地方ではなく、要地博多津を襲った新羅海賊には計画性が感じられる。大宰府管内諸国の年貢が博多津に集められることを知った上で襲ったのではなかろうか。この頃日羅の境界領域で両国の人々の間に提携の動きがみられることと無縁ではないであろう（山内晋次二〇〇三）。これより先、八六六年（貞観八）七月には、肥前国基肄・藤津・高来・彼杵等の郡司が、新羅人と共に新羅に渡り、武器を調達して対馬島を奪おうという計画が発覚している。さらに新羅海賊騒動が冷めやらぬ貞観十二年十二月には、大宰少弐藤原元利万侶《もとしまろ》が新羅国王と通じて国家を害せんとしているとの驚くべき情報がもたらされた（渡邊誠二〇〇七）。その結末は不明であるが、ともかく国境地域で両国の人々の交流がひそかに展開されていたのである。博多津を襲った新羅海賊も年貢船入港情報を日本人あるいは次に触れる博多津で貿易に従事していた新羅人らから得ていたとみて間違いないであろう。

5　博多在住新羅商人

貞観十一年の新羅海賊の襲来で明らかになったことは、この頃、博多津周辺に居住して交易に従事している新羅人の存在である。前述のように、承和九年には、新羅人の帰化を認めず、貿易は許すが、鴻臚館の利用は認めないとされている。この度の海賊事件に際して、内応の恐れや日本の国防の弱点を知っているとして、新羅人潤清《じゅんせい》・宣堅《せんけん》等卅人及び元来管内に居住する新羅人を陸奥に強制移住させている。潤清らは久しく「交関」すなわち貿易に従事していたという（『日本三代実録』貞観十二年二月二十日壬寅条）。新羅商人は鴻臚館利用を認められなくなったとはいえ、対日貿易活動を停止したわけではなかった。おそらく博多津付近に集住して貿易に従事していたのであろう。「新羅坊」とよぶにふさわしく、後の宋海商の「唐房」のさきがけとして注目されるところである。

6　鴻臚館と国防

張宝高一件から貞観の新羅海賊の襲来にいたる一連の出来事は新羅に対する警戒心を一層強め、日本の国防体制に影響を与えていることを述べたが、商人が滞在し貿易が行われた鴻臚館の性格にも大きな変化をもたらすことになった。防人制の廃止以来、大宰府には統領・選士が配され、緊急に備えているが、新羅海賊の襲来を受けて鴻臚館にも一〇〇人の兵士が常駐し、武器が配備されるようになる。つまり鴻臚館が平和的外交交流の象徴から、国防の最前線へと変貌を遂げるのである。鴻臚館の遺跡は、福岡城の一画に位置し、今日では海岸からずいぶんと隔たっているが、発掘調査の進展により当時の海岸線が復元された結果、もともと鴻臚館は海岸に面した高台に建設されていたことが知られている（大庭康時 二〇〇五）。博多津を見渡せる場所に位置しており、まさに鴻臚館は国防の最前線としての機能を付与されることとなったのである。なお今日知られるところでは、鴻臚館の中心となる遺構には一〇〇人もの兵士が常駐するスペースは考えられない。鴻臚館の武装化については、鴻臚館遺跡を中心とする周辺の地域を含めて検討していく必要があるであろう。

このように貞観十一年の新羅海賊の襲来はわずか二艘でも、その衝撃は大きかった。それから三十年、八九三年（寛平五）、八九四年には四十五艘とも伝える、かつてない規模の新羅海賊の集団が襲来したのである。捕虜の証言によれば、新羅国内の飢饉にもかかわらず、国王が苛斂誅求するため、やむを得ず日本を襲ったという（石井正敏二〇〇一）。新羅海賊の出現により、神国思想と新羅敵視観が一気に昂揚を迎えるのであり、日本人の対外認識に大きな影響を与えた。九世紀対外関係の特筆すべきできごとといえよう。

四　最後の遣唐使計画

1　寛平六年の遣唐使計画

九州地方が新羅海賊の襲来で騒然とする中、八九四年（寛平六）に遣唐使派遣計画が立てられた（鈴木靖民一九八五、増村宏一九八八、保立道久二〇〇四、森公章二〇〇八）。周知のように、この遣唐使は実施されず、その経緯は次のように不可解そのものである。

七月二十二日：唐の情報を伝えてきた在唐僧中瓘《ちゅうかん》への太政官牒において、使者（遣唐使）の派遣は朝議で定まったが、災害が続いているので実施はやや遅れるかも知れない、と述べる（『菅家文草』太政官返牒）

八月二十一日：遣唐大使に菅原道真、副使に紀長谷雄《きのはせお》を任命（『日本紀略』『扶桑略記』）。その他、判官藤原忠房、録事阿刀春正《あとのはるまさ》らの名が知られている。

九月　十四日：遣唐大使菅原道真、航海の危険や唐到着後の治安に対する不安などをあげて、遣唐使の進止について公卿・博士らの審議を要請する上奏文を提出（『菅家文草』道真の奏状）

同　　三十日：遣唐使の派遣停止を決定（『日本紀略』）

任命から停止まで四十日、道真の奏状から中止の決定までわずか二十五日ほどであることがまず不可解である。さらに不可解なことは、道真をはじめとする遣唐使が、九月三十日の停止以後も公文書の署名に大使・副使等の職名を記していることである。大使道真は八九七年（寛平九）六月の任権大納言まで、副使長谷雄は九〇二年（延喜二）正月の任参議まで、それぞれ大使・副使の称号を有していたとみられ、録事阿刀春正は八九八年（昌泰元）の文書に遣唐録事と署名しているのである。

今回の遣唐使は、承和度以来実に五十余年ぶりの派遣計画で、六三〇年（舒明二）に始まる遣唐使の歴史の中でももっとも長い空白期間を経ている。この頃の五十年の空白といえば、東シナ海を往復する大型船建造の技術や航海術をはじめとする必要なデータもなく、ほとんど新規というに等しい大事業であろう。承和度遣唐使が在唐新羅人社会の援助を受け、新羅船・新羅船員を雇って帰国したことに象徴されているように、すでに九世紀半ばからは唐海商（唐人・在唐新羅人）が頻繁に来航するようになり、香料や薬材を購入するための勅使が唐商船を利用して往復している（貞観十六・八七四年）。また商旅に変身した渤海使も日本にさまざまな文物をもたらしている。文化的にも政治的にも遣唐使派遣を必要としない状況に加えて、遣唐使派遣に不可欠となった新羅の協力を得られる見込みがない中で、計画が立てられ、そして結局は実施されなかったのである。そこであらためて問われるのが、それではなぜ五十余年という歳月を経て計画が立てられたのか、ということであろう。そこには在唐日本僧による海外情報、唐海商の仲介と伝達、唐有力者の思惑、そして宇多天皇・菅原道真と藤原氏の対立など、様々な国内外情勢が深く絡み合い、まさに九世紀対外関係の主要な要素が凝縮されている。そこでやや詳しく考察を加えることにしたい（石井正敏二〇一一）。

2　諸説と問題点

上述した不可解な経緯から、かつては菅原道真を亡き者にしようとする藤原氏の陰謀説、宇多天皇が側近の道真や長谷雄に栄誉の称号を与えようと仕組まれた計画で当初から派遣の意志はなかったとする説などさまざまな意見が出され、近年では宇多天皇の権力集中の一環として立てられた計画であるとか、あるいは遣唐使は天皇の代替わりに派遣されている傾向があるとして、寛平度も宇多天皇の即位に伴って計画が立てられたものであり、特に「延暦の例」「承和の例」にならって立案されたとする説などが行われているが、いまだ納得させるような見解はないというのが現状である。そこであらためて検討したいと思うが、まず指摘しておきたいのは、これまでの諸説では、任命から中止までの期間があまりにも短いこと、あるいは中止後も遣唐使が肩書きを名乗っていることなど、いずれの疑問も九月三十日停止を大前提として論じられている。しかしながら、そもそも道真ら遣唐使が、少なくとも延喜初年まで遣唐使の肩書きを名乗っているということは、その職が続いていたことを意味しているると理解するのが通常であろう。寛平六年九月三十日に本当に停止が決定されたのであろうか。

3　停止史料の検討

遣唐使の停止を伝える史料は、『日本紀略』寛平六年九月三十日条の末に「其日、停遣唐使」とある記事だけで、他にはない。そしてこれまでこの記事にもとづき、九月三十日に遣唐使停止が朝廷の審議によって決定されたと理解されてきた。しかしながら、『日本紀略』全体で七十余例みられる「其日」及び共通する「某日」に始まる記事を検討すると、「其日」記事は、日付が確かでない場合や内容に明確な根拠があるわけではない場合に用いられる記述法であることが知られる。問題とする遣唐使停止記事についても、明確な史料にもとづいて書かれたわけではなく、遣唐使が八月に任命されながら、結局派遣されなかった事実や菅原道真の奏状（史料2）にみえる「停入唐之人」という文章を参考に記された可能性が高い。つまり遣唐使の停止が朝議によって決定されたという事実はないと理解せざるを得ない（石井正敏 一九九〇）。

4　計画立案の事情――なぜ計画されたか――

それでも任命から再検討を求める道真の奏状まで短時日の間に行われているのは尋常ではない。それでは五十年ぶりの遣唐使はいったいどのような事情で計画されたのであろうか。ここで『菅家文草』に収められた二つの基本史料、すなわち在唐僧中瓘に対する太政官の返牒といわゆる道真の建議とよばれる奏状を検討する必要がある。ただし二史料の解釈については諸説あり、解釈の違いはおのずから読み方の違いにあらわれる。私案による読み下し文と要旨を示すことにしたい。

【史料1】七月二十二日付け中瓘宛太政官返牒

　奉勅為太政官報在唐僧中瓘牒

太政官、在唐僧中瓘に牒す。上表に報ずるの状

牒す。勅を奉《うけたま》はるに、中瓘の表を省て、悉《つまびらかに》す。「久しく兵乱に阻まるるも、今はやや安和なり」と。一書数行、先づ憂へ後に喜ぶ。脳源茶等、状に准じて領受す。誠之深き為る、溟海も浅きが如し。来状に云く、

「温州刺史朱褒《しゅほう》、特に人信を発し、遠く東国に投ぜんとす」と。波浪眇焉たり。宿懐に感ずと雖も、之を旧典に稽《かんが》ふるに、容納を奈如せん。敢へて固く疑ふにあらず。中瓘の消息、「事理の至る所、罷《や》めんと欲すれども能はず」と。聞くならく、商人大唐の事を説くの次で、多く云く、「賊寇以来十有余年、朱褒独り所部を全ふす。天子特に忠勤を愛《め》づ」と。事、髣髴たる也。由緒を風聞に得ると雖も、苟しくも人君為る者、孰れか耳を傾け、以て之を悦ばざらんや。儀制限りあり、言申べて志屈す。迎送之中、旨趣を披陳せん。又頃年頻りに災ひありて、資具備へ難し。而るに朝議已に定まり、使者を発せんと欲す。弁整之間、或は年月を延べん。大官問ふあらば、意を得てこれを叙《の》べよ。勅に准じて牒送す。宜しく此の意を知るべし。沙金一百五十小両、以て中瓘に賜ふ。旅庵衣鉢、適支分銖せよ。故らに牒す。

寛平六年七月廿二日　　左大史云々

〔要旨〕唐では久しく兵乱が続いたが、今はやや安和になった。「温州刺史朱褒が東国（日本）に人信（使者と書状）を送ろうとしている」とのことであるが、旧典（日本の基本方針である「人臣に境外の交なし」）に従うと、朱褒の使者を受け容れることは難しい。しかしながら中瓘の消息では、決意は固く、断念することは難しいようである（のでやむを得ない）。唐海商によれば朱褒は唐帝室の忠臣とのことである。君主たる者、忠臣の活躍を悦ばない者があろうか。旧典との板挟みになるが、もし朱褒の使者が来日したならば、日本の方針について説明しよう。日本では災害が続き、準備が困難であるが、使者（遣唐使）の派遣は朝議で決めた。ただし出発までには時間がかかるであろう。もし「大官」に問われたならば、この状況を答えるようにせよ。

なお温州刺史朱褒とは、八八二年から温州を拠点として活動していた人物として知られている（鈴木靖民一九八五）。

【史料2】九月十四日付け道真奏状

諸公卿をして遣唐使の進止を議定せしめんことを請ふの状

右、臣某、謹んで、在唐僧中瓘。去年三月商客王訥等に附して到る所之録記を案ずるに、大唐の彫弊、これを載すること具さ矣。更に不朝之問あるを告げ、終には入唐之人を停めよと。中瓘、区々の旅僧なりと雖も、聖朝の為、其の誠を尽くす。代馬・越鳥、豈に習性にあらざらんや。臣等、伏して旧記を検するに、度々の使等、或は渡海にして命に堪へざる者有り。或は賊に遭ひて遂に身を亡ぼす者有り。唯未だ唐に至りて難阻・飢寒の悲しみあるを見ず。中瓘申報する所の如くんば、未然の事、推し而知るべし。臣等伏して願はくは、中瓘録記之状を以て、遍く公卿・博士に下し、詳に其の可否を定められんことを。国の大事にして、独り身の為にあらず。且く款誠を陳べ、伏して処分を請ふ。謹んで言す。

寛平六年九月十四日　大使参議勘解由長官従四位下兼守左大弁行式部権大輔春宮亮菅原朝臣某

〔要旨〕中瓘の録記には唐の衰退の様子が詳しく記されている。さらに「不朝の問」があることを伝え、「入唐の人を停めよ」とも述べている。日本のためを思ってのことである。旧記を調べると、これまでの遣唐使の中には渡海の途中で死亡したり、異境に着いて命を落とす者もいた。しかし唐国に着いてからは困ることはなかった。ところが中瓘の情報によれば、唐国に着いてもこれまでにない困難が予想される。そこで、中瓘の情報を公卿・博士らに披露して、遣唐使の派遣について再検討していただきたい。

5　在唐僧中瓘の情報

返牒・奏状いずれも資料としているのは、在唐僧中瓘の情報である。中瓘がいつ入唐したかは明らかでないが、これより以前八八一年（元慶五）には、唐からインドへ向かった真如《しんにょ》法親王が羅越国（マレー半島）で死去したとの情報を伝えている（佐伯有清二〇〇二）。そして温州刺史朱褒と交流があり、また返牒にみえる贈り物の脳源茶が後の呉越国の特産品（『冊府元亀』巻一六九）であることを考えると（東野治之二〇〇七）、温州に隣接する、日本人留学生になじみ深い台州天台山で修行していたと推測される。中瓘からの情報について返牒・奏状には上表・来状・録記など表現は異なっているが同一のもので、唐海商王訥に託され、「去年三月」に朝廷に届けられたものと理解してよいであろう。それでは中瓘は何を伝えてきたのであろうか。

返牒から知られる中瓘消息の内容は、①唐の情勢、②温州刺史朱褒が日本への使者派遣を計画していることであり、建議から知られる内容は、①唐の情勢、②「不朝」について問われていること、③日本からの使者派遣は停めた方がよいこと等である。ただし注意しなければならないことは、遣唐使派遣を前提とした返牒と、再検討とは言いながら事実上は派遣の中止を求める奏状とでは、同じ情報でも異なる分析や受け取り方がなされているであろうことである。例えば唐情報について、返牒は以前は危険であったが今は平穏とし、一方中止を求める奏状は当然凋弊を強調することになるであろう。つまり同じ中瓘の情報に基づきながら、それぞれの立場に応じた解釈、あるいは情報操作が行われていることを考慮しなければならない。そのような前提に立って中瓘消息の内容を最大公約的にまとめれば、①唐の情勢、②朱褒の使者派遣計画、③「不朝の問」があったこと、④「入唐の人を停めよ」との進言、以上の四点にしぼられる。このうち④については、もしこのような文言が中瓘消息の中にあれば返牒でも何らか触れてよいはずであるが、「使者派遣が朝議で決まった」と述べるのみで、全く触れられていない。道真が中瓘の唐情報を必要以上に危険とみなして中止に導こうとする情報操作がなされている可能性がある。

6　不朝の問

このように中瓘情報を理解するとき、もっとも重要なのは道真奏状にみえる「不朝之問」の解釈であろう。この文言は返牒の「大官問ふあらば、意を得てこれを叙べよ」に対応しており、その回答の内容が「使者の派遣はすでに決まったが、出発までには時間がかかる」ということであるので、「不朝之問」とは日本の朝貢使すなわち遣唐使がやってこないのはなぜかとの質問であったとみなされる。中瓘に日本の「不朝」について尋ねた「大官」とは、唐の忠臣朱褒とみて間違いないであろう。新羅や渤海の唐への使者派遣の状況をみると、外国の使者が往来できなかったほど治安が悪かったわけではない。したがって、唐帝室の忠臣朱褒が在唐日本僧に対して「不朝之問」を発することは十分に考えられるのである。

7　計画の背景

以上のように返牒・奏状にみえる中瓘消息を中心に解釈を進めてくると、寛平六年の遣唐使は朱褒の「不朝の問」に応えて計画されたとみなされる。それは使者派遣の決定を伝える返牒の大半が朱褒の忠臣ぶりとその活躍を君主（宇多天皇）の立場から嘉賞する記述でしめられていることにうかがうことができる。中止を前提とする奏状では朱褒について一切論及するところはない。中瓘の消息が届いた寛平五年三月といえば、阿衡問題で苦しめられた基経が没して二年ほど経過し、宇多天皇が権力基盤を固めようとしていた時期にあたっている。そこに騒乱状態にあったが今や小康を保っているという唐情勢と、唐帝国を支える忠臣から「不朝之問」があったとの情報がもたらされたのである。阿衡問題で出鼻を挫かれ、自らのよって立つ権力基盤の脆弱さを思い知らされた宇多天皇にとって、まさに権力の集中をはかる願ってもない誘いであったのではなかろうか。すなわち寛平の遣唐使計画は宇多天皇の強力なリーダーシップのもとに、「不朝の問」に応えるべく立てられたものと思われる。

太政官返牒を起草している道真も、派遣計画には当初から相談にあずかっていたであろう。しかしながら、少し冷静になって現実を考えれば遣唐使の派遣など簡単にできるものではない。そこで道真名義で再検討を促す奏状を提出し、しばらく様子をみることとしたものであろう。したがって奏状が正式に陣定等の議題にあげられることはなく、そのまま沙汰止みになってしまったことも当然の成り行きといえよう。いずれにしても宇多・道真の談合のもとに計画が立てられ、そして幕引きへの道筋がつけられたと考えられるのである。

五　後百済・呉越との交渉

寛平六年の中瓘宛太政官返牒で、忠臣朱褒の使者派遣の宿願には感じ入るものの、「旧典」（『礼記』による「人臣に境外の交なし」という教え）に照らすと容納を如何せんと、誠意と旧典との板挟みを案じていたが、結局朱褒の使者が来日することはなかった。やがて十世紀に入り、後百済・呉越との交渉で、この「旧典」が重要な役割を果たすことになる。

1　後百済との交渉

九二二年（延喜二十二）対馬に「新羅人」到来との報が大宰府を経て伝えられた。朝廷ではその対応を協議し、廻却と定め、大宰府返牒を与えて帰国させた。「新羅人」とあるが、実際には後百済王甄萱《しんけん》からの使者であった。この頃の新羅では、北方に高麗王王建、南西に後百済王甄萱が自立して王を称し、三者鼎立して派遣を競う後三国時代を迎えていた。このうち甄萱は九〇〇年に後百済王を自称し、中国五代の王朝に通じて冊封を受けており、その一方では日本とも結ぶべく使者を派遣してきたのである（中村栄孝 一九六五、山崎雅稔 二〇〇四）。『本朝文粋《ほんちょうもんずい》』

巻十二に「大宰答新羅返牒」（菅原淳茂作）と題して収められている大宰府名義による返牒本文には、まず甄萱牒状が引用されている。その要旨は次の如くである。「当国（後百済＝百済）は貴国に対して父事の礼をもって接していたが、質子逃遁れ、隣言矯誣してより、千年来の盟約に終止符が打たれ、三〇〇年にわたる疎遠が生じてしまった。しかしながら『春秋』に「親仁善隣は国之宝」といい、『論語』に「旧悪を念はず」ともいう。願わくは慕化の思いを受け容れていただきたい」。文中の「質子逃遁れ」云々とは、新羅の金春秋《きんしゅんじゅう》（後の武烈王《ぶれつおう》）が人質となっていた日本（倭国）から帰り、唐に誣告（対百済戦支援要請）した結果、百済は滅亡（六六〇年）し、以来日本との関係が失われてしまったという意味である。この甄萱牒状に対する日本側の対応は、甄萱の勲功は聞いているが、「然るに任土之琛、藩王の貢する所、朝天之礼、陪臣何ぞ専らにせん」と、まさに「旧典」による方針を述べ、大宰府は朝廷に伝えるわけにはいかないとして、朝貢を拒否している。このような、実際には大宰府から朝廷に伝えられ、朝廷で審議しながら、大宰府名義の返牒を作成して交付し帰国させるという形式は、この後の基本となる。

なお、後百済王甄萱の牒状にみえる対日通交の方法は、かつての渤海のそれを彷彿させるものがある。周知のように、最初の渤海使がもたらした渤海王大武芸の国書には、「高麗の旧居に復し、扶余の遺俗を有てり」と述べている（『続日本紀』神亀五年正月甲寅条）。これは日本がかつて高句麗と交流があったことをふまえた叙述であり、この国書を受け取った日本側がその意味を理解できることを前提としている。渤海の日本遣使の契機にかつての高句麗との交流が想起され、後百済の日本遣使の契機にかつての百済との友誼が利用された。外交の場面に、過去の情報、情報の集積としての記録が常に参照されたことをよく示す事例としても、甄萱牒状は興味深いものがあると考える（石井正敏二〇〇七）。

さて、陪臣として門前払いにされた甄萱は、九二九年（延長七）に再び使者を派遣してきた。甄萱は、その前年には康州（現在の晋州）にまで勢力を伸ばしており、新羅・高麗といよいよ大詰めの戦いを控えていた時期である。日本遣使の経緯は次のようなものである。同年正月、新羅本国に海藻を貿易するために向かった耽羅島民が対馬に漂着した。島守坂上経国は漂流民を安置供給した上で、擬通事長岑望通《ながみねのもちみち》及び検非違使秦滋景《はたのしげかげ》らに全州まで送還させた。三月に秦滋景のみが帰国し、「全州王甄萱は数十州を併合し、大王と称している。望通らが甄萱のもとに到ると、甄萱はたいそう喜び、『以前から日本国に奉献したいとの気持ちがあった。そこで先年（延喜二十二年）朝貢したが、陪臣であるとして拒否されてしまった。本意を遂げたいとの思いは変わらず、朝貢使の派遣を用意していた所に、たまたま汝らがやってきた。そこで望通を留め、滋景のみを帰国させる（ので事情を伝えるように）』とのことであった」と復命した。そしてまもなく甄萱の使者張彦澄《ちょうげんちょう》ら二十人が対馬にやってきた。大宰府宛と対馬島守宛書状及び信物をもたらし、大宰府に向かうことを求めた。大宰府宛には朝貢の意志を述べ、対馬島守宛には漂流人送還に対する謝辞が記されていた。初め経国は漂流民を送還するとき、牒状を全州に送ったので、全州は張彦澄らに返牒を託してよこした。恩情を陳謝し、兼ねて朝貢の意志を述べ、復礼使の派遣を述べている。張彦澄は大宰府に向かうことを求めたが、島守は「憲法」を守り肯んじなかったが、彦澄はさらに懇請したので、経国はこのことを大宰府に報じ、大宰府は二通の書状を副えて太政官に報告した。太政官では直ちに対応を協議し、彦澄らを帰国させることとし、文章博士らに大宰府の返牒、対馬島の返牒、大宰大弐の返書、対馬守の返書を作成させ、これを大宰府を通じて使者に与えて帰国させた。その趣旨は全て同じで、大宰府返牒では、「人臣無私、何ぞ逾境之好有らん」、対馬島返牒では、漂流民を救助したのは、「是れ隣好を求めるに非ず。唯人生（人命）を重んずるが為なり」、大宰大弐「人臣之義、已に外交無し」、対馬守「私交を絶ち、贈り物を受けず」というものである。ここに日本の基本的な対外姿勢が示されているが、注目したいのは彦澄が大宰府に向かうことを求めた際、対馬島守が「憲法」を守り肯んじなかったということである。ここにいう「憲法」

とは「旧典」と同じ内容を指しているとみてよいであろう。

2　呉越国

後百済との交渉にみられた「旧典」を基本とする対外方針は、唐滅亡後に自立した節度使に由来する十国の一つ呉越国との交渉でも踏襲されている（西岡虎之助　一九八四）。呉越国は古来有数の国際貿易港である杭州を都とし、領内には対日貿易の拠点である明州を擁し、また日本でも当時普及していた天台宗の総本山天台山を擁するところから、対日貿易を積極的に進め、盛んに海商を派遣してきた。時には海商に呉越王の書状や贈り物を託し、日本の朝廷や左右大臣に贈るということもあった（劉恒武　二〇〇八）。しかし日本は呉越をあくまでも地方政権、国王を陪臣とみなして対応した。たとえば左大臣藤原実頼《さねより》や右大臣藤原師輔《もろすけ》に送られてきた際には、実頼は「容納に憚り有り。既に境外に交るを恐る」と述べ（『本朝文粋』巻七　天暦元年返書）、師輔は「抑そも人臣之道、交、境を出ず。錦綺珍貨、国憲を奈何せん」（同前　天暦七年返書）とそれぞれ述べて断ってはいるが、好意を無にするわけにはいかないとして品物は受領している。

3　旧典から国憲へ

ここで注目されるのは、人臣に境外の交なしの原則を「国憲」と表現していることである。前にみた「憲法」と同じ表現であるが、寛平六年の返牒では「旧典」と表現されていた。「旧典」が『礼記』の思想の借り物であったのに対し、「国憲」「憲法」は日本の確乎たる基本方針として定着したことを物語っているように思われる。

なお、呉越国との交渉で特筆すべきことは、九五三年（天暦七）の延暦寺僧日延《にちえん》の渡航である（桃裕行　一九九〇）。これより先、呉越国王から排仏や戦乱で失われた天台宗の経典について書写送付の依頼が日本と高麗に行われた。

日本は要請に応えて経典を書写し、延暦寺僧日延を使者として呉越商人の帰国の便に同行させた。日延は使命を果たして九五七年に帰国した際、渡海前に朝廷から依頼されていた中国の新しい暦をはじめ、経典や呉越王が阿育王の故事にならって作成した八万四千小塔一基などを持ち帰っている（服部敦子二〇一〇）。仏教を介した日本・高麗・呉越及び宋との関係は、海商のネットワークと結びついて、次の宋代には人的・物的交流の中心となっていく。

参考文献

石井正敏（一九八七）「八・九世紀の日羅関係」（田中健夫編『日本前近代の国家と対外関係』吉川弘文館）↓本書所収
石井正敏（一九八六）「最後の遣唐使」（『海外視点　日本の歴史』四、ぎょうせい）
石井正敏（一九八八）「九世紀の日本・唐・新羅三国間貿易について」（『歴史と地理』三九四）↓本書所収
石井正敏（一九九〇）「いわゆる遣唐使の停止について」（『中央大学文学部紀要』史学科三五）↓本著作集第二巻所収
石井正敏（二〇〇一）「寛平六年の遣唐使計画と新羅の海賊」（『アジア遊学』二六）↓本著作集第二巻所収
石井正敏（二〇〇三）『東アジア世界と古代の日本』山川出版社
石井正敏（二〇〇七）「『日本書紀』金春秋来日記事について」（佐藤信・藤田覚編『前近代の日本列島と朝鮮半島』山川出版社）↓本書所収
石井正敏（二〇一〇）「研究の歩み」（荒野泰典・石井正敏・村井章介『日本の対外関係1　東アジア世界の成立』吉川弘文館）↓本著作集第四巻所収
石井正敏（二〇一一）「寛平六年の遣唐使計画について」（中央大学人文科学研究所編『情報の歴史学』中央大学出版部）↓本著作集第二巻所収
石上英一（一九八二）「日本古代一〇世紀の外交」（井上光貞ほか編『東アジア世界における日本古代史講座　七』学

生社）
榎本淳一（二〇〇五）「遣唐使と通訳」（平川南・沖森卓也・栄原永遠男・山中章編『文字と古代日本』二、吉川弘文館）
遠藤元男（一九六六）「貞観期の日羅関係について」（『駿台史学』一九）
大庭康時（二〇〇五）「鴻臚館」（上原真人・白石太一郎・吉川真司・吉村武彦編『列島の古代史4　人と物の移動』岩波書店）
小野勝年（一九六四～六九）『入唐求法巡礼行記の研究』一～四、鈴木学術財団
蒲生京子（一九七九）「新羅末期の張保皐の抬頭と反乱」（『朝鮮史研究会論文集』一六）
佐伯有清（一九七八）『最後の遣唐使』（講談社現代新書）講談社
佐伯有清（二〇〇二）『高丘親王入唐記』吉川弘文館
佐藤宗諄（一九七七）「寛平遣唐使派遣計画をめぐる二、三の問題」（『平安前期政治史序説』東京大学出版会）
鈴木靖民（一九八五）『古代対外関係史の研究』吉川弘文館
田中俊明（二〇〇三）「アジア海域の新羅人――九世紀を中心に――」（京都女子大学東洋史研究室編『東アジア海洋域圏の史的研究』京都女子大学）
玉井是博（一九四二）「唐時代の外国奴――特に新羅奴に就いて――」（『支那社会経済史研究』岩波書店）
東野治之（二〇〇七）『遣唐使』岩波書店
内藤雋輔（一九六一）「新羅人の海上活動に就いて」（『朝鮮史研究』京都大学東洋史研究会、初出一九二八）
中村栄孝（一九六五）「後百済王および高麗太祖の日本通使」（『日鮮関係史の研究』上、吉川弘文館）
西岡虎之助（一九八四）「日本と呉越との交通」（『西岡虎之助著作集』第三巻、三一書房）
西別府元日（二〇〇三）「九世紀前半の日羅交易と紀三津「失使旨」事件」（岸田裕之編『中国地域と対外関係』山川出版社）
服部敦子（二〇一〇）「銭弘俶八万四千塔をめぐる現状と課題」（『アジア遊学』一三四）
保立道久（二〇〇四）『黄金国家』青木書店
堀敏一（一九九八）「唐代新羅人居留地と日本僧円仁入唐の由来」（『古代文化』五〇―九）

増村宏（一九八八）『遣唐使の研究』同朋舎出版
桃裕行（一九九〇）「日延の天台教籍の送致」『桃裕行著作集』八、思文閣出版、初出一九六八）
森公章（二〇〇八）『遣唐使と古代日本の対外政策』吉川弘文館
山内晋次（二〇〇三）『奈良平安期の日本とアジア』吉川弘文館
山崎雅稔（二〇〇一）「承和の変と大宰大弐藤原衛四条起請」（『歴史学研究』七五一）
山崎雅稔（二〇〇一）「貞観十一年新羅海賊来寇事件の諸相」（『國學院大學大学院紀要』文学研究科・三二）
山崎雅稔（二〇〇四）「甄萱政権と日本の交渉」（『韓国古代史研究』三五）
山崎雅稔（二〇〇七）「新羅国執事省牒からみた紀三津「失使旨」事件」（木村茂光編『日本中世の権力と地域社会』吉川弘文館）
李基東（二〇〇一）「張保皐とその海上王国」（『アジア遊学』二六・二七）
劉恒武（二〇〇八）「五代呉越国の対日『書函外交』考」（『古代文化』五九―四）
渡邊誠（二〇〇七）「藤原元利万侶と新羅の「通謀」」（『史学研究』二五八）

略年譜

学歴等

一九四七年二月八日　横浜市生まれ
一九六九年　法政大学文学部史学科卒業
一九七一年　中央大学大学院文学研究科国史学専攻修士課程修了
一九七五年　中央大学大学院文学研究科国史学専攻博士課程単位修了
二〇〇二年　博士（歴史学）取得　國學院大學
二〇一五年七月六日　逝去（六十八歳）、中央大学名誉教授の称号を贈られる

職　歴

一九七五年　中央大学文学部兼任講師
一九七六年　東京大学史料編纂所助手
一九八七年　東京大学史料編纂所助教授
一九八八年　中央大学文学部助教授
一九九〇年　中央大学文学部教授・大学院文学研究科教授
二〇〇九年　中央大学人文科学研究所長（〜二〇一五年）

兼任講師

東洋大学文学部　東京大学文学部　慶應義塾大学文学部
東京大学大学院文学研究科　早稲田大学大学院文学研究科
九州大学大学院人文科学府　フランス国立高等研究院（大学院）

学内委員

二〇〇〇年　中央大学教学審議会会員（〜二〇〇二年）
二〇〇〇年　学校法人中央大学評議員（〜二〇一三年）
二〇〇六年　中央大学文学部長補佐（〜二〇〇九年）
二〇〇七年　学校法人中央大学商議員（〜二〇一一年）
二〇〇八年　中央大学教学審議会会員（〜二〇〇九年）
二〇一四年　中央大学学員会協議員

学外委員

一九八九年　韓国文化研究財団評議員
一九九五年　大倉精神文化研究所図書館運営委員
二〇〇二年　日韓歴史共同研究委員会委員（第一分科）（〜二〇〇五年）
二〇〇四年　特別研究費等審査会専門委員（〜二〇〇六年）

学会役員

一九七七年　中央史学会評議員
一九八七年　中央史学会理事
一九八七年　法政史学会評議員
一九八八年　日本歴史学会評議員
一九九六年　日本古文書学会理事
二〇〇三年　日本古文書学会事務局長
二〇〇五年　中央史学会会長

専　攻

古代・中世東アジア国際関係史

著作目録

〔凡例〕

一、単著、編著・共著・共編著、論文・小品文・辞典・書評等、講演・学会発表等、テレビ出演等の五項に分類し、年代順に掲載した。

一、目録に掲載した論文等のうち、改訂・増補を経て主著『日本渤海関係史の研究』に収録されたものについてはそのことを示す。

一、公務による出版物等については省略した。

一、作成にあたっては可能な限り原本との照合をおこなったが、照合できなかったものもある。

一、丸付き数字は本著作集収録巻を示す。

単著

二〇〇一年　四月　『日本渤海関係史の研究』　吉川弘文館

二〇〇三年　五月　『日本史リブレット14　東アジア世界と古代の日本』　山川出版社

④二〇一三年　五月　『NHKさかのぼり日本史 外交篇［8］鎌倉「武家外交」の誕生』　NHK出版

編著・共著・共編著

一九七六年　六月　『日中・日朝関係研究文献目録』（川越泰博と共編著）　国書刊行会

一九七八年十二月　日本史用語大辞典編集委員会編『日本史用語大辞典』　柏書房

一九八六年十二月　『海外視点 日本の歴史 四 遣唐使と正倉院』（土田直鎮と共編）　ぎょうせい

一九八七年　三月　『海外視点 日本の歴史 五平安文化の開花』（土田直鎮と共編）　ぎょうせい
一九八七年　四月　『遣唐使研究と史料』（茂在寅男・田中健夫・西嶋定生と共著）　東海大学出版会
一九九二年　五月　『アジアのなかの日本史』Ⅰ～Ⅵ（荒野泰典・村井章介と共編）　東京大学出版会
Ⅰ　アジアと日本　一九九二年　五月
Ⅱ　外交と戦争　一九九二年　七月
Ⅲ　海上の道　一九九二年十一月
Ⅳ　地域と民族　一九九二年　九月
Ⅴ　自意識と相互理解　一九九三年　一月
Ⅵ　文化と技術　一九九三年　四月
一九九五年　一月　『訳注日本史料 善隣国宝記・新訂続善隣国宝記』（田中健夫と共著）　集英社
一九九六年　三月　『日中・日朝関係研究文献の解析的研究』（川越泰博と共編著）
中央大学（文部省科学研究費補助金研究成果報告書）
一九九六年　八月　『増補改訂　日中・日朝関係研究文献目録』（川越泰博と共編著）　国書刊行会
一九九九年　九月　対外関係史総合年表編集委員会編『対外関係史総合年表』（田中健夫らと共編）　吉川弘文館
二〇〇〇年　一月　『今日の古文書学3 中世』（峰岸純夫らと共編）　雄山閣出版
二〇〇〇年　六月　『今日の古文書学12 史料保存と文書館』（高橋正彦らと共編）　雄山閣出版
二〇〇九年　二月　『対外関係史辞典』（田中健夫と共編）　吉川弘文館
二〇一〇年　六月　『日本の対外関係』1～7（荒野泰典・村井章介と共編）　吉川弘文館
1　東アジア世界の成立　二〇一〇年　六月
2　律令国家と東アジア　二〇一一年　五月
3　通交・通商圏の拡大　二〇一〇年十二月
4　倭寇と「日本国王」　二〇一〇年　七月
5　地球的世界の成立　二〇一三年　九月

6　近世的世界の成熟　二〇一〇年十一月
7　近代化する日本　二〇一二年　四月
二〇一一年　三月　中央大学人文科学研究所編『情報の歴史学』　中央大学出版部
二〇一五年　三月　中央大学人文科学研究所編『島と港の歴史学』　中央大学出版部

論文・小品文・辞典・書評等

一九七〇年　三月「大宰府の外交面における機能――奈良時代について――」『法政史学』二二　法政大学史学会
（「大宰府の外交機能と外交文書」として『日本渤海関係史の研究』に収録）
一九七三年　二月「日本通交初期における渤海の情勢について――渤海武・文両王交替期を中心として」
『法政史学』二五　法政大学史学会
一九七四年　二月「初期日渤交渉における一問題――新羅征討計画中止との関連をめぐって――」
『史学論集　対外関係と政治文化』一　森克己博士古稀記念会　吉川弘文館
（「初期日本・渤海交渉における一問題」として『日本渤海関係史の研究』に収録）
一九七五年　三月「日渤交渉における渤海高句麗継承国意識について」『中央大学大学院研究年報』四　中央大学大学院
（「日本・渤海交渉と渤海高句麗継承国意識」として『日本渤海関係史の研究』に収録）
一九七五年　八月「第一回渤海国書について」『日本歴史』三二七　日本歴史学会
（「神亀四年、渤海の日本通交開始とその事情」として『日本渤海関係史の研究』に収録）
一九七五年　十月「新羅・渤海との交渉はどのように進められたか」
『海外交渉史の視点』一　森克己・田中健夫　日本書籍
一九七五年　十月「大宰府および各地の客館は外交上どのような目的・役割をもっていたか」
『海外交渉史の視点』一　森克己・田中健夫　日本書籍
一九七五年　十月「渤海の日唐間における中継的役割」『海外交渉史の視点』一　森克己・田中健夫　日本書籍

一九七六年　一月　「渤海の日唐間における中継的役割について」『東方学』五一　東方学会
（「日唐交通と渤海」として『日本渤海関係史の研究』に収録）

一九七八年　三月　「朝鮮における渤海観の変遷――新羅～李朝――」『朝鮮史研究会論文集』　五　朝鮮史研究会
（「朝鮮における渤海観」として『日本渤海関係史の研究』に収録）

③一九七八年　三月　「文永八年来日の高麗使について――三別抄の日本通交史料の紹介――」
『東京大学史料編纂所報』一二　東京大学史料編纂所

一九七九年　三月　「第二次渤海遣日使に関する諸問題」『朝鮮歴史論集』上　旗田巍先生古稀記念会　龍渓書舎
（一九八六年十二月に日本古文書学会編『日本古文書学論集』五　吉川弘文館に再録）
（「第二次渤海遣日本使に関する諸問題」として『日本渤海関係史の研究』に収録）

一九八〇年　三月　『国史大辞典』　国史大辞典編集委員会　吉川弘文館（～一九九七年四月）

①一九七九年　六月　「円仁と張宝高――入唐日本人と新羅人――」・「関係人物小伝」・「関係年表」
『図説人物 海の日本史1 海上の道と古代人』上原和・門脇禎二　毎日新聞社

一九七九年　四月　「遣唐使節・青年僧の役割」『啓発』六六　学習研究社

④一九八〇年　五月　「崇親院に関する二・三の問題点――昌泰四年四月五日官符の検討――」
『古代文化』三二（五）　古代学協会

②一九八一年十一月　「唐の「将軍呉懐実」について」『日本歴史』四〇二　日本歴史学会

一九八二年　四月　「渤海国使者を迎えた幻の客院――造船基地福良泊の隆盛――」
『日本史の舞台2　平安の夢路をたどる』村井康彦　集英社

一九八二年　四月　「討論 遣唐使の船と航海術」『太平洋学会誌』一四　太平洋学会

②一九八三年　三月　「大伴古麻呂奏言について――虚構説の紹介とその問題点――」『法政史学』三五　法政大学史学会

一九八四年　五月　「斉藤忠編著『古代朝鮮・日本金石文資料集成』」（書評）『日本歴史』四三二　日本歴史学会

一九八四年　七月　「張九齢作「勅渤海王大武藝書」について」『朝鮮学報』一一二　朝鮮学会
（「対日本外交開始前後の渤海情勢」として『日本渤海関係史の研究』に収録）

一九八四年　九月　「一〇世紀の東アジアと日本」『日本歴史大系1 原始・古代』井上光貞他　山川出版社
（一九九五年十一月に『日本歴史大系三 貴族政治と武士』に再録）

一九八四年　九月　「宋の中国統一と日本」『日本歴史大系1 原始・古代』井上光貞他　山川出版社
（一九九五年十一月に『日本歴史大系三 貴族政治と武士』に再録）

一九八五年　五月　「『肥後守祐昌様琉球御渡海日記』」『西日本における中世社会と宗教との綜合的研究』
（昭和五九年度科研報告書）

一九八五年　六月　「日本・唐・新羅三国で活躍した政商張宝高」『歴史読本』四〇九（昭和六〇年臨時増刊号）
新人物往来社

一九八五年　六月　「モンゴルの高麗支配に抵抗した三別抄」『歴史読本』四〇九（昭和六〇年臨時増刊号）新人物往来社

一九八五年　十月　「朝鮮通信使関係研究文献目録」『特別展観　朝鮮通信使 近世200年の日韓文化交流』東京国立博物館

④一九八六年　九月　「『肥後守祐昌様琉球御渡海日記』」『南島史学』二八　南島史学会

②一九八六年十一月　「『古語拾遺』の識語について」『日本歴史』四六二　日本歴史学会

一九八六年十二月　「遣唐使」『海外視点 日本の歴史 四 遣唐使と正倉院』土田直鎮　ぎょうせい

一九八六年十二月　「新羅と渤海」『海外視点 日本の歴史 四 遣唐使と正倉院』土田直鎮　ぎょうせい

一九八七年　二月　「中国における渤海史研究の現状――『黒龍江文物叢刊』掲載論文の紹介――」
『古代史研究の最前線』第四巻 文化編［下］　雄山閣出版

一九八七年　三月　「最後の遣唐使」『海外視点 日本の歴史 五 平安文化の開花』土田直鎮　ぎょうせい

一九八七年　三月　「日本と高麗」『海外視点 日本の歴史 五 平安文化の開花』土田直鎮　ぎょうせい

一九八七年　三月　「A酒寄雅志「渤海國中台省牒の基礎的研究」（『日本古代の政治と制度』所収）B同「渤海國中台省牒の位署について」（日本歴史第四五一號）」（書評）『法制史研究』三六　法制史学会

一九八七年　四月　「古代日中関係編年史料稿――推古天皇八年（六〇〇）から天平十一年（七三九）まで――」
『遣唐使研究と史料』茂在寅男・田中健夫・西嶋定生と共著　東海大学出版会

①一九八七年　四月　「八・九世紀の日羅関係」『日本前近代の国家と対外関係』田中健夫　吉川弘文館

④一九八八年　二月　「知られざる遣唐使の足跡――留学生・留学僧を中心に――」『望星』二一一　東海教育研究所
④一九八八年　三月　「徳川光圀と『高麗史』」『茨城県史研究』六〇　茨城県立歴史館
④一九八八年　六月　「陽明文庫本『中右記』管見」『記録文書篇第七輯　中右記一』「陽明叢書」（月報一八）思文閣出版
①一九八八年　六月　「九世紀の日本・唐・新羅三国間貿易について」『歴史と地理』三九四　山川出版社
②一九八九年　三月　「遣唐使の貿易活動」『道は正倉院へ』　読売新聞社
一九八九年　四月　「古代の日本列島をめぐる国際的環境」『世界歴史と国際交流――東アジアと日本』
田中健大　放送大学教育振興会
一九八九年　四月　「遣隋使・遣唐使と文化交流」『世界歴史と国際交流――東アジアと日本』田中健夫
放送大学教育振興会
一九八九年　四月　「日本と宋・高麗――民間貿易の展開」『世界歴史と国際交流――東アジアと日本』田中健夫
放送大学教育振興会
一九八九年　六月　「王健群他『好太王碑と高句麗遺跡』」（書評）『史学雑誌』九八（六）　史学会
④一九八九年　八月　「朝鮮通信使との交流と『東国通鑑』」『季刊　青丘』一　青丘文化社
一九八九年十二月　「木本好信編『古代の東北　歴史と民俗』」（書評）『史聚』二四　史聚会
②一九九〇年　一月　「宇佐八幡黄金説話と遣唐使」『日本歴史』五〇〇　日本歴史学会
②一九九〇年　二月　「いわゆる遣唐使の停止について――『日本紀略』停止記事の検討――」
『中央大学文学部紀要』一三六（史学科三五）中央大学文学部
一九九〇年　四月　「蒙古襲来前後の日本と蒙古・高麗」『歴史誕生』（3）　NHK歴史誕生取材班　角川書店
一九九〇年　六月　「増村宏著『遣唐使の研究』」（書評）『日本歴史』五〇五　日本歴史学会
一九九一年　三月　「菅原道真、世話やくよ」『日本史講座れきし』三月号　NHK学園
一九九一年　十月　「大宰府および縁海国司の外交文書調査権」『古代文化』四三（一〇）　古代学協会
（「大宰府・縁海国司と外交文書」として『日本渤海関係史の研究』に収録）
一九九二年　二月　「三上次男著『高句麗と渤海』」（書評）『日本歴史』五二五　日本歴史学会

③一九九二年　三月　「飯田先生の思い出」『中央史学』一五　中央史学会
一九九二年　五月　「一〇世紀の国際変動と日宋貿易」『新版 古代の日本2アジアからみた古代日本』
田村晃一・鈴木靖民　角川書店
一九九二年　五月　「時期区分論」『アジアのなかの日本史Ⅰアジアと日本』荒野泰典・村井章介　東京大学出版会
②一九九二年　六月　「外交関係――遣唐使を中心に――」『古代を考える唐と日本』池田温　吉川弘文館
一九九二年　七月　「古代東アジアの外交と文書――日本と新羅・渤海の例を中心に――」
『アジアのなかの日本史Ⅱ 外交と戦争』荒野泰典・村井章介　東京大学出版会
（『日本渤海関係史の研究』に収録）
②一九九三年　一月　「入宋巡礼僧」『アジアのなかの日本史Ⅴ自意識と相互理解』荒野泰典・村井章介　東京大学出版会
一九九四年　一月　「東アジアのなかの渤海、そして日本」『朝日百科日本の歴史別冊――遣唐使船――』
歴史を読みなおす（四）　朝日新聞社
一九九四年　四月　『平安時代史事典』角田文衞・古代学協会・古代学研究所　角川書店
一九九四年　五月　「入唐留学僧霊仙の死因」『歴史読本』六一七　新人物往来社
一九九五年　一月　「『善隣国宝記』原文校訂」『訳注日本史料 善隣国宝記・新訂続善隣国宝記』田中健夫　集英社
一九九五年　一月　「『善隣国宝記』頭注・補注」『訳注日本史料 善隣国宝記・新訂続善隣国宝記』田中健夫　集英社
④一九九五年　一月　「『善隣国宝記』諸本解説」『訳注日本史料 善隣国宝記・新訂続善隣国宝記』田中健夫　集英社
④一九九五年　一月　「以酊庵輪番僧虎林中虔」『前近代の日本と東アジア』田中健夫　吉川弘文館
一九九五年　三月　「光仁・桓武朝の日本と渤海」『日本古代の伝承と東アジア』
佐伯有清先生古稀記念会　吉川弘文館（『日本渤海関係史の研究』に収録）
一九九六年　三月　「渤海史研究論著目録（稿）」『日中・日朝関係研究文献の解析的研究』川越泰博
文部省科研費研究成果報告書
一九九六年　三月　「渤海遺跡探訪雑感」『會報』二一　白東史学会
一九九六年　三月　「橋本克彦先生の思い出」『中央史学』一九　中央史学会

④一九九六年　六月　『唐大和上東征伝』」『歴史と地理』四九〇　山川出版社
②一九九六年　九月　「入宋僧成尋のことなど」『古文書研究』四三　日本古文書学会
一九九六年十一月　「遣唐使の見た大陸と人々」『国文学 解釈と鑑賞』六一（一〇）　至文堂
一九九七年　三月　『角川新版 日本史辞典』　朝尾直弘他　角川書店
一九九八年　三月　「渤海王の世系について」『（中央大学文学部）紀要』一六八（史学科四二）　中央大学文学部
（「渤海王の世系」として『日本渤海関係史の研究』に収録）
一九九八年　三月　「『類聚国史』の渤海沿革記事について」『（中央大学文学部）紀要』一七二（史学科四三）
中央大学文学部（「渤海の地方社会」として『日本渤海関係史の研究』に収録）
一九九八年　三月　「皆川完一先生の古稀を祝う」『（中央大学文学部）紀要』一七二（史学科四三）　中央大学文学部
一九九八年　三月　「皆川完一先生の古稀を祝う」『中央史学』二一　中央史学会
②一九九八年　四月　「入宋僧奝然のこと——歴史上の人物の評価をめぐって——」『古文書研究』四七　日本古文書学会
②一九九八年　五月　「『参天台五台山記』研究所感——虚心に史料を読む、ということ——」
『日本歴史』六〇〇　日本歴史学会
一九九八年　八月　「大宰府と外交文書に関する最近の所説をめぐって」『日本歴史』六〇三　日本歴史学会
（「宝亀十年勅をめぐって」として『日本渤海関係史の研究』に収録）
一九九八年　九月　「渤海と日本の交渉」『しにか』九（九）　大修館書店
②一九九八年　九月　「入宋僧成尋の夢と備中国新山寺」『れきし』六三　ＮＨＫ学園
③一九九八年　十月　「肥前国神崎荘と日宋貿易——『長秋記』長承二年八月十三日条をめぐって——」
『古代中世史料学研究』下　皆川完一　吉川弘文館
一九九八年十一月　「縁海国司と外交文書——中西正和氏「渤海使の来朝と天長五年正月二日官符」（本誌一五九号）にお
ける拙論批判に答える——」『ヒストリア』一六二　大阪歴史学会
（「天長五年正月官符をめぐって」として『日本渤海関係史の研究』に収録）
②一九九九年　一月　「成尋生没年考」『（中央大学文学部）紀要』一七七（史学科四四）　中央大学出版部

一九九九年　三月　「「第一回渤海国書について」補考」『中央史学』二二　中央史学会
（「第一回渤海国書の解釈をめぐって」として『日本渤海関係史の研究』に収録）
一九九九年　四月　「『続日本紀』養老四年条の「靺鞨国」――「靺鞨国」＝渤海説の検討――」『アジア遊学』三
勉誠出版（「日本・渤海通交養老四年開始説の検討」として『日本渤海関係史の研究』に収録）
一九九九年　四月　「遣唐使時代の東アジア文化交流」国際シンポジウム参加記『アジア遊学』三　勉誠出版
一九九九年　六月　「遣唐使時代の東アジア文化交流」国際シンポジウムに参加して『唐代史研究』二
一九九九年　七月　「渤海と西方社会」『アジア遊学』六　勉誠出版（『日本渤海関係史の研究』に収録）
一九九九年十一月　「井上満郎著『古代の日本と渡来人』」（書評）『月刊しにか』一〇（一二）　大修館書店
一九九九年十二月　『歴史学事典 七 戦争と外交』　加藤友康　弘文堂
③二〇〇〇年　三月　「日本・高麗関係に関する一考察――長徳三年（九九七）の高麗来襲説をめぐって」
『アジア史における法と国家』中央大学人文科学研究所　中央大学出版部
②二〇〇一年　四月　「寛平六年の遣唐使計画と新羅の海賊」『アジア遊学』二六　勉誠出版
④二〇〇一年十一月　「日本紀略」『国史大系書目解題』下巻　皆川完一・山本信吉　吉川弘文館
二〇〇二年　二月　「二六〇年間に二〇回！波乱に満ちた「遣唐使」の実態」『週刊再現日本史』四一（原始・奈良九）
講談社
二〇〇二年　四月　「私のミュージックライフ―カントリー&アイリッシュ」『中央評論』二三九　中央大学出版部
①二〇〇三年　五月　「日本・渤海間の名分関係――舅甥問題を中心に――」『日本と渤海の古代史』　佐藤信　山川出版社
④二〇〇三年　五月　「『旧唐書』『新唐書』に描かれた「倭」「日本」」『別冊歴史読本 新視点 古代倭国の研究』
新人物往来社
②二〇〇三年　六月　「遣唐使と語学」『歴史と地理』五六五 日本史の研究二〇一　山川出版社
二〇〇三年十二月　『歴代天皇・年号事典』　米田雄介　吉川弘文館
②二〇〇四年　三月　「『参天台五臺山記』にみえる「問官」について」
『8―17世紀の東アジア地域における人・物・情報の交流――海域と港市の形成、民族・地域

間の相互認識を中心に――（上）』平成12―15年度科学研究費補助金（基礎研究（A）（1））研究成果報告書　村井章介代表

②二〇〇五年　五月　「遣唐使と新羅・渤海」『東アジアの古代文化』一二三　大和書房

②二〇〇五年　六月　「成尋――一見するための百聞に努めた入宋僧――」『古代の人物⑥王朝の変容と武者』　元木泰雄　清文堂出版

①二〇〇五年十一月　「五世紀の日韓関係――倭の五王と高句麗・百済――」『日韓歴史共同研究報告書』第一分科篇　日韓歴史共同研究委員会

二〇〇五年十一月　「共同研究を終えて」『日韓歴史共同研究報告書』第一分科篇　日韓歴史共同研究委員会

③二〇〇六年　三月　『小右記』所載「内蔵石女等申文」にみえる高麗の兵船について」『朝鮮学報』一九八　朝鮮学会

②二〇〇七年　三月　『成尋阿闍梨母集』にみえる成尋ならびに従僧の書状について」『（中央大学文学部）紀要』二一六（史学五二）　中央大学文学部

二〇〇七年　三月　『源氏物語』にみえる「高麗人（こまうど）」と渤海」『高句麗研究』二六　高句麗研究会（日本語と韓国語）

②二〇〇七年　三月　「源隆国宛成尋書状について」『中央史学』三〇　中央史学会

①二〇〇七年　九月　「藤原定家書写『長秋記』紙背文書「高麗渤海関係某書状」について」『人文研紀要』六一　中央大学人文科学研究所

①二〇〇七年十一月　『日本書紀』金春秋来日記事について」『前近代の日本列島と朝鮮半島』　佐藤信・藤田覚　山川出版社

①二〇〇八年　二月　『金液還丹百問訣』にみえる渤海商人李光玄について――日本渡航問題を中心に――」『古代日本の異文化交流』　鈴木靖民　勉誠出版

①二〇〇八年十二月　「大宰府鴻臚館と張宝高時代を中心とする日本・新羅関係」『七～一〇世紀 東アジア文物交流の諸像――日本編』海上王張保皐紀念事業会編（韓国語）

③二〇〇九年　三月　『異国牒状記』の基礎的研究」『（中央大学文学部）紀要』二二六（史学五四）　中央大学文学部

③二〇一〇年　三月　「貞治六年の高麗使と高麗牒状について」『（中央大学文学部）紀要』二三一（史学五五）
中央大学文学部
二〇一〇年　五月　「文永八年（一二七一）の三別抄牒状について」『東アジアのなかの韓日関係史』下
高麗大学校日本史研究会　J&C（韓国語）
④二〇一〇年　六月　「対外関係史研究の現状と展望 研究の歩み」『日本の対外関係1東アジア世界の成立』
荒野泰典・村井章介　吉川弘文館
④二〇一〇年　六月　「東アジア世界の成立」（通史）『日本の対外関係1東アジア世界の成立』荒野泰典・村井章介
吉川弘文館
二〇一〇年　七月　「〈世界〉を知り、〈日本〉を知る――『日本の対外関係』刊行に寄せて――」『本郷』八八
吉川弘文館
④二〇一〇年十二月　「通交・通商圏の拡大」（通史、村井章介と分担執筆）
『日本の対外関係3通交・通商圏の拡大』荒野泰典・村井章介　吉川弘文館
③二〇一〇年十二月　「高麗との交流」『日本の対外関係3通交・通商圏の拡大』荒野泰典・村井章介　吉川弘文館
③二〇一一年　三月　「文永八年の三別抄牒状について」『（中央大学文学部）紀要』二三六（史学五六）　中央大学文学部
②二〇一一年　三月　「寛平六年の遣唐使計画について」『情報の歴史学』　中央大学人文科学研究所　中央大学出版部
④二〇一一年　五月　「律令国家と東アジア」（通史）『日本の対外関係2律令国家と東アジア』荒野泰典・村井章介
吉川弘文館
①二〇一一年　五月　「東アジアの変動と日本外交」『日本の対外関係2律令国家と東アジア』荒野泰典・村井章介
吉川弘文館
④二〇一一年　六月　「印象に残る印章の話――岩村藩版『慶安御触書』の印――」『日本歴史』七五七　日本歴史学会
①二〇一二年　三月　「貞観十一年（八六九）の天災と外寇」『中央史学』三五　中央史学会
①二〇一二年　四月　「『日本書紀』隋使裴世清の朝見記事について」『藝林』六一（一）　藝林會
①二〇一二年　五月　「貞観十一年の震災と外寇」『震災・核災害の時代と歴史学』　歴史学研究会　青木書店

二〇一二年十二月　「藤原定家の『源氏物語』研究の一端を伝える紙背文書」『歴史読本』五七（一二）　新人物往来社
①二〇一三年　三月　「東アジア史からみた鞠智城」『ここまでわかった鞠智城』
鞠智城シンポジウム二〇一二成果報告書　熊本県教育委員会
③二〇一四年　三月　「年未詳五月十四日付源頼朝袖判御教書案について――島津荘と日宋貿易――」『中央史学』三七
中央史学会
③二〇一四年　三月　「至元三年・同十二年の日本国王宛クビライ国書について――『経世大典』日本条の検討――」
『（中央大学文学部）紀要』二五一（史学五九）中央大学文学部
②二〇一五年　三月　「遣唐使以後の中国渡航者とその出国手続きについて」『島と港の歴史学』
中央大学人文科学研究所編　中央大学出版部
二〇一五年　三月　「遣唐使の歴史と意義」『横浜ユーラシア文化館紀要』三　横浜ユーラシア文化館
二〇一五年　九月　「座談会　森克己論集再再版と思い出」『新編森克己著作集5　古代～近代日本の対外交流』
勉誠出版

講演・学会発表等

一九六九年十一月　「「蕃客」に対する入港路規定について」（学会発表）昭和四十四年度法政大学史学会大会
一九七二年　一月　「初期日渤交渉における一問題――天平宝字期の征新羅計画と関連して――」（学会発表）
昭和四十六年度法政大学史学会大会
一九七二年十一月　「日本通交初期における渤海の情勢――渤海武文両王交替期を中心として――」（学会発表）
昭和四十七年度法政大学史学会大会
一九七三年　九月　「渤海高句麗継承国意識について――日渤交渉における――」（研究会発表）
昭和四十八年度朝鮮史研究会九月例会
一九七三年十一月　「渤海・日本通交の史的意義」（学会発表）昭和四十八年度法政大学史学会大会

一九七六年十一月　「第二次渤海使節の来日事情について」（学会発表）中央史学会第一回大会
一九七七年　十月　「朝鮮史上における渤海観」（学会発表）朝鮮史研究会第一四回大会
一九七九年　五月　「書評　朱栄憲『渤海文化』」（研究会発表）昭和五十四年度朝鮮史研究会五月例会
一九八一年　七月　「天平勝宝六年正月大伴古麻呂奏言にみえる唐の「将軍呉懐実」について」（学会発表）
中央史学会第六回大会
一九八二年十一月　「張九齢作『勅渤海王大武芸書』四首について」（学会発表）昭和五十七年度法政大学史学会大会
一九八三年　七月　「延暦二十二年の遣新羅使について」（学会発表）中央史学会第八回大会
一九八八年　五月　「九世紀の日本・唐・新羅三国間貿易について」（公開研究会発表）中央大学人文科学研究所
「中国と周辺諸国・諸民族との交渉に関する総合的研究」チーム公開研究会
一九九四年　九月　「日本海をめぐる国際関係――特に古代を中心として――」（講演）草のみどり
中央大学学員会青森県支部
一九九五年　二月　「日本海をめぐる国際関係――特に古代を中心として――」（講演）草のみどり　中央大学父母連絡会
一九九五年　七月　「古代の九州と対外関係・国際貿易を中心に」（講演）島原市民講座　島原市教育委員会
一九九五年十一月　「『善隣國寶記』の對外認識」（シンポジウム発表）東方學會第四五回全国会員総会
シンポジウム「東アジアにおける國際關係」東方學會
一九九八年　八月　「『続日本紀』養老四年条の「靺鞨国」――「靺鞨国」＝渤海説の検討――」
（国際シンポジウム発表・杭州）国際シンポジウム「遣唐使時代の東アジア文化交流」杭州大学日本文化研究所
一九九八年十一月　「渤海と西方社会」（国際シンポジウム発表、当日は代読）
国際シンポジウム「渤海をめぐる古代東アジアの交流」國學院大學
二〇〇〇年十一月　「寛平六年の遣唐使計画と新羅の海賊」（シンポジウム発表）
國學院大學史学科　シンポジウム「九世紀東アジアの交流と日本」
二〇〇一年　九月　「日本・渤海交渉に関する二、三の問題」（シンポジウム発表）
史学会例会シンポジウム「古代の日本と渤海」

二〇〇三年　三月　「渤海の政治と経済――渤海の商人と営州・幽州――」（国際シンポジウム発表）
東アジア異文化交流史研究会第一回国際研究会議　國學院大學21世紀ＣＯＥプログラム
「神道と日本文化の国学的研究発信の拠点形成」

二〇〇三年　八月　「倭の五王に関する基礎的考察――倭王済の官号をめぐって――」（研究発表）
日韓歴史共同研究委員会第一〇回合同分科会

二〇〇三年　九月　「『参天台五臺山記』にみえる「問官」について」（シンポジウム発表）
シンポジウム「海をかける人・モノ・情報――8～17世紀の東アジア」日本学術振興会科学研究補助金基盤研究（A）（1）「8～17世紀の東アジア地域における人・物・情報の交流――海域と港市の形成、民族・地域間の相互認識を中心に――」

二〇〇三年十二月　「倭の五王に関する基礎的考察（2）――倭王の「都督百済諸軍事」除正要求をめぐって――」
（研究発表）日韓歴史共同研究委員会第一三回合同分科会

二〇〇四年　三月　「日本と渤海の古代史」（公開講座）朝日カルチャーセンター

二〇〇四年　四月　「倭の五王に関する基礎的考察（3）――平西将軍倭隋をめぐって――」（研究発表）
日韓歴史共同研究委員会第一五回合同分科会

二〇〇四年　六月　「倭の五王と高句麗・百済」（研究発表）日韓歴史共同研究委員会共同研究発表会

二〇〇五年　十月　「『小右記』所載「内蔵石女等申文」にみえる高麗の兵船について」（学会発表）
第五六回朝鮮学会大会

二〇〇六年　一月　「大学で歴史学を学ぶ」（講演）法政第二高等学校講演会

二〇〇六年　二月　「『参天台五臺山記』と『成尋阿闍梨母集』」（公開研究会発表）
中央大学人文科学研究所「情報の歴史学」チーム公開研究会

二〇〇六年　十月　「宋・高麗との交流の始まり――10世紀の東アジア世界と日本――」（公開講座）
朝日カルチャーセンター

二〇〇六年十一月　「『源氏物語』にみえる「高麗人（こまうど）と渤海」（国際学術大会発表・ソウル）

二〇〇六年十一月　「コメント」二〇〇六史学会第一〇四回大会 日本史部会シンポジウム
第一二回高句麗研究会国際学術大会「東アジアと渤海」
二〇〇七年　三月　「藤原定家書写『長秋記』紙背文書「高麗渤海関係某書状」について」（公開研究会発表）
「前近代の日本列島と朝鮮半島」
二〇〇七年　七月　「開会挨拶」国際ワークショップ「10～14世紀東アジア国際交流」
中央大学人文科学研究所「情報の歴史学」チーム公開研究会
二〇〇七年　八月　「古代日本と東アジア諸国」・「日本と渤海」（公開講座）朝日カルチャーセンター
中央大学人文科学研究所・高麗大学校ＢＫ21韓国史学教育研究団
二〇〇七年　九月　「古代の対外交易と鴻臚館」（シンポジウム発表）
鴻臚館発掘二十周年記念シンポジウム『鴻臚館の輝跡』
二〇〇八年　三月　『異国牒状記』と貞治六年の高麗使」（公開研究会発表）
中央大学人文科学研究所「情報の歴史学」チーム公開研究会
二〇〇八年　十月　「一四世紀の日麗関係――貞治六年の高麗使と高麗牒状」（講演・ソウル）
高麗大学校ＢＫ21韓国史学教育研究団公開講演
二〇〇八年十二月　「『報恩院文書』所収高麗牒状について」（公開研究会発表）
中央大学人文科学研究所「情報の歴史学」チーム公開研究会
二〇〇九年　五月　「「『報恩院文書』所収高麗牒状について」再論」（公開研究会発表）
中央大学人文科学研究所「情報の歴史学」チーム公開研究会
二〇一〇年十二月　「東アジア国際関係の「今」を「昔」から考える」（講演）ロータリークラブ
二〇一一年　九月　「対外関係史から見る聖徳太子」（学会発表）藝林会第五回学術研究大会
二〇一一年　十月　「『日本書紀』と『隋書』」（公開研究会発表）
中央大学人文科学研究所「島と港の歴史学」チーム公開研究会
二〇一二年　九月　「東アジア史からみた鞠智城」（シンポジウム発表）鞠智城シンポジウム

「ここまでわかった鞠智城——古代山城の歴史を探る」熊本県教育委員会

二〇一三年十二月「遺唐使の歴史と意義」（シンポジウム発表）「遺唐使とユーラシア世界」横浜ユーラシア文化館開館10周年記念特別展 関連事業シンポジウム

二〇一四年　三月「対外関係史二題」（公開研究会発表）

中央大学人文科学研究所「島と港の歴史学」チーム公開研究会

テレビ出演等

一九八七年　　　「遣唐使時代の留学生たち」（ラジオ出演・全五回）NHKラジオ『現代文明論』

一九八九年　九月「解読された謎の国書〜蒙古帝国襲来の真相〜」『NHK日本誕生』

一九九九年　三月「海上王国高麗の軍艦」『KBS歴史スペシャル』（大韓民国）

一九九九年　六月「古代日本、〝中華帝国〟への道〜遣唐使派遣の舞台裏〜」『NHKニッポンときめき歴史館』

二〇〇二年　　　「古代アジアの交流」中央大学教養番組『知の回廊』二三

二〇〇九年　四月「三別抄 沖縄に行ったのか」『KBS歴史追跡』（大韓民国）

二〇〇九年　八月「日本海の道〜幻の王国・渤海との交流」『NHKETV特集　日本と朝鮮半島2000年』

（二〇一〇年二月にNHK「日本と朝鮮半島2000年プロジェクト編著『日本と朝鮮半島2000年』上　NHK出版」に収録）

二〇〇九年　九月「蒙古襲来の衝撃　三別抄と鎌倉幕府」『NHKETV特集　日本と朝鮮半島2000年』

（二〇一〇年六月にNHK「日本と朝鮮半島2000年プロジェクト編著『日本と朝鮮半島2000年』下　NHK出版」に収録）

二〇一二年十二月「鎌倉「武家外交」の誕生」（全四回）『NHK Eテレさかのぼり日本史』

第一回「幕府滅亡 強硬路線の果てに」　十二月　四日

第二回「握りつぶした協調の道」　十二月　十一日

第三回「幕府が信じた外交ルート」　十二月　十八日

第四回「源頼朝〝敗訴〟からのスタート」　十二月二十五日

二〇一三年　四月　「蒙古襲来！空前の国難を救った〝神風〟」『ＮＨＫＢＳ歴史館シリーズ』
二〇一四年　九月　「北条時宗 最強の帝国に挑む」『ＮＨＫＢＳプレミアム　英雄たちの選択』

第一巻初出一覧

Ⅰ　倭国と東アジア外交

1五世紀の日韓関係――倭の五王と高句麗・百済――（『日韓歴史共同研究報告書』第一分科篇、日韓歴史共同研究委員会、二〇〇五年十一月）

2『日本書紀』隋使裴世清の朝見記事について（『藝林』六一―一、二〇一二年四月）

Ⅱ　古代の日本と新羅・渤海

3日本・渤海間の名分関係――舅甥問題を中心に――（佐藤信編『日本と渤海の古代史』山川出版社、二〇〇三年五月）

4八・九世紀の日羅関係（田中健夫編『日本前近代の国家と対外関係』吉川弘文館、一九八七年四月）

5九世紀の日本・唐・新羅三国間貿易について（『歴史と地理』三九四、一九八八年六月）

Ⅲ　内憂と外患――貞観期の災害・海賊――

6円仁と張宝高――入唐日本人と新羅人――（『図説人物海の日本史1　海上の道と古代人』毎日新聞社、一九七九年六月）

7大宰府鴻臚館と張宝高時代を中心とする日本・新羅関係（『七～一〇世紀東アジア文物交流の諸像――日本編』財団法人 海上王張保皐紀念事業会、二〇〇八年十二月（韓国）の日本語原稿）

8貞観十一年の震災と外窓（歴史学研究会編『震災・核災害の時代と歴史学』青木書店、二〇一二年五月）

9貞観十一年の天災と外寇（『中央史学』三五、二〇一二年三月、原題「貞観十一年（八六九）の天災と外寇」）

10 東アジア史からみた鞠智城（『鞠智城シンポジウム二〇一二成果報告書　ここまでわかった鞠智城』熊本県教育委員会、二〇一三年三月）

Ⅳ　古代国家の変転と残像

11 『金液還丹百問訣』にみえる渤海商人李光玄について——日本渡航問題を中心に——（鈴木靖民編『古代日本の異文化交流』勉誠出版、二〇〇八年二月）

12 『日本書紀』金春秋来日記事について（佐藤信・藤田覚編『前近代の日本列島と朝鮮半島』山川出版社、二〇〇七年十一月）

13 藤原定家書写『長秋記』紙背文書「高麗渤海関係某書状」について（『人文研紀要』六一、二〇〇七年九月）

14 東アジアの変動と日本外交（荒野泰典・石井正敏・村井章介編『日本の対外関係2　律令国家と東アジア』吉川弘文館、二〇一一年五月）

増補改訂
古代日本人と外国語
東アジア異文化交流の言語世界

中国語をめぐる日本の学問のあり方、新羅・渤海など周辺諸国との交流、円仁ら入唐僧の語学力など古代日本における異国言語との格闘の歴史を明らかにする。

湯沢質幸 著・本体二八〇〇円（+税）

入唐僧恵蕚と東アジア
附 恵蕚関連史料集

日中に分散していた恵蕚に関する史料三十六種を集成、また、恵蕚と恵蕚を取り巻く唐・新羅の人々を追うことで多元的な歴史世界を描き出す論考三本を収載。

田中史生 編・本体五〇〇〇円（+税）

九世紀の来航新羅人と日本列島

九世紀に顕著となった新羅人の来航現象が、列島社会をどう変化させ、日本はどう対応したのか。対新羅政策における対外意識の変化を支配層、諸階層の人々から考察する。

鄭淳一 著・本体一〇〇〇〇円（+税）

「もの」と交易の古代北方史
奈良・平安日本と北海道・アイヌ

七世紀～十一世紀の古代の北海道と日本列島、大陸を往還した多彩な「北の財」。その実態と歴史的・文化的意義を最新の古代史・考古学研究の成果から実証的に検討する。

蓑島栄紀 編・本体七〇〇〇円（+税）

著者略歴

石井正敏（いしい・まさとし）

中央大学名誉教授。専門は古代・中世対外関係史。
著書に『日本渤海関係史の研究』（吉川弘文館、2001年）、『東アジア世界と古代の日本』（山川出版社、2003年）、『鎌倉「武家外交」の誕生』（NHK出版、2013年）などがある。

編者略歴

鈴木靖民（すずき・やすたみ）

横浜市歴史博物館館長・國學院大學名誉教授。
専門は日本古代史・東アジア史。
著書に『古代日本の東アジア交流史』（勉誠出版、2016年）などがある。

赤羽目匡由（あかばめ・まさよし）

首都大学東京 都市教養学部准教授。専門は朝鮮古代史。
著書に『渤海王国の政治と社会』（吉川弘文館、2011年）などがある。

浜田久美子（はまだ・くみこ）

国立国会図書館司書。専門は日本古代史。
著書に『日本古代の外交儀礼と渤海』（同成社、2011年）などがある。

石井正敏著作集 第一巻

古代《こだい》の日本《にほん》列島《れっとう》と東《ひがし》アジア

著者 石井正敏
編者 鈴木靖民
　　 赤羽目匡由
　　 浜田久美子
発行者 池嶋洋次
発行所 勉誠出版㈱
〒101-0051 東京都千代田区神田神保町三-一〇-二
電話 〇三-五二一五-九〇二一㈹

二〇一七年十月六日 初版発行

印刷 太平印刷社
製本 若林製本工場

ISBN978-4-585-22201-9 C3020

索　引

凡　例

＊本索引は本文中の人名・地名・史料名・事項を採録した。
＊事項は本文中の論旨に直接関わる語彙を対象とした。
＊ただし、史料中・引用文中の語彙、ならびに論題・副題と同じ語彙は除外した。
＊配列は五十音順別・筆画順とし、人名・地名は日本語読みにもとづいた。

人名索引

【あ行】

【か行】

【さ行】

【た行】

【な行】

【は行】

【ま行】

【や行】

【ら行】

研究者名索引

【あ行】

【か行】

【さ行】

【た行】

【な行】

【は行】

【ま行】

【や行】

【ら行】

【わ行】

地名索引

【あ行】

【か行】

【さ行】

【た行】

【な行】

【は行】

【ま行】

【や行】

【ら行】

【わ行】

史料名索引

【た行】

【な行】

【は行】

事項索引

【あ行】

【か行】

【さ行】

【た行】

【な行】

【は行】

【ま行】

【や行】

【ら行】

【わ行】